George R. Bach · Peter Wyden

Streiten verbindet

Spielregeln für Liebe und Ehe

Hort gelesen 1991

vgl. S. 240-244
S. 160 f

Eugen Diederichs Verlag

Titel der Originalausgabe: *The Intimate Enemy*
Übersetzt von Jutta und Theodor Knust

CIP-Kurztitelaufnahme der Deutschen Bibliothek

Bach, George R.:
Streiten verbindet: Spielregeln für Liebe u. Ehe
George R. Bach; Peter Wyden. –
5. Aufl. – Düsseldorf, Köln: Diederichs, 1978.
Einheitssacht.: The intimate enemy <dt.>
ISBN 3-424-00548-7
NE: Wyden, Peter:

5. Auflage 1978

Umschlaggestaltung: Eberhart May, Meerbusch
Gesamtherstellung: Druckerei Wagner, Nördlingen
ISBN 3-424-00548-7

I. Weshalb Intimpartner streiten müssen

Der Wortstreit zwischen Intimpartnern, besonders zwischen Eheleuten, ist nicht nur annehmbar, sondern sogar konstruktiv und höchst wünschenswert. Viele Menschen, darunter eine ganze Reihe von Psychologen und Psychiatern, glauben, diese neue wissenschaftliche Ansicht sei eine empörende und geradezu gefährliche Sache. Wir wissen, daß es anders ist, und wir können es beweisen. In unserm Institut für Gruppenpsychotherapie in Beverly Hills, Kalifornien, haben wir entdeckt, daß Paare, die miteinander streiten, Paare sind, die beieinanderbleiben, vorausgesetzt, sie wissen, wie man richtig streitet.

Die Kunst des rechten Streitens ist genau das, was wir den Paaren beibringen, die zur Eheberatung zu uns kommen. Unsere Trainingsmethoden sind nicht einfach und lassen sich nicht bei jedem erfolgreich anwenden. Sie erfordern Geduld, guten Willen und vor allem die Fähigkeit, gewisse Herausforderungen und unkonventionelle Wege bei der Behandlung der persönlichsten Triebe des Menschen hinzunehmen. Vor allem erfordern sie ein offenes Herz und einen offenen Geist – offen für vernünftige Gründe und Veränderungen. Die große Mehrzahl unserer Klienten beherrscht bald die Kunst des ehelichen Streites. Für sie sind die Ergebnisse sehr positiv, und wir glauben, daß jedes Ehepaar mit ehrlichen und ernsten Motiven die gleichen Resultate erzielen kann.

Wenn unsere Lehrgangsteilnehmer nach unserem System flexibler Regeln streiten, stellen sie fest, daß sich die natürlichen Spannungen und Frustrationen zweier zusammen lebender Menschen erheblich vermindern lassen. Da sie mit weniger Lügen und Hemmungen leben und überholte Schicklichkeitsbegriffe abgelegt haben, können diese Paare gefühlsmäßig wachsen, produktiver und kreativer werden, und zwar sowohl als einzelne, jeder für sich, wie auch als Paare. Ihr Geschlechtsleben verbessert und verfeinert sich. Es gelingt ihnen gewöhnlich leichter, ihre Kinder zu erziehen. Sie empfinden weniger Schuldbewußtsein wegen der feindseligen Gefühle, die einer gegen den andern hegt. Ihre Verständigungsmöglichkeiten wachsen, und infolgedessen erleben sie weniger unangenehme Überraschungen mit ihren

Partnern. Unsere Lehrgangsteilnehmer wissen nachher, wie sie das Hier und Jetzt für sich selbst lebenswerter gestalten können, und machen sich deshalb sehr viel weniger Sorgen über die Vergangenheit, die ohnehin nicht mehr zu ändern ist. Sie fallen weit seltener der Langeweile oder einer Scheidung zum Opfer. Sie sind weniger leicht zu verletzen und begegnen einander liebevoller, weil sie sich von einem Schirm vernünftiger Maßstäbe geschützt fühlen, die bestimmen, was fair und was ungerecht in ihren Beziehungen ist. Das beste von allem ist dabei, daß jeder auf diese Weise frei wird, er selbst zu sein.

Einige Aspekte unseres Streittrainings schockieren die Teilnehmer, wenn sie die Arbeit bei uns beginnen. Wir raten ihnen, in Gegenwart ihrer Freunde und Kinder zu streiten. Manchen Paaren empfehlen wir, vor, während und nach dem Geschlechtsverkehr zu streiten. Einige Leute, die unsere Arbeit nur vom Hörensagen kennen, haben den Eindruck gewonnen, wir ermunterten unsere Kursteilnehmer, Fachleute auf dem Gebiet des krankhaften und chronischen Austausches von Beleidigungen zu werden, wie er sich etwa in Edward Albees Theaterstück und Film *Wer hat Angst vor Virginia Woolf?* wiedererkennen läßt. Doch das tun wir nicht – grundsätzlich nicht. Die Menschen kämpfen im *Virginia-Woolf*-Stil, bevor wir sie ausbilden, nicht nachher.

Die grausamen Tiefschläge von *Virginia Woolf* sind keineswegs ein extremes Beispiel für den Streit zwischen intimen Feinden; sie sind im täglichen Leben vielmehr recht verbreitet. Wir wollen uns einmal einen Streit anhören, den wir mit Variationen buchstäblich Hunderte von Malen in den fünfundzwanzig Jahren erlebt haben, seit wir Psychotherapie praktizieren. Wir nennen so etwas einen ›Küchenstreit‹, weil die in der Küche eingebauten Leitungen etwa das einzige sind, was in einer solchen Schlacht nicht als Waffe durch die Gegend fliegt.

Herr und Frau Miller haben eine Verabredung zum Abendessen mit einem auswärtigen Geschäftsfreund und dessen Ehefrau. Frau Miller kommt aus dem Vorort in die Stadt und hat versprochen, ihren Mann vor dessen Bürohaus abzuholen. Die Millers sind seit zwölf Jahren verheiratet und haben drei Kinder. Sie langweilen sich mittlerweile ein wenig miteinander, streiten aber nur selten. Der heutige Abend fällt anders aus. Herr Miller möchte gern einen guten Eindruck auf die auswärtigen Besucher machen. Seine Frau erscheint mit zwanzig Minuten Verspätung. Miller ist wütend. Er winkt einem Taxi, und der Spaß beginnt:

ER: »Weshalb kommst du zu spät?«
SIE: »Ich habe getan, was ich konnte.«
ER: »Hach, genau wie deine Mutter! Die kommt auch nie pünktlich.«
SIE: »Das hat überhaupt nichts damit zu tun.«
ER: »Zum Teufel! Das hat wohl etwas damit zu tun. Die ist genauso unordentlich wie du.«
SIE: »Das mußt gerade *du* sagen! Für wen suche ich denn jeden Morgen die schmutzige Wäsche vom Fußboden auf?«
ER: »Ich gehe ja zufällig arbeiten. Was hast du den ganzen Tag zu tun?«
SIE: »Ich versuche mit dem Geld auszukommen, das du nicht verdienst, das tue ich.«
ER: »Möchte wissen, warum ich mich für so etwas Undankbares wie dich kaputtarbeite.«

Die Millers profitieren kaum etwas von diesem Zusammenstoß, und der Abend ist für sie völlig verdorben. Ausgebildete ›Ehestreiter‹ dagegen würden diesem kurzen Krach eine Menge nützlicher Informationen entnehmen können. Sie würden bemerken, daß der Anlaß für diesen Streit zwar legitim (die Frau hatte sich tatsächlich sehr verspätet), gleichzeitig aber auch trivial und nicht bezeichnend für das war, was diesem Ehepaar wirklich Schwierigkeiten machte. Der Aggressionsvorrat des unglücklichen Miller war einfach so randvoll, daß jeder Tropfen ihn zum Überlaufen bringen mußte. Beide Partner hatten ihre Beschwerden aufgestaut, und das ist immer eine schlechte Sache. Wir nennen das ›Einsacken‹, und wenn eheliche Klagen für längere Zeit still in einen Sack gepackt werden, gibt es ein heilloses Durcheinander, wenn dieser Sack schließlich platzt.
Unsere Schüler könnten auch darauf hinweisen, daß Bill Miller unfairerweise in das ›Museum der Verletzungen‹ des Ehepaares griff und die völlig unerhebliche Vergangenheit (die Unpünktlichkeit und Unordnung seiner Schwiegermutter) in die Auseinandersetzung mit einbezog. Und Frau Miller steigerte den Konflikt dadurch gefährlich, daß sie sich bemühte, Bills Männlichkeit anzugreifen: Sie stempelte ihn zu einem kümmerlichen Versorger ab.
Es liegt auf der Hand, daß beide Streiter Nutzen aus der Hauptempfehlung ziehen könnten, die wir unseren Kursteilnehmern geben: alles zu tun, damit die Auseinandersetzungen fair und up to date bleiben, damit das Ehekonto täglich ausgeglichen werden kann, so wie eine

Bank ihr Soll und Haben Tag für Tag auf dem laufenden hält, indem sie die Schecks der anderen Banken einlöst, ehe sie ihr Geschäft am Abend schließt. Paare, die regelmäßig und konstruktiv streiten, brauchen keine Säcke angefüllt mit unausgesprochenem Groll mit sich herumzuschleppen, und ihr ›Museum der Verletzungen‹ kann geschlossen werden.

Nachdem wir Zehntausende von intimen Zusammenstößen – wie die zwischen den Millers – studiert hatten, entwarfen wir ein System, das individuelle Aggression durch ›konstruktives Streiten‹ (wie wir es nennen) ersetzt. Doch dieses Programm ist kein Sport wie etwa das Boxen. Es gleicht in seiner kooperativen Geschicklichkeit eher dem Tanzen. Es ist eine Art Handwerkszeug, eine Lebensweise, die paradoxerweise zu größerer Harmonie zwischen den Intimpartnern führt. Das ist eine ziemlich revolutionäre Feststellung, aber wir sind überzeugt, daß sie nicht nur dazu beitragen kann, das Leben von Ehemännern, Ehefrauen und Liebenden zu bereichern; sie könnte sogar ein erster Schritt auf dem Weg sein, jene gewaltigen Gefühle zu kontrollieren, die zu Morden und zu Aggressionen zwischen ganzen Völkern führen. Ein utopischer Traum? Vielleicht. Aber wir unterstellen, daß die Menschheit die Feindseligkeiten zwischen den Nationen nicht bewältigen kann, ehe sie nicht lernt, erträgliche Regeln dafür zu schaffen, wie die Feindseligkeiten zwischen Liebenden ausgetragen werden können.

Vor etwa acht Jahren beschritt unser Institut einen Weg zur Behandlung intimer Aggression. Wir haben erfolgreich mit mehr als zweihundertfünfzig Paaren gearbeitet, und überall in den Vereinigten Staaten und im Ausland benutzen zahlreiche Therapeuten jetzt unser System. Da unsere Methoden jedoch weithin immer noch mißverstanden werden, möchten wir nachdrücklich darauf hinweisen, daß unsere Art der ›Programmierung‹ weder so präzis noch so starr ist wie jene, die bei Computern angewandt wird. Jeder, der es versucht, Menschen auf maschinenhafte Weise zu programmieren, führt sich entweder selber hinters Licht oder versucht, den lieben Gott zu spielen.

Unser System beruht auf einer Reihe experimenteller Übungen. Wir beschäftigen uns mit der Form, nicht mit dem Inhalt, mit dem Rahmen, nicht mit dem Bild. Das Bild fügen die Paare bei jedem Streit selbst ein. In der Pädagogik nennt man dieses System das ›heuristische‹; es erzieht die Schüler dazu, Erkenntnisse durch eigenes Forschen zu erlangen. Wir trainieren Verhaltensweisen und geben Richtlinien für ein weiteres Arbeiten mit der empirischen Methode. Wir gestalten und kultivieren impulsiven oder unterdrückten Zorn; aber wir erhalten die Spontaneität der aggressiven Begegnungen. Das ist wichtig, weil kein Streit vorauszusehen ist und keiner dem andern gleicht.

Wir wollen die Übungen für häuslichen Streit beschreiben, die wir unseren Klienten anbieten – wann, wo und wie man einen Streit beginnt; wann und wie man ihn beendet, wenn er weit genug gegangen ist; wie Paare zwischen zwei Gefechten ihre ›Nähe‹ zueinander regeln können; wie man einundzwanzig verschiedene Ergebnisse eines intimen Streits erzielt. Unser Programm bietet jedoch keine raschen und handlichen Rezepte im Kochbuchstil. Es läßt sich von jedem – mit fairer Rücksichtnahme auf die Verletzbarkeit des Partners – auch ohne Therapeuten ausprobieren. Doch wenn ein Therapeut zugegen ist, wie es in unserem Institut immer der Fall ist, dann ist er keine ferne Vatergestalt. Er beteiligt sich als Trainer, Lehrer, Schiedsrichter, Anspornender, Modell und Freund.

Vielleicht fragen sich manche Leser, ob das alles nicht auf jene komplizierten Mechanismen hinausläuft, wie sie die Psychologen konstruieren, die es nicht ertragen können, wenn etwas einfach ist. Unsere klinischen Erfahrungen sprechen eine andere Sprache. Viele intelligente, wohlhabende Lehrgangsteilnehmer berichten uns von Gefechten, die so abgrundtief grausam und schmerzhaft sind, daß man die Notwendigkeit eines Streittrainings einfach nicht mehr bezweifeln kann. Doch diese ›Küchenstreiter‹ sind noch nicht einmal am schlimmsten dran. Wir haben weit mehr Klienten, die in einem Stil leben, der unendlich viel bedrohlicher für intime Beziehungen sein kann. Paradoxerweise sind diese Unglückseligen jene Partner, die selten oder überhaupt nicht streiten.

Obwohl beispielsweise die Millers in ihrem Streit im Taxi auch schmerzliche emotionelle Verletzungen erlitten, so standen sie doch unter einem Druck, der sie zu Angreifern (›Falken‹) machte. Das ist ein Punkt, der zu ihren Gunsten, nicht gegen sie spricht, denn selbst dieser gefährliche Zusammenstoß hatte ein positives Ergebnis. Der Streit im Taxi vermittelte den Millers auf seine Weise eine grobe – sehr grobe – Vorstellung davon, wie sie miteinander standen – was der entscheidende erste Schritt zur Verbesserung jeder Beziehung ist. Diese Erkenntnis bedeutete für sie einen Vorteil gegenüber vielen anderen Paaren. Annähernd 80% unserer Lehrgangsteilnehmer beginnen als natürliche

Nicht-Streiter oder als aktive Streit-Verhinderer (›Tauben‹), und solche Menschen wissen gewöhnlich weit weniger voneinander als die Millers. Nach ihrem Streit wußten die Millers wenigstens, wie weit sie voneinander entfernt waren und wie weit jeder gehen würde, um den anderen zu verletzen.

In intimen Beziehungen ist Ignoranz selten ein Segen. Bestenfalls führt sie zu jener gewaltigen Langeweile der Paare, in der einer neben dem anderen in einer Einsamkeit *à deux* dahinlebt. Die Stille, die in ihren Wohnungen herrscht, ist kein Friede. Tatsächlich sind diese Menschen häufig genauso angefüllt mit Ärger wie jeder andere auf der Welt. Was ist überhaupt Ärger? Es ist die grundlegende emotionelle und physische Reaktion auf eine Störung bei der Verfolgung eines erwünschten Zieles und der Ausdruck starker Besorgnis, wenn etwas fehlzuschlagen droht. Wenn Menschen also nicht streiten, leben sie auch nicht in einer intimen Beziehung; ehrliche Intimpartner können ihre feindseligen Gefühle nicht ignorieren, weil solche Gefühle unvermeidlich sind.

Ein typischer Abend in der Wohnung nichtstreitender pseudointimer Partner beginnt etwa so:

ER: »Wie war's denn heute, Liebling?«
SIE: »Ganz gut – und bei dir?«
ER: »Ach, du weißt ja, das Übliche.«
SIE: »Möchtest du jetzt deinen Martini on the rocks?«
ER: »Mach nur irgendwas zurecht, Liebling.«
SIE: »Hast du für später irgend etwas Besonderes vor?«
ER: »Ach, ich weiß nicht . . .«

In diesem streitscheuen Haus wird vielleicht den ganzen Abend nicht ein bedeutungsvolles Wort mehr gewechselt – oder vielmehr keinen Abend. Aus Gründen, die in Kürze hier besprochen werden, wollen diese Partner nicht vernünftig miteinander reden. Ihre Strafe ist die gefühlsmäßige Scheidung.

Es gibt eine weitere Gruppe von Partnern, die dem Streit ausweichen, aber trotzdem einige wichtige Signale untereinander austauschen, jedoch für gewöhnlich mit nicht sehr glücklichen Ergebnissen. Wir nennen sie die ›Pseudoversöhnlichen‹. Hier ist ein Ehemann, der im Begriff ist, sich ganz gefährlich in die Nesseln zu setzen:

EHEFRAU: »Mutter will zu Besuch kommen.«
EHEMANN *(zuckt zusammen, erwidert aber versöhnlich)*: »Warum nicht?«

Als ›Taube‹ sagt der Ehemann in diesem Fall zu sich selbst: »Ach, du lieber Gott!« Er sprach es nicht laut aus, ›weil er Auseinandersetzungen nicht ausstehen kann‹. So kommt seine Schwiegermutter also, und die Zusammenstöße, die durch ihre Anwesenheit ausgelöst werden, sind weit schrecklicher, als es der ursprüngliche Streit mit seiner Frau gewesen wäre, den er verhindert hatte. Dieser Ehemann praktizierte außerdem noch eine andere Methode, die unter Intimpartnern weit verbreitet ist. Er erwartete, daß seine Frau *ahnte,* wie er in Wirklichkeit zu dem Besuch seiner Schwiegermutter stand. Er sagte sich: »Wenn Emmy mich liebt, dann muß sie wissen, daß ich ihre Mutter erst später bei uns haben möchte, wenn ich beruflich nicht so unter Druck stehe.« Bedauerlich, daß die Menschen nicht viel Einfühlungsvermögen haben. Das ist nun einmal so, und viele Intimpartner wissen deshalb nie, ›woran sie sind‹.

In diesem Buch wollen wir zeigen, wie sie das herausfinden können. Hier wollten wir nur darauf hinweisen, wie gefährlich es ist, wenn man es nicht versucht.

Überraschend wenige Paare begreifen anscheinend, daß ihr Verzicht auf eine vernünftige Aussprache miteinander zu einer völlig unerwarteten, dramatischen Ehekrise und vielleicht sogar zur Scheidung führen kann. Das geschah einem anderen ›Tauben‹-Paar, Herrn und Frau Kermit James. Beim Geschlechtsverkehr heucheln viele Ehefrauen und Ehemänner mehr Leidenschaft, als sie tatsächlich empfinden. In manchen Ehen spielen beide Partner dieses Spiel. In der Familie James war es die Ehefrau, die die Leidenschaft vortäuschte. Echte Intimpartner gestehen einander ihre sexuellen Probleme. Pseudointime dagegen heucheln ruhig weiter. Die Schwierigkeit dabei ist jedoch, daß diese Vortäuschung bald gefährlich durchsichtig wird, wenn den beiden Partnern ihre eheliche Verbindung nicht schon lange gleichgültig ist.

Das Ehepaar James war seit acht Jahren verheiratet. Eines Abends, nach dem Geschlechtsverkehr, rühmte sich Herr James in aller Harmlosigkeit seiner Geschicklichkeit im Bett. Frau James war jedoch gerade wütend auf ihn, weil er sich beim Abendessen geweigert hatte, ein dringendes finanzielles Problem mit ihr zu besprechen, und später seine Kleidungsstücke unordentlich im ganzen Schlafzimmer verstreut hatte. Normalerweise übersah sie solche Dinge, um den häuslichen Frieden zu wahren. Diesmal jedoch ging der Ärger über ihren Mann mit ihr durch. Sie wollte es ›ihm einmal geben‹. Sie hatte jedoch schon über lange Zeit so viele weitere Beschwerden in sich aufgestaut, daß sie, ohne zu überlegen, eine Art Atombombe auslöste. Die Gefahr einer Kernexplosion schwebt über jeder Ehe von Nichtstreitern. Frau James setzte die tödliche Pilzwolke frei, als sie beiläufig sagte: »Weißt du, ich werde niemals fertig. Ich tu' nur so.«

Ehen sind schon an geringeren Provokationen zerbrochen. Die James reparierten ihre Beziehungen allmählich wieder, indem sie sich einem Streittraining in unserem Institut unterzogen. Einer der ersten Ratschläge, den wir ihnen dabei gaben, war übrigens der, daß kluge eheliche Streiter die Schwere ihrer Waffen auf den Ernst eines bestimmten Streitfalles abstimmen sollten. Atombomben sollte man nicht auslösen, wenn es sich um Fragen handelt, für die Erbsen aus einem Blasrohr genügen, oder, wie wir den Lehrgangsteilnehmern manchmal sagen: »Schießt nicht mit Kanonen auf Spatzen!«

Der Streitverzicht kann aber auch ohne jede Explosion zur Katastrophe führen. Ein extremes Beispiel dafür sind Herr und Frau Harold Jacobson, ein wohlhabendes Ehepaar in einem Villenvorort, das seit über zwanzig Jahren miteinander verheiratet ist. Sie hatten zwei Kinder großgezogen und waren gesellschaftlich recht beliebt. Alle Bekannten glaubten, ihre Ehe sei besonders gut. Herr Jacobson war Verkaufsdirektor mit einem Einkommen von weit über 20 000 Dollar. Seine Frau zog sich elegant an, spielte ausgezeichnet Bridge und tat mehr als ihre Pflicht für das gesellschaftliche Leben in der Gemeinde. Beide wurden in ihrem Kreis als gutunterrichtete Gesprächspartner betrachtet, wenn Herr Jacobson zu Hause auch nicht viel sagte. Friedlich erklärte er sich mit allem einverstanden, was seine Frau wünschte.

Kurz nachdem das zweite Kind aufs College gezogen war, packte Herr Jacobson, während seine Frau in der Stadt Einkäufe machte, seine Sachen und verließ das Haus, ohne eine Zeile zu hinterlassen. Es dauerte einige Zeit, bis Frau Jacobson vom Anwalt ihres Mannes erfuhr, daß er nicht zurückkehren wolle. Wie üblich hatte er keine Lust gehabt, es deshalb zu einer Auseinandersetzung kommen zu lassen. Seine Frau wollte es zuerst nicht glauben, dann war sie entsetzt. Die vielen Freunde der Familie waren bestürzt. Keiner von ihnen hätte geglaubt, daß diese Ehe zerbrechen könnte. Im Laufe einiger Wochen drängten mehrere ihrer Freunde die Jacobsons, an unserem Streittraining teilzunehmen.

Herr Jacobson wurde überredet, als erster damit zu beginnen. Er trat in eine unserer Selbsterfahrungsgruppen ein, zu der acht weitere

Einzelpersonen gehörten, die sich in einer Ehekrise befanden, aber noch nicht bereit waren, in Gegenwart des Partners an ihren Schwierigkeiten zu arbeiten. Dr. Bach, der erstgenannte Autor des vorliegenden Buches, war der Therapeut. Gemeinsam überzeugte die Gruppe Herrn Jacobson davon, daß die schweigsame Behandlung, die er seiner Frau hatte zukommen lassen, weder Kooperation noch Stärke war, sondern Verweigerung der Zusammenarbeit oder etwas Schlimmeres: Feindseligkeit, getarnt durch geheuchelte und irreführende Unterwürfigkeit. Jacobson gab zu, daß er nie aufrichtig mit seiner Frau gesprochen und ihr niemals deutlich seine Einstellung zu der Art und Weise mitgeteilt habe, in der sie die meisten die Familie betreffenden Entscheidungen traf. Es wurmte ihn unvorstellbar, wenn sie beschloß, was sie tun sollten, um sich zu amüsieren, um etwas zu unternehmen und so weiter. Fast immer paßte er sich an, selbst wenn er ihr in einem ›inneren Dialog‹ (Gespräche und Auseinandersetzungen, die wir alle in unserem Innern führen) deshalb heftig grollte. Bei den seltenen Gelegenheiten, wo Herr Jacobson einmal sanft protestierte – ohne dabei jedoch die wahre Tiefe seiner Gefühle deutlich zu machen –, stellte er fest, daß seine Frau noch entschiedener wurde, wenn sie Widerstand spürte. So wurde er nur immer noch schweigsamer.

Zunächst lehnte Herr Jacobson das Streittraining ab. Er sagte, es sei ›unwürdig‹, unbeherrscht zu sein und seine Frau in ›nutzlose‹ Auseinandersetzungen zu verwickeln. Das widerspreche seinen ›Wertmaßstäben‹. Es stellte sich heraus, daß seine aus Deutschland stammende Mutter ihn den Wert des alten Sprichworts »Reden ist Silber, Schweigen ist Gold!« gelehrt hatte. Herr Jacobson lebte immer noch nach dieser bäuerlichen Maxime, die in feudalistischen Zeiten nützlich gewesen sein mag, als Widerspruch tatsächlich für Untergebene gefährlich sein konnte. Deshalb glaubte er, daß Selbstbeherrschung wertvoller sei als das ›lärmend herrische Wesen‹ seiner Frau.

Im Verlauf von sechs wöchentlichen Sitzungen brachte die Gruppe diesen typischen Fall von ›Etikette-Sklaverei‹ zum Auftauen. Wir konnten Herrn Jacobson davon überzeugen, daß der Widerspruch um einer guten Sache willen wirksamer und wertvoller ist als das ›goldene Schweigen‹, das nur zur Hoffnungslosigkeit führt. In seiner Therapiegruppe übte er dann ›Widersprechen‹ und ›Widerstreiten‹ bei einer besonders dominierenden Dame, die geradezu zum Ersatz für seine Frau wurde. Er diskutierte mit ihr. Er stritt. Er ließ sich nicht unterdrücken. Er war begeistert, als es ihm schließlich gelang, sich ihr gegenüber durchzusetzen, und rühmte sich, daß sie ›viel schlimmer als meine Frau‹ sei.

Dann beteiligte sich Herr Jacobson an einer Gruppe anderer Art. Hier arbeiteten vier bis sechs verheiratete und unverheiratete Paare an ihren Problemen – nicht als einzelne, sondern als Partner. Nachdem Herr Jacobson gelernt hatte, sich aggressiv in der Selbsterfahrungsgruppe durchzusetzen, stellte er überrascht fest, daß er seiner Frau gegenüber jetzt ganz anders auftreten konnte. Bei den Gruppensitzungen bemerkte er, daß die Frau, die er immer für überwältigend streitsüchtig und beherrschend gehalten hatte, gelenkt, ja sogar gezähmt werden konnte. Zu seiner Überraschung entdeckte er, daß es ihr sogar lieber war, wenn er bestimmt widersprach und sich an der Verantwortung für die Entscheidung in der Familie beteiligte. Das machte ihn auch allgemein anziehender und reizvoller für sie und brachte beiden nebenher noch angenehmen sexuellen Gewinn.

Schließlich gelangte Herr Jacobson wie die meisten intelligenten Menschen dahin, daß er das Geben und Nehmen der wahren Intimität genoß. Er gab seine Scheidungspläne auf und wird sehr wahrscheinlich seine Ehe noch weitere zwanzig Jahre führen, doch nun auf einer neuen, realistischen Basis. Wir hatten den Eindruck, daß die Jacobsons ohne Scheidung zu einer nagelneuen Ehe gekommen waren.

Wie die meisten heutigen Menschen hielt Herr Jacobson ›Aggression‹ für ein schmutziges Wort – genau wie es früher das Wort Sex war. Die meisten Menschen meinen, sie müßten ihren Ärger und ihre Streitereien geheimhalten. Als wir das Streittraining in unser Programm aufnahmen, baten wir einige Paare, zu Hause etwas von ihren Auseinandersetzungen auf Band aufzunehmen und uns dann die Bänder zu bringen, damit wir sie interpretieren und diskutieren konnten. Doch dieses Verfahren funktionierte nicht recht. Manche Partner waren zu gescheit; sie schalteten das Aufnahmegerät nur ein, wenn es angeblich zu ihrem Vorteil war, und schalteten es ab, wenn sie lieber als Zensoren wirkten. Andere Paare brachten häusliche Bandaufnahmen einfach deshalb nicht fertig, weil es ihnen peinlich war, ihren Ärger aufzuzeichnen und ihn sich nachher noch einmal anzuhören.

Tatsächlich wird Ärger in der modernen Gesellschaft als Tabu betrachtet. Er ist nicht ›männlich‹. Er ist nicht ›weiblich‹. Er ist nicht ›vornehm‹. Das heutige Zeitalter ist angeblich das der klaren Vernunft und der gegenseitigen Verständigung. Schon bei dem Wort ›streiten‹ fühlen sich die meisten Leute unbehaglich. Sie sprechen lieber von

›Differenzen‹ oder ›törichten Auseinandersetzungen‹. Und sie bemühen sich krampfhaft, dieses Schweigen zu wahren, das mit Friede nichts zu tun hat.

Der Wunsch, über persönliche Animosität erhaben zu sein, wird von vielen irrigen Ansichten genährt. Man betrachtet die Beherrschung des Ärgers, keineswegs seine Äußerung, als ›erwachsen‹. Feindselige Gefühle einem Intimpartner gegenüber hält man nicht nur für die Antithese der Liebe (»Wenn du mich wirklich liebtest, würdest du mich ertragen, wie ich bin«), sondern häufig genug für geradezu ›krankhaft‹ und reif für die psychiatrische Behandlung. Schließlich ›weiß‹ doch jeder, daß man das, was im Ärger gesagt wird, nicht ernst nehmen darf; ein ›reifer‹ Partner tut das als Geplapper einer gefühlsmäßig erregten Person ab, das sich kaum von dem Gefasel eines Betrunkenen unterscheidet.

Die Stagnation in nicht streitfähigen Ehen wurzelt in der romantischen Überzeugung, daß Intimpartner sich hinnehmen sollten, wie sie sind. Brauch und Sitte fordern, daß man nicht versuchen sollte, den Geliebten zu ändern, sondern ihn zu akzeptieren – mit Warzen und allem – und mit ihm zu leben ›bis an das selige Ende‹. Wenn man erst einmal die magische Fähigkeit erworben hat, die Mängel des anderen hinzunehmen, dann folgt darauf automatisch das Glück – so wird behauptet. Dieses reizvolle Idyll wird nicht nur von Roman und Leinwand vorgegaukelt, sondern sogar von manchen Eheberatern.

Der Traum vom romantischen Eheglück ist ein Überbleibsel der Viktorianischen Epoche, die versuchte, vornehmes Verhalten mit Hilfe gesellschaftlichen Drucks hervorzubringen. Doch die Vorstellung, daß ein spannungs- und streitfreies Klima im Hause echte Harmonie hervorruft, ist ein absurder Mythos, geboren aus der Unkenntnis der psychischen Realitäten menschlicher Beziehungen. Streiten ist zwischen erwachsenen Intimpartnern unvermeidlich. Streit und Versöhnung sind Merkmale wahrer Intimität. Wie ernst sich ein Erwachsener auch bemühen mag, in Harmonie mit dem Partner zu leben, er wird bereits um seine Vorstellung von Harmonie selbst kämpfen müssen und um einen Kompromiß nicht herumkommen; widerstreitende Interessen gibt es schließlich überall.

Jeder hat seine eigenen Ansichten von einem harmonischen Leben. Da man ein Mensch ist, liebt man es nun einmal, die eigenen Ansichten durchzusetzen, abgesehen vielleicht von jenen Leuten, die jede Aggression scheuen, oder von jenen übertrieben unterwürfigen Partnern,

die sich gern als Fußabtreter behandeln lassen. Der reife Partner mag mit der Zeit einige seiner Ansichten aufgeben, doch gewöhnlich nicht kampflos. Das klassische Gefecht, wohin die Familie auf Urlaub fahren soll, ist ein vollendetes Beispiel für solch eine Begegnung:
»Im Gebirge erholt man sich am besten«, behauptet der Ehemann.
»Am Meer hat man mehr Abwechslung«, meint die Ehefrau.
Solch gegensätzliche Vorstellungen machen es ganz natürlich, daß der eine Partner einmal auf den anderen ärgerlich ist.
Trotzdem halten viele Paare einen ehelichen Konflikt für abscheulich. »Wir streiten uns nie!« erklären sie uns indigniert. In Wirklichkeit jedoch fürchten sie sich vor dem Streit. Manchmal haben sie einfach Angst vor der Belastung, die er mit sich bringt; nur wenige Paare wissen etwas von der neuen Forschung, die zeigt, daß Belastung wertvoll ist, um das Nervensystem im physiologischen Sinn zu kräftigen. Aber wahrscheinlicher ist, daß die Partner fürchten, der Ärger sei eine Büchse der Pandora. Sie fürchten, sie ›könnten es sich nicht leisten‹ zu streiten, weil sie so viele Jahre in ihre Gemeinsamkeit investiert haben. Sie fürchten, daß sie, wenn der Partner die Stimme erhebt, die ihre auch erheben müßten. Es könnte Tränen geben. Der Streit könnte sich so steigern, daß er unkontrollierbar wird. Er könnte zur Ablehnung, wenn nicht gar zur Trennung führen!
Doch tatsächlich stellen unsere Lehrgangsteilnehmer fest, daß sie sich nach einem angemessen ausgefochtenen Streit einander viel näher fühlen. Nur unsere Neulinge fragen sich, ob wir nicht einen Witz machen, wenn wir ihnen sagen: »Täglich ein Streit – das hält den Arzt fern.«
Faszinierende neue Experimente belegen diese paradox klingende Behauptung. In einer berühmten Versuchsreihe zog Dr. Harry Harlow von der Universität Wisconsin mehrere Generationen von Affen auf und zeigte, daß ein Austausch von Feindseligkeiten zwischen den Partnern *notwendig* ist, damit es überhaupt zu einem Austausch von Liebe kommen kann. Harlows ruhige, automatische, alles hinnehmende und nicht kämpfende Affenmütter brachten Nachkommen zur Welt, die ›normal‹ heranwuchsen – nur konnten und wollten sie sich nicht paaren.
Ein anderer hervorragender Forscher, Konrad Lorenz, machte ähnliche Beobachtungen bei gewissen Tieren: »Bei den Vögeln sind die aggressivsten Repräsentanten einer Gruppe auch die zuverlässigsten Freunde, und das gleiche gilt für Säugetiere. Soweit wir wissen, kommt

echte Bindung nur in aggressiven Organismen vor. Das ist gewiß nichts Neues für Kenner der menschlichen Natur ... Die Weisheit alter Sprichwörter und Sigmund Freud wußten schon lange, wie eng menschliche Aggression und menschliche Liebe zusammenhängen.« Tatsächlich schreibt einer der führenden Theoretiker der emotionalen Reife, Erik Erikson von der Harvard-Universität, das Unvermögen, zur menschlichen Intimität zu gelangen, »der Unfähigkeit zu, sich auf Kontroversen und nützliche Kämpfe einzulassen«.

Merkwürdigerweise kann Ärger nämlich nützlich sein, gerade *weil* er fast ohne Vorbedacht hervorbricht. Wenn ein Partner den Ärger nicht hinter einer verlogen neutralen oder geheuchelt freundlichen (und Magengeschwüre erzeugenden) Fassade verbirgt, kann dieser Ärger – genau wie spontanes Lachen oder spontane sexuelle Erregung – nicht unehrlich sein. Einen Menschen ärgerlich oder zornig zu machen ist der sicherste Weg herauszufinden, wo seine Zuneigungen und Interessen liegen und wie tief sie gehen. Da Intimpartner immer wieder messen wollen, wieviel sie füreinander übrig haben (»Langweilst du dich mit mir?«), können sie sich gegenseitig in normalen, aber gewöhnlich unbewußten Prüfungen Ärger bereiten, der die Tiefe ihrer Zuneigung auslotet.

Dieser Vorgang beginnt bereits in der frühen Phase der Werbung, wenn ein Partner versucht, den anderen ›böse‹ zu machen, nicht unbedingt, um ›einen Streit vom Zaun zu brechen‹, sondern nur um den anderen zu ›necken‹, ihn auf die Probe zu stellen. Wie weit kann man bei ihm gehen? Wofür interessiert sie sich so sehr, daß man sie damit ›auf die Palme bringen‹ kann? Diese Streitspiele können lehrreich sein, wenn sie fair und in einem Geist gespielt werden, der nicht verletzen, sondern Konflikte realistisch lösen will. Liebende finden bei diesem Vorgang auch heraus, daß die Zuneigung tiefer wird, wenn sie mit Aggression gemischt ist. Dann werden beide Gefühle Teil einer natürlichen, wahrhaften Beziehung, die es erlaubt, daß sowohl die bittere als auch die süße Seite einer gefühlsmäßigen Bindung zum Ausdruck kommt.

Wir glauben also, daß es keine reife intime Beziehung ohne aggressive Auseinandersetzung geben kann, das heißt, ohne daß man sich offen ausspricht, ohne daß man den Partner fragt, ›was ihm über die Leber gelaufen‹ ist, und ohne daß man realistisch über eine Beilegung von Differenzen verhandelt. Das bringt gewiß eine Belastung mit sich, aber unsere erfolgreichen Lehrgangsteilnehmer lernen eine der Realitäten des Menschseins zu akzeptieren: Der Schmerz des Konflikts ist der Preis der wahren und beständigen Liebe. Die Menschen können ihre Liebesgefühle nicht ausleben, wenn sie nicht gelernt haben, mit ihrem Haß fertig zu werden.

›Haß‹ ist kein zu starker Ausdruck. Wenn sich der Partner so verhält, wie man es von ihm erwartet, dann ist man ›eingeschaltet‹ und empfindet Liebe. Werden diese Erwartungen jedoch enttäuscht, dann ist man ›ausgeschaltet‹ und empfindet Haß. Das bezeichnen die Menschen als das Auf und Ab in der Ehe. Wir nennen es ›den Zustand des ehelichen *swing*‹. Leider ist es gewöhnlich ein Zustand, der mit starker Resignation betrachtet wird – daher die Redewendung: »Wir können nicht miteinander und nicht ohne einander leben.« Diese Mutlosigkeit ist unbegründet. In unserem Institut haben wir folgendes entdeckt: 1. Es ist nicht die reizvolle und liebenswerte Seite eines Intimpartners, die die Bindung mit dem anderen bestimmt; sondern das Talent, ein Ventil für die Aggression zu finden, zählt weit stärker. 2. Die Bewältigung der Aggression läßt sich nicht nur lernen, man kann sie sogar dazu benutzen, ein Partnerschaftsverhältnis konstruktiv zu *verändern.*

Im Gegensatz zu weitverbreiteten Ansichten ist das Vorhandensein von Feindseligkeit und Konflikten nicht unbedingt ein Zeichen dafür, daß die Liebe schwindet. Ebenso häufig kann ein Aufwallen von Haß für eine Vertiefung der wahren Intimität sprechen; erst wenn weder Liebe noch Haß einen Partner bewegen, verschlechtert sich das Verhältnis. Typisch dafür ist, daß der eine Partner den anderen dann als ›aussichtslos‹ abschreibt oder ihn mit einem Achselzucken abtut (»Er läßt mich kalt«). Gleichgültigkeit gegenüber Ärger und Haß des Partners ist ein sichereres Zeichen für die Verschlechterung einer Beziehung als Gleichgültigkeit in der Liebe.

Das Problem, wie persönliche Aggression zu regulieren ist, wird kaum je erörtert. Den meisten Menschen ist es zu unangenehm. Fast jeder empfindet eine mehr oder weniger starke Abneigung dagegen, feindselige Gefühle zuzugeben, sogar vor sich selbst. Das ist ein Zeichen für die Verlegenheit des Menschen wegen seiner eigenen, angeborenen Aggression. Deshalb projizieren Leute ihre feindseligen Gefühle auch häufig auf andere. Wir nennen das ›die Suche nach dem Sündenbock‹, und Intimpartner finden diesen Vorgang gewöhnlich äußerst ärgerlich und frustrierend.

Kinder sind ein beliebtes Objekt, wenn man den eigenen Ärger auf andere projizieren will. Meistens geht es im elterlichen Streit nur scheinbar um die Kinder. Die Unstimmigkeit besteht zwischen den *Eltern;* das Kind ist nur der Vorwand. Tom und Myra Robinson erfuhren das, als sie folgenden Streit in einer unserer Trainingsgruppen ausfochten:

SIE: »Du mußt jetzt endlich anfangen, die Kinder an die Leine zu nehmen.«

ER: »Weshalb ich?«

SIE: »Weil ich möchte, daß du der Herr im Haus bist!«

ER: »Das bin ich auch.«

SIE: »Nein, das bist du nicht! Ich bin es! Ich bin leider dazu gezwungen.«

ER: »Nein, du brauchst es nicht zu sein, und du bist es auch nicht.«

SIE: »Sei doch nicht albern! Wer erzieht denn die Kinder? Ich! Wer trägt die ganze Verantwortung dafür, daß sie sich anständig benehmen? Ich!«

ER *(läuft durchs Zimmer, zieht heftig an der Zigarette)*: »Gewiß, aber damit machst du dich einfach zum Polizisten ... Eindruck machst du auf die Kinder nicht damit.«

SIE: »Das meine ich ja gerade! Du überläßt mir die ganze unangenehme Arbeit dabei. So werde ich in den Augen der Kinder zur ›verständnislosen Mutter‹. Für dich bleibt nur das Angenehme: Du bist der liebevolle Prachtvater. Aber das paßt mir nicht!«

ER *(sinkt resignierend in seinen Sessel)*: »Weshalb paßt es dir nicht, daß ich ein gutes Verhältnis zu den Kindern habe? Ich verstehe dich nicht. Das ist es doch gerade, weshalb ich jeden Abend gern nach Haus komme. Ich liebe die Kinder, und du wirst keinen harten Vater aus mir machen!«

SIE: »Schön, aber ich kann nicht alles allein machen! Du mußt mich unterstützen, und das tust du nie! Hör dir nur mal an, was sie heute wieder angestellt haben ...«

ER *(ärgerlich über sie, aber nicht über seine Kinder)*: »Ach, hör auf!«

SIE *(völlig verzweifelt)*: »Ach, du willst es dir nicht einmal anhören? Willst du überhaupt nicht mit zur Familie gehören? Willst du denn gar keine Verantwortung übernehmen?«

ER *(steht wieder auf und geht zum Gegenangriff über)*: »Ich übernehme genug Verantwortung, wenn ich unseren Lebensunterhalt verdiene. Und es paßt mir einfach nicht, wenn du über die Kinder schimpfst. Ich kann es nicht ertragen ...«

Die Robinsons glaubten, sie stritten sich über ihre Ansichten im Hinblick auf die elterliche Autorität, auf Kindererziehung und auf die Rolle des ›Mannes im Hause‹. Doch das sind lediglich oberflächliche Kultur-Stereotypen. Als die Therapiegruppe ein wenig nach dem zu bohren begann, was Tom und Myra wirklich bedrückte, entdeckten wir sehr bald tiefer reichende intime Streitfragen, denen sich das Ehepaar nicht zu stellen wagte.

Es zeigte sich, daß Myra eifersüchtig auf Toms Liebe zu den Kindern war, weil er sexuell nicht leidenschaftlich genug mit ihr verkehrte. Tom wiederum schlief seltener mit Myra, weil sie, seit die Kinder da waren, eine Enttäuschung für ihn geworden war. Sie entsprach nicht seiner Vorstellung von einer ›guten Mutter‹. Ihr Nörgeln ›schaltete‹ ihn völlig ›ab‹, weil es starke Erinnerungen an häßliche, zornige Gefühlserregungen aus seiner Kindheit weckte. Seine Mutter hatte ebenso genörgelt und seinem Vater alle Schandtaten von ihm berichtet, wofür er jeden Samstagmorgen Prügel von seinem Vater bezog.

Myra war außerdem darüber erbittert, daß ihr Mann, seit die Kinder da waren, ihrer Meinung nach aufgehört hatte, sie zu lieben. Sie bildete sich ein, er glaube, sie liebe die Kinder mehr als ihn und habe ihn nur benutzt, um einen Vater für ihre Kinder zu haben, die nun ihr Stolz und ihre Freude seien und sie ausschließlich erfüllten. Deshalb glaubte sie, daß er eifersüchtig auf ihre Liebe zu den Kindern sei und sie dafür bestrafe, indem er ihr seine Liebe vorenthalte: »Er will mich mit niemandem teilen.«

In unserer Trainingsgruppe brach diese Spirale von Mißverständnissen zusammen, als die Tatsachen ans Licht geholt wurden. Mit Hilfe von Methoden, die im nächsten Kapitel besprochen werden, lernten es die Robinsons, sich aufrichtig über ihre wahren Gefühle, Wünsche und Erwartungen auszusprechen. Das Thema ›die Kinder an die Leine nehmen‹ tauchte nie wieder auf. Dieses Problem wurde spontan von dem einen oder anderen Partner geregelt, wie es die Situation gerade verlangte.

Ein anderer beliebter Weg, aggressive Gefühle abzureagieren, ist der, sie als ›unvernünftig‹ im eigenen Leben zu verdrängen, sie aber dennoch zu äußern, indem man sie auf *Symbole* richtet (projiziert), etwa auf Präsident John F. Kennedy, Senator Robert F. Kennedy, Pastor Dr. Martin Luther King – oder auf die anonymen gesichtslosen Gruppen: etwa auf die Halbstarken, die Gangster oder auf andere Verbrecher, auf die Vietkong und andere ›Feinde‹. Diese Projektion

der Feindseligkeit versetzt politische Führer letztlich in die Lage, der katastrophalsten Form der Aggression zu verfallen: dem Krieg.
Nicht, daß Politiker die einzigen wären, die eifrig dabei sind, die menschliche Aggression zu manipulieren. Vertreter der jüdisch-christlichen Religionen drängen die Menschen, die Aggression ›wegzubeten‹. Psychiater haben versucht, sie durch Analyse oder durch Rationalisierung zu beseitigen. Verfasserinnen von Gesellschaftsspalten in den Zeitungen und andere Vorkämpfer der guten Sitte hätten es gern, wenn man sie weglächelte. Nichts davon hat funktioniert, und die Gründe dafür sind überaus logisch. Ärger und Zorn sind Teil der Persönlichkeit – wie der Geschlechtstrieb. Sie lassen sich projizieren, kanalisieren, modifizieren oder verdrängen. Aber sie verschwinden nie. Deshalb bemühen wir uns, die Menschen dazu zu bringen, die Aggression anzuerkennen und sie so weitgehend zu entgiften, wie die menschliche Unzulänglichkeit dies erlaubt.
Wir sind überzeugt, daß die Unfähigkeit, mit persönlichen Konflikten fertig zu werden, der Krise zugrunde liegt, von der die Struktur der Familie bedroht wird. Die Verständigung zwischen Kindern und Eltern ist im Begriff zusammenzubrechen. Immer mehr junge Menschen ›schalten um‹, indem sie in die Welt der Rauschgifte oder anderer kurzlebiger emotionaler Reize ausweichen. Jede dritte amerikanische Ehe endet mit einer Scheidung. In dem größten und ›fortschrittlichsten‹ Staat der USA – in Kalifornien – weist die Statistik schon beinahe unglaubliche Zahlen auf: eine von zwei Ehen scheitert.
Millionen von anderen Ehepartnern leben zwar weiter physisch und legal zusammen, sind jedoch gefühlsmäßig getrennt. Verkümmerung, Langeweile, gelegentliche Untreue und verlogene Fassaden ›um der Kinder willen‹ sind keine Ausnahmen mehr. Niemand weiß, wie viele Ehepaare sich gefühlsmäßig bereits voneinander getrennt haben. Dagegen wissen wir, daß Millionen von Ehemännern und -frauen in Kartenhäusern leben, die nur noch von der Phantasie oder von gesellschaftlichem, religiösem, wirtschaftlichem oder gesetzlichem Zwang zusammengehalten werden – oder von der Furcht vor der Veränderung.
Die Philosophen sagen, der moderne Mensch sei entfremdet, in Einsamkeit gefangen und dennoch demjenigen gegenüber, der ihm zu nahe kommen könnte, feindlich eingestellt. Dieser Entfremdung geben sie die Schuld an den Ängsten der meisten Menschen, an dem deutli-

chen Mangel an echter Menschlichkeit. Doch die Philosophen haben das Problem auf den Kopf gestellt. Es ist nicht die Entfremdung, die unerträglich wird. Es ist die Intimität.
Wir sind in eine psychische Eiszeit eingetreten. Abgesehen von gelegentlichen Ausbrüchen der Wärme, häufig angeheizt von einer sexuellen Begegnung nach ein paar Gläsern Alkohol, verschwindet die Intimität aus dem zivilisierten Leben des Westens. Nähe ist zu einem Paradox geworden: Man sehnt sie herbei, aber sie wird immer unerträglicher. Ohne die süßen Betäubungsmittel des Spielens fremder Rollen, der Libido oder des Alkohols gelingt es vielen Menschen heute nicht mehr, sich gegenseitig zu finden oder zu ertragen. Beständige Nähe zwischen Mann und Frau, Eltern und Kind, Freund und Freund ist in Gefahr auszusterben. Wir sind überzeugt, daß diese schweigende private Bedrohung die Kultur ebenso ernsthaft gefährdet wie die öffentlichen Bedrohungen durch Atombomben, Automation, Verstädterung und andere, über die unaufhörlich gesprochen wird.
Weshalb geschieht das gerade in der heutigen Zeit? Auch hier liegen die Antworten so deutlich auf der Hand, daß es leicht ist, sie zu übersehen. Es ist noch gar nicht so lange her, daß die Familie keine kleine Einheit, sondern ein Stamm war. Menschen desselben Stammes hatten ständig engen Kontakt miteinander. Jeder kannte jeden. Es gab weniger Möglichkeiten zur Zurückgezogenheit, aber mehr Gelegenheit, Versagen und Unglück mit den anderen zu teilen, Aufmerksamkeit und Hilfe von befreundeten Menschen zu erhalten. Die Dinge, auf die es im Leben ankommt, waren sichtbarer und leichter zu verstehen. Heute ist, wie jeder weiß, die Familie aufgespalten. Wir nehmen kaum noch an Ereignissen teil; wir *reden* nur darüber. Und das Reden ist zum großen Teil zu einer Spezialistensprache geworden, die nur noch andere Spezialisten verstehen. Welche Frau kann denn schon an den Freuden und an den Magengeschwüre erzeugenden Sorgen eines Ehemannes teilhaben, der von seiner Arbeit als Raketenforscher nach Hause kommt?
Diese Tendenzen haben die einzelnen zu Gesichtern in einer ›einsamen Masse‹ gemacht, die Eigenleben und Selbständigkeit als den angeblich idealen Weg anbeten, mit intimen Problemen fertig zu werden. Deshalb ist die Ehe mehr denn je zu einem geschlossenen Kreis geworden. Die Bürde, die Ehepartner und Liebende zu tragen haben, ist schwerer; sie müssen lebenswichtige Funktionen (Reagieren, Teilnehmen usw.) erfüllen, die früher Aufgabe von mehr als einer Person waren.

Kein Wunder, daß die geschlossenen Stromkreise so vieler Ehen überlastet sind und daß Ehepartner sich gegenseitig ausschalten und Spiele miteinander spielen.
Als Dr. Eric Bernes Buch *Spiele der Erwachsenen* unaufhaltsam zu einem Beststeller wurde, waren Verlagsfachleute überrascht. Das hätte nicht sein dürfen. Amerikas und auch Europas Wohn- und Schlafzimmer sind voll von Partnern, die zu schwach, zu ängstlich oder nicht ausreichend unterrichtet sind, um echte Begegnungen mit ihren angeblichen Intimpartnern zu ertragen. Sie erkannten ihre eigenen Tarnrituale in Dr. Bernes etwas zynischen und überkecken, im wesentlichen jedoch akkuraten Beschreibungen wieder. Man denke nur an ›Tumult‹, jenen sinnlosen Streit, der von einem Ehemann oder einer Ehefrau am frühen Abend provoziert wird, nur um später den Geschlechtsverkehr zu vermeiden. Das ist geradezu zum nationalen Zeitvertreib geworden. Ebenso steht es mit den Ehespielen »Wenn du nicht wärst« und »Du siehst, ich gebe mir wirklich die größte Mühe«.
Dr. Berne leistete den Spielern einen wertvollen Dienst, weil er ihnen deutlich klarmachte, was sie taten. Doch wir meinen, daß er allzu pessimistisch in der Einschätzung ihrer potentiellen Fähigkeiten war, die Masken abzulegen und wahre Menschen zu werden, die sich zur Intimität durchzuringen vermögen.
Unsere eigene klinische Erfahrung deutet darauf hin, daß die meisten Paare nur allzugern bereit wären, mit diesen Spielen aufzuhören. Häufig genug begreifen sie, daß ein so getarntes Leben unnötig ermüdend und angsterzeugend ist. Spieler dieser Art wissen nie recht, ›woran sie sind‹. Je geschickter sie sind, desto weniger wissen sie es, weil es ihr Ziel ist, ihre Motive zu verheimlichen und ihre Partner durch Tricks dazu zu bringen, irgendwelche Dinge zu tun. Das Leben des Spielers ist mit Unsicherheiten belastet, und die Menschen sind schlecht dazu geeignet, Unsicherheit zu ertragen.
Leider kann man Spielern nicht einfach befehlen: »Hört auf mit diesen Spielen!« Es muß etwas Besseres an ihre Stelle treten, um die Leere auszufüllen. Menschen müssen irgendwie mit ihren Emotionen fertig werden, besonders mit den Aggressionen. (Diese Spiele sind, genaugenommen, Aggressionen, die den Wunsch tarnen, einen Partner auszubeuten, zu manipulieren oder zu schwächen, ihn ›übers Ohr zu hauen‹.)
Konstruktives Streiten schafft ein spielfreies Leben. Es ist eine befreiende, schöpferische Alternative, die funktioniert. Seit wir das Streit-

training eingeführt haben, ist der Prozentsatz der Versöhnungen unter den problematischen Ehepaaren in unserem Institut deutlich angestiegen. Spätere Untersuchungen weisen darauf hin, daß die meisten unserer ehemaligen Lehrgangsteilnehmer ein sehr viel befriedigenderes (wenn vielleicht auch geräuschvolleres) Leben führen als vorher. Und für die tragischsten Opfer unserer psychischen Eiszeit, die Kinder, ist der Nutzen nicht abzuschätzen. Für sie ist das Gefühl der echten Wärme in der Familie ebenso wichtig wie Essen und Trinken. Wenn das ›Nest‹ kalt wird oder zerfällt, dann können die Kinder nur unter ungeheuren Schwierigkeiten aufwachsen. Besonders kleine Kinder gedeihen bei Intimität und verhungern emotionell, wenn sie sie nicht teilen und lernen können. Wir sind der Ansicht, daß die Vernachlässigung der Intimität und das Fehlen intimer Modelle in vielen Familien die Hauptschuld an der heutigen ›Kluft zwischen den Generationen‹ trägt. Kinder, die ohne Nestwärme aufwachsen müssen, werden möglicherweise nie den Wunsch haben, ein solches Nest selbst zu bauen oder zu schützen.

Für Intimpartner besteht der reichste Lohn eines richtig behandelten Konflikts oft im Nachgeben nach dem Streit. Jede intime Beziehung setzt eine gewisse Bereitschaft voraus, das eigene Interesse zurückzustellen, wenn es zu dem des Partners in Widerspruch steht. Jeder weiß, daß das Geben und Nehmen bei dem Versuch, mit einem anderen auszukommen, häufig bedeutet, daß man den eigenen Willen den Wünschen des anderen unterordnet. Das ist niemals leicht, weil der psychische Preis des Nachgebens einem anderen gegenüber einen Verlust (wie vorübergehend und partiell er auch sein mag) an eigener Identität bedeutet. Realistisch gesinnte Intimpartner meinen, es sei ein geringer Preis, solange er Teil eines gerechten wechselseitigen Prozesses sei und zu besseren Beziehungen führte.

Der höchste Gewinn des Nachgebens besteht in dem großartigen Gefühl des Wohlbefindens, das sich einstellt, wenn man einen geliebten Menschen glücklich macht. Deshalb ist es so köstlich, seine Ehefrau oder seinen Ehemann zum Lachen zu bringen. Es erklärt auch, weshalb ›es besser ist, zu geben als zu nehmen‹. In der wahren Intimität ist es wirklich so. Und das ist ein weiterer Grund, weshalb es sich lohnt, um die Intimität zu kämpfen.

II. Streiten für (und gegen) die Intimität

Die meisten Menschen sind skeptisch eingestellt, wenn sie zur ersten Konsultation bei uns erscheinen. Sie können weder im Streit *noch* in der Intimität einen besonderen Sinn für sich sehen. Einige finden unsere Vorstellungen sogar abstoßend. Eine Besucherin z. B. wollte nicht einmal zur ersten Trainingsstunde bleiben.

Wir erkannten sie sofort. Sie war eine attraktive, wohlhabende junge Frau, Mutter von drei Kindern, und ihr Bild erschien häufig auf den Gesellschaftsseiten der Zeitungen. Sie war zweimal geschieden und im Begriff, eine dritte Ehe einzugehen. Doch nun kamen ihr Zweifel, ob es ihr jemals gelingen würde, eine intime Beziehung aufrechtzuerhalten.

Als wir ihr erklärten, daß unsere Beratungen zur Intimität führen, indem wir die Klienten lehren, wie sie mit Konflikten fertig werden können, wurde sie unwillig. »Ich bin hierhergekommen, um zu lernen, wie man liebt«, sagte sie, »nicht, wie man sich streitet.« Und damit stürmte sie aus dem Sprechzimmer.

Die meisten unerer Klienten sind nicht so prominent, aber auch nicht so unvernünftig. Es sind Hausfrauen, Sekretärinnen, Geschäftsleute und Vertreter akademischer Berufe. Sie werden von Hausärzten, Psychiatern, einsichtigen Scheidungsanwälten, dem berühmten Versöhnungsgericht von Los Angeles oder von Freunden an uns verwiesen. Doch wenn wir dann vorschlagen, daß ein Paar in eine unserer Streittrainingsgruppen eintreten soll, ernten wir gewöhnlich Spott oder Schlimmeres.

»Die Leute dort sind verrückt«, wird dann gesagt. Einige Paare lachen über die Vorstellung, daß ausgerechnet sie lernen sollen, miteinander zu streiten. Doch gleichzeitig reizt es sie. Und wahrscheinlich können sie der Versuchung nicht widerstehen, die Sache einmal zu probieren. Denn wenn ein Ehepaar hilfesuchend zu uns kommt, ist das immer ein Zeichen dafür, daß beide bereit sind, wenigstens etwas zu ändern.

Wenn sie dann tatsächlich erscheinen, haben sie gewöhnlich einen Geheimpakt miteinander geschlossen, gewisse wichtige, aber peinliche Tatsachen nicht zu erwähnen, anstatt völlig offen zu sein, wie es unsere

Regeln fordern. Wir haben gelernt, solche Verträge zu ignorieren. Der Druck der Gruppe bringt solche Geheimnisse fast stets ans Licht, und schließlich ist ein solches Abkommen häufig seit Jahren der erste Schritt zu wahrer Intimität, den das Paar getan hat.

Die meisten halten es für widersinnig, daß Intimität gelehrt werden muß. Wir weisen sie darauf hin, daß Intimität kein Geburtsrecht oder Talent ist wie etwa das absolute Gehör. Vermutlich ist sie die kultivierteste unter den Fähigkeiten der Menschen. Außerdem ist Intimität eine bewußte Entscheidung. Der Mensch muß intim sein wollen. Intimität läßt sich erst erreichen, wenn die Intimpartner sich aneinander reiben. Es wäre ein Irrtum, wenn man die phantastisch hohe Scheidungsziffer in den Vereinigten Staaten als Flucht vor der Intimität interpretieren wollte. Sie spiegelt vielmehr geradezu einen *Hunger* nach Intimität wider. Die meisten Paare trennen sich, weil sie die Intimität, nach der sie sich sehnen, nicht finden oder weil sie es nicht ertragen, ohne jene Intimität zu leben, die sie, wie sie spüren, einmal besessen haben.

Die Scheidung und die gewöhnlich folgende Wiederverheiratung zeigen, daß Menschen zwar widersprüchliche Ansichten im Hinblick auf die Belastung im intimen Leben haben, daß sie jedoch trotzdem entschlossen sind, es immer wieder zu versuchen. ›Entschlossenheit‹ ist hier kein zu starkes Wort. Der Anteil der ledigen Erwachsenen an der Bevölkerung nimmt ständig ab und wird zu einer immer kleineren Randgruppe von eingefleischten Einzelgängern. Vor fünfzig Jahren blieb etwa ein Fünftel der Bevölkerung ständig unverheiratet. Jetzt haben alle Frauen bis auf 6,5% und alle Männer bis auf 7% mindestens einmal geheiratet. Tatsache ist, daß Geschiedene ausgesprochene Heiratstypen sind.

Überwiegend sind sie irregeleitete Idealisten, die sich nach süßer, wenn auch leerer Harmonie sehnen statt nach einer ehrlichen Beziehung, in der die normalen Feindseligkeiten jedes Partners ein Ventil finden, damit es im Lauf der Jahre mehr Liebe und Verständnis und nicht weniger gibt. Es ist fast eine Ironie, daß die bloße Vorstellung von ›Intimität‹ wie auch der Begriff der ›Aggression‹ verdächtig, ja sogar anstößig sind, und die Paare in unseren Kursen haben uns den Grund dafür gezeigt.

Viele halten Intimität für geistlos und berechenbar und zitieren die Redewendung: »Vertrautheit züchtet Verachtung.« In dieser Ansicht spiegelt sich das Zeitalter der Ersatzbefriedigung wider. Wie Ersatz für vieles andere ist auch Intimitätsersatz beliebt geworden. Pseudo-Intime tragen Masken und spielen Spiele. Ihre Ehe wird tatsächlich vorhersehbar und langweilig. Die Partner können schließlich genau voraussagen, wie der andere sich in bestimmten Situationen verhalten wird.

Wahre Vertrautheit dagegen bleibt ständig faszinierend, weil der menschliche Geist auf jede Situation eine unendliche Vielfalt von Antworten geben kann und das auch tut. Kinder zeigen dieses wunderbare Einfühlungsvermögen, bevor die Eltern ihnen beibringen, sich vor Offenheit und Durchsichtigkeit zu hüten. Es ist nicht verwunderlich, daß wir die Erwachsenen lehren müssen, auf diese Wachsamkeit zu verzichten, mindestens im Umgang mit geliebten Menschen.

Die Intimität ist aber auch noch aus anderen Gründen verwirrend. Die Menschen neigen dazu, sie mit dem Geschlechtsverkehr gleichzusetzen, obwohl die beiden Begriffe keineswegs etwas miteinander zu tun haben müssen. Oder sie glauben sogar, Intimität sei, wenn man vom anderen geschluckt werde. Und tatsächlich ist das Verschlungenwerden eine Gefahr für Intimpartner, aber nur dann, wenn sie nicht richtig zu streiten verstehen. Nichtstreiter können leicht von ihrem Partner überwältigt werden. Konstruktive Kämpfer dagegen kann man nicht ›über den Haufen rennen‹. Bei ihnen wirken die Aggressionen als Selbstschutz, die übrigens noch eine weitere nützliche Funktion haben: So paradox es auch scheinen mag, wir haben entdeckt, daß Feindseligkeit gerade *die* Gefühlsregung ist, die die Intimität möglich und erträglich macht!

Wie wirkt dieser Prozeß?

Kluger Streit reguliert die Intensität der intimen Verbundenheit, indem er gelegentlich eine Befreiung von ihr bewirkt. Er macht die Intimität steuerbar. Streiten ermöglicht es den Partnern, die ›optimale Distanz‹ voneinander festzustellen – die Entfernung also, in der man sich zwar noch nahe genug ist, um sich nicht ›im Stich gelassen‹ zu fühlen, die einem jedoch andererseits ermöglicht, sich mit seinen eigenen Gedanken und autonomen Tätigkeiten zu beschäftigen, ungestört von Übergriffen des andern.

Fast niemand ist sich klar darüber, daß mancher Streit nur das eine Ziel hat: »Halte Abstand!« Diese scheinbar rätselhaften Zusammenstöße finden besonders häufig nach dem Geschlechtsverkehr statt.

Viele Paare erzählen uns, daß am Morgen nach einer besonders befriedigenden Liebesbegegnung häufig ein Streit ›um nichts‹ ausbreche. Der Mann steht auf und findet keine saubere Unterwäsche. Oder

der Kaffee ist zu dünn. Oder die Kinder sind zu laut. Oder die Frau beschwert sich, daß der Mann den Wagen nicht in die Garage gestellt hat. Oder sie verleiht lautstark ihrem Wunsch Ausdruck, daß er beim Frühstück *einmal* ein freundliches Wort sage. Jedenfalls wird er ärgerlich, die Frau wütend. Er brummt. Sie geht in die Luft und erinnert ihn daran, daß sie sich nicht nur Mühe gegeben habe, ihm die vergangene Nacht besonders angenehm zu machen, nein, sie habe in letzter Zeit auch noch *dies* für ihn und *das* für ihn getan – weshalb er nur ein so undankbares, übelgelauntes Scheusal sei?

Dies ist ein Fall aus einer nie endenden Serie von Auseinandersetzungen, die den Partnern dabei helfen, ihre ›optimale Distanz‹ – den psychischen Abstand – voneinander zu finden oder wiederherzustellen, bei der sie sich am behaglichsten fühlen. Unbewußt lösen sie diesen Streit aus, um herauszufinden, wie nahe der eine dem anderen kommen kann, ohne daß dieser das Gefühl hat, verschlungen zu werden, und wie weit er andererseits abrücken kann, ohne daß sich der andere zurückgewiesen fühlt.

Als wir erst einmal gelernt hatten, diese Arten von Streit korrekt zu interpretieren, rieten wir unseren Kursteilnehmern, sich nicht darüber zu beunruhigen. Wir mahnten unsere Klienten auch, nicht neidisch zu werden, wenn jemand von einem anderen Paar sagt: »Wissen Sie, die beiden stehen sich sehr nahe.« ›Optimale Distanz‹ – oder ›optimale Nähe‹ – wie man will – ist das ideale Ziel. Nicht extreme Nähe. Natürlich mag das, was für den einen Partner optimal ist, dem anderen unbehaglich erscheinen. Doch dieser Unterschied läßt sich ausgleichen, und wir lehren unsere Kursteilnehmer, wie sie diese natürliche Ungleichheit messen – und wie sie den anderen dafür entschädigen – können.

Eine amüsante, aber recht nützliche Hausaufgabe beginnt damit, daß die Partner ein Gespräch anfangen, während sie sich in einem Abstand von fünf Metern gegenüberstehen. Wenn sie weitersprechen, geht Partner A auf Partner B zu, bis sie sich körperlich berühren. Dann geht Partner A langsam zurück, bis er die Entfernung gefunden hat, in der ihm das Gespräch angenehm ist. An diesem Punkt bleibt A stehen, und die Partner messen den Abstand zwischen sich mit einem Maßband. Das Experiment wird wiederholt, wobei Partner B das Vorwärtsgehen und Zurückweichen übernimmt. Fast immer unterscheiden sich die Abstände, die jeder der beiden Partner für optimal hält, voneinander. Diese Messungen sind zwar ungenau, geben jedoch einen Hinweis

darauf, welchen Grad von Nähe der einzelne erträgt. Der Partner, der mehr Distanz braucht, um sich wohl zu fühlen, ist im allgemeinen auch der, der den Streit um die ›optimale Distanz‹ beginnt.
»Komm mir nicht zu nahe!« Das ist die Nachricht, die er signalisiert. Jeder Intimpartner sendet von Zeit zu Zeit ein solches Signal, weil wahre Intimität ein Zustand der Verbundenheit ist, der sich gelegentlich als unerträglich erweist. Wir raten den Paaren, diese Ermüdung ernst zu nehmen und die Grenzen des Partners zu studieren. Es ist nicht klug, von seinem Partner mehr zu erwarten, als er seiner Wesensart nach zu geben in der Lage ist.
Also veranlassen wir die Kursteilnehmer, selbst Distanzierungsmethoden zu entwickeln. Wenn sie häufig um die ›optimale Distanz‹ streiten, könnten sie es z. B. ratsam finden, einen Urlaub gemeinsam mit einem anderen Paar zu verbringen, um dadurch die intimen Kontakte zu mildern; oder sie könnten getrennt in Urlaub fahren, wobei jeder Partner einen Teil der Kinder mitnimmt.
Doch gewöhnlich lösen sich Probleme der ›optimalen Distanz‹ dadurch, daß sich einer der Partner zu Hause hin und wieder in die Einsamkeit zurückzieht. Wir nennen diese Pausen ›auftanken‹. Manche richten sich etwa eine private Musikecke ein, wo sie Beethoven oder die Beatles hören und dabei neue Kräfte sammeln können. Andere meditieren über einem Buch oder über der Briefmarkensammlung. Unsere Kursteilnehmer wissen, daß sich keiner schuldbewußt oder verärgert zu fühlen braucht, wenn ein Partner (bildlich oder bisweilen auch buchstäblich) ein Plakat aufstellt: »Bitte, nicht stören – tanke auf!« Der auftankende Partner legt nur eine Pause ein, damit die Intimität auf die Dauer besser funktioniert. Nach dem überholten romantischen Ehemodell mag es ›ungehörig‹ sein, die Zugbrücke hinter sich hochzuziehen und sich in der Festung Ich zu verschanzen. In der realistischen Intimität ist es notwendig und wünschenswert, solange es keine Tarnung für ein bewußtes Sichabkapseln ist.
Wir würden uns und unsere Leser täuschen, wenn wir behaupten wollten, daß in der Intimität irgend etwas ständig gleichbliebe. Das ist nirgends im Leben der Fall. Das Leben des Ehemannes mag sich z. B. inhaltlich nicht ändern, wenn das letzte Kind zum Studium aus dem Haus geht; aber das Leben der Frau ändert sich grundlegend, und deshalb sollten die intimen Beziehungen dieses Paares neu ausgehandelt werden. Vielleicht sollte sich der Ehemann bereit finden, weniger häufig aufzutanken. Vielleicht sollte er die Frau ermutigen, einen Beruf

auszuüben, das Studium wiederaufzunehmen oder sich mit Politik zu beschäftigen. Das Entscheidende dabei ist, daß man Situationsveränderungen am besten mit aggressivem Nehmen und Geben auffängt. Es gibt keinen besseren Weg, um Probleme aufzuspüren und neue Lösungen zu finden.

Noch vor reichlich zehn Jahren war die Eheberatung in unserem Institut weit weniger differenziert. Wir arbeiteten nach konventionellen Regeln und mit konventionellen Ergebnissen. Die Aggression wurde als Auswuchs einer elementaren Frustration und des Selbsthasses angesehen und deshalb als ›schlecht‹ bezeichnet. Wir betonten Verständnis, Wärme und positive Rücksichtnahme auf den Partner. Wir versuchten, Versöhnungen dadurch zu erzielen, daß wir uns bemühten, Gebiete konfliktfreier Beziehungen zu erhalten und den ›häßlichen‹ Schlachtfeldern auszuweichen.

Während der nun folgenden Jahre studierten wir immer wieder sorgfältig die Feindseligkeiten zwischen Jim und Nancy und dachten noch einmal über viele Auseinandersetzungen zwischen Ehepaaren nach, die sich um Rat an uns wandten. Wir waren bestürzt über die unendliche Vielfalt von Streitfragen, die man mit Kämpfen zu verdrängen suchte. Es gibt gute Gründe, weshalb die Intimität neben so vielen anderen Dingen heutzutage bedauerlich unmodern ist. Es gibt für sie wenige Modelle. Kinder erleben sie selten zu Hause. Viele unserer Helden besitzen keine Möglichkeit zur Intimität, sondern sind Vagabunden, unbeschwerte, unbelastete Egozentriker, von sich selbst überzeugte und angetriebene James-Bond-Figuren – angeblich frei, auf dem Markt zu operieren und dort gute Geschäfte abzuschließen, bei denen sich keiner um den ganzen Menschen kümmert, sondern lediglich darum, wie er den besten Gewinn aushandeln kann.

Filme, Romane und das Fernsehen zeigen immer wieder zerbrochene Familien, zerbrochene Träume und Zynismus – das Versagen der Intimität. Das Leben in einer Organisation – ob als hervorragende Gastgeberin oder als rasch vorankommender Streber in der Firma – bringt Status, Gruppenidentität und gewöhnlich auch Geld ein; und solcher Lohn scheint attraktiver zu sein als die nur unklar begriffenen Vorteile der Intimität. Kein Wunder, daß die Menschen in gefühlsmäßiger Hinsicht konservativ werden. Sie fragen sich: Weshalb überflüssige Risiken eingehen? Ihnen erscheint die Intimität wie der Kauf einer risikoreichen Aktie: hübsch, wenn man gewinnt, katastrophal, wenn man verliert – deshalb läßt man es lieber.

So verwandeln sich manche Einzelgänger in ›Playboys‹, die die Intimität den ›Philistern‹ überlassen und selbst im sexuellen Disneyland umhertollen. Andere finden Ersatz in ihrem übertriebenen Interesse an Autos, Kartenspielen, Tennis, raffinierten elektrischen Werkzeugen im Hobbyraum, Plattensammlungen, Rennbahnen; und wieder andere suchen Zuflucht in einer Gruppe, in der sie untertauchen können, im Heimatverein oder in einer politischen Partei, in der Gesellschaft zur Resozialisierung von Trinkern oder auch im örtlichen Fußballverein.

Es gibt Menschen, die unter der Intimität leiden: Universitätsprofessoren, Raketeningenieure und Organisationsleiter, die sich zu Hause den Marionettenbewegungen der Pseudointimität unterziehen, aber ihre wirkliche Freude in der Arbeitshierarchie außerhalb des Hauses finden. Schließlich gibt es die wahrhaft Entfremdeten, die Ersatz in Phantasieverbindungen suchen – vielleicht auf dem Fernsehschirm, bei der Flasche oder beim Rauschgift – oder deren Frustrationen ein Ventil in Demonstrationen, Gewalttätigkeiten oder politischen Attentaten finden.

Alle Einzelgänger müssen sich mit dem gleichen persönlichen Dilemma auseinandersetzen. Sie versuchen, psychisch allein zu leben und die Belastung der Isolierung zu ertragen, anstatt sich einem anderen Menschen anzuschließen und dafür die Belastung der Intimität auf sich zu nehmen. Nominell sind die meisten Einzelgänger mit irgendeinem Menschen verbunden. Sie haben vielleicht eine feste Freundin oder sind verheiratet. Aber sie können es nicht ertragen, gefühlsmäßig abhängig zu sein. Sie sind nicht wahrhaft beteiligt. Sie verabscheuen Spannungen und persönliche Feindseligkeiten. Der wahre Einzelgänger würde eher sterben als streiten.

Wir sind selten einem glücklichen Einzelgänger begegnet. Die meisten sind zynisch oder arrogant oder traurig und resigniert: Flüchtlinge aus falschen Paradiesen. Und sie wissen nicht, daß es ausgesprochen gefährlich ist, ein Einzelgänger zu sein. Niemand steht ihm nahe genug, ihn vor vernunftwidrigen Phantasien oder Idealen zu schützen. Statt intimer Partner besitzt er Bekannte. Diese Kontakte sind so oberflächlich, daß ihm dabei nichts abverlangt wird; es fehlt an der Autorität, die dem Einzelgänger Kritik und die Perspektive der Realität bietet. Niemand kennt ihn gut genug, um ihn zu beurteilen, zu rühmen oder zu verurteilen. Tragischerweise neigt der Einzelgänger, der nicht in ernsten Konflikt mit Gesellschaft und Gesetz gerät, dazu, ein Opfer bösartiger Selbstkritik zu werden. Seine Angriffe auf sich selbst werden gefährlich bis zum Selbstmord. Ein guter Freund könnte da als Prellbock wirken, wenn er sagte: »Hör auf mit dieser Selbstkastration! Du kannst es ausfechten, indem du mit mir streitest. Das Streiten mit sich selbst ist ein deprimierendes, gefährliches und selbstzerstörerisches Geschäft.« Aber Einzelgänger haben eben keine Freunde.

Eine zeitweilige Lösung für Menschen, die nicht mit dem Problem der menschlichen Nähe fertig werden, besteht darin, synthetische Intimität in Form von Psychotherapie in Anspruch zu nehmen. Doch viele gefühlsmäßig bedürftige Menschen versagen sich selbst diese Form der Ersatzfreundschaft, weil es nach Ansicht vieler Leute ›krankhaft‹, ›verrückt‹ ist, einen Psychotherapeuten zu konsultieren. Wie ungerecht ist diese Etikettierung! In unserem Institut besuchen uns tatsächlich einige ›psychiatrisch kranke‹ Menschen; wir behandeln sie individuell und als Patienten. Doch der typische Klient ist lediglich gefühlsmäßig hungrig, voller Sehnsucht nach Intimität, auf der Suche nach einer ›Umarmung‹, die ihn nicht verschlingt.

Wenn Partner, die Intimität wünschen, tatsächlich Psychiater, Psychologen oder Eheberater um Hilfe bitten, suchen sie häufig genug vergebens. Die Patienten werden vielmehr mit verschwommenen Begriffen über die ›Kunst der Liebe‹ oder mit mechanischen Vorschlägen über die Technik der körperlichen Liebe belehrt. Sogar die wenigen Privilegierten, die Geld, Zeit und Lust haben, mit Hilfe von Psychoanalyse in das eigene Innere hinabzutauchen, lernen meist nur wenig darüber, wie sie mit einem Partner leben können. Viele Partner entfernen sich im Gegenteil während der Analyse oft genug weiter voneinander und werden um so stärker ichorientiert, je länger sie das raffinierte psychoanalytische Spiel der Selbstbeschau treiben, durch das sie häufig genug ihr eigenes Schoßtier werden.

Ein Teil des Problems mag beim Therapeuten, nicht beim Patienten liegen. Viele Psychotherapeuten sind im Herzen selbst Einzelgänger. Sie schreiben Bücher über die ›Kunst der Liebe‹ und über die ›kreative Ehe‹, aber das persönliche Leben vieler dieser Experten ist das Musterbeispiel eines psychologisch ›kultivierten‹ Einzelgängers, der lediglich auf seine eigene Weiterentwicklung aus ist. Der modische Ausdruck für dieses selbstsüchtige Bemühen lautet ›Selbstverwirklichung‹. Viele Therapeuten betonen die Autonomie so leidenschaftlich, daß sie ungeeignet für die Rolle sind, anderen Menschen dabei zu helfen, zusammenzubleiben. Und die Scheidungsziffer unter diesen Ärzten ist peinlich hoch.

Eine noch ernstere Schwierigkeit bei vielen Therapeuten ist ihr grundsätzlicher Mangel an Verständnis, wenn Ehepartner klagen, daß sie ›weder mit noch ohne den andern‹ leben können. Traditionellerweise glauben Psychiater, daß Schwierigkeiten im Zusammenleben von Ehepaaren nur oberflächliche Symptome sind, die tiefverwurzelte Probleme *im Innern eines jeden einzelnen Partners* widerspiegeln. In der Ehe projiziert der eine Partner nach dieser Theorie seinen Selbsthaß auf den anderen. Ein problematisches Paar wird deshalb diagnostiziert als zwei kranke, nicht zueinander passende Einzelpersonen, die traditionellerweise von zwei verschiedenen Psychiatern behandelt werden.

Den Partnern selbst sagt man dann etwa: »Hier handelt es sich deshalb nicht um ein Eheproblem, weil eure Schwierigkeiten als Paar von tiefer liegenden Ursachen herrühren. Einer von euch (oder ihr beide) ist als Individuum im Innern emotionell zu sehr gestört, zu unreif und vielleicht zu narzißtisch, als daß ihr die Belastungen und Anspannungen, das Geben und Nehmen der Intimität bewältigen könntet.«

Dann kommt der beschwerliche archäologische Prozeß, in jedem Partner die Quellen vergangener und gegenwärtiger Ressentiments auszugraben. Am Ende sollte dann nach dieser Tradition ruhiges, wechselseitiges Verständnis an die Stelle der Aggression treten, die nicht als natürlich, sondern als unvernünftig betrachtet wird und von der man deshalb glaubt, sie lasse sich beseitigen. So steckt die traditionelle Psychiatrie oft unter einer Decke mit der beliebtesten Ausrede eines Paares: Einer schiebt dem andern die Schuld zu und erklärt, der andere sei zu ›krank‹, als daß man mit ihm leben könne.

Viele Ehen, die hätten gerettet werden können, erhalten auf diese Weise den Gnadenstoß, weil die Partner, die sich einer individuellen psychiatrischen Behandlung unterziehen, allzu häufig mit ihrem jeweiligen Psychiater (und manchmal mit gewissen Scheidungsanwälten) intim werden statt miteinander.

Als wir die Belastungen der Intimität bei unseren Klienten studierten, entdeckten wir jedoch, daß die meisten Probleme nicht beim einzelnen lagen, sondern in den Verwicklungen der intimen Beziehung. Es war das Intimsystem, das aus dem Gleichgewicht geraten war. Wir arbeiten also mit Paaren und Gruppen, um ihren ›Swing‹ wiederherzustellen, und wir behandeln sie keinesfalls als ›Patienten‹.

III. Der Beginn eines guten Streites

Die meisten Ehen sind chronische Beschwerdegesellschaften. Der Ehemann läßt seine Socken ständig auf dem Fußboden im Wohnzimmer liegen. Die Ehefrau verwandelt das Badezimmer dauernd in eine Wäscherei. Er vergißt stets, den Wagen zu tanken. Sie bringt immer die Zeitung durcheinander, ehe er damit fertig ist. Er reißt auf Parties ständig das Gespräch an sich. Sie ist dauernd zu müde für die Liebe. Und so weiter und so fort. Es spielt kaum eine Rolle, welcher Partner sich zum soundsovielten Male über welche Quelle ewiger Verärgerung beklagt; wenn das Paar untrainiert ist, schleppt sich die folgende Auseinandersetzung etwa folgendermaßen hin:

PARTNER A *(erschöpft)*: »Ich weiß, ich weiß, Gott, wie oft haben wir das wohl schon durchgekaut! Ich weiß, daß du es nicht leiden kannst.«
PARTNER B *(erbittert)*: »Zum Teufel noch mal, warum hörst du denn dann nicht damit auf?«
A: »Ich habe es dir immer und immer wieder gesagt! So bin ich nun einmal. Weißt du das inzwischen nicht selbst?«
B: »Gewiß. Aber ich werde mich nie daran gewöhnen, und es bringt mich auf die Palme.«
A: »Warum bleibst du mir nicht endlich vom Hals mit den ewig gleichen alten Geschichten? Was hat es denn für einen Sinn? Du weißt, daß ich mich nicht ändern kann.«
B: »Nun, ich auch nicht . . .«

Wir nennen solche Sackgassen ›Rundlaufstreit‹. Untrainierte Paare kommen von diesen deprimierenden Karussells nicht wieder herunter, weil sie der Ansicht sind: Man kann Menschen nicht ändern. Diese defätistische Einstellung ist besonders unglücklich; sie hemmt die notwendige Phantasie und die Initiative, die Partner brauchen, um neue Lösungen zu finden.
Um die Kursteilnehmer aus solchen Sackgassen herauszuholen, weisen wir sie darauf hin, daß in dieser sich so schnell ändernden Zeit die

Bereitschaft, sich zu ändern und sich von anderen ändern zu lassen, ebenso wichtig ist wie das Erwachsenwerden selbst: Sie ist ein entscheidendes Zeichen der Reife und der geistigen Gesundheit. Ein bekannter Psychoanalytiker, Dr. L. S. Kubie, erklärt es folgendermaßen: »Der Maßstab für die Gesundheit ist Flexibilität, die freie Fähigkeit, durch Erfahrung zu lernen, die freie Fähigkeit, sich mit den sich verändernden inneren und äußeren Umständen zu ändern, sich durch vernünftige Gründe, Ermahnungen durch Tadel und den Appell an die Emotionen beeinflussen zu lassen, die freie Fähigkeit, angemessen auf den Reiz von Belohnung und Strafe zu reagieren, und besonders die freie Fähigkeit, aufzuhören, wenn man satt ist.«

Veränderungen vorzunehmen ist leichter, als die meisten glauben, da die Alternativen fast zahllos sind. Man kann sein Ich ändern. Oder das des Partners. Oder die Art, wie man mit anderen verfährt. Oder das eigene Milieu (etwa indem man neue Freundschaften schließt, in ein anderes Viertel zieht oder die Verwandten weniger oft besucht).

Vielleicht braucht der Partner, der den andern ärgert, nur ein wenig taktvoller zu sein und nur dann etwas zu unternehmen, wenn der andere guter Stimmung und deshalb eher fähig ist, ›es zu ertragen‹. Oder der belästigte Partner fordert gewisse Verbesserungen in den Lebensbedingungen oder irgendeine andere Kompensation dafür, daß er sich mit der Belästigung abfindet. Oder der belästigende Partner versucht, den andern dazu zu bringen, daß er gerade an der Tätigkeit teilnimmt, die er als belästigend empfindet (Trinken, Golfspielen, Fluchen, Rauchen, In-die-Kirche-Gehen, den Geschlechtsverkehr auf eine bestimmte Weise ausüben oder was es sonst sein mag).

Es gibt Zeiten, in denen ›Rundlaufstreit‹-Rituale harmlos, ja sogar nützlich sein können. Wenn Partner nach offenen Verhandlungen zu dem Ergebnis kommen, daß eine bestimmte chronische Streitfrage in Wirklichkeit unwichtig ist, solange sie beide in anderen Angelegenheiten gut miteinander auskommen, könnten sie ein solches Ärgernis als ›Haustier‹ aufnehmen und es zu einem schnellen ›Rundlaufstreit‹ führen, sobald sie den Drang verspüren, irgendwelche aufgestauten feindseligen Gefühle loszuwerden. Doch nach unseren Erfahrungen wird man mit einer Kette von ›Rundlaufstreitereien‹ am besten fertig, indem man damit aufhört.

Wie unsere früheren Ausführungen über die Psychologie von Einzelgängern und anderen Aggressionsscheuen zeigten, gibt es auch bei Intimpartnern häufig Schwierigkeiten, sie überhaupt dazu zu bringen, in die Streitarena zu steigen. Ihre Befürchtungen machen diese Streitscheuen besonders erfindungsreich in der Kunst, allen Schlägen auszuweichen. Sie verbergen sich hinter der Zeitung oder vor dem Fernsehapparat. Sie wechseln das Thema oder werden seltsam schwerhörig. Sie sind zu müde, oder sie seufzen und sagen: »Ich möchte im Augenblick wirklich nicht darüber sprechen.«

»Jedesmal, wenn mein Mann spürt, daß ich etwas von ihm möchte oder daß ich mich über etwas in unserer Beziehung ärgere, wird er stumm«, berichtete uns die Ehefrau eines Streitscheuen. »Und wenn ich in der Frage zu aggressiv werde, verläßt er das Haus.« Ein Ehemann, der mit einer ›Taube‹ verheiratet ist, sagte: »Sie regt sich schrecklich auf und weint, wenn ich über irgend etwas ärgerlich werde – etwa darüber, daß sie meine Socken in das falsche Fach gelegt hat. Dann sieht sie mich tief betrübt an, als wollte sie sagen: ›Armer Junge, Mama sollte wirklich besser für dich sorgen!‹ Ich fühle mich dann wie ein Nörgler und werde nur noch wütender auf sie.«

Männer und Frauen können gleich tüchtig darin sein, den Partner durch ›Schweigen‹ zu strafen – und gleich unfähig, damit fertig zu werden. Einige Partner betrachten das Schweigen des andern als Einverständnis und reden sich ein, daß ›keine Nachricht gute Nachricht‹ sei. Andere bewundern einen ›starken schweigsamen Typ‹ wegen seiner Stärke und fühlen sich unterlegen und schuldbewußt, weil sie selbst nicht so viel Beherrschung aufbringen. Wieder andere nehmen ihre Zuflucht zu systematischen Nadelstichen, die bei dem schweigsamen Partner lediglich Explosionen hervorrufen, ohne daß dabei Informationen übermittelt werden. Diese Nichtstreiter finden vielleicht eine sadistische Befriedigung darin, den erbitterten Partner zu häßlichen Ausbrüchen zu reizen, die diesen töricht oder ›verrückt‹ erscheinen lassen, verglichen mit dem äußerlich ruhigen Partner, der das Schauspiel vielleicht noch genießt. Eine andere Art ungesteuerter Feindseligkeit, die furchtbare Schwierigkeiten mit sich bringen kann, ist der vulkanische Ausbruch, den wir ›Vesuvius‹ nennen. Dabei handelt es sich jedoch lediglich um Dampfablassen – ein spontanes, irrelevantes Herausbrüllen frei schwebender Feindseligkeit. Es ist der Koller eines Erwachsenen, der sich nicht unmittelbar gegen den Partner richtet, wenn dessen Anwesenheit als Publikum auch erwünscht ist. Ein ohne Ziel auf offener Straße ausbrechender ›Vesuvius‹ würde befremdete Blicke der Passanten auf sich ziehen und möglicherweise Anlaß zu einer Anzeige wegen ruhestörenden Lärms geben.

Einen schönen ›Vesuvius‹ lieferte ein von der Arbeit nach Hause kommender Ehemann, der seine Frau ohne jeden Grund anschrie: »Wenn dieser Mistkerl Jones das noch einmal macht, dann schlage ich ihn zusammen, und das gilt auch für deinen Onkel Max!« Onkel Max war seit Wochen nicht erwähnt worden; er diente hier nur als frei schwebender ›Küchenabfall‹, den man gut in den ›Vesuvius‹ mit hineinwerfen konnte.
Der ›Vesuvius‹ richtet sich niemals gegen einen Menschen, der sich im Explosionsgebiet oder in dessen Nähe befindet. Es geht dabei auch niemals um ungelöste Streitfragen zwischen den Partnern. Ebensowenig handelt es sich dabei um Dinge, gegen die der Partner, der den ›Vesuvius‹ miterlebt, etwas tun könnte. Und alles verfliegt so schnell wie ein Rauchwölkchen. Daß ein ›Vesuvius‹ nicht etwa ein Trompetenstoß ist, der ein ernsthaftes Gefecht wegen eines neuen Streitpunktes einleiten soll, davon überzeugt man sich am besten, indem man dem Ausbruch des Partners mitfühlend zuhört und danach ein Weilchen wartet, was nun wohl geschieht. Bei einem echten ›Vesuvius‹ ereignet sich nichts.
Ein Ehemann unter unseren Kursteilnehmern kam von der Arbeit nach Hause und fand einen schriftlichen ›Vesuvius‹ an die Tür geklebt. Er stammte von seiner Frau. Er lautete nur: »Es ist aus.« Der Mann regte sich erheblich auf. Er machte sich auf die Suche nach seiner Frau und fand sie sehr bald bei ihrer Freundin im Nebenhaus. Die beiden Frauen hatten in der Küche ein Glas zusammen getrunken. Als der Ehemann auftauchte, strahlte seine Frau und sagte: »Guck mal, wer da kommt!« Der Vulkan hatte ausgespuckt.
Die ungeschickteste Art, den ›Vesuvius‹ zu behandeln, ist, seine Worte für bare Münze zu nehmen und auf ihn einzugehen. Angenommen, der Ehemann brüllt plötzlich: »Jetzt nehme ich diesen lausigen, gottverdammten Rasenmäher und werfe ihn in den Swimming-pool.« Die trainierte Ehefrau würde darauf niemals erwidern: »Das bringst du gerade fertig, du Würstchen!« Sie würde vielmehr warten, bis sich der Sturm verzogen hat.
Andererseits gibt es auch in den friedlichsten Ehen Warnsignale, die man unbedingt beachten sollte. Vielleicht signalisieren sie nur kleineren Ärger. Doch wahrscheinlicher ist es, daß sie anzeigen, eine wie gefährliche Menge von Beschwerden der signalisierende Partner aufgespeichert hat. In jedem Fall sollte man diese Warnsignale genau auf das untersuchen, was hinter ihnen steckt. Hier sind ein paar Beispiele

solcher Andeutungen, die man niemals mit Schweigen oder Gleichgültigkeit übergehen sollte:
»Ich wünschte, du tätest das nicht!« Oder: »Du mußt aufhören, mich zu ignorieren!« Oder: »Treib es nicht zu weit!« Oder: »Ich wollte, du würdest dich entscheiden.« Oder: »Es macht mich verrückt, wenn du mir dauernd ins Handwerk pfuschst.«
Im Gegensatz zum ›Vesuvius‹ ist so ein Gefahrensignal überaus persönlich gemeint. Es ist die direkte Forderung an einen geliebten Menschen, weniger unausstehlich zu sein. Es ist Rauch vor dem Feuer, und zwar in einer Angelegenheit, in der der Signalempfänger etwas zu tun vermag.
Das ist der Augenblick, mit dem Prozeß zu beginnen, den wir ›aufrichtige Aussprache‹ *(leveling)* nennen. Ihre Bedeutung liegt auf der Hand: Man soll offen sein, wenn man mitteilt, wo man steht, und ebenso offen, wenn man erklärt, wohin man es zu bringen wünscht. Das ist das besondere Vorrecht von Intimpartnern, und die Offenheit sollte sich auch wie ein roter Faden durch all ihre Konflikte ziehen. Bei einem beiläufigen Bekannten oder einem Geschäftsfreund ist diese Art der ›aufrichtigen Aussprache‹ kaum der Mühe wert. Sie könnte sogar unklug sein. Bei einem geliebten Menschen jedoch erfordert die Kunst der aufrichtigen, aggressiven Aussprache sorgfältige Pflege. Wenn der intime Partner einschnappt, sobald sich der andere beklagt, ein verletztes Gesicht aufsetzt oder sich in steinernes Schweigen hüllt, kann er herausfinden, ›woran sie beide sind‹; dann kann der Streit um ein besseres gegenseitiges Verständnis beginnen.
Oberflächlich betrachtet, scheint das spielend leicht zu sein, und für manche glücklich veranlagten Menschen ist es das auch. Wenn zwei natürlich begabte Streiter miteinander verheiratet sind, braucht der eine nur zu sagen: »Nun kommt schon, was bedrückt dich denn wirklich?«, damit eine faire, Probleme lösende Auseinandersetzung beginnt. Doch manchmal kann es sein, daß der eine Partner eine solche aufrichtige Aussprache nur auszulösen vermag, indem er dem andern sehr deutlich die Meinung sagt; dabei weiß er freilich, daß es ein Akt der Liebe ist, einem Intimpartner ins Gewissen zu reden. Aber wie es auch sein mag, wahre Intimpartner haben kaum Mühe, ihre Ansichten im Streit auszutauschen.
Unseren vielen streitscheuen Klienten empfehlen wir, solch eine aufrichtige Aussprache mit einem ›Deutero-Streit‹ zu beginnen – das heißt mit einem Streit über das Streiten. Wenn unsere Kursteilnehmer

einiges Training hinter sich haben, fällt ihnen das nicht mehr schwer. Der eine Partner braucht nur zu sagen: »Hör mal, ich habe ein Hühnchen mit dir zu rupfen.« Dann kann sich das Paar aggressiv über solche Präliminarien auseinandersetzen: ob es lohnt, dieses spezielle Hühnchen zu rupfen, und, wenn ja, wo, wann und wie das geschehen soll.

Aber allzuoft kommt es bei solchen Gefechten zu einem Kurzschluß:

ER: »Weshalb sagst du mir eigentlich nie, was du denkst?«
SIE: »Was hat das denn für einen Sinn? Mit dir kann man einfach nicht streiten.«
ER: »Was soll denn das in aller Welt nun wieder heißen?«
SIE: »Ich meine, bei dir kann doch kein anderer gewinnen.«
ER: »Du bist nur zu feige!«
SIE: »Stimmt! Und du bist ein Diktator. Mit dir kann niemand streiten – weil er sonst eine Kugel in den Hinterkopf kriegt.«
ER: »Nun sind wir wieder soweit . . .«

Diese halbherzige Angelexpedition des Ehemannes war von Anfang an zum Scheitern verurteilt. Eine konfliktscheue Ehefrau hätte vielleicht dazu veranlaßt werden können, eine aufrichtige Auseinandersetzung mit ihrem Mann zu beginnen, wenn sie unmittelbar nach ihren Ansichten über ein besonderes Problem gefragt worden wäre, aber gewiß nicht, wenn er sich so verschwommen ausdrückt – ›was du denkst‹. Aber dieser Zusammenstoß richtete wenigstens kaum Schaden an. Andere Partner, die etwas zu nörgeln haben, sind vielleicht sehr deutlich in der Mitteilung ihrer Beschwerden und sind am Ende dennoch schlechter dran.

Joyce und Alfred Hayes debattierten seit Wochen darüber, was sie im Sommer tun sollten. Obwohl sie beide erst Ende Zwanzig waren, wohnten sie in einem Haus für 55 000 Dollar in einem Vorort von Los Angeles. Alfred war ein hart arbeitender Versicherungsvertreter. Seine Mutter lebte im Staat New York. Jahr um Jahr beschwerte sie sich, daß sie ihre Enkel zu selten sehe, und kürzlich hatte sie angekündigt, daß sie Mitte August zu Besuch kommen werde. Joyce hatte seit langem den Eindruck, daß Alfred viel zu abhängig von seiner Mutter sei, daß er ihr erlaube, sich in die gemeinsamen Angelegenheiten einzumischen, und daß er zuviel Geld für die wöchentlichen Ferngespräche mit ihr ausgebe. Joyce hatte sich deshalb noch nie aufrichtig mit Alfred ausgesprochen. Staat dessen umging sie die eigentliche Streitfrage, indem sie dauernd an den Urlaubsplänen herumnörgelte. Schließlich überredete sie Alfred dazu, seine Mutter im August nicht kommen zu lassen; statt dessen wollten Joyce und Alfred eine Urlaubsreise nach San Francisco machen.

Eines Abends im Juni, als die Kinder im Bett waren, entspann sich folgender Dialog zwischen ihnen:

JOYCE: »Hast du deiner Mutter gesagt, daß sie im August nicht kommen kann?«

ALFRED: »Nein, noch nicht.«

JOYCE *(erregt)*: »Aber du hast es mir doch versprochen!«

ALFRED: »Nun reg dich nicht gleich auf! Ich bin einfach noch nicht dazu gekommen.«

JOYCE: »Das ist doch wirklich die Höhe!«

ALFRED *(beherrscht)*: »Schrei nicht so!«

JOYCE: »Mit dir kann man *überhaupt nichts* besprechen!«

ALFRED: »Das liegt an dir. Du wirst immer gleich hysterisch. Da vergeht einem ja jede Lust, mit dir in Urlaub zu fahren.«

JOYCE *(den Tränen nahe)*: »Verdammt noch mal, weshalb kann man sich nie auf dich verlassen, wenn es sich um mein Vergnügen handelt?«

ALFRED *(selbstgefällig und immer noch sehr ruhig)*: »Das ist ausschließlich deine Schuld. Du hast ja mit alldem angefangen!«

Wenn Joyce sich Alfred gegenüber von Anfang an klar ausgedrückt hätte, dann wäre es ihm klar gewesen, daß für sie bei diesem Streit viel auf dem Spiel stand und daß sie keineswegs ›hysterisch‹ war. Vielleicht hätte er Joyce dann nicht dafür bestraft, daß sie versuchte, ihn in eine gerechtfertigte Auseinandersetzung zu ziehen. Er bestrafte sie, indem er etwas zurückzog, was er bereits bewilligt hatte: die Reise, auf die sich Joyce freute. Schlimmer: Er wies Joyce zugunsten seiner Mutter zurück und machte sie damit weit unglücklicher, als sie vor dem Streit gewesen war. Und noch ein Schritt weiter: Er bestrafte Joyce, weil sie überhaupt eine Meinungsverschiedenheit zur Sprache gebracht hatte, und nahm ihr dadurch den Mut, in Zukunft realistisch zu streiten.

Alfreds Abgangsbeschuldigung bei diesem unglücklichen Zusammenstoß, die schon fast sprichwörtliche Anklage: »Du hast ja mit alldem angefangen!«, war der deutlichste Hinweis darauf, daß Joyce und er untrainierte und grobe Ehestreiter waren. Ein kluger Partner begrüßt die Gelegenheit, wenn der andere bereit ist, ›etwas zu beginnen‹. Bei echten Intimpartnern ist der Anfang eines Streites ein Signal dafür, ›daß irgendwelche Veränderungen vorgenommen werden müssen‹, und dann wissen beide, daß der Streit, wenn er fair ausgefochten wird, die Luft vermutlich reinigt und zu günstigen Ergebnissen für beide führt.

Im Gegensatz zu Joyce Hayes wird eine echte intime Aggressorin versuchen, keinen Streit anzufangen, ehe sie sich selbst nicht klar darüber geworden ist, was auf dem Spiel steht und wie weit sie ihren Standpunkt durchsetzen soll; denn man kann mit seinem Partner keine aufrichtige Auseinandersetzung führen, ehe man das nicht mit sich selber getan hat.

Ein ›innerer Dialog‹ kann entscheidende Informationen bringen – wahre Kleinodien der Erkenntnis, die sich untrainierte Streiter sehr zu ihrem Nachteil kaum je zunutze machen, ehe sie sich dem Partner erschließen. Hier einige Fragen, die sich unsere Kursteilnehmer stellen sollen, ehe sie sich ins Gefecht begeben:

»Ist das wirklich mein Streit, oder geht es eigentlich um einen anderen? Vielleicht um meine Mutter? Oder etwa um den Präsidenten?«

»Habe ich einen legitimen Grund, ein Hühnchen mit meinem Partner zu rupfen? Oder möchte ich ihn nur herabsetzen und kränken, weil es mir sadistische Befriedigung verschafft?«

»Bin ich wirklich überzeugt, daß das Handeln oder die Einstellung meines Partners schlecht für unsere Beziehung ist?«

»Was steht hier auf dem Spiel? Was bedeutet mir dieser Streit wirklich? Beginne ich ihn mit realistischen Argumenten, oder reagiere ich zu scharf und bin im Begriff, ›mit Kanonen auf Spatzen zu schießen‹?«

»Wie wird mein Partner reagieren? Welchen Preis werde ich zahlen müssen, um meinen Standpunkt durchzusetzen? Was wird es kosten, dabei zu gewinnen? Ist diese Sache wirklich eine mögliche Vergeltung oder den Ärger meines Partners wert?«

Wir weisen die Kursteilnehmer immer nachdrücklich darauf hin, daß in intimen Beziehungen ›Gewinnen‹ teurer sein kann als ›Verlieren‹. In einem Boxkampf zwischen Fremden gibt es nur ein naheliegendes Ziel: den raschen Sieg, möglichst durch Knockout. Für einen Streit zwischen Intimpartnern gelten völlig andere Regeln. Schließlich sollte ein konstruktives Wortgefecht (wenn es das auch oft genug nicht ist) nur ein Glied in einer Kette von Schritten sein, mit deren Hilfe die

Intimpartner zur Lösung ihrer unvermeidlichen Konflikte gelangen. Das Ziel ist alles andere als ein Knockout. Es ist vielmehr der Versuch, das Klima zu verbessern für das ständige Geben und Nehmen in der Ehe.

Wir lehren deshalb, daß sich der ›Sieg‹ in einer Auseinandersetzung mit einem intimen Feind als geradezu gefährlich erweisen kann. Er könnte den Verlierer entmutigen und davon abhalten, in künftigen Gefechten aufrichtig zu sein. Er könnte ihn bezüglich der Zukunft seiner Ehre unnötig pessimistisch machen oder ihn gar zur Verzweiflung bringen. Er könnte ihn in einen ausweichenden, sich tarnenden Streiter verwandeln. Er könnte übertriebene Vorstellungen über die Wichtigkeit eines bestimmten Streitthemas für den ›siegenden‹ Partner in ihm hervorrufen. Es klingt paradox, aber wenn ein ›Sieg‹ zu solchen Nachwirkungen führt, dann sind beide Partner Verlierer.

Daraus folgt, daß der einzige Weg, wie man intimen Streit gewinnen kann, der ist, daß beide Partner ›Sieger‹ sind. Das klingt unlogisch, wenn nicht gar unmöglich. Doch das ist es nicht. Manchmal ist es lediglich eine Frage von vernünftig und mit gutem Willen geführten Verhandlungen. In dem klassischen Urlaubskampf um die Frage, ob man ins Gebirge oder an die See fahren solle, können beispielsweise beide Partner siegen, wenn sie vereinbaren, das Urlaubsziel jährlich zu wechseln, und wenn sie eine Münze werfen, um zu entscheiden, wessen Lieblingsziel zuerst an die Reihe kommt, oder wenn sie eine neue dritte Möglichkeit suchen, etwa die, zu Hause zu bleiben. Selbst sexuelle Probleme können manchmal dadurch gelöst werden, daß man beide Partner zu ihrem Willen kommen läßt – abwechselnd.

Die meisten Streitfragen sind natürlich nicht annähernd so klar umrissen. Deshalb haben wir ein völlig neues Bewertungssystem für das Streiten entworfen, das weder ›Verlierer‹ noch ›Sieger‹ kennt. Es bemißt vielmehr mit beträchtlicher Genauigkeit, wie sich jeder Streit auf den Zustand der Beziehungen eines Paares auswirkt. Wurden Gleichgewicht und Entwicklungszustand in konstruktiver oder destruktiver Richtung beeinflußt? Das zählt in einem intimen Gefecht – und sonst nichts. Wenn das Ergebnis des Streits überwiegend destruktiv ist, verlieren beide Partner. Ist es überwiegend konstruktiv, gewinnen beide. Das ist vielleicht die beste Weise, um zu veranschaulichen, weshalb das Streittraining dem Tanzenlernen und nicht dem Boxenlernen entspricht.

Ein guter ›innerer Dialog‹ zeigt einem vorausschauenden Aggressor,

worauf er sich einläßt. Manchmal werden diese Selbstgespräche sogar zu einem voll ausreichenden Ersatz für destruktive Streitrituale. Nachdem wir das einführende Interview mit ihm geführt hatten, erzählte uns einer unserer Kursteilnehmer, daß er sich buchstäblich selbst überrede, ein lang anhaltendes Gefecht (das zu nichts führe, seine Frau jedoch zur Verzweiflung bringe) zu beenden. Er sagte:
»Es gibt Zeiten, wo ich es mir zur Gewohnheit mache, in bestimmten Abständen aufzuhören, um mich zu fragen: Was habe ich gerade getan? Warum habe ich es getan? Was bin ich im Begriff zu tun, und warum tue ich es? Wenn es dem nicht entspricht, was ich von mir erwarte, ändere ich es auf der Stelle.
Es war schwierig für mich, mir anzugewöhnen, mein Perfektionsstreben nicht auf Nel und die Kinder zu übertragen. Das mußte ich mir ausdrücklich bewußt machen. Früher war ich in die Küche gegangen und hatte Nel gesagt, wie sie zu kochen und die Pfannkuchen auf dem Blech zu wenden habe; oder ich wendete die Pfannkuchen hinter ihrem Rücken vielleicht selbst. Wenn ich jetzt aufstehe und in die Küche gehe, sage ich zu mir: Habe ich einen legitimen Grund hinzugehen, oder will ich ihr nur nachspionieren? Dann untersuche ich die Antwort, die ich mir gebe, genau. Wenn ich in der Küche nichts zu erledigen habe, gehe ich zurück und setze mich hin oder gehe hinaus und tue etwas anderes. Im Laufe der Zeit hat sich dieses Streben nach Perfektion erheblich verringert, weil ich inzwischen weiß, was ich tue – und es rechtzeitig abbiegen kann, wenn es notwendig ist.«
Kursteilnehmer berichten uns oft, daß ihre Auseinandersetzungen mit überfallartigen Überraschungsangriffen beginnen, so daß ihnen keine Zeit für den ›inneren Dialog‹ bleibt. »Wie kann ich denn herumlaufen und mit mir selber reden?« fragte ein ›Falke‹. »Wenn ich ärgerlich werde, explodiere ich einfach.«
Das ist ein weiterer Preis, den man für das Speichern seiner Beschwerden zu zahlen hat. Wahre Intimpartner, die eine reale Klage gegen ihren Partner haben, warten nicht auf eine Provokation und riskieren also auch keine Überraschungsangriffe. Sie gleichen die Konten ihrer Aggressionen aus, sobald es irgend möglich ist.
Ob Zeit für einen ›inneren Dialog‹ bleibt oder nicht, ein kluger Angreifer wird dafür sorgen, daß sein Gegner die wahre Natur des Streits kennt, den sie ausfechten. Die Schritte, die diese Information übermitteln, sind ein entscheidender Teil der aufrichtigen Aussprache. Wir schlagen vor, daß der Angreifer, wenn ein Streit abläuft, seine

Forderungen oder Erwartungen so deutlich wie möglich erklärt, dazu die rationale Grundlage seiner Ziele und auch die realistischen Möglichkeiten, wie sein Gegner diese Forderungen erfüllen kann. Der Aggressor sollte genau spezifizieren, was auf dem Spiel steht, was es für ihn bedeutet, den Streit zu verlieren, und in welcher Form die Veränderungen, die er erstrebt, beiden Streitenden nützen.

Wenn eine Ehefrau sagt: »Du verdirbst mir den ganzen Urlaub, wenn wir nicht wenigstens einen Nachmittag in dieses Antiquitätengeschäft gehen«, verständigt sie ihren Mann davon, daß er, wenn er sich nicht den Urlaub durch ihr dauerndes Nörgeln verderben will, lieber nachgeben sollte.

Wenn Ziele und Lösungsvorschläge logisch vorgetragen werden, lassen sich die meisten Intimpartner allmählich dazu bringen, weit mehr Aggressionen zu ertragen, als man allgemein glaubt. Doch für jeden gibt es Grenzen des Erträglichen – innere Festungen, die man niemals aufgibt und über deren Unverletzlichkeit nicht verhandelt werden kann. Wir schlagen deshalb vor, daß sich jeder Partner zunächst einmal selbst über diese Grenzen klar wird, an denen er keinesfalls nachzugeben bereit ist, am besten mit Hilfe eines ›inneren Dialogs‹ über jede Streitfrage, sobald eine solche auftaucht. Wenn sich ein Partner selbst klar darüber ist, wo seine Grenzen liegen, sollte er darüber mit dem anderen offen sprechen und ihm erklären, wo der Punkt liegt, über den nicht mehr verhandelt werden kann – wenigstens einstweilen nicht.

Zu konstruktiven Ergebnissen gelangt man bei intimen Feindseligkeiten am ehesten, wenn man nur auf Verabredung streitet. Das mag töricht klingen, aber je ruhiger und bewußter ein Angreifer seine Gedanken vor einer aggressiven Begegnung ordnen kann, desto wahrscheinlicher ist es, daß seine Argumente überzeugend sind, daß sich der Streit auf eine bestimmte Frage beschränkt und daß sich der Gegner gezwungen fühlt, mit ruhigen, konstruktiven Gegenvorschlägen zu kommen. Es ist wie eine Verhandlung über Lohnfragen, lange bevor der Tarifvertrag abgelaufen ist, und nicht erst dann, wenn die Gewerkschaft bereits beschlossen hat, einen Streik auszurufen.

Bei der zeitlichen Festlegung einer Auseinandersetzung ist es notwendig, die grundlegenden Erwartungen der Partner zu koordinieren. Wenn die Verabredung einer bestimmten Zeit für eine ›Beschwerdestunde‹ auch schwierig sein mag, so läßt sie sich doch aushandeln. Man lernt, daß man in gemeinsamer Absprache eine Auseinandersetzung aufschieben kann, wenn auch nur für eine Weile. Doch der Ärger des

Beschwerdeführenden muß zur Kenntnis genommen und es muß ihm eine Aussprache versprochen werden, damit er nicht plötzlich vor Wut explodiert.
Viel zu viele Aussprachen werden dadurch unnötig verschärft, daß der Beschwerdeführende das Feuer eröffnet, wenn sein Partner in schlechter Verfassung ist, gerade eilig zur Arbeit aufbrechen will oder versucht, sich auf eine lange verschobene mühsame Aufgabe zu konzentrieren, die er endlich in Angriff genommen hat. Es gibt tatsächlich Gelegenheiten, bei denen ein Dialog, wenn er nicht hinausgeschoben wird, katastrophale Folgen haben kann.
Julius und Barbara Mayor waren von Julius' Chef, dem Präsidenten einer Spar- und Darlehnsgesellschaft, in der Julius stellvertretender Finanzleiter war, zum Abendessen eingeladen worden. Wie immer war Julius nervös wegen dieser Aufforderung, doch am Tag der Einladung hatte er sich mit dem Gedanken abgefunden, einen ziemlich anstrengenden Abend durchstehen zu müssen. Barbara, die die hochnäsige Frau des Chefs nicht ausstehen konnte und sich wochenlang vorher Sorgen machte, ob sie bei der Gesellschaft wohl gut abschneiden werde, wurde plötzlich noch nervöser als sonst. Es war schon fast Zeit zum Aufbruch, als Julius nach Hause kam und sah, daß Barbara noch immer Bluse und Hose trug.

BARBARA *(entschlossen)*: »Ich will nicht da hingehen!«
JULIUS: »Das kannst du mir nicht antun!«
BARBARA: »Doch, das kann ich. Ich mag nicht mit dir zu Parties gehen. Du trinkst zuviel, und dann sehen wir immer wie Narren aus.«

Den Mayors gelang es, die Sache beizulegen. Julius verhandelte mit Barbara. Er wies darauf hin, daß seine bevorstehende Beförderung gefährdet sei, wenn sie nicht gemeinsam im Haus dieses sehr konservativen Chefs erschienen. Julius versprach, nicht zuviel zu trinken, und er schränkte seinen Alkoholkonsum tatsächlich ein. Es war kein anderer Schaden entstanden als der, daß er seiner Frau nun grollte, weil sie so übertrieben reagiert hatte; sie hatte einen Vorschlaghammer benutzt, um eine Reißzwecke einzuschlagen.
Eine solche Taktik ist gefährlich. Julius hätte ebenfalls zu heftig reagieren und die Einladung in letzter Minute absagen können; und dabei hätte er die ohnehin heiklen Beziehungen zu seinem Chef und

dessen Frau noch mehr gefährdet. Es hätte sogar eine Katastrophe eintreten können: Julius hätte allein zu dem Essen gehen, sich betrinken, die ganze Geschichte über den Streit mit seiner Frau ausplappern und schließlich beim Chef und dessen Frau den Eindruck hervorrufen können, daß er nichts in Ordnung zu halten verstehe, nicht einmal seine Ehe.

Vernünftig wäre es gewesen, wenn Barbara ihr Problem dadurch geregelt hätte, daß sie mit Julius eine weniger gefährliche Zeit für eine faire Verhandlung über ein Thema festgelegt hätte, das ihr mit Recht ernste Sorgen bereitete – wenn sie ihm das ganz klar und offen gesagt und nicht einfach vorausgesetzt hätte, er würde ihre Geheimzeichen schon richtig zu deuten verstehen. Als dieses Paar lernte, sich ehrlich über alles auseinanderzusetzen, entdeckte es auch die entscheidende Tatsache, daß Barbara überaus empfindlich in gesellschaftlichen Fragen war. Sie machte sich Sorgen, weil Julius trank, doch diese Sorgen standen keineswegs im Vordergrund. Vor allem wollte sie ihm erklären, wie wichtig es für sie sei, daß sie sich beide als stabile Einheit, als beliebtes, tüchtiges amerikanisches Ehepaar zeigten. Als sie Julius diese Einstellung erst einmal offen klargemacht hatte, war das für ihn Ansporn genug, auf sein Benehmen zu achten, wenn er und Barbara mit anderen zusammen waren.

Eine Auseinandersetzung vorher zu verabreden ist besonders deshalb wichtig, weil Streitzeiten, die beiden Partnern gleich angenehm sind, nicht immer leicht gefunden werden können. Es gibt Morgenstreiter und Abendstreiter, Partner, die am liebsten beim Wein, beim Essen oder beim Zubettgehen streiten oder nur, wenn die Kinder oder andere (oder gar niemand) anwesend sind.

Die Menschen nutzen immer die Gelegenheiten aus, die für sie besonders günstig sind. Ist es dem Partner peinlich, sich vor den Kindern zu streiten? Wird er eher nachgeben, weil er sich nach Geschlechtsverkehr sehnt, oder eher, weil er soeben sexuell ungewöhnlich befriedigt worden ist? Ist der Kampfgeist der Frau besonders ausgeprägt, weil sie ein neues Kleid trägt? Fühlt sich der Ehemann deshalb stark, weil er gerade eine dickere Gehaltstüte als sonst nach Hause gebracht hat – oder ist er streitlustiger als üblich, weil er beim Bezahlen der Rechnungen entdecken mußte, daß die Ehefrau die finanziellen Fundamente der Familie dadurch erschüttert, daß sie das laufende Konto weit überzogen hat?

Nach solchen Gesichtspunkten wählt der Aggressor seine Stunde.

Solche Ungleichheit der Voraussetzungen ist nur natürlich. Aber Paare können lernen, sie zu kompensieren, wie wir später zeigen werden. Häufig lassen sich Streitzeiten nur mit Hilfe eines ›Deutero-Streites‹ aushandeln. Solche Scharmützel finden dann oft am Eßtisch statt, weil zahlreiche Partner zu anderen Zeiten nicht mehr viel miteinander reden. Manche Menschen können beim Essen streiten, andere können es nicht. Wir bieten keine festen Regeln für die Zeit von Auseinandersetzungen an, außer den folgenden: 1. Augenblicke, in denen einem Partner ein Streit unerträglich wäre, sollten durch einen ›Deutero-Streit‹ festgestellt und respektiert werden. 2. Dabei sollten sich die Partner allerdings ständig vor Augen halten, daß ein Aufschub des Streites auch gefährlich sein kann. Wenn der Beschwerdestau des Partners, dem es dringend um eine Klärung zu tun ist, allzu groß wird, kann das Geplänkel von heute zu einem ›Küchenstreit‹ von morgen werden.

Viele wollen es nicht wahrhaben, aber die beste Gelegenheit zu einem Streit bietet sich tatsächlich dann, wenn andere Menschen dabei sind. Ein ehelicher Streit vor Kindern bringt Vorteile und Probleme, die in einem speziellen Kapitel besprochen werden. Aber Gefechte in Gegenwart hilfsbereiter Erwachsener können zu ausgezeichneten Ergebnissen führen, weil solche Zeugen häufig konstruktive Verbündete oder Schiedsrichter sind. Gewöhnlich schließen sich die Streitenden dann gegen den Schiedsrichter zusammen, und Eheberater machen sich das gern zunutze, weil es die Partner enger aneinander bindet.

Unsere gesellschaftlichen Beziehungen werden bedauerlicherweise so sehr von der Rücksicht auf die Autonomie des einzelnen bestimmt, daß es Menschen selten fertigbringen, sich in die intimen Probleme anderer hineinzuversetzen.

Nicht leicht abzuschätzen sind die Auswirkungen des Alkohols auf den intimen Streit. Viele – wahrscheinlich die meisten – Ehestreitigkeiten sind vom Alkohol beeinflußt, wenigstens bis zu einem gewissen Grad. Das gleiche gilt übrigens für viele ausweglose Situationen unter Nichtstreitern. Es gibt natürlich keine Statistiken, doch auf jedes Alkoholikerpaar, das im *Virginia-Woolf*-Stil kämpft, kommen erheblich mehr Verbindungen von streitscheuen ›Tauben‹, die ihre feindseligen Gefühle im Alkohol ertränken. Sie betrinken sich gemeinsam, ohne ein Wort zu wechseln, und erreichen sich auf diese Weise nie. Dabei ist es am häufigsten so, daß ein Partner mehr trinkt als der andere (oder vom Alkohol stärker beeinflußt wird). Das ist eine der kritischsten Verschiedenartigkeiten zwischen Partnern, die vor einer aufrichtigen Aussprache zurückschrecken. Gewöhnlich versucht der Partner, der den Streit stärker fürchtet und gleichzeitig wütender ist, am ehesten seine Konflikte mit Alkohol hinunterzuspülen. Und es gibt unfaire Partner, die die gesteigerte Gleichgültigkeit gegenüber Gemeinheiten bei dem anderen ausnutzen, solange dieser ›unter Alkoholeinfluß‹ steht.

Bisweilen sind die Ergebnisse solch einer Ungleichheit auch einmal vorteilhaft. So könnte z. B. der Alkohol die Hemmungen eines Streitscheuen abbauen, so daß er sich seinen Ärger endlich einmal von der Seele reden und vielleicht sogar ein wenig schreien kann, um deutlich zu machen, wie tief er verletzt ist. Eine chronisch ärgerliche und explosive Persönlichkeit – also ein ›Wüterich‹ – kann nach ein paar Schnäpsen rührselig werden und dem schwächeren und deshalb gewöhnlich überwältigten Partner ausnahmsweise auch einmal eine Streitchance einräumen. Doch keine dieser Situationen schafft ideale Gefechtsbedingungen, und im allgemeinen wirkt sich das Trinken ungünstig auf den Streit aus.

Alkohol macht es dem nüchterneren, vielleicht ohnehin streitscheuen Partner allzu leicht, sich zurückzuziehen und der Auseinandersetzung mit der Ausrede auszuweichen, daß ›nur ein Narr sich mit einem Betrunkenen streitet‹.

Trinken kann auch die Position des betrunkenen Partners von vornherein schwächen, weil er sich unter Umständen gesellschaftlich unschicklich aufführt und dann leicht als ›Schwachkopf‹ abgetan werden kann.

Andererseits kann es zu endlosen ›Rundlauf‹-Ritualen wie dem folgenden führen. Sie: »Du trinkst zuviel!« Er: »Du bist ein Spielverderber. Wenn du in der Nähe bist, ist allen der Spaß verdorben. Sollte ich einen Polizisten brauchen, sage ich dir Bescheid!« (Manche Paare streiten sich ausschließlich und dann immer destruktiv über das Trinken.)

Viele trinken beim Streiten, weil sie glauben, zum Streiten brauche man Mut, und weil sie annehmen, daß der Alkohol ihre Hemmungen vermindere. Nach unseren Erfahrungen ist kein ungewöhnlicher Mut erforderlich, solange die Partner nur wissen, daß sie sich einem fairen und konstruktiven Streit stellen. Die einzige Hemmung, die durch Alkohol üblicherweise verringert wird, ist die Angst, sich lächerlich zu machen. Wir bitten bisweilen eine Gruppe von Paaren, die Alkoholprobleme haben, um zwei Uhr morgens zu einer dreißigstündigen ›Marathonsitzung‹ zu kommen. Um diese Zeit erscheinen gewöhnlich mehrere der Teilnehmer berauscht. Wenn sie nach 18 Stunden nüchtern sind, zeigen wir ihnen Filme über sie, die wir mit einer versteckten Fernsehkamera aufgenommen haben. Meist sind sie schockiert, wenn sie sehen, wie albern sie sich in der Trunkenheit benehmen, und dann erweisen sich die noch bleibenden Stunden der ›Marathonsitzung‹ fast immer als ungewöhnlich produktiv.

Einem guten Streit – wie gutem Autofahren – sollten höchstens zwei Gläschen vorangehen. Partner, die meinen, sie brauchten mehr Alkohol, um streiten zu können, sind gewöhnlich Menschen, die aus tiefer liegenden Gründen trinken und die sich deshalb einmal untersuchen und möglicherweise behandeln lassen sollten.

Die Menschen neigen dazu, dort zu streiten, wo sie sich zu Hause fühlen. Die Ehefrau mag sich dabei in der Küche am sichersten fühlen, der Ehemann hinter dem großen Schreibtisch in seiner Bürofestung, der junge Mann in seinem nagelneuen Wagen.

Ein Boot ist ein prächtiger Ort für einen intimen Zusammenstoß, besonders dann, wenn einer der Partner streitscheu ist – das Streiten geht nun einmal am besten dort vonstatten, wo die Gegner isoliert sind und schwer voreinander fliehen können. Auch ein Wagen ist ein beliebter Streitplatz, wenn wir ihn auch nicht für empfehlenswert halten, es sei denn, die Streitenden fahren an den Straßenrand und halten an, ehe die Diskussion beginnt. Da eine ungewöhnlich große Zahl von Gefechten im Urlaub ausbricht, lohnt es sich zu erwähnen, daß die Ergebnisse besonders gut in Häusern mit Vollpension sind, weil ja der geflohene oder ›besiegte‹ Streiter in der Regel zu den Mahlzeiten zurückkehrt; er muß sie schließlich bezahlen, ob er sie einnimmt oder nicht.

Wenn die Partner erst besser über das Warum, Wann und Wo des Streites unterrichtet sind, finden sie sich auch eher bereit zu überlegen, worum sie eigentlich streiten. Es ist notwendig, daß es ihnen gelingt, ihr Verhältnis so objektiv zu sehen, daß sie sich fragen können: »Welches sind die wichtigsten Streitpunkte, die zwischen uns stehen?« oder: »Welchen Streitfragen könnte die Anwendung konstruktiver Streitmethoden am ehesten nützen?« Es versteht sich von selbst, daß nur wenige Leute so methodisch sind, aber wenn sie sich erst einmal von der hemmenden Neigung, jeder Auseinandersetzung auszuweichen, frei gemacht haben, finden sie gewöhnlich ein reiches Angebot

von Streitfragen, unter denen sie wählen können: Liebe, Geld, Kinder, Verwandte, um nur einige der häufigsten zu nennen.
Hier möchten wir nur zwei Fragen anschneiden, die – wie der früher erwähnte Streit um die ›optimale Distanz‹ – nicht so klar sind wie die meisten anderen. Überdies können sie schon früh im konstruktiven Streit eines Paares auftauchen, und wenn sie auch immer wieder erscheinen, sind es doch keine sinnlosen ›Rundlauf‹-Rituale.
Die erste Streitfrage ist der uralte, scheinbar widersinnige Zank unter Liebenden darüber, wer den anderen mehr liebt. Das mag wie kindischer und romantischer Unsinn klingen, aber in den meisten Fällen ist es keineswegs Unsinn. Es beginnt damit, daß ein Partner – entweder zu sich selbst oder zum anderen – sagt: »Ich liebe dich, aber du weißt nicht, was Liebe ist. Du liebst niemanden, ausgenommen vielleicht dich selber, und sogar daran zweifle ich.« Oder: »Du hast einen viel zentraleren Platz in meinen Gedanken als ich in den deinen.« Oder: »Du nimmst immer nur, du gibst nie.«
Ein solcher Streit um die zentrale Stellung beginnt meistens schon während des Werbens und kann ein Leben lang dauern. Ja, er kann sich sogar leicht steigern. Partner A sagt z. B.: »Wenn du im Mittelpunkt meiner Gedanken stehen willst, mußt du zu mehr bereit sein.« Wenn Partner B dann erwidert: »Einen solchen Prüfzustand finde ich widerlich«, sind die Schwierigkeiten oft nicht mehr fern. A mag durch eine solche Äußerung andeuten wollen, B habe Affären, oder möchte B dadurch signalisieren, daß er Angst vor einer Trennung hat: »Du kannst mich im Stich lassen, ohne dir selbst allzu weh zu tun.«
Gewöhnlich neigen die Partner jedoch dazu, in solche Wortwechsel zuviel hineinzulegen. Die Menschen sind sich selten dessen bewußt, daß der eine Partner in bestimmten Augenblicken fast zwangsläufig den anderen stärker liebt als dieser ihn. Das ist eine dieser natürlichen Ungleichheiten, und sie wirkt sich genau wie beim sexuellen Verkehr aus, wo der eine Partner gewöhnlich stärker ›eingeschaltet‹ ist als der andere. Abgesehen von diesen ständig sich wiederholenden zeitweiligen Schwankungen, kann es auch dauernde Unterschiede geben. Die Liebesfähigkeit ist bei den einzelnen Menschen tatsächlich sehr verschieden. Ein Partner mit großer Liebesfähigkeit wird nicht übermäßig beunruhigt durch die Distanz, die sich zwischen ihm und seinem Intimpartner herausbildet. Ein Partner mit geringerer Liebesfähigkeit wird da schon eher nervös. Wir schlagen vor, daß man solche Unterschiede als unvermeidlich hinnimmt und lernt, so gelassen wie möglich

darauf zu reagieren. Bestimmt sind sie kein Grund für panische Angst.
Der andere chronische Streit, der mit besonderer Vorsicht geführt werden sollte, ist der therapeutische Streit. Es ist das legitime Ziel eines Partners, bestimmte Charaktereigenschaften oder Gewohnheiten des anderen zu ändern, falls eine solche Änderung unstreitig zum Besten des anderen dient. Ein therapeutischer Streit hat vieles mit anderen Streitarten gemein, die wir später besprechen, etwa mit dem Streit um die gemeinsame innere Reife eines Paares oder um eine Veränderung des Lebensstils. Doch bei diesen letztgenannten Streitarten geht es um Änderungen bei beiden Partnern. Der therapeutische Streit ist eine einseitige Sache. Das macht ihn so gefährlich.
Ein guter Partner betrachtet sich als Gegengewicht des anderen; er kann und will die schlechten Gewohnheiten des Partners nicht billigen, aber es fällt ihm vielleicht schwer, ihn im Ring zu halten; er möchte zwar ständigen Druck ausüben, aber nicht zu rasch und nicht zu stark. Wenn deshalb ein Streit wie der folgende immer wieder entsteht, sollt man sich am besten von einem Therapeuten beaufsichtigen lassen.

EHEMANN: »Du rauchst zuviel.«
EHEFRAU: »Ich rauche ja Filterzigaretten.«
MANN: »Damit machst du dir doch nur etwas vor.«
FRAU: »Du weißt doch, daß es mir unmöglich ist, damit aufzuhören.«
MANN: »Ja, aber mir gefällt das nicht. Du riechst aus dem Mund.«
FRAU: »Und warum tust du nichts gegen deinen Bierbauch?«
MANN: »Du stopfst mich ja mit all diesen Sachen voll, die dick machen.«
FRAU: »Weil du sie so gern ißt, du Idiot . . .«

Dieser Streit läuft sich, wie so viele andere, in der irrigen Vorstellung fest, daß Menschen sich nicht ändern könnten (»Liebe mich, wie ich bin!«). So falsch diese Annahme ist, so tief ist sie verwurzelt, besonders dann, wenn einer der Partner eine einseitige Konzession fordert. Ein wirklich therapeutischer Streit ist gesund und stärkt die Bindung. Selbst wenn er nicht zu einer Änderung führt, kann er doch wenigstens weitere Exzesse verhindern, und es ist eine legitime Aufgabe von Intimpartnern, daß einer die selbstzerstörerischen Neigungen des

andern in Grenzen hält. Die Schwierigkeit ist, daß ein solcher Streit ›zu deinem Besten‹ leicht zu weit gehen, zur Entfremdung führen kann und dazu, daß man sich gegenseitig seine Schwächen ›unter die Nase reibt‹, daß man sich in der Rolle des ›Staatsanwalts‹ oder ›Strafrichters‹ fühlt oder in einen sonstwie destruktiven Streitstil verfällt.
Das Wann, Wo und Wie eines Streites bestimmt man am besten, wenn man so verfährt wie die Banken, die verlangen, daß alle Schecks am selben Tag verrechnet werden. Mit anderen Worten: Man sollte dem intimen Feind entgegentreten, sobald sich eine bestimmte Streitfrage gestellt hat.

IV. Wie man einen fairen Streit ausficht

Frank Hermann fühlte sich bis zur Verzweiflung betrogen. Jahr für Jahr wurde sein ehelicher Beschwerdevorrat größer. Sein Sexualleben war höchst unbefriedigend, das gesellschaftliche nicht minder. Er hatte zudem den Eindruck, daß es ihm besondere Mühe machte, mit seinem Geld, seinen Verwandten und den Kindern zurechtzukommen. Im Grunde war Frank ein ›Falke‹, doch im Laufe seiner Ehe war er von seiner Frau Maureen, einer gut aussehenden, aber überaus introvertierten kleinen Brünetten, gezähmt worden. Seit elf Jahren war er mit ihr verheiratet. Frank liebte sie innig, aber er brachte sie nie zu einer eingehenden Diskussion über ihre wichtigsten Meinungsverschiedenheiten. Maureen, die äußerlich ein bezaubernder Mensch war, schreckte ängstlich vor jedem Zusammenstoß zurück, war also eine ›Taube‹, die sich jeder ›häßlichen‹ Gegenüberstellung entzog.

Solange die Kinder wach waren, war es ihr zu peinlich, zu Hause zu streiten. In Gegenwart von Freunden wollte sie sich nicht auf eine offene Aussprache einlassen, weil sie den Klatsch fürchtete. Im Wagen konnte sie es nicht ertragen, weil sie es für gefährlich hielt. Sie wollte nicht mit Frank diskutieren, während sie gemeinsam den Hund ausführten, weil es den Hund nervös machte und er dann wie verrückt anfing zu bellen. Beim Schlafengehen weigerte sie sich zu streiten, weil sie das sexuell bis zur Frigidität abkühlte, die bisweilen zwei Wochen oder noch länger anhielt.

Schließlich konnte Frank es nicht mehr aushalten. Sein Nachbar in einem der malerischen Hanghäuser über Sherman Oaks, einer Vorstadt von Los Angeles, war Ingenieur und von Franks Problem unterrichtet. Gemeinsam bauten sie ein Abhörsystem in Franks Wohnzimmer ein, so daß alles, was dort gesprochen wurde, im Schlafzimmer des Nachbarn gehört werden konnte. Jedesmal, wenn Frank einen erfolglosen Versuch unternahm, Maureen zu einer offenen Aussprache zu überreden, erlebte er eine gewisse emotionale Befriedigung: Er wußte, daß sein guter Wille und ihre Feigheit von Zeugen mitgehört wurden; und er war so ärgerlich auf Maureen, daß es ihm gar nicht mehr bewußt war, wie unfair er gegen ihre Streitscheu vorging.

Schließlich suchte Frank Hilfe beim Streittraining und gestand seiner Selbstentwicklungsgruppe seine Hinterlist. Die Therapiegruppe setzte Frank daraufhin auf den ›heißen Stuhl‹ und griff ihn wegen seiner unaufrichtigen Methoden an. Später wurden er und Maureen Mitglieder einer Gruppe, die ihn drängte, Maureen seine List zu beichten. Zuerst wollte sie die Geschichte überhaupt nicht glauben, doch der Ingenieur aus der Nachbarwohnung bestätigte es. Maureen geriet in unbeschreibliche Wut – nicht etwa nur, weil sie bespitzelt worden war, sondern auch, weil sie einfach nicht begriff, wie verzweifelt sich Frank gefühlt hatte. Sie vergab es Frank nie ganz, daß er ihr Wohnzimmer mit einer Abhöranlage versehen hatte, doch seine bis zum Äußersten gehende Taktik (die wir ganz gewiß nicht empfehlen können) hatte ein Ergebnis, das dem konstruktiven Streit dienlich war: Maureens unfair ›hohe Gürtellinie‹ wurde ein Stück nach unten verlagert.

Jeder Mensch hat so etwas wie eine ›Gürtellinie‹: eine Grenze, oberhalb deren er Schläge ertragen kann. Diese Schläge empfindet er als fair; Schläge unterhalb dieser Linie empfindet er als unerträglich, als unfair. Manche furchtsamen weiblichen Wesen, wie Maureen Hermann, ziehen ihre ›Gürtellinie‹ bis über die Ohren hoch, so daß sie bei *jedem* versuchten Schlag »foul« schreien können. Solche furchtsamen Leute müssen also irgendwie dazu gebracht werden, ihre unrealistische Überempfindlichkeit so weit zu dämpfen, daß sie gesunden aggressiven Annäherungen seitens ihrer Partner zugänglich werden. Aber kein Zweifel, Unterschiede bezüglich der ›Gürtellinie‹ sind ebenso allgemein wie Unterschiede im Bedürfnis nach ›optimaler Distanz‹ oder in der Fähigkeit, sich unter dem Einfluß von Alkohol verständlich auszudrücken. Hier ist es nicht anders als bei all den anderen bereits erwähnten Ungleichheiten. Diese Unterschiede müssen ausgeglichen werden, und das ist häufig nicht leicht.

Toleranzgrenzen gibt es bei jedem Streit – Linien, über die hinaus ein Partner keine Konzessionen machen und über die er auch nicht verhandeln will, zumindest einstweilen nicht. Die ›Gürtellinie‹ ist eine solche Grenze. Sie bezieht sich auf die Gesamtstreithaltung oder das ›Gewicht‹ eines Partners.

Man kann mit einem Partner überhaupt nur leben, wenn er seine ›Gürtellinie‹ offen und ehrlich anzeigt, wie ja auch das wirkliche Gewicht eines Boxers angegeben wird, ehe er in den Ring tritt. Die Zufälligkeiten der Partnerwahl bringen es nun allerdings oft genug mit sich, daß ein ›Leichtgewicht‹ ein ›Mittel-‹ oder ›Schwergewicht‹ als

Partner bekommt, d. h. etwa ein schüchterner Mann eine sehr selbstbewußte Ehefrau. Deshalb ist es gut, wenn sich wahre Intimpartner darüber klarwerden, daß sie um besseres Verständnis miteinander streiten, nicht um Knockouts.

Besonders wichtig in diesem über lange Zeit gehenden Streit um besseres Verstehen ist gegenseitiger guter Wille, weil Intimpartner stets die Macht haben, einander großen psychischen, sozialen oder wirtschaftlichen Schaden zuzufügen. Es ist unvermeidlich, daß sie sehr viel über die gegenseitigen Schwächen erfahren. Wenn sie so etwas vorhaben, können sie genau bestimmen, wo sie den Partner verletzen wollen. Nennen wir einen solchen schwachen Punkt die ›Achillesferse‹. Ebensowenig, wie die ›Gürtellinie‹ unbedingt eine ausgewogene Mitte bezeichnet, muß die ›Achillesferse‹ ausschließlich in den ›unteren Regionen‹ liegen. Die ›Gürtellinie‹ schützt die ›Achillesferse‹, und das ist keineswegs ein schiefes Bild. Strategisch schwache Stellen und ihre Schutzschilde lassen sich in fast allen Lebensäußerungen feststellen.

Viele Menschen sind ihrer ›Achillesferse‹ wegen so besorgt, daß sie beträchtliche Anstrengungen machen, ihre verletzbaren Stellen zu tarnen, besonders wenn sie einem potentiellen Intimpartner zum erstenmal begegnen. Ein Mädchen erzählt dem Verehrer beispielsweise, sie sei wegen ihrer kleinen Brüste empfindlich. Tatsächlich aber geht es ihr um etwas ganz anderes. Im ›inneren Dialog‹ fragt sie sich: »Wie wichtig bin ich ihm? Wieweit kann ich ihm trauen?«

Und sie erwidert sich selbst: »Ich will mal sehen, was er mit meiner vorgeblichen ›Achillesferse‹ macht. Wenn er takt- und rücksichtsvoll handelt, könnte ich ihm meine wirklich verletzbaren Stellen zeigen.«

Eine ›Achillesferse‹ vorzutäuschen kann wertvolle Informationen darüber geben, wieweit sich Intimpartner gegenseitig trauen und in welchem Maß sie auf Unterstützung wegen ihrer Schwächen zählen können. Wer absichtlich einen wunden Punkt berührt, hegt gegenüber dem anderen im allgemeinen starke Ressentiments. Häufig wird ein solcher Angriff entweder durch Beunruhigung oder dadurch hervorgerufen, daß der Angreifende den Eindruck hat, an die Wand gedrängt worden zu sein. Oder er sieht sich einer bevorstehenden Niederlage gegenüber. Es kann auch sein, daß das Opfer einen Panzer trägt, der zu dick ist, als daß der Angreifer an mehr als zwei, drei Stellen durchzudringen vermag.

Vorgetäuschte ›Achillesfersen‹ und geheuchelte ›Gürtellinien‹ überleben bisweilen viele Ehejahre. Marco Polletti und seine Frau Sylvia hatten bereits drei kleine Kinder, als folgender Wortwechsel zwischen ihnen stattfand:

MARCO: »Ich glaube, du kannst überhaupt nicht nachempfinden, wie unsicher mich manchmal meine italienische Herkunft macht.«
SYLVIA *(mitfühlend)*: »Selbstverständlich kann ich das. Ich habe es schon gespürt, als ich dich kennenlernte.«
MARCO *(scheinbar erleichtert)*: »Um so besser! Nicht wahr, du wirst mich niemals einen Itaker nennen! Nicht einmal im Scherz!«
SYLVIA: »Abgemacht. Das verstehe ich gut.«

Über ein Jahr später besuchten die Pollettis eine Party, und Marco fand, daß Sylvia viel zu oft mit einem seiner Freunde tanzte. Als sie nach Hause kamen, war er furchtbar ärgerlich. Beide hatten zuviel getrunken. Es kam zu einem bösen Streit im *Virginia-Woolf*-Stil, bei dem Marco völlig zu Unrecht Sylvia ›Hure‹ nannte. Sylvia, verständlicherweise aufgebracht, schlug unterhalb der ›Gürtellinie‹ zu, jedenfalls glaubte sie das. Sie nannte Marco ›dämlicher Itaker‹.
Doch die ›Gürtellinie‹ war vorgetäuscht – sie war das letzte Überbleibsel von Marcos vorehelichen Befürchtungen, ob es klug sei, sein künftiges Geschick mit Sylvia zu teilen; er hatte sie schon wenige Wochen, nachdem er sie kennengelernt hatte, geheiratet. Nun begriff er, daß er seiner Frau, indem er sie ›Hure‹ nannte, reichlich Grund gegeben hatte zurückzuschlagen. Er brach das *Virginia-Woolf*-Ritual mit schallendem Gelächter ab und sagte:
»Weißt du, das ist wirklich komisch. Ich weiß, daß ich dir gesagt habe, du sollst mich nie ›Itaker‹ nennen, aber damit wollte ich dich nur prüfen. Es macht mir nämlich gar nichts aus. Ich glaube, es wird allmählich Zeit, daß ich dir sage, was mir wirklich Sorgen macht: Da stehe ich mit meinen vierunddreißig Jahren und sollte eigentlich viel rascher in meinem Beruf vorankommen. Aber ich glaube, ich werde es nie sehr weit bringen, und das setzt mir ziemlich zu.«
Sylvia war überaus erleichtert und entgegnete: »Ach, das macht doch wirklich gar nichts! Ich liebe dich doch. Wenn's finanziell schwierig wird, arbeite ich eben wieder.«
Viele untrainierte eheliche Streiter sind der Ansicht, daß nur Einfaltspinsel ihre ›Achillesferse‹ verraten. Sie glauben, der Partner nütze eine solche Schwäche aus, wenn es ihm irgend möglich sei, und schreie

doppelt laut, wenn ihm der andere erkläre: »Du weißt doch, daß ich immer Magenschmerzen bekomme, wenn du mich anschreist.«
In einer intimen, aufrichtigen Beziehung ist jedoch die Gefahr eines Angriffs auf die ›Achillesferse‹ minimal. Wir ermuntern unsere Kursteilnehmer dazu, das Gebiet, über das sie nicht verhandeln wollen und auf dem sie überempfindlich sind, einfach dadurch bekanntzugeben, daß sie »foul!« rufen, falls der Partner unter die ›Gürtellinie‹ schlägt. Das ist der sicherste Weg herauszufinden, wieweit einer dem anderen trauen kann. Es stärkt die Liebe ungemein, wenn ein Partner die Empfindlichkeiten des anderen ganz offenkundig mit taktvoller Vorsicht behandelt. Ist er jedoch nicht behutsam und führt einen Schlag ›unterhalb des Gürtels‹, dann ist damit wahrscheinlich noch kein ernsthafter Schaden entstanden. Es könnte vielleicht sogar gut sein; mindestens hat der unfair angegriffene Partner nun eine Basis gefunden, auf der er einen legitimen ›Deutero-Streit‹ über die Wahl der Waffen für künftige Streitfälle führen kann.
Wenn man seine ›Gürtellinie‹ zu tief ansetzt, dann ist das masochistisch und fordert unnötige Verletzungen heraus. Setzt man sie zu hoch an, dann ist es Selbstverhätschelung und Feigheit. Seine ›Gürtellinie‹ sehr hoch anzusetzen (wie Maureen Hermann beim ersten Streit in diesem Kapitel) ist leider weit verbreitet, weil sich Streiter mit hoher ›Gürtellinie‹ selbstzufrieden und gerechtfertigt fühlen, wenn sie sich über Tiefschläge beklagen. Sie können sich dann sogar für ausreichend ›provoziert‹ halten. Sie sind aber selbst unfair. Wenn sogar ein fairer Schlag ›unterhalb des Gürtels‹ trifft, dann ist es ganz offenbar nicht möglich, einen konstruktiven Streit zu führen.
Eine fair und offen gezeigte ›Gürtellinie‹ wird den Partner am ehesten überzeugen. Wenn sich die Intimpartner immer besser kennenlernen, wird eine vorgetäuschte ›Gürtellinie‹ nämlich fast mit Sicherheit früher oder später entdeckt und dann nicht mehr respektiert. Dagegen können sich Menschen, die sich aufrichtig über ihre ›Gürtellinie‹ aussprechen, eine Menge Schwierigkeiten ersparen. Wenn eine Frau beispielsweise weiß, daß ihr Liebhaber in dieser Hinsicht gar nicht so verletzlich ist, wie sie immer befürchtet hat, braucht sie nicht mehr so zu tun, als hätte sie einen Orgasmus; er wird trotzdem gern mit ihr schlafen.
Mit einem Wort, es lohnt sich, fair zu streiten, und ein fairer Streit ist eine offene Begegnung, bei der das ›Gewicht‹ und die Waffen beider Partner soweit wie möglich gleich sind.
Wenn die ›Gürtellinie‹ eines Partners erst einmal bekannt ist, muß der

andere, falls er ein Schwergewicht ist, die seine im allgemeinen senken. Er kann »au!« rufen, wenn der schwächere Gegner ihn dort trifft, wo selbst ein schwacher Schlag schmerzen kann; aber er sollte nicht »foul!« schreien. Wo große Unterschiede zwischen den Partnern bestehen, mag es klug sein, nur in Gegenwart ausgewählter Freunde oder einer Therapiegruppe zu streiten – mindestens so lange, wie das ›Schwergewicht‹ nicht zu einer gewissen Selbstabrüstung bewegt werden kann. Auch hier heißt das Motto: »Schießt nicht mit Kanonen auf Spatzen!« Wer das tut, kann doch nur verlieren.

Nicht jedes ›Schwergewicht‹ wird sich durch ein Handikap freiwillig zähmen lassen, doch gewöhnlich kann selbst ein Tyrann lernen, auf eine Faust zu verzichten, wenn er den Ring betritt, oder es zuzulassen, daß er unter Bedingungen angegriffen wird, unter denen seine aggressiven Triebe besonders gehemmt sind, vielleicht unmittelbar vor dem Geschlechtsverkehr oder in Gegenwart anderer Personen, die ihm wichtig sind. Vor allem wird er lernen müssen, seinen Gegner nicht in eine Ecke zu manövrieren, wo dieser vielleicht so in Verzweiflung gerät, daß er den Eindruck gewinnt, um seine Unversehrtheit oder gar um sein Leben kämpfen zu müssen.

Elegante Streiter – und wir stellen uns gern vor, daß es *Eleganz* im Streiten ist, was wir lehren – treiben den Gegner niemals in die Enge, niemals! Das ist nicht nur unfair, es ist auch gefährlich, weil es einen unnötig gemeinen Gegenangriff auslösen kann, sobald der in die Ecke gedrängte Partner in Panik gerät.

Wir empfehlen auch, daß es dem ›Leichtgewicht‹ erlaubt ist, fast zu jeder Zeit und an jedem Ort einen Streit vom Zaun zu brechen, daß sich das ›Schwergewicht‹ dagegen auf Zeiten beschränkt, zu denen der leichtgewichtige Partner ›aufgeladen‹ und voller Selbstvertrauen ist. Diese Technik läßt sich nicht schwer lernen.

Häufig wird die Nützlichkeit des konstruktiven Streitens als Mittel, neue Informationen über die Einstellung der Gegner zu gewinnen, unterschätzt. Solche neuen Mitteilungen lassen sich immer gut verwenden. Oft sind sie ein Hinweis auf das eigentliche Ziel des Streites: eine Veränderung zum Besseren.

Bei echten Intimpartnern hat der Prozeß, dem anderen Informationen über seine Einstellung und seine Gefühle zu entlocken, niemals ein Ende, weil sich ihre Beziehung ständig entwickelt. Die Partner lesen zum Beispiel ein anregendes Buch oder schließen neue Freundschaften oder besuchen einen Kurs in einem Institut für Erwachsenenbildung, der ihren Horizont erweitert, oder sie unterziehen sich einer psychotherapeutischen Behandlung, oder sie erleben eine Verbesserung oder Verschlechterung des sexuellen Verhältnisses. All solche Ereignisse können Veränderungen in den Gefühlen des anderen hervorrufen, und der kluge Partner wird sich bemühen, über diese Entwicklungen auf dem laufenden zu bleiben.

Es gibt nur ein Gebiet im intimen Bereich, auf dem häufig nicht die volle Aufrichtigkeit ratsam ist, und das gilt für Partner, die anderweitige sexuelle Interessen haben, ebenso wie für diejenigen, die auf solche Interessen reagieren. Wenn es sich um Mitteilungen über erotische Anregungen außerhalb der Ehe handelt – ob um Phantasien oder um wirkliche Affären –, ist die Empfindlichkeit bei den meisten Ehemännern und -frauen so groß, daß Paare mit gesundem Menschenverstand besser daran tun, die Regel der Aufrichtigkeit durch großen Takt zu mildern. Völlige Ehrlichkeit ist nicht immer eine Tugend, und Vorsicht kann auch hier der bessere Teil der Tapferkeit sein. In diesem Fall kann die Diskretion vom Respekt vor der bereits früher erklärten Unduldsamkeit des Partners bei gewissen heiklen Themen diktiert sein, beispielsweise bei Liebesaffären der Vergangenheit. Andererseits müssen Partner, die großen Wert auf völlige, unbedingte und gegenseitige Offenheit legen, lernen, die Gefühle, Phantasien und Handlungen des anderen, die eine Reaktion auf erotische Reize von außerhalb sind, zu lieben oder zu tolerieren. Doch sollten die Intimpartner nicht vergessen, daß in diesen Fragen die Grenzen der Toleranz beim anderen gewöhnlich eher erreicht sind als bei sonstigen Problemen.

Aber selbst wenn es sich nicht um ein derartig heißes Eisen handelt und ein Streit völlig fair geführt wird, kann es mit Schwierigkeiten verbunden sein, neue Informationen aus intimen Feindseligkeiten zu gewinnen. Fast jeder wird in der Hitze des Gefechts blind – ein weiterer Grund dafür, daß man es, zumindest in der ersten Zeit des Trainings, in kühler geistiger Verfassung und auf Verabredung beginnt. In einer Atmosphäre der Vernunft zu streiten bringt mehr Licht und weniger Hitze. Die Gegner ertragen Konflikte besser. Wie Ballspieler ziehen sie Vorteile aus der Übung und den Anweisungen des Trainers. Auch Ballspieler erhitzen sich im Kampf, und diejenigen, die gut trainiert worden sind, werden wahrscheinlich auch im Eifer des Gefechts das Vernünftige tun. Je besser sie trainiert sind, desto besser werden sie spontanes Handeln mit der Taktik verbinden können, in die sie ja eingeführt worden sind.

Eheliche Streiter können sich auch selbst trainieren, um möglichst viele Informationen aus aggressiven Begegnungen zu gewinnen. Sie können ihren Ärger beherrschen und in der Diskussion bessere Zuhörer werden, indem sie sich ein einziges Wort zurufen: »Durchhalten!« Es ist ein Appell an die Gegner, selbst bei hitzigen Auseinandersetzungen nicht überempfindlich zu werden. Die gleiche Mahnung, die sich ein ›Schwergewicht‹ manchmal selbst einschärfen muß, ist: »Handle so, als ob du ein ›Leichtgewicht‹ seist!«

Andere Methoden für eheliche Fechter, Informationen zu gewinnen, werden später besprochen. Hier möchten wir den Anfängern nur versichern, daß sie nicht die einzigen sind, denen es schwerfällt, immer im Gedächtnis zu behalten, worum es in einem Streit überhaupt gegangen war.

Wir entdeckten diesen Gedächtnisschwund schon in der ersten experimentellen Phase unseres Trainingsprogramms, als wir Paare baten, ihre Auseinandersetzungen auf Tonband aufzunehmen und die Bänder zur Beurteilung durch ihre Gruppe mitzubringen. Überwiegend machten sie ihre Aufnahmen am Wochenende und brachten sie am Montagabend mit. Wenn die Paare eintrafen, baten wir sie zu berichten, um welche Fragen es in ihrem Wochenendstreit gegangen sei. Danach spielten wir ihre Bänder ab. Es zeigte sich, daß die Partner schon nach so kurzer Zeit, bis auf etwa 10%, ganz einfach vergessen hatten, was der Gegenstand ihrer Streitigkeiten gewesen war.

Sie erinnerten sich dagegen an die erlittenen Verletzungen, an die Beleidigungen, an die Schmerzen und an die Folgen ihrer sonntäglichen Zusammenstöße. Lebhaft entsannen sie sich des Ablaufs, des Stils und der Form: »Wir hatten einen furchtbaren Streit.« – »Wir waren sehr gemein zueinander.« – »Ich habe mich schrecklich aufgeregt.« – »Er hat dauernd Tiefschläge angebracht.« Doch an den Inhalt konnten sie sich nur selten erinnern – daran also, worum es überhaupt gegangen war. Wenn ein Paar berichtete: »Wir hatten einen guten Streit«, meinten sie kaum je eine Veränderung und Besserung in ihrem Leben. Die ›Güte‹ ihres Streits bezog sich fast immer auf den Stil: Er war fair und ohne Tiefschläge geführt worden.

Es ist also so, daß die gesteigerte Wut Geist und Erinnerung trübt. In der Hitze des Gefechts, wenn nämlich die Intimpartner ärgerlich, gespannt und vielleicht sogar von Furcht erfüllt sind, können sie einfach nicht so klar denken wie sonst. Sie sollten deshalb ganz besondere Anstrengungen machen und auf alles hören, was während des Streites gesagt wird, nicht nur auf das, was sie hören möchten; und sie sollten häufig ›Rückkoppelungen‹ einschalten, indem sie Fragen stellen wie: »Was willst du damit sagen? Was meinst du damit?« oder indem sie aktiv zur Klärung beitragen: »Laß mich dir mal sagen, wie *ich* es aufgefaßt habe.« ›Rückkoppelungen‹ dieser Art tragen dazu bei, die unklaren Punkte des Streits zu verdeutlichen.

V. Männlicher und weiblicher Streitstil

Wenn sie auf ihre Differenzen zu sprechen kommen, wirken Männer und Frauen oft, als ob sie zwei völlig verschiedenen biologischen Arten angehörten. Viele Ehefrauen und Bräute nehmen an unserem Streittraining teil, weil sie, wie sie sagen, lernen müssen, ›Männer zu verstehen‹. Die Männer wiederum möchten wissen, ›was Frauen eigentlich bewegt‹. Diese Geheimnisse sind symptomatisch für den angeblich unvermeidbaren ›Kampf der Geschlechter‹. Doch wie sich zeigt, beruht gerade dieser sogenannte Kampf überwiegend auf kulturellen Stereotypen – und das ist ein höflicher Ausdruck für Illusionen.

Wir möchten hier nicht mißverstanden werden. Wir stimmen den Franzosen fröhlich zu, wenn sie die anatomischen Unterschiede zwischen Mann und Frau mit der Redewendung feiern: *»Vive la petite différence!«* Wir teilen auch die Ansicht der modernen Forschung, die zeigt, daß Frauen kühner sind in der Liebe als Männer. Aber die psychischen Unterschiede zwischen den Geschlechtern werden in unserer Kultur übertrieben, besonders die Unterschiede in der männlichen und weiblichen Reaktion auf Feindseligkeiten. Infolgedessen ist der intime Krieg zwischen Mann und Frau oft unnötig verworren und erbittert.

Die Schwierigkeit beginnt damit, daß jeder glaubt, genau zu ›wissen‹, wie Männer und Frauen zu sein hätten. Nach den Regeln der gesellschaftlichen Sitte sollten Frauen nicht aggressiv, sondern stets liebenswürdig und sauber, tüchtige Hausfrauen und Gastgeberinnen sein. Männer müssen immer führen. Sie haben stark und beschützend zu sein und sollen alle kaputten Sachen im Haus wieder heil machen können.

Solche Stereotypen von Weiblichkeit und Männlichkeit können für sehr junge Menschen eine Hilfe sein, wenn sie den Prozeß der Identitätssuche durchmachen. Wenn sie sich jedoch nach der Pubertät den von der Kultur vorgeschriebenen Rollen der Geschlechter zu sehr anpassen, besteht die Gefahr, daß sie zu zweidimensionalen, synthetischen Gestalten werden, die zu stark von ihrer Rolle als Mann oder

Frau in Anspruch genommen werden. In den Beziehungen zwischen erwachsenen Männern und Frauen schaffen starre Vorstellungen von der Rolle der Geschlechter Intimitätsschranken. Wirkliche Intimität verlangt Freiheit von routinemäßigen Einstellungen. Sie erlaubt das großartige Vorrecht, die Rollen gelegentlich auch zu vertauschen. Wir erinnern unsere Kursteilnehmer immer daran, daß es jenseits des Frau- oder Mannseins das Menschsein gibt – die persönliche Identität eines Menschen, die weit über die Geschlechtsrolle hinausgeht.

Wenn der Partner ruft: »Du bist ja kein Mann!« »Du bist nicht weiblich!«, dann beschuldigen sie sich selten irgendwelcher sexueller Abweichungen. Fast immer benutzen sie einfach unglaublich übertriebene Stereotypen, um nichtsexuelle Unterschiede zu betonen, die zwischen ihnen entstehen. Solche Abstempelungen sind beliebte unfaire Waffen ehelicher Streiter. Besonders beliebt sind sie bei Ehefrauen, die eine Ausrede für eine gemeine Streittaktik brauchen, und bei Ehemännern, die besonders streitscheu sind.

Eine der beharrlichsten ehelichen Stereotypen ist das männliche Wesen, das glaubt, ›unmännliche‹ Schwäche zu zeigen, wenn es sich zu einem ›Streit mit einer Frau‹ herbeiläßt. Erklärt die Gesellschaft denn nicht immer wieder, daß es albern ist, sich mit Frauen zu zanken? Sind die Frauen nicht alle ›hysterisch‹?

Immer wieder haben wir erlebt, wie solche Männer bis zur Untätigkeit erschlaffen, wenn ihre Frauen sich laut zum soundsovielten Male über irgend etwas beklagen, was die Männer hätten tun können oder sollen, aber nicht getan haben. Vielleicht ist die Dame ärgerlich, weil der Mann ihr nicht geholfen hat, den Säugling in der Nacht zu füttern, die Küche nicht gestrichen hat, zu spät aus dem Büro nach Hause kam, oder weil er nicht mit ihr ausging, nicht oft genug oder nicht auf die rechte Weise mit ihr schlief, oder weil er die Kinder nicht in die Kirche fuhr. Der Anlaß spielt keine Rolle. Die Männer, die Geschlechterstereotypie betreiben, reagieren alle etwa auf gleiche Weise: Sie hören passiv und mit scheinbar unerschöpflicher Geduld zu. Ihre Haltung deutet an, wie sie darauf warten, daß das Gewitter wieder abzieht. Dann . . .

EHEFRAU *(sichtlich gekränkt)*: »Warum *sagst* du eigentlich nie ein Wort, wenn ich aufgeregt bin?«

EHEMANN *(gelassen und liebenswürdig)*: »Es tut mir leid, daß du dich so aufregst. Es tut mir wirklich leid.«

FRAU *(wütend)*: »Behandle mich nicht wie ein Kind! Ich habe ein Recht, wütend auf dich zu sein! Wenn du nur ein bißchen Interesse an deinen Aufgaben im Haus zeigtest, brauchte ich mich nicht so aufzuregen.«
MANN *(sanft und freundlich)*: »Liebling, du bist nur müde und durcheinander. Das geht wieder vorbei.« *(Zu sich selber sagt er: »Sie muß kurz vor ihrer Periode stehen.« Er rückt näher und versucht, den Arm um sie zu legen. Sie fängt an zu schluchzen.)* »Es tut mir wirklich leid, daß du dich immer so aufregst.«
FRAU: »O Gott, du verstehst mich nicht!«

Sie stößt den Ehemann zurück und verläßt das Zimmer. Der Ehemann geht an seinen Plattenspieler, greift nach einem Buch oder verzieht sich in seine Hobby-Ecke. Er schüttelt den Kopf und sagt zu sich: »Das arme Kind, heute abend ist sie aber wirklich in übler Stimmung. Es muß ihre Periode sein. Oder vielleicht war ihre Mutter heute wieder da, und die beiden haben sich gezankt. Ich werde sie in Ruhe lassen. Nach einer Weile werde ich in die Eisdiele hinunterfahren und ihr ein Eis holen. Das wird sie aufheitern.« Doch er merkt, daß er zu beunruhigt ist, um sein Hobby zu genießen. Er ist gereizt über sich selbst, weil er über sie gereizt ist. Er zieht sich weiter von ihr zurück, vergißt das Eis zu holen und geht statt dessen in die Kneipe neben der Eisdiele.
Der Ehemann in diesem Streit ist sichtlich untrainiert. Statt sich einer Diskussion wegen der wiederholten Klagen seiner Frau zu stellen, läßt er die Fragen ungelöst und macht damit die Situation so schwierig, daß sie leicht explodieren kann. Der Mann erkennt nicht, daß er sich selbst einer Explosion aussetzt. Ganz im Gegenteil: Er ist sehr mit sich zufrieden, weil er so stark, so tolerant und vornehm ist; dabei grollt er seiner Frau, weil sie ihre ›weibliche Art‹ als Waffe gegen ihn einsetzt.
In dieser Begegnung lassen sich drei Unterschiede im männlichen und weiblichen Streitstil feststellen:
1. die relativ geduldige Einstellung von Männern gegenüber sogenannten »weiblichen Launen«, die einen so herzhaften Ausdruck in dem Stück *My Fair Lady* findet, wo der ärgerliche Professor Higgins singt: »Warum kann eine Frau nicht sein wie ein Mann?«; 2. die verhältnismäßig geduldige Einstellung von Frauen gegenüber wenig mitteilsamen Männern vom ›starken, schweigsamen Typ‹; 3. die Benutzung von Tränen als weibliches Streitmittel.

Alle drei Unterschiede sind kulturell induziert. Sie haben wenig oder keine psychologische Bedeutung und verdienen es gewiß nicht, als Schranken der Kommunikation im ›Kampf der Geschlechter‹ so verbreitet zu sein. Alle drei Vorstellungen werden den Kindern schon früh im Leben eingehämmert (»Jungen weinen nicht!«) und werden schließlich von den Eheleuten ausgebeutet. Sie werden zu Ausreden, wenn man den Feindseligkeiten und Frustrationen des Partners auf Zehenspitzen aus dem Wege geht, um nur ja zu vermeiden, daß die Konflikte offen zur Diskussion gestellt werden.

Gewiß, Frauen weinen leichter als Männer. Gewöhnlich sind Tränen während eines intimen Streites ein Signal dafür, daß sich die Frau betrogen, mißbraucht, besiegt, zu verängstigt oder zu verletzt fühlt, als daß sie die Runde fortsetzen könnte, und daß sie deshalb für eine Weile eine Unterbrechung wünscht. Männer neigen dazu, in der gleichen Situation etwas anderes zu tun. Sie sind dann zwar besonders unnachgiebig, senken aber den Kopf mit einer Leidensmiene und sorgen dafür, daß dem Gegner diese Signale ganz deutlich werden. Häufig strafen sie die Frau mit Schweigen. Oder sie geraten in äußerste Wut, verbunden mit der ausdrücklichen oder stillschweigenden Nachricht: »Ich begreife dich nicht mehr.«

Wenn sich Männer zu verletzt fühlen, um eine Konfrontation fortzusetzen, werden sie gegebenenfalls den Schauplatz verlassen, weil sie nicht so ›nestgebunden‹ sind wie Frauen. Wütende Männer werden auch eher mit physischer Gewalt drohen oder sie anwenden. Doch solche kleinen Unterschiede zwischen den Geschlechtern sind kein Beweis für wesentliche Ungleichheiten im Streitstil von Mann und Frau.

Das Speichern von Beschwerden und Sammeln von Ungerechtigkeiten werden ebenfalls als vorwiegend weibliche Taktiken angesehen. Doch in jahrzehntelanger Befragung von Ehemännern stellten wir fest, daß auch sie lange Listen von Beschwerden gegen ihre Frauen im Gedächtnis mit sich herumtragen. Mag sein, daß ein Mann eher behauptet: »Meine Liste ist fairer (oder kürzer)!« und seine Frau ihn beschuldigt: »Ein Mann müßte fähig sein, solche Dinge zu absorbieren!« Doch auch hier sind die Gewohnheiten umkehrbar. Geschlecht hat nichts mit dem Speichern von Beschwerden zu tun. Der Schuldige ist immer der, der es versäumt, seine Klagen laufend auszusprechen.

Tatsächlich sind der Streitstil des Mannes und der der Frau im wesentlichen austauschbar. Solange die Partner das jedoch nicht wissen, sind sie versucht, die Streitfrage ›männlich–weiblich‹ als Ablenkungsmanöver zu benutzen und damit die Unterschiede, die tatsächlich – wenn auch aus völlig anderen Gründen – zwischen ihnen bestehen, weiter zu verschärfen.

Für Jim und Mary Irwin war der Sonntagnachmittag die Zeit für die heftigsten Auseinandersetzungen. Er war Theateragent, und sie arbeitete als Bibliothekarin. Der Sonntag war der einzige Tag, an dem sie von ihrem Beruf nicht in Anspruch genommen wurden. Die Kinder waren verheiratet oder auf dem College, und zum erstenmal in ihrem Eheleben stießen ihre Persönlichkeiten mit voller Kraft aufeinander.

Eines Sonntags hatte sich Jim, unrasiert und nach zwei Dosen Bier, vor dem Fernseher in einen Sessel sinken lassen. Mary arbeitete im Garten. Jim hatte Schwierigkeiten, das Fußballspiel gut auf den Bildschirm zu bekommen.

JIM: »Mary! Mary!«

MARY *(kommt ärgerlich ins Haus)*: »Du brauchst nicht so zu schreien. Du weißt, wie ich es hasse, angebrüllt zu werden. Das ist auch eine deiner vulgären männlichen Eigenarten. Warum kommst du nicht heraus in den Garten und sprichst mit mir wie ein anständiger Mensch?«

JIM *(immer noch in seinem Sessel hingestreckt und grob)*: »Weil ich wütend auf dich bin. Weshalb hast du den Fernseher nicht vor diesem Spiel in Ordnung bringen lassen? Du kümmerst dich auch wirklich nicht die Bohne um dieses Haus oder um sonst irgend etwas.«

MARY *(klopft sich Erde vom Kleid)*: »Vor allem paßt es mir nicht, daß du unsere Sonntagnachmittage vor diesem Idiotenkasten verbringst!«

JIM *(öffnet eine neue Dose Bier)*: »Wenn du etwas für mich übrig hättest, hättest du den Fernseher in Ordnung bringen lassen. Aber du kümmerst dich einfach um nichts, um gar nichts.«

MARY *(ärgerlich)*: »Ich habe immerhin so viel für dich übrig, daß ich wünschte, wir täten etwas Interessanteres an unseren Sonntagnachmittagen.«

JIM: »Was zum Beispiel?« *(Pause.)*

MARY *(aufrichtig verzweifelt)*: »Willst du etwa damit sagen, daß du nicht weißt, was du mit mir am Sonntagnachmittag anfangen sollst? Nennst du das: ein Mann sein? Vielleicht bin ich deshalb ständig im Garten und wühle zwischen meinen Spargelpflanzen herum!«

JIM *(resigniert)*: »Gut, dann laß uns also etwas unternehmen! *(Langes Schweigen)* Nun?«
MARY: »Ach, um Gottes willen! Kannst du nicht einmal die Initiative ergreifen? *(Langes Schweigen)* Du behauptest immer, daß du alles weißt. Dann laß dir doch was einfallen!«
JIM *(dreht an den Knöpfen des Fernsehers)*: »Offen gesagt, Liebling, ich wünsche mir weiter nichts, als dieses Spiel zu sehen und einen Schluck Bier zu trinken.«
MARY *(sich abwendend, um in den Garten zurückzugehen)*: »Du bist abscheulich!«

Die Irwins hatten zahlreiche Probleme, die danach schrien, gelöst zu werden. Als das letzte der Kinder aus dem Haus ging, war der Angelpunkt ihres Lebens verschwunden, und die beiden hatten die Gelegenheit versäumt, Freunde oder gemeinsame Interessen zu suchen, um die Leere auszufüllen. Ihr Geschlechtsleben wurde immer unbefriedigender, doch keiner hatte es fertiggebracht, dem anderen offen klarzumachen, was er gern getan hätte. Mary war die natürliche Führerin in dieser Ehe und Jim (dessen Fähigkeit, die eigenen Wünsche zurückzustellen, ihn für seine Klienten so wertvoll machte) der geborene Gefolgsmann. Doch beide hatten sich nie mit ihrer unvermeidlichen Rolle in der Ehe versöhnen können.
Beim Streittraining lernten sie, daß sie sich würden aneinander anpassen müssen, um dem neuen Lebensstil ohne Kinder gerecht werden zu können. Ihr Liebesleben wurde reicher, nachdem beide sich aufrichtig über ihre Wünsche ausgesprochen hatten. Schließlich gelang es ihnen zu erkennen, daß Jims Gewohnheit, grob zu schreien, und seine Neigung, sich zu unterwerfen, nicht mangelnde ›Männlichkeit‹ waren, genausowenig wie Marys Vorliebe für Gartenarbeit und ihr geringes Interesse an perfekter Haushaltsführung etwas mit mangelnder ›Weiblichkeit‹ zu tun hatten.
Die Art, auf die einer den anderen ärgerte, war einfach Ausdruck ihrer Persönlichkeit, verschärft durch die mangelnde Fähigkeit, mit ihren Konflikten fertig zu werden.
In der Hitze des Gefechts wird die Unabhängigkeit der Aggression vom jeweiligen Geschlecht besonders deutlich. Einzelbeobachtungen, wie sie unser Streitbewertungssystem erfordert, zeigen, daß Ehemänner und Ehefrauen auf die gleiche Art alle Vorteile ausnutzen, die sie finden können. Sie sind Furcht, Drohungen und Verletzungen in

gleicher Weise ausgesetzt. Wenn ein Streit gewalttätig wird, neigt ein Mann eher dazu, die Fäuste, die Frau mehr dazu, die Fingernägel zu benutzen, doch daß man seine Zuflucht in Handgreiflichkeiten sucht, ist nicht auf ein bestimmtes Geschlecht beschränkt. Kurz, eine wirklich zornige Frau unterscheidet sich wenig von einem ebenso zornigen Mann, und je eher Männer und Frauen diese psychologische Wahrheit anerkennen, desto besser werden sie durch ›aufrichtige Aussprache‹ miteinander zum konstruktiven intimen Streit fähig sein.

VI. Schlechte Streiter – und wie man sie bessert

Die Liste der Möglichkeiten, Intimität zu erschweren, ist nahezu unerschöpflich. Und über einige Streitstile, die die Liebe töten, braucht man kein Wort zu verlieren. Nehmen wir die ›Beobachter‹. Dauernd beobachten, beobachten und beobachten sie ihre Partner. Doch das geschieht nicht etwa teilnahmsvoll, um Eindrücke zu sammeln, die man vielleicht braucht, um einen Dialog zu beginnen; sie sind vielmehr wie ›Spanner‹ oder wie schweigsame FBI-Agenten, die Beweismittel sammeln, um diese in einem Augenblick vorzubringen, der besonders peinlich für den Partner ist, oder vielleicht auch, um sie als Munition für ein künftiges ›Standgericht‹ zu stapeln.

Sie sind voll unausgesprochener Fragen: Wie ungeschickt benimmt sich der Partner? Wie behandelt er die Kinder? Wie fährt er den Wagen? Wie geht er mit Verwandten und Nachbarn um? Wie benimmt er sich beim Geschlechtsverkehr? Dieser ›Spanner-Prozeß‹ kann, wenn er chronisch ist, zu gewaltigen Ausbrüchen oder zu unwiederbringlichem Vertrauensverlust führen.

Ähnliche Gefahren beschwören die Menschen herauf, die zu sehr in das Eigenleben des anderen eindringen. Sie wollen alles mit ihren Partnern teilen und erwarten von ihnen das gleiche. Im Prinzip ist das gar keine schlechte Idee, doch sie läßt sich nur bei gegenseitigem Einverständnis verwirklichen. Menschen unterscheiden sich sehr erheblich in ihrem Bedürfnis nach Eigenleben voneinander (das ist eine weitere intime Ungleichheit). Einer, der sich immer in das Leben des anderen einmischt, kann sich ständig in Schwierigkeiten verwickelt sehen, weil es ihm an Respekt vor der ›optimalen Distanz‹ und dem ›Auftankbedürfnis‹ seines Partners fehlt.

Häufig machen die Partner den Fehler, zu denken, daß ein ›Beobachter‹, ein Eindringling in das Eigenleben des Partners oder irgendein anderer, jämmerlich untrainierter Streiter ein übler – ja sogar ein teuflischer – Charakter sei. Diese unangenehmen Zeitgenossen gibt es natürlich auch, und sie werden wirklich von verächtlichen Absichten geleitet. Doch dieses Buch beschäftigt sich fast ausschließlich mit Herrn und Frau Jedermann, den im allgemeinen netten Leuten, die lediglich ein wenig mehr darüber lernen müssen, wie man mit seinen Feindseligkeiten fertig wird. Und *deren* Absichten sind gewöhnlich gut oder doch mindestens verzeihlich.

Selbst einen Partner, der die Post des anderen öffnet, sollte man nicht von vornherein verurteilen. Er sammelt nicht unbedingt Beweise für mögliche Schurkereien. Mag sein, daß sich darin nur seine Neugier im Hinblick auf die Beziehungen des Partners zur Außenwelt äußert. Oder er möchte herausfinden, wie beliebt der Empfänger ist. Er fühlt vielleicht, daß er sich aktiver um dessen Zuneigung bemühen sollte, oder er ist ganz einfach von der Popularität des anderen beeindruckt. Neugier in Dingen, die den Partner betreffen, ist allgemein verbreitet. Kein Intimpartner sollte sich so wenig um die Gefühle des anderen kümmern, daß ihm dessen Beziehungen zur Außenwelt gleichgültig werden.

Die meisten ›Beobachter‹ und Eindringlinge in das Eigenleben ihres Partners kann man im Zaum halten, wenn man ihnen sagt: »Hör mal, es wurmt mich, wenn du das tust! Bitte, hör auf damit!« Wenn das nicht wirkt, kann man aggressiver werden und sagen: »Ich glaube, du machst dir immer noch nicht klar, wie sehr mich das ärgert. Warum hörst du nicht auf damit? Laß es uns aus der Welt schaffen!«

Die gleiche Strategie läßt sich auch gegen die feindseligeren und noch neugierigeren Typen anwenden, die wir ›Sondierer‹ nennen könnten. Häufig sind das Menschen, die vielleicht ein paar Bücher über Psychoanalyse gelesen haben. Sie gehen zum Beispiel so vor:

EHEMANN: »Dein Vater muß wirklich ein Schuft gewesen sein!«
EHEFRAU: »Wieso?«
EHEMANN: »Weil du mir niemals traust.«
Und nun das Beispiel einer Frau, die versucht, die lauteren Absichten ihres Mannes herabzusetzen:
EHEFRAU: »Ich sage dir, du machst dir nur etwas vor.«
EHEMANN: »Das ist lächerlich! Ich weiß, was ich tue.«
EHEFRAU: »Nein, das tust du nicht. Du bist dir dessen nur nicht bewußt. Ich kenne dich von innen und außen genau . . .«

Nicht erbetene Charakteranalysen und Interpretationen der Motive des Partners gehören zu den ärgerlichsten Taktiken, die Eheleute gegeneinander anwenden können, selbst wenn sie zufällig einmal zutreffend sein sollten. Die Feststellung: »Ich weiß mehr von dir als du selbst«, ist vielleicht erträglich, wenn sie von einem geschickten Psychologen oder Psychiater kommt. Wenn sie ein anderer macht, ist sie eine Anmaßung.

Eine Charakteranalyse kann zu einem Globalangriff auf die Gesamtpersönlichkeit des Gegners werden, und wenn dieser Gleiches mit Gleichem vergilt, kann das Gefecht zu einem regelrechten Charaktermord ausarten. Wahrscheinlicher aber ist, daß sich solch ein Angriff auf die Ausdeutung der gegnerischen Sünden beschränkt. Diese Sünden mögen noch so unbedeutend sein, wenn sie aber einer interpretieren will, kann das leicht zu verheerenden Auseinandersetzungen führen. Das folgende geschah Jerry Hardy, einem siebenundzwanzigjährigen Bürodirektor, und seiner Frau Lorraine, 26, als sie eines Morgens frühstückten. Beide hatten einen leichten Kater und waren noch übler gelaunt, als es bei ihnen ohnehin morgens üblich war. Jerry war der Sohn eines wohlhabenden Anwalts. Lorraine war in bescheideneren Verhältnissen aufgewachsen. Sie waren seit einem halben Jahr verheiratet.

JERRY: »Warum, zum Teufel, gibst du eigentlich nie Servietten zum Frühstück?«

LORRAINE: »Weil sie nicht nötig sind. Ich mache mir nie einen Fleck beim Essen.«

JERRY: »Ich spreche nicht von Servietten für dich. Ich spreche von Servietten für *uns.*«

LORRAINE: »Ich habe nie bemerkt, daß *du* dir Flecken machst.«

JERRY: »Na und? Ich möchte mir den Mund abwischen, wenn ich gegessen habe.«

LORRAINE: »Nein, mein Herr! Das ist es ganz und gar nicht. Ich weiß genau, was es ist. Dir macht es einfach Spaß, an mir herumzunörgeln.«

JERRY: »Das ist lächerlich. Du willst, daß man an dir herumnörgelt. Und deshalb kriege ich nie eine verdammte Serviette, wenn ich nicht schreie.«

LORRAINE: »Aber es macht dir doch Spaß, nicht wahr?«

JERRY: »Was? Mir den Mund abzuwischen?«

LORRAINE: »Nein, du Ekel, ich meine, mich anzuschreien!«

JERRY: »Ach, geh zum Teufel! Ich frühstücke in der Kantine.« *(Er greift nach der Aktentasche und geht.)*

LORRAINE *(schreit ihm nach)*: »Du bist ein widerlicher Tyrann!«

Wenn die Hardys trainierte Streiter gewesen wären, hätte sich dieser Zusammenstoß vielleicht so entwickelt:

JERRY: »Sag mal, Liebste, weshalb legst du immer erst Servietten hin, wenn ich darum bitte?«
LORRAINE: »Ich meine, wir brauchen keine Servietten. Wir sind beide sauber.«
JERRY: »Ich bin anderer Ansicht. Ich finde, wir brauchen sie beide.«
LORRAINE: »Wirklich? Wozu nur, um alles in der Welt?«
JERRY: »Weil zu einem gut gedeckten Tisch Servietten gehören. Deshalb!«
LORRAINE: »Mag sein. Aber ich bin nicht an Servietten gewöhnt. In meiner Familie hat keiner ›Abwischer‹ gebraucht.« *(Sie lacht.)*
JERRY *(ebenfalls lachend)*: »Ja, darauf will ich wetten! Nicht mal im Badezimmer?«
LORRAINE: »Na, hör mal! Nun sag mir ja nicht, daß du deswegen einen Streit anfangen willst.«
JERRY: »Nicht unbedingt. Ich wollte dir nur sagen, du möchtest Servietten hinlegen.«
LORRAINE: »Mit anderen Worten, du willst dir zwar den Mund abwischen, aber mir nichts unter die Nase reiben ...«
JERRY *(lachend)*: »Wovon sprichst du überhaupt? Was soll ich dir nicht unter die Nase reiben?«
LORRAINE: »Mein Herkommen.«
JERRY *(küßt sie auf die Wange)*: »Schatz, ich habe dir doch schon so oft gesagt, daß ich deine Familie *liebe*. Schließlich hat sie dich hervorgebracht, nicht wahr?«
LORRAINE: »Warum stört es dich denn dann, mich um eine Serviette zu bitten?«
JERRY: »Soll ich das jedesmal tun, wenn wir uns zum Essen hinsetzen?«
LORRAINE: »Ich glaube, das wäre wirklich ein bißchen albern. Also gut, wenn es dir so viel ausmacht, werde ich Servietten hinlegen. Aber dann mußt du auch etwas für mich tun.«
JERRY: »In Ordnung. Heraus damit.«
LORRAINE: »Ich wünschte, du wärest morgens nicht so unfreundlich.«
JERRY: »In Ordnung. Ich werde mich bemühen ...«

In der ersten dieser beiden Auseinandersetzungen schlugen die Partner wild um sich und schrieben sich gegenseitig alle möglichen Motive zu. Sie wurden sich durch diesen Zusammenstoß fremd, ihre Intimität litt, und beide waren schließlich Verlierer. Beim trainierten Streit hielten sie sich an die Tatsachen und verletzten nicht einer des anderen Selbstbewußtsein. Sie benutzten den Humor, um die düstere Frühstückszene erträglicher zu machen und die verhältnismäßig kleine Streitfrage nicht ausarten zu lassen. Sie tauschten gewisse inhaltsreiche Informationen miteinander aus und erhöhten damit die Intimität. Ein drückendes Mißverständnis wurde aufgeklärt, und beide Partner gingen als Sieger aus dem Streit hervor.

Eine besonders entfremdende Form der Charakteranalyse ist die Technik des Stereotypisierens. Einen Ehemann oder eine Ehefrau in ein Klischee zu pressen heißt, daß man sich nicht mehr bemüht, den Partner als Person zu verstehen. Das ist der Anfang der wirklichen Entfremdung und Entpersönlichung, der erste Schritt in einem Prozeß, der zu emotionaler und sogar physischer Zerstörung führen kann. Seinen Partner zu einem Typ oder Ding abzustempeln (»Ich weiß, daß du homosexuelle Neigungen hast, wenn du selbst es auch nicht weißt«), schädigt unvermeidlich dessen Selbstgefühl. Und wieder sind es die sogenannten ›psychiatrisch vorgebildeten‹ Leute, die den Partner am ehesten zum Beispiel einer diagnostischen Kategorie machen. Sehr gebräuchliche Abstempelungen sind: ›Alkoholiker‹, ›Sadist‹, ›Spieler‹, ›Schwindler‹, ›abhängig‹, ›mutterfixiert‹, ›narzißtisch‹ und ›Spanner‹.

Diese Stereotypen können nur zu einem Austausch von Beleidigungen oder schlimmeren Dingen führen, weil es kein gesunder Mensch ertragen kann, zum unpersönlichen Vertreter einer Kategorie herabgewürdigt zu werden.

Eine andere beliebte Art, einen Ehepartner zu entpersönlichen, ist die, ihn als typischen Vertreter einer bestimmten Rasse oder Menschenart einzuordnen, wobei man populäre Kulturstereotypen benutzt, um die Verwandlung des Parnters aus einer Persönlichkeit in ein Symbol glaubhafter zu machen. Bisweilen kann das Bestreben, eine Person mit Hilfe solcher Stereotypen zu verstehen, zu einer fälschlich für real gehaltenen Illusion führen: »Ach, ich kenne sein irisches Temperament; es hat nicht das geringste zu bedeuten.« Häufiger führt das Einordnen des Intimpartners in Kategorien zu negativen Abstempelungen, die sich in zynischen Erklärungen wie: »Ach ja, die Sorte kenne ich«, oder: »Ihn kenne ich in- und auswendig«, äußern.

Solche Stereotypen vernebeln die eigentlichen Streitfragen. Eine unglückliche, recht verwirrte Kursteilnehmerin, eine Witwe Ende Dreißig, hatte kürzlich einen eingefleischten Junggesellen geheiratet, unter dessen Vorfahren ein Araber war. Diese Ehefrau war eine korpulente, nicht allzu attraktive Person, die ängstlich nach einer Gelegenheit ausgeschaut hatte, wieder zu heiraten. Ihr neuer Ehemann behandelte sie wie ein junges sinnliches Mädchen, was sie herrlich fand. Doch sie entdeckte auch, daß er nicht aufrichtig war, sondern sie mit kunstvollen Schwindeleien zu täuschen versuchte.

Diese unerwünschten Charakterzüge des Ehemannes schrieb sie seiner ›arabischen Abstammung‹ zu, und als sie einen Roman fand, in dem ein redegewandter listiger Schuft dargestellt wurde, der zufällig Araber war, benutzte sie das Buch als schlüssigen Beweis für ihre Hypothese.

Es kam, wie es kommen mußte: Der Mann wies sie zurück, weil er nach einiger Zeit zu dem Schluß kam, daß er sich doch nicht zur Ehe eigne. Als diese Tatsachen beim Streittraining zutage traten, entschloß sich das Paar, sich versuchsweise zu trennen. Die Frau nahm ihren Beruf als Anzeigentexterin wieder auf und ließ sich endlich scheiden. Das waren Menschen, die ganz und gar nicht zueinander paßten, aber ihre Schwierigkeiten hatten nichts mit der ›arabischen Abstammung‹ des Ehemannes zu tun.

Eine weniger katastrophale Form der ›destruktiven Aggression‹, die jedoch die Intimität ebenso bedroht, ist die Technik, die Erwartungen des Partners ständig zu enttäuschen. Dieses Manöver kann trügerisch sanft sein, wie das folgende Beispiel beweist:

FRAU: »Mach dir keine Sorgen wegen des Gartens, Liebster, Ich weiß, daß du eilig zur Konferenz mußt.«

MANN: »Aber du sprengst doch den Rasen so ungern.«

FRAU: »Du brauchst dir wirklich keine Sorgen zu machen, Liebster. Ich werde mich darum kümmern.«

Doch sie ›vergißt‹ es, und da sie ihre Versprechen sehr häufig ›vergißt‹, löste seine enttäuschte Erwartung einen gewalttätigen ‹Küchenstreit‹ aus, als er spät am Abend erschöpft von der Arbeit nach Hause kam und seinen sorgsam gepflegten Rasen von der Hitze ausgedörrt und braun vorfand. Die Lehre liegt auf der Hand: Man sollte die vernünftigen Erwartungen des Partners nicht allzuoft enttäuschen.

Für manche Partner ist es geradezu zum Prinzip geworden, die Erwartungen des anderen zu enttäuschen. Es sind ganz besonders freundliche Leute, die die Welt lieben, die es hassen, Menschen offen zu verletzen, und deshalb einen passiv aggressiven Streitstil wählen, um ihrer Aggression ein Ventil zu schaffen. Ihr Eröffnungszug ist meist unwiderstehlich entwaffnend.

»Darf ich dir helfen«, sagen sie.

Eine ›Tauben‹-Ehefrau, die gegen ihren ziemlich dominierenden ›Falken‹-Ehemann mit dieser passiv-aggressiven Technik stritt, erbot sich am Tag vor einer Reise, ihm Socken und Unterwäsche zu besorgen. Der Ehemann war im Büro so damit beschäftigt, vor dem Urlaub noch alles aufzuarbeiten, daß er selbst keine Einkäufe mehr machen konnte. Natürlich nahm er das Angebot erleichtert an.

Seine Freude war jedoch nicht von langer Dauer. Den ganzen Nachmittag klingelte das Telefon. Seine Frau rief an. Ein Verkäufer rief an. Eine Freundin seiner Frau, die sie beim Einkaufen begleitete, rief an. Sie konnten dies nicht finden und das nicht bekommen. Sie wollten sich unbedingt noch einmal wegen der Farben und Größen vergewissern. Sie wollten unter gar keinen Umständen etwas tun, was dem Ehemann mißfallen könnte. Tatsächlich jedoch machten sie ihn verrückt. Schließlich wurde er so wütend, daß er seiner Frau sagte, sie solle den ganzen Einkauf unterlassen. Die Folge war, daß sie ihn noch einmal mit einem Anruf behelligte, um ihn um Entschuldigung zu bitten, weil sie ihn verärgert hatte.

Als dieser Ehemann vom Urlaub zurückkehrte, schlug er seiner Streittrainingsgruppe vor, er wolle die ›Darf ich dir helfen‹-Taktik seiner Frau durch die Erfindung von Scheinbedürfnissen verderben, die er sie zu erfüllen bitten werde; dann wolle er sich von ihr enttäuschen lassen, sie aber gleichzeitig um ihre Aggressionsbefriedigung bringen, indem er ihr selbstzufrieden zeige, daß er nicht davon berührt wurde.

Man riet ihm, darauf zu verzichten, da die von ihm vorgeschlagene Lösung keine aufrichtige Taktik, sondern ein trügerisches Spiel sei. Da er überdies der Stärkere, also der ›Falke‹ in der Familie sei und sie eine weit weniger gut bewaffnete ›Taube‹, solle er seiner Frau erlauben, ihre Aggressionsbefriedigung in dem Stil zu finden, der ihr gemäß war, selbst wenn er diesen Stil nicht für ideal hielte. Er wurde ermuntert, sich den gefühlsmäßigen Bedürfnissen seiner Frau anzupassen. Allerdings solle er sich nur in solchen Fällen von ihr helfen lassen, in denen

er notfalls ohne Erledigung auskommen könne, nicht aber in jenen, die entscheidend für sein Wohlbefinden waren.
Gewiß, dieser Kompromiß schaffte nicht sofort eine völlig offene Atmosphäre. Dennoch rieten wir dem Ehemann zu diesem Verfahren, weil ein solcher Kompromiß dann gar nicht schlecht ist, wenn ein Paar bereits im Schatten einer drohenden Scheidung steht. Wir rieten ihm weiter, daß er seiner Frau später, wenn er unerledigte Probleme mit ihr zu besprechen habe, erklären könne, daß er ihr damals zwar ihren Willen gelassen habe, daß sie sich deshalb aber für die Zukunft keine falschen Vorstellungen machen dürfe: »Ich möchte, daß du mir deine Hilfe nur dann anbietest, wenn du bereit bist, sie auch zu leisten.«
Ein Partner, dessen Erwartungen auf die oben geschilderte Weise enttäuscht worden sind, glaubt nur allzu leicht, daß der andere ein ›Teufel‹ sei, der nichts anderes im Sinne habe, als ihn zum Wahnsinn zu treiben. Tatsächlich jedoch haben die meisten aggressiven Streiter keineswegs die Absicht, den Partner leiden zu lassen. Diese Aggressoren nämlich nehmen völlig unbewußt Zuflucht zu ihrer ärgerlichen Taktik. Ein Partner, der das Ziel solcher nur scheinbar gemeinen Manöver ist, kann leicht feststellen, welche Absicht dahintersteckt. Er braucht sich nur zur Geduld zu erziehen: Sieht der ›Schurke‹ unglücklich aus, weil sein Partner nicht leidet? – Nur wenn das der Fall ist, spricht einiges dafür, daß er ein ›Teufel‹ ist.
Die ›Darf ich dir helfen‹-Streiter gehören zu einer Sorte, die wir ›Krisenmacher‹ nennen. Diese Leute können häufig schon dadurch gebessert werden, daß man ihnen zu Bewußtsein bringt, welch destruktive Wirkung sie auf ihre Partner ausüben, denen sie angeblich helfen wollen. Denn ein freiwillig gegebenes Versprechen, das dann nicht eingelöst wird, ist für den Partner besonders ärgerlich.
Leider ist das ›Krisenmachen‹ unglaublich leicht. Nehmen wir an, die Ehefrau hat wiederholt vergessen, Handtücher ins Badezimmer zu hängen. Der Ehemann hat gerade geduscht. Naß und frierend schreit er nach einem Handtuch. Die Ehefrau bringt es ihm.

MANN: »Verdammt noch mal, kann man denn in diesem Scheißbadezimmer niemals ein Scheißhandtuch finden?«
FRAU: »Bitte, Liebling, reg dich doch nicht gleich so auf, ich hatte gerade *so* viel zu tun!«

Dieser Ehemann muß seine Frau dazu zwingen, daß sie sich hinsetzt und zuhört. Und dann muß er ihr unzweideutig klarmachen, wie sehr ihn diese dämlichen Handtücher ärgern und wie getarnte Angriffe dieser Art an seiner Liebe zu ihr fressen. Er sollte auch durch Fragen herauszufinden suchen, ob ihr ›Krisenmachen‹ ein verstecktes Warnzeichen ist, das er allzu lange übersehen hat. Vielleicht signalisiert sie ihm ja: »Ich bin nicht deine Magd!« oder: »Ich hungere nach einer Gelegenheit, gebraucht zu werden!« oder: »Sei doch endlich erwachsen und bring dir dein verdammtes Handtuch selber mit!« oder: »Dir ist es schon allzu selbstverständlich geworden, was ich alles für dich tue – ich werde dir zeigen, wie du wieder ein bißchen Wertschätzung für mich gewinnst.« Eine offene gegenseitige Aussprache kann diese weiblichen Gefühle des Unverstandenseins ausräumen, und der Ehemann sollte seiner Frau bei solchen Anzeichen alle seine Aufmerksamkeit zuwenden.

Eine nicht weniger beliebte Art des ›Krisenmachens‹ ist ›Unordnung‹. Die Tyrannei der ›Unordnung‹ kann auf zahllose Arten ausgeübt werden. Von Ehefrauen, die kein Hemd gebügelt haben, wenn der Ehemann ins Büro will, von Ehemännern, die so viele Schuhe, Werkzeuge, Hundeleinen und Haushaltsrechnungen verlegen, daß das ganze Haus gelähmt ist, von heranwachsenden Kindern, die offenbar prinzipiell nicht in der Lage zu sein scheinen, etwas aufzuheben, was sie haben hinfallen lassen.

›Unordnung‹ ist die beliebteste Form des ›Krisenmachens‹, weil man dazu kein ›Verbrechen‹ zu begehen braucht. Man braucht dazu überhaupt nichts zu begehen. Es ist eine Taktik der Unterlassung und bietet dem ›Krisenmacher‹ drei prächtige Tarnungen: 1. »Sieh nur, wie sehr ich mich bemühe, dir zu helfen!« 2. »Mir gefällt das genausowenig wie dir; ich kann auch nie was finden.« 3. »Wie kann man sich nur über ein paar alberne kleine Sachen so aufregen?«

›Unordnung‹ gehört in das Verhaltensschema der ›verweigerten Zusammenarbeit‹ mit anderen, besonders mit denen, die als überwältigend mächtige Gestalten empfunden werden und nur darauf aus sind, den schwächeren Partner herumzustoßen. Das ›Opfer‹ verteidigt sich gegen die angebliche Beherrschung durch ›Drückebergerei‹, wie es beim Kommiß heißt. Eine herrliche Möglichkeit, Vorgesetzte zur Verzweiflung zu bringen. Diese Taktik wird deshalb häufig auch von Patienten in psychiatrischen Kliniken angewandt, die sich damit gegen gleichgültige oder grausame Pfleger wehren.

Häufig sind die einzigen Mittel gegen ›Unordnung‹: 1. kleinere Dinge, die man unbedingt braucht, so zu verstecken, daß die ›Unordnung‹-

Erzeuger sie nicht finden, oder 2. zu lernen, mit dem Chaos zu leben.

Menschen, die ihren Ehepartnern Pflichten übertragen, dann aber die neue Rolle des anderen nicht respektieren, werden in der Regel ebenfalls zu ›Krisenmachern‹. Angenommen, ein Ehemann bittet seine Frau, die Haushaltsrechnungen zu bezahlen und die Familienfinanzen zu verwalten. Angenommen weiter, er stellt fest, daß die Buchführung der Frau nicht so peinlich genau auf dem laufenden ist, daß sie jedesmal einen genauen Überblick über den finanziellen Stand zu geben vermag, wenn er danach verlangt. Angenommen schließlich, er nörgelt nun ständig an ihrer Buchführung herum: Diese Frau hat das Recht, in die Luft zu gehen und zu verlangen, daß ihr Mann mit den Meckereien aufhört. Er hat ihr nur eine Aufgabe übertragen, um einen Vorwand für Nörgeleien und einen ›Sündenbock‹ zu haben, nicht aber, um seiner Frau zu helfen, selbständiger zu werden.

Manche Menschen heucheln Ärger, um mehr über die Krallen und den Streitstil ihres Partners zu erfahren. Das macht ein Mann z. B., indem er an seiner Frau herumnörgelt, weil das Essen noch nicht fertig ist, obwohl er doch gar keinen Hunger hat. Eine Frau macht ein Riesentheater wegen der Ungezogenheit eines Kindes, obwohl sie sich kein bißchen dadurch gestört fühlt; sie will damit ja auch nur feststellen, ob der Ehemann das Kind in Schutz nehmen oder ob er sonst irgendwie die Gelegenheit benutzen will, ihre mütterliche Autorität zu untergraben. Spielerisches Streiten, kleine Sticheleien, bei denen nicht viel auf dem Spiel steht, können den gleichen Erkundungszwecken dienen; deshalb ist der geheuchelte Zorn keine empfehlenswerte Streittaktik.

Nur selten gehen Partner so weit, Untreue oder andere mehr oder minder unverzeihliche Sünden zu beichten, die sie gar nicht begangen haben. Sie wollen die Toleranz des anderen auf die Probe stellen. Ein solcher Test kann sich als übler Bumerang erweisen. Das kann zu überheftigen Gegenangriffen oder zum Verlust der intimen Glaubwürdigkeit führen.

Einige geben ihren Partnern Signale, die eigentlich »Komm mir zu Hilfe!« heißen und um Beachtung bitten. Sie bringen ihn dazu, sich stark zu fühlen, und appellieren an das Bild des Helden und Beschützers, da er sich von sich selber macht. Diese Taktik kann manchmal legitim sein, doch nicht wenige Partner benutzen sie, um nicht nur Beachtung zu finden, sondern sich diese auch ununterbrochen zu erhalten. Wenn Signale dieser Art immer wiederkehren – wenn beispielsweise ein Ehemann jahrein, jahraus über seinen Beruf jammert –, dann ermüdet die zum Trost bereite Partnerin. Verwöhnte Ehefrauen, die sich ständig in Erinnerung bringen, können sich den Partner entfremden und dessen Liebe töten.

Schließlich gibt es passiv-aggressive Streitstile, die die Partner derart isolieren, daß sie sich völlig voneinander abwenden. Etwa indem man den Partner wie einen Fremden behandelt oder einen Freund zu einem Bündnis gegen den Partner überredet. Indem man sich der berüchtigten ›Njet-Technik‹ bedient, eine Tatsache einfach leugnet (»das kann nicht sein«) oder zum ›Sitzstreik‹ übergeht (»ich werde mich unter gar keinen Umständen ändern«).

Wenn eine solche Haltung eine wirkliche fehlende Verhandlungsbereitschaft widerspiegelt, hilft wahrscheinlich auch das beste Streittraining nichts. Der streikende Partner sagt: »Du mußt mich lieben, wie ich bin. Schließlich hast du mich für gute und für schlechte Tage geheiratet, und ich tue, was ich kann. Wenn dir das nicht gut genug ist, mußt du dir jemanden anderes suchen.« Leider ist die Gesellschaft der Ansicht, daß Defätismus dieser Art annehmbar ist, und deshalb führt er gewöhnlich zu einer mehr oder weniger freundschaftlichen Scheidung.

VII. Die Sprache der Liebe: Kommunikationsstreit

Es ist Mode geworden, daß Intimpartner über mangelnde ›Kommunikation‹ klagen. Das Wort klingt schon, als sei es etwas Besonderes. Da beschuldigt man sich gegenseitig: »Du redest nie mit mir«, oder: »Du hörst mir nie zu.« Und manche Paare sind sogar stolz darauf, sich gegenseitig zu bestätigen: »Wir finden einfach keine Kommunikation miteinander.« Wie immer auch die Worte gewählt sein mögen, sie werden häufig in einem Ton ernsthafter Enttäuschung oder Resignation geäußert, geradeso, als ob die Partner die unschuldigen Opfer zweier zusammengebrochener Stromkreise geworden wären.

Geschäftsführer wissen, daß Kommunikation der Lebensstrom des Betriebs ist; wird das Stromnetz überlastet oder fällt es aus, dann tritt eine von zwei Möglichkeiten ein: Entweder es geschieht etwas, was nicht geschehen darf, oder es geschieht gar nichts. Sie verwenden daher erhebliche Mühe auf die Pflege des Kommunikationsnetzes. Intimpartner dagegen machen sich gewöhnlich höchstens gegenseitige Vorwürfe, wenn es mit der Kommunikation nicht klappt, allenfalls ergehen sie sich in Klagen und seufzen: »Ist das nicht schrecklich?« Selten begreifen sie, daß die intime Kommunikation eine Kunst ist, die erhebliche Phantasie und Kreativität erfordert. Nur in Ausnahmefällen sind sie sich darüber klar, daß nur der bewußte und energische Entschluß beider Partner, an einem Problem zu arbeiten – dauernd und während des ganzen Lebens –, eine gute Kommunikation hervorbringen kann. Und selbst wenn Partner bereit sind, sich an die Arbeit zu machen, wissen sie nicht, wie sie dabei vorgehen sollen.

Die Arbeit ist gewaltig, weil die intime Kommunikation sehr viel mehr umfaßt als das Senden und Empfangen von Signalen. Ihr Zweck ist es, all das ausdrücklich klarzumachen, was die Partner voneinander erwarten – was besonders angenehm und was weniger angenehm, was von Bedeutung und was unwichtig ist. Sie soll ihnen ferner dazu dienen, einander ständig darüber zu unterrichten, was sie als bindend und was als entfremdend erleben, sie soll ihre Interessen, Gewohnheiten und Schwierigkeiten synchronisieren und eine Verschmelzung zum *Wir* bewirken, ohne das *Du* oder das *Ich* zu zerstören.

Intimpartner begreifen zunächst nicht, daß sich die Sprache der Liebe keineswegs ausschließlich auf die Liebe selbst oder auf andere intime Interessen beschränkt. Sie durchdringt *alle* Kommunikationen zwischen Liebenden. Wenn beispielsweise ein Geschäftsfreund dem anderen sagt: »Ich habe Hunger«, dann braucht diese Mitteilung sicher nicht auf ihren emotionalen Gehalt untersucht zu werden. Sie kann für bare Münze genommen und es kann entsprechend darauf reagiert werden. Doch wenn ein Intimpartner dem anderen die gleiche Mitteilung macht, so kann er damit recht verschiedene Absichten verfolgen:

1. Er kann etwa mit Worten ertasten, ob die Reaktion des Partners mitfühlend oder gleichgültig ist;
2. er kann an das Mitgefühl des Partners appellieren, etwas zu tun oder zu sagen (»Komm, laß uns ins Café gehen«);
3. er kann eine durchaus bedeutungsgeladene Information übermitteln (»Ich bin fast verhungert, aber ich habe jetzt keine Zeit, essen zu gehen, hol mir doch bitte etwas«).

Viele Intimpartner glauben, daß es zwischen ihnen keine Kommunikationsprobleme geben könne. Das Märchen von der romantischen Liebe verleitet sie zu der Annahme, daß eine Art intuitiver Sende- und Empfangsanlage sie miteinander verbinde und daß diese Vorrichtung genügen müsse, sich ihr tiefes gegenseitiges Verständnis zu übermitteln. Deshalb fordern sie, daß der andere ahnt, was sie meinen: »Er muß wissen, wie ich mich fühle«, oder: »Wenn du mich liebst, wirst du schon richtig entschlüsseln, was ich meine.« Sie glauben es sich leisten zu können, in ihren intimen Kommunikationen nachlässiger zu sein, als sie es anderen Bekannten gegenüber sind.
Ein anderer Grund, weshalb Kommunikationen oft zum Problem werden, ist eine gewisse psychische Trägheit vieler Menschen. Von dem romantischen Trugschluß ermutigt, daß die Sprache der Liebe auf magische Weise verständlich sei, gehen sie der schwierigen Aufgabe, sich klar auszudrücken, aus dem Wege.
Der dritte Grund ist, daß die Beliebtheit des Spielens von gesellschaftlichen Rollen zum Verdacht Anlaß gibt, daß es vielleicht gar nicht so gut sei, offen zu sein – auch nicht zu Hause. Dieser Ansicht liegt gewöhnlich die Furcht zugrunde, daß Offenheit dem Intimpartner etwas enthüllen könnte, was man lieber zugedeckt lassen möchte, um

ihn nicht zu ernüchtern. Auch der Wunsch, sich eine gewisse Ungebundenheit zu bewahren, führt häufig dazu, daß ein Partner beim anderen jenes intuitive Verständnis voraussetzt.
Der einfachste Weg, Kommunikationsprobleme zu verursachen, ist der, seinem Ehepartner Informationen vorzuenthalten. Wenn Partner sich einander nicht anvertrauen, werden sie bald finden, daß sie sich wie Blinde mit weißen Stöcken tastend durch einen unbekannten Raum bewegen. Das führt zu Streitigkeiten, die jederzeit und an jedem Ort ausbrechen können. Für Herbert und Lonnie Cartwright war dieser Ort zufällig die Küche. Es war am Abend vor einer großen Party:

LONNIE: »Ich brauche noch dreißig Dollar für Lebensmittel.«
HERBERT: »Hör mal, das ist aber viel Geld für so eine Party.«
LONNIE: »Die Leute müssen doch essen!«
HERBERT: »Das weiß ich.«
LONNIE: *(atmet tief ein, bevor sie sich auf unbekanntes Gebiet wagt)*: »Seit du die neue Lebensversicherung abgeschlossen hast, sind wir ständig knapp bei Kasse.«
HERBERT: »Aber die ist doch auf deinen Namen ausgestellt!«
LONNIE: »Ich will nicht, daß du schon jetzt ans Sterben denkst! Laß uns lieber jetzt ein bißchen leben!«
HERBERT: »Das nehme ich dir übel. Schließlich habe ich mich bemüht, für dich das Beste zu tun.«
LONNIE: »Dann hättest du die Versicherung nicht abschließen sollen, ehe du die nächste Gehaltserhöhung bekommst. Mir paßt es nicht, daß ich wie eine Bettlerin zu dir kommen muß.«

Was ist hier geschehen? Diese Partner hatten sich gegenseitig über manche Dinge so sehr im unklaren gelassen, daß sie sich schließlich in der Finanzpolitik der Familie völlig voneinander entfernt hatten. Wie so viele andere hielt diese Frau ihren Mann für einen ›Geldbaum‹. Einer der Gründe, weshalb sie ihn liebte, war der, daß er ein so guter Versorger war. Sie glaubte, daß sie im Rahmen vernünftiger Grenzen alles kaufen könne, was sie sich wünschte. Doch sie vermied es sorgfältig, diese Vorstellungen nachzuprüfen. Sie dachte nicht daran, etwa einmal in die Kontoauszüge zu sehen. Für sie war Geld zum Ausgeben da – genau wie das Taschengeld eines Kindes. Für ihren Mann dagegen bedeutete Geld Sicherheit. Er hatte seiner Frau gesagt, daß er eine neue, höhere Lebensversicherung abgeschlossen habe, nicht jedoch, wieviel er dafür zahlen mußte. Die Lehre aus diesem Fall: Ehemänner tun gut daran, ihre Frauen nicht im ungewissen über die Familienfinanzen oder über andere entscheidende Dinge des gemeinsamen Lebens zu lassen.

Wenn Intimpartner bestimmte Informationen, die sie besitzen, nicht weitergeben oder wenn sie auf die ihnen gebotenen Informationen nicht entsprechend reagieren, dann fordern sie Schwierigkeiten heraus. Manchmal hält ein Partner Informationen aus Taktgefühl zurück. Das gilt vor allem für Informationen über bevorzugte sexuelle Neigungen. Wie wir bereits erwähnten, gibt es Gelegenheiten, wo es die Stetigkeit der Verbindung erfordert, daß Offenheit aus Gründen des Taktes eingeschränkt wird. Doch oft ist sogenannter Takt Feigheit oder versuchte Täuschung – eine Tarnung, um Differenzen zu vermeiden. Das Zurückhalten von Informationen führt fast immer zu heftigen Explosionen.

Manche Ehemänner erzählen beispielsweise ihren Frauen nicht, wie knapp sie bei Kasse sind. Sie ›wollen sie nicht beunruhigen‹. Plötzlich erscheint ein Mann von der Darlehensgesellschaft, um den neuen Wagen der Ehefrau zurückzuholen. Eine solche Krise ist häufig nicht nur unnötig (»Liebling, weshalb hast du mir das denn nicht gesagt? Mein Vater hätte mir das Geld gern geliehen!«), sondern sie untergräbt auch das Vertrauen der Frau zu ihrem Mann. In der wahren Intimität wird die Belastung von beiden Partnern getragen.

Es gibt allerdings auch Partner, die, ohne es zu wissen, den anderen geradezu *veranlassen*, Informationen zurückzuhalten. Dazu gehören jene, die beim Auftauchen von Schwierigkeiten den Kopf verlieren und damit zu jeder Hilfeleistung unbrauchbar sind. Sie haben sich den Mangel an Vertrauen selbst zuzuschreiben.

Enttäuscht darüber, daß sie keine klaren und ehrlichen Kommunikationen austauschen können, machen viele Partner den Fehler, alles noch zu verschlimmern. Sie erzählen sich Dinge voller Sarkasmen, Übertreibungen, Karikaturen und Verzerrungen. Die Möglichkeiten solcher Nachrichtenstörungen sind beinahe grenzenlos; wir geben hier einige willkürlich herausgegriffene Beispiele wieder:

»Ich könnte ebensogut gegen eine Wand sprechen.« – Bei dir *muß* man ja die Ohren auf Durchzug stellen.« – »*Das* hast du *nicht* gesagt; und wenn du es gesagt hast, habe ich es nicht gehört.« – »Wir haben uns nichts mehr zu sagen.« – »Du sprichst auch immer in Rätseln.« – »Ich habe gelernt, den Mund zu halten.« – »Du sagst nie, was du meinst.« – »Warum unterbrichst du mich immer?« – »Du hörst dich eben gern selber sprechen.« – »Du verteidigst dich eben nie.« – »Das habe ich dir nicht nur einmal, das habe ich dir schon tausendmal gesagt . . .«

Wenn Kursteilnehmer auf solche Störungen stoßen, sobald sie versuchen, ihren Partnern Gefühle und Wünsche zu übermitteln, erzählen wir ihnen manchmal die uralte Geschichte von dem Texas-Maultier, das zu störrisch war, auf Befehle zu reagieren. Der Besitzer entschloß sich, einen berühmten Maultiertreiber zu engagieren, der die Schwierigkeit beseitigen sollte. Der Treiber warf einen Blick auf das Maultier und schlug ihn dann mit einer Vier-Zoll-Latte über den Kopf. Der Besitzer war entsetzt.

»Das ist ja schrecklich«, sagte er. »Ich dachte, Sie wollten das Tier erziehen!«

»Gewiß«, erwiderte der Treiber. »Aber erst muß ich seine Aufmerksamkeit wecken.«

Partner, die mit solchen Kommunikationsstörungen fertig werden müssen, sollten noch einmal überdenken, wie man einen guten Streit beginnt. Das gleiche gilt für Partner, die sich Gegnern gegenübersehen, die Kommunikationen durch Störgeräusche unverständlich machen, ähnlich wie es im Zweiten Weltkrieg mit den Rundfunksendungen gemacht wurde.

Manche solcher intimen ›Störsender‹ können entsetzlich wirksam sein. Ein Beispiel: Da ahnt ein Mann, daß seine Frau mit ihm über seine allzu großen Privatausgaben sprechen möchte. Der Mann weiß aber auch, daß seine Frau gern Klatsch über das Liebesleben seines Chefs hört. Nun rattert er pausenlos den neuesten Büroklatsch herunter, bis er verschwinden und zur Arbeit fahren kann.

»He!« ruft die Frau. »Wir müssen noch über diese Rechnungen sprechen.« – »Mach' ich!« schreit der Gatte – und fährt davon.

Selbst Partner, die die Wichtigkeit offener, ungestörter Kommunikation anerkennen, begreifen selten, daß ihre Signale völlig unzweideutig sein müssen und daß der Absender der Nachricht unbedingt ›Rückkoppelungen‹ vom Empfänger anfordern sollte, um festzustellen, ob seine Signale so verstanden wurden, wie sie gemeint waren.

Untersuchen wir doch einmal die drei Erscheinungsformen einer Nachricht. Fragen wir: 1. wie die Nachricht gemeint ist, 2. wie sie abgefaßt ist und 3. wie sie vom Empfänger interpretiert wird. Was dabei herauskommt, sieht dann leider oft so aus:

Fall 1. Die Frau sagt den Kindern, sie sollten Vater nicht stören. Er hört zu.
gemeint
»Ich beschütze dich.«
abgefaßt
»Stört ihn nicht!«
interpretiert
»Sie sperrt mich ein.«

Fall 2. Der Mann bringt nie Freunde mit nach Hause. Sie möchte wissen, warum, und er antwortet:
gemeint
»Es ist zuviel Arbeit für dich.«
abgefaßt
»Ach, reden wir nicht davon.«
interpretiert
»Er schämt sich meiner.«

Ehepartner, die sich aus einem solchen Dschungel unklarer Signale herauswinden wollen, finden es oft recht nützlich, sich die scheinbar sehr einfachen Grundregeln der Kommunikation einzuprägen:
Gewinne die Aufmerksamkeit des Empfängers. Bereite ihn darauf vor, deine Nachricht zu empfangen. Übermittele deine Nachricht klar und so ungestört wie möglich. Vergewissere dich, daß deine Informationen auf der Wellenlänge des Empfängers ausgestrahlt werden. Steck das Gebiet, über das du sprechen willst, genau ab und bleibe in seinen Grenzen. Sorg dafür, daß ihr beide, du selbst und dein Empfänger, auf das gemeinsame Interessengebiet eingestellt seid. Rege deinen Empfänger an, zu reagieren, indem er den Empfang bestätigt. Sorge für ›Rückkoppelungen‹, damit du prüfen kannst, wie deine Nachricht empfangen worden ist.
Diese Grundsätze sind jedem bekannt, der jemals ein Ferngespräch geführt hat. Doch Intimpartner, besonders wenn sie sich unter der Belastung von Konflikt und Aggression befinden, verletzen diese Grundregeln immer wieder, obwohl sie es ›besser wissen‹. Ihr Zögern, eine deutliche Verbindung herzustellen, ist ein Zeichen dafür, daß sie Konflikte belastend finden und es nicht gern zugeben, daß sie mitten im Konflikt stehen.
Deshalb kommt es dabei stets zu jenem sinnlosen ›Rundlaufstreit‹:

SIE: »Du redest nie mit mir.«
ER: »Was hast du denn auf dem Herzen?«
SIE: »Es geht nicht darum, was *ich* auf dem Herzen habe, sondern darum, daß ich nie weiß, was *dich* beschäftigt.«
ER *(leicht erschrocken)*: »Was willst du denn wissen?«
SIE: »Alles!«
ER: »Das ist doch verrückt!«
SIE: »Da sind wir wieder soweit . . .«
Dieses Versteckspiel kann auch folgende Variante haben:
ER: »Du redest zuviel!«
SIE: »Worüber?«
ER: »Über alles!«
SIE: »Einer von uns muß schließlich reden.«
ER: »Du redest, aber du sagst nie was.«
SIE: »Das ist doch verrückt.«
ER: »Da hast du verdammt recht!«
SIE *(nachdenklich)*: »Was meinst du damit?«
ER *(verdrossen)*: »Du machst eine Menge Geräusche, aber es ist uns unmöglich, einmal ein wirkliches Gespräch zu führen.«
SIE: »Da sind wir wieder soweit . . .«

Folgendes geschah nach einem Streit zwischen zwei unverheirateten jungen Menschen:

DR. BACH *(zu dem Mädchen)*: »Was hat er Ihnen denn nun wirklich gesagt?«

MÄDCHEN: »Daß er mich nicht leiden mag.«
DR. B. *(zu dem Jungen)*: »Wollten Sie ihr das mitteilen?«
JUNGE: »Nein! Ich liebe sie!«
DR. B.: »Sie beide hungern nach wirklicher Kommunikation. Sie benutzen die Worte wie Nebel, um Ihre wahren Gefühle zu verstecken.«

Ein Partner, der das eigene rechtmäßige Interesse am anderen verbirgt, stillt seine Neugier häufig durch heimliche Beobachtung seines Gegners. Den Partner zu ›verstehen‹ kann durchaus von einem noblen Bemühen zeugen. Doch allzuoft führt es nur zu weiteren Mißverständnissen:

SIE: »Du sprichst niemals mit mir.«
ER: »Warum auch? Du weißt doch alles von mir.«
SIE: »Was meinst du damit?«
ER *(hitzig)*: »Du beobachtest jede Bewegung, die ich mache. Du liest in mir. Und sobald ich den Mund öffne, irre ich mich. Du hast dir bereits vorher zurechtgemacht, was ich angeblich denke.«
SIE: »Das sagst du nur, weil du nicht mit mir sprechen willst.«

Wenn es auch zahllose Paare gibt, die behaupten, ›sie sprächen nie miteinander‹, so sprechen doch in Wirklichkeit viele Intimpartner – vielleicht sogar die meisten – sehr viel, sogar über sehr persönliche Dinge. Aber ihre Virtuosität im Tarnen (und der hilflose Test: »Wird er die Andeutung wohl verstehen?«) ist bemerkenswert. Hier ein Ehepaar, das von einer Party nach Hause fährt:

ER: »Das war ein nettes Essen, das Peggy da gegeben hat.«
SIE: »Ja, aber die gebackenen Kartoffeln mit saurer Sahne waren schrecklich.«

Als dieser nebelhafte Gedankenaustausch während des Streittrainings untersucht wurde, stellte sich heraus, daß der Mann mitzuteilen versucht hatte, seiner Meinung nach seien seine Frau und er nicht beliebt und hätten nicht genug Freunde. Die Frau verstand die Nachricht genau und signalisierte zurück: »Ich weiß, daß dich unsere gesellschaftliche Unbeweglichkeit wurmt, aber ich glaube nicht, daß Peggy viel besser ist.« Der Zweck dieses kurzen Schattenboxkampfs bestand darin, ein wirklich vorhandenes Problem aufzuklären, dabei aber gleichzeitig zu vermeiden, daß es in konstruktiven Gesprächen über mögliche Lösungen offen ins Auge gefaßt wurde. Keiner der beiden Partner war bereit, sich einer entscheidenden Auseinandersetzung über die Mängel ihrer gesellschaftlichen Fähigkeiten zu stellen.
Nur wenige Menschen sind sich bewußt, daß alltägliche Unterhaltungen zahllose Gelegenheiten bieten, die persönlichen Gefühle ihrer Partner zu erforschen. Hier ist beispielsweise eine Ehefrau, die eben in einer Illustrierten einen Artikel über die gefährliche Seite der konzeptionsverhütenden Pille gelesen hatte:

SIE: »Hast du diesen Artikel über die Pille gesehen?«
ER: »Ja, die Sekretärinnen im Büro sprechen darüber. Er hat sie ziemlich nervös gemacht.«

Dieser Austausch kann eine erstaunliche Vielfalt von Nachrichten verdecken. In diesem Fall könnten sie vielleicht lauten: »Liebe ist eine gefährliche Sache.« Oder: »Du begehrst mich nicht mehr so wie früher.« Oder: »Du solltest mehr Verantwortung für das übernehmen, was unsere Tochter bei ihren Verabredungen tut.« Oder: »Schläfst du mit deiner Sekretärin?« Oder: »Mit dir ist Liebe nicht mehr erregend; es ist nur noch eine Art Gesundheitsübung.« Oder: »Ich wünschte, du drängtest mich nicht so, noch ein Kind zu haben; ich möchte wirklich keins mehr.« Oder: »Hoffentlich verstehst du, was ich jetzt in den Wechseljahren durchmache.« Vielleicht richtet die Frau ihre Aufmerksamkeit auch lediglich auf eine der Nebenwirkungen der Pille, etwa auf die Gewichtszunahme, von der in dem Artikel berichtet wurde. Hat sie ihren Mann mit einer stillschweigenden Frage testen wollen: »Ich glaube, ich nehme zuviel zu?«
Einige der getarnten Signale des Ehemanns könnten die folgenden sein: »Du tust immer so, als ob deine Probleme einzigartig wären, dabei haben alle Frauen genau die gleichen Probleme.« Oder: »Wahrscheinlich glaubt sie, ich stelle zu große sexuelle Forderungen; ich müßte wohl etwas rücksichtsvoller sein.« Oder: »Ich wünschte, sie würde heute abend nicht von Liebe reden; ich bin müde.« Oder: »Ich vermute, sie glaubt, daß mich die Mädchen im Büro mehr reizen als sie.« Oder: »Sie sollte besser aufpassen und daran denken, daß sie die Pille jeden Tag nehmen muß.«
Diese beiden Ehepartner verstanden sich herzlich schlecht auf Kommunikation. Sie ließen das Thema der Pille sofort fallen und verspielten damit die Möglichkeit, ihre Gefühle über eine wichtige Frage miteinander auszutauschen. Sie zogen den Nebel dem klaren Himmel vor, weil sie die Vorteile der Aufrichtigkeit noch nicht erkannt hatten.
Selbst beiläufige Unterhaltungen über weniger gefühlsbeladene Themen als Liebe können unglaubliche Verwirrung hervorrufen, wenn die Partner keine nachfassenden Fragen stellen. Angenommen, der Ehemann fragt seine Frau: »Hast du bemerkt, daß die Wagenbremsen schon wieder nicht in Ordnung sind?« Das könnte ein aufrichtiger Ausdruck der Erbitterung über die Werkstatt sein, in der die Bremsen angeblich erst in der letzten Woche repariert worden waren. In diesem Fall genügt es vollkommen, wenn die Frau erwidert: »Und ob ich das bemerkt habe!«
Doch die Klage des Ehemannes hätte auch bedeuten können: »Ich

wollte, du gingest sorgsamer mit unseren Sachen um.« Oder: »Ich möchte ihr nicht zeigen, wie einsam ich mich jetzt oft fühle, aber ich wünschte, sie würde mich häufiger auf meinen trübseligen Geschäftsreisen begleiten.« Oder: »Du gibst so viel Geld für dich aus, daß auch für die dringendsten Autoreparaturen nie genug bleibt.« Unter wahren Intimpartnern wird eine solche Klage über Wagenbremsen wenigstens kurz auf mögliche emotionale Nebenbedeutungen untersucht.

Wenn Streitfragen nicht völlig klar ausgedrückt werden, sobald sie auftauchen, kann das zu einem deprimierenden Stillstand der gesamten Kommunikation führen. Diese Situation lag folgendem ganz und gar nicht alltäglichen Streit zugrunde, der eines frühen Morgens entstand:

ER: »Es stört mich nicht, daß du mir kein Frühstück machst, aber weshalb muß ich auch noch das Geschirr vom Vorabend abwaschen?«
SIE: »Es tut mir leid, Liebster. Ich weiß, daß es dich ärgert.«
ER: »Weshalb tust du es dann?«
SIE: »Ich bin abends einfach zu müde.«
ER: »Du bist aber nicht zu müde zum Fernsehen!«
SIE: »Das ist eine Erholung. Der Abwasch nicht.«
ER: »Du hast eben nicht das geringste für mich übrig.«
SIE: »Willst du mir etwa einreden, daß ein paar schmutzige Teller und meine Freude am Fernsehen das beweisen? Das ist doch lächerlich. Aber du mußt doch längst auf dem Weg zur Arbeit sein – du wirst zu spät kommen.«

Als dieses Ehepaar zum Streittraining kam, begann die Frau, den Abwasch abends zu machen, doch glücklicher wurden die beiden dadurch nicht. Sie mußten sich mit den Mißverständnissen auseinandersetzen, denen sie ihre Schwierigkeiten verdankten: 1. »Er denkt, ich liebe ihn nicht mehr«, und 2. »Sie denkt, ich sei unvernünftig in meiner Forderung nach Liebe.«

Sie befanden sich gewissermaßen auf dem Rückzug, der einem neuen, realistischeren Streit vorausging. Sie wußten, daß keinen von beiden die schmutzigen Teller allzusehr störten. Was war nicht in Ordnung?

Später zeigte sich, daß er ihr lediglich zu sagen versuchte: »Manchmal glaube ich, du liebst den Idiotenkasten mehr als mich.« Während sie ihm erklären wollte, daß es rücksichtslos von ihm sei, die gelegentlichen Besorgungen für sie zu vergessen, und daß sie es ihm übelnehme, wenn er mit seinen Kollegen auf dem Heimweg Station mache, um ein paar Glas zu trinken. Erst ein die Luft reinigender offener Streit mit ungestörter Kommunikation deckte diese Gefühle auf und schuf die Basis für weitere Diskussion.

Kommunikationszusammenbrüche können auch durch Signale hervorgerufen werden, die zu stark oder zu schwach sind, um den Partner in die gewünschte Richtung zu lenken. Ein häufiges strategisches Ziel gewisser Auseinandersetzungen ist es, den Partner zu einem aggressiven Verhalten zu provozieren, ohne die Schwelle des Zulässigen zu überschreiten und ihn dadurch zu verschrecken. Diese feine, intime Provokation läßt sich genau dosieren. Leider geschieht das in den wenigsten Fällen.

John und Jill Strong waren ruhige, streitscheue Typen. Wenn sie sich aber doch einmal stritten, dann traten sie einander sofort auf die ›Achillesferse‹. Eine Quelle ständigen Ärgers war Johns Einkommen. Er verdiente zwar als Architekt jährlich 90 000 Dollar, doch Jill war der Ansicht, es könnte noch mehr sein, wenn er sich nicht von seinen Partnern ausnutzen ließe. An einem mehr oder weniger typischen Abend wollte er sie wegen ihrer zu hohen Ausgaben zur Rede stellen. Sie aber wollte viel lieber mit ihm ins Bett. Und wie immer, wenn sie in dieser Stimmung war, zeigte sie ihm das an, indem sie eines ihrer durchsichtigen Negligés trug. Er, der immer noch mit ihr über finanzielle Probleme sprechen wollte, ärgerte sich und brummte: »Ich habe noch zu tun.« So endete die Szene mit dem üblichen kalten Krieg. Wäre ihre Kommunikation klar gewesen, hätten sie zuerst über Geld sprechen und dann miteinander schlafen gehen können. So aber gab es weder Gespräch noch Liebe.

Das andere Extrem begegnete uns in Art und Sally Green. Beide fühlten sich sexuell sehr zueinander hingezogen und waren dennoch ständig in irgendeinen fast unglaublichen ›Küchenstreit‹ verwickelt, der bisweilen mit nur geringen Unterbrechungen acht Stunden lang andauerte. (Die sexuelle Anziehung zwischen ihnen stand keineswegs im Widerspruch zu ihren Streitereien. Wie in Kapitel 18 erörtert werden wird, werden die meisten Eheschwierigkeiten eher durch unzureichende Konfliktklärung als durch sexuelle Schwierigkeiten hervorgerufen.)

Art war leitender Ingenieur. Er und Sally, beide schlanke, sonnenge-

bräunte Tennisspieler, boten für Außenstehende das typische Bild eines glücklichen Paares. Eines Freitags ließ sich Sally in ihrem Gesundheitsklub massieren, schickte die Kinder für die Nacht zu ihrer Schwester und stellte frische Blumen ins Schlafzimmer. Der Freitagabend gehörte verabredungsgemäß ihnen beiden allein. Art fuhr nach Hause und überlegte, ob Sally diese Verabredung auch einhalten würde. Aber genaugenommen war er weniger an diesem Abend interessiert als daran, einen Anlaß für einen Ehekrach zu finden. Er gehörte zu jenen Leuten, die ihre Beschwerden speichern, anstatt sie auszusprechen. Wenn er dann seine Launen hatte, ließ er seine Frau ins Messer laufen, sie konnte tun, was immer sie wollte: hielt sie die Freitagabend-Verabredung nicht ein, machte er ihr eine Szene (»Ich dachte, wir wollten einen schönen Abend verleben«); tat sie es aber, benahm er sich, als wisse oder merke er gar nichts.
Sally hatte Getränke vorbereitet und den Plattenspieler mit entsprechender Stimmungsmusik angestellt, doch nach dem Essen verzog sich Art in sein Arbeitszimmer und sagte: »Ich bin die ganze Woche nicht dazu gekommen, meine Fachzeitschriften zu lesen.«
In diesem Augenblick hätte Sally ihren Mann auffordern müssen, seinen Ärger zu äußern. Statt dessen wurde sie wütend. Sie folgte ihm und störte ihn bei seiner Lektüre, indem sie aufzählte, was alles an der häuslichen Front schiefgegangen sei. Der Junge habe sich den Knöchel beim Fußballtraining verletzt. Die Aufwartung habe vergessen, den Mülleimer für die wöchentliche Abfuhr hinauszustellen. Eins von Arts Lieblingshemden sei mit dem neuen Eisen verbrannt worden.
Er tat, als ginge ihn das alles nichts an. Sie drehte den Plattenspieler lauter. Er schaltete ihn aus und explodierte: »Wenn du mich jetzt noch ein einziges Mal unterbrichst, dann . . .«
Sie war entzückt. Endlich hatte sie ihn hochgebracht. Laut sagte sie: »Du gemeiner Schuft! Immer mußt du uns das Wochenende verderben!«
Mit Gepolter stampfte sie hinauf ins Badezimmer, das genau über dem Arbeitszimmer lag, schlug die Tür zu und machte soviel Lärm wie möglich. Als er nach einer Weile immer noch nicht reagiert hatte, nahm sie in ihrer Wut Zuflucht zur ›Provokation im *n*-ten Grad‹, wie wir das nennen. Sie stürmte mit dem Staubsauger in sein Arbeitszimmer und begann sauberzumachen.

ART *(wütend)*: »Mein Gott, bist du blöd. Kannst du wirklich nicht begreifen, daß ich auf dem laufenden bleiben muß? Wie soll ich denn meine Mitarbeiter ausbilden, wenn ich geistig verkalke?«
SALLY *(schreiend, um den Staubsauger zu übertönen)*: »Du *bist* bereits verkalkt . . .«

Ein Beleidungsritual im *Virginia-Woolf*-Stil folgte. Schließlich rannte sie mit offenem Morgenrock ins Schlafzimmer. Schluchzend warf sie sich aufs Bett. Er dagegen versuchte noch einmal zu lesen, doch er fühlte sich nun derart schuldbewußt, daß er ihr ins Schlafzimmer folgte, entschlossen, sich mit ihr zu versöhnen.
SALLY *(tränenüberströmt)*: »Geh ja weg! Wag es nicht, mich anzurühren!« Natürlich glätteten sich die Wogen auch wieder, doch allmählich wurde das feindselige Hin und Her selbst diesen konfliktgewöhnten Gegnern zuviel. Sie kamen zu einem Streittraining und lernten, wie man Ansichten über seine Gefühle austauscht und dabei doch die Verletzungen eines unkontrollierten Krachs vermeidet.
Ein überaus gefährlicher Zeitpunkt für intime Kommunikation ist der Augenblick, an dem der Ehemann abends von der Arbeit nach Hause kommt. Das ist die Zeit, in der die Welt des Mannes, die Welt der Frau und die Welt der Kinder unausweichlich aufeinandertreffen. Doch wenn die auseinanderlaufenden Erwartungen nicht sorgsam aufeinander abgestimmt werden, kommt es eher zu einem Zusammenstoß als zu einer Verbindung.
Wir raten, die Zeremonie des Heimkommens nicht mit dem üblichen: »Na, wie war's?« zu beginnen. Bestenfalls lädt diese Frage zu der unproduktiven Antwort ein: »Soso. Und bei euch hier?«
Wahrscheinlicher jedoch bilden diese Einbahn-Signale den Startschuß für jeden Partner, die Ehe als Mülltonne zu benutzen. Aber wie dem auch sei: In jedem Fall ist diese Zeremonie keine erbauliche oder gar fruchtbare Übung, und bestimmt trägt sie nicht dazu bei, nach den notwendigerweise getrennten Rollen, die die Partner tagsüber spielen, zu einem intimen Duett zu kommen.
Das Nachhausekommen ist in vielen Haushalten die Hauptzeit der Tarnung. Wenn der Ehemann stöhnt: »Ich hatte einen schrecklichen Tag, einfach entsetzlich!«, will er seiner Frau vielleicht sagen: »Wahrscheinlich denkst du, für mich ist es im Büro das reine Zuckerlecken, aber ich kann es nicht ertragen, daß du das denkst.« (Ist er auf dem Gebiet der Kommunikation bewandert, dann sendet er seine Nach-

richt direkt: »Bitte, hilf mir ein wenig, meine Spannungen zu lösen.«)

Allzu häufig wird die Zeit des Heimkommens auch die Zeit der Gefühlsverlagerung. Angenommen, es gelingt dem Ehemann tatsächlich, sich von seinen Schwierigkeiten loszureißen, und er fragt: »Was haben die Kinder heute gemacht?« Das könnte genau die Eröffnung sein, auf die die Ehefrau gewartet hat. Nun beginnt sie mit Kummergeschichten: »Johnny hat wieder den Schulbus verpaßt. Er wäre sehr viel zu spät gekommen, wenn ich mir nicht von Janie den Wagen geliehen und ihn schnell hingefahren hätte . . .«

Damit will die Ehefrau dem Mann sagen: »Kein Mensch weiß, was ich für Schwierigkeiten erlebt habe. Und *du* hast keinen Schimmer davon, was dazu gehört, ein Haus zu bewirtschaften, die Kinder aufzuziehen, mit allem fertig zu werden ohne einen zweiten Wagen und . . . und . . . und . . .«

Merkwürdigerweise sind die meisten Leute, die in solch einen Wortwechsel verwickelt werden, überzeugt, daß diese Art von Unterhaltung eine intime Kommunikation darstellt. Doch da irren sie. Intime Kommunikationen beginnen erst, wenn die Routineangelegenheiten des Tages erledigt sind. Im normalen Tagesablauf sollte jeder Partner in der Lage sein, seine üblichen Tätigkeiten auf seine eigene, mehr oder weniger unabhängige Art zu regeln. Das eigentliche Thema der intimen Kommunikation ist der Zustand der Einheit, die Beziehung zwischen den Partnern und das *Wir.*

Wir schlagen unseren Kursteilnehmern vor, die Gespräche beim Heimkommen nicht mit einem beiläufigen »Wie geht's dir?« zu beginnen, sondern mit dem wirklich intimen »Was machen wir heute?«. Das mag seltsam klingen, aber es lenkt die intimen Partner in eine lohnendere Richtung, hilft gewisse Kommunikationsstörungen ausräumen und verhindert die Anhäufung heimlicher Vorbehalte.

Wenn der Austausch von Beschwerden mit dem immer wiederkehrenden Pessimismus des chronischen ›Rundlauf-Streits‹ infiziert wird, muß einer schließlich genug gesunden Menschenverstand aufbringen, um die Nadel von der gesprungenen Platte zu nehmen, und fordern: »Nun muß aber mal unser wirkliches Problem aufs Tapet gebracht werden!« Das Signal der Ermüdung ist dagegen meist die Phrase: »Ich habe dir schon soundso oft gesagt . . .«

Übertriebene Geduld dient der Sache realistischer Intimität keineswegs; allerdings gilt das gleiche für fehlende Geduld. Und im übrigen gehört es zu den wichtigsten Dingen, die Partner lernen müssen, daß sie auch einmal ein Nein als Antwort hinzunehmen haben. Hier die erste Runde eines anschaulichen Falles:

ER: »He, Liebling, stell dir vor! Ich habe eine Gratifikation erhalten!«
SIE: »Wieviel?«
ER: »Genug, daß wir beide zwei Wochen an die See reisen können.«
Und nun Runde 2 des gleichen Streites:
SIE: »Du willst doch nicht das ganze Geld für eine Urlaubsreise verbrauchen?«
ER: »Aber natürlich will ich das.«
SIE: »Ich glaube nicht, daß wir das tun sollten.«
ER: »Nun, ich glaube, daß wir es sollten!«

Wenn dieses Karussell zehn oder zwanzig oder noch mehr Runden so weitergehen würde, wäre es wahrscheinlich ein Gewinn für die Partnerschaft, keineswegs ein Verlust. Die Streitfrage ist frisch. Die Kontroverse ist berechtigt. Beide Partner beweisen, daß sie echtes Interesse daran haben, wie sie ihre gemeinsame Freizeit verbringen und das gemeinsame Geld ausgeben wollen. Sie zeigen ferner, daß sie sich geistig weder voreinander noch vor einer gewissen Überredung verschließen. Ein Ritual dieser Art, nicht vergiftet von müdem Pessimismus, hilft den Partnern zu sondieren, wie stark der Wunsch jedes einzelnen ist. Es mag nicht übermäßig ›erwachsen‹ oder intelligent klingen, aber es ist eine legitime Methode, um den Punkt herauszufinden, wo jeder überzeugt ist, daß es dem anderen ›wirklich ernst ist‹.
Manche Menschen ertragen höchstens ein ein- oder zweimaliges Nein als Antwort. Das dritte Nein könnte sie schon dazu provozieren, dem anderen die gesellschaftliche (die Drohung, die Ehe zu beenden) oder die wirtschaftliche Pistole (den gehässigen Vorwurf finanzieller Extravaganz) auf die Brust zu setzen. Unter erfolgreichen Intimpartnern wird das Nein aber immer als Gelegenheit für den Partner betrachtet werden, seine Einstellung noch einmal zu überprüfen, die Möglichkeit des Nachgebens abzuwägen oder einen Kompromiß zu finden.
Paare, die gute Kommunikationsmöglichkeiten haben, können sich gegenseitig Mitteilungen durch ein System von Bemühungen (Tätscheln, Klaps, Puff) signalisieren.
Tätscheln – das ist offensichtlich ein Signal des Hingezogenseins, der

Billigung, Zuneigung oder Belobigung. Es bedeutet: »Ja, gut.« – »Ich verstehe!« – »Das berührt mich!« und so fort. Worte sind nicht nötig. Jeder kennt z. B. das etwas gönnerhafte Tätscheln der Wange, das kameradschaftliche Klopfen auf den Rücken, das verliebte, vielleicht zur Liebe anregende Tätscheln des Hinterteils oder das anerkennende und beruhigende Streicheln der Hand des Partners.

Ein Klaps – das bedeutet: »Nein«, »Hör auf!«, »Laß los!«, »Ich mag nicht!« usw. und ist eine brauchbare intime Strafe oder Warnung, die auch von dem wortlosen ›finsteren Blick‹ bis zu sehr wortreichen Beschimpfungen reichen kann.

Ein Stoß – das bedeutet: »Nun los!«, »Beweg dich ein bißchen!«, »Mach doch endlich!« usw. – dient als Erinnerung, Appell, anregende und aggressive Stimulation, um einen trägen oder verwirrten Partner zu einer gewünschten Reaktion zu veranlassen. So ein Stoß kann durch Überredung, ein klein wenig Verführung, durch ein Zwicken in den Arm oder (hoffentlich nicht) durch einen Tritt ins Hinterteil verabreicht werden.

Im Streit um bessere gegenseitige Verständigung ist es wie bei allen Auseinandersetzungen nützlich, deutliche Fingerzeige zu geben, Unklarheiten zu vermeiden und – wenn der Partner etwa einen Erfolg nur um ein weniges verfehlt hat – lieber den Erfolg zu betonen als das Scheitern. In solchen Situationen ist das Tätscheln recht hilfreich.

Der folgende Streit trug alle Zeichen von Gefahr und schlechter Kommunikation.

ER: »Du bist ziemlich nervös, weil deine Mutter kommt, stimmt's?«

SIE: »Wie kommst du darauf?«

ER: »Gewöhnlich brauchst du nicht so viel Zeit zum Hausputz.«

SIE: »Ach, du glaubst also, ich bin eine schlechte Hausfrau! Junge, hast du eine Ahnung . . .«

ER *(die Achseln zuckend)*: »Da sind wir wieder soweit . . .«

Nach dem Training sollte der gleiche Streit etwa so klingen:

ER: »Du bist ziemlich nervös, weil deine Mutter kommt, stimmt's?«

SIE: »Ich bin nicht ihretwegen nervös. Ich bin nervös, weil ich mich

frage, wie du mit ihr auskommen wirst. Übrigens – wie kommst du darauf, daß ich deshalb nervös sei?«
ER: »Weil du gar nicht mehr aufhörst, hier überall sauberzumachen.«
SIE: »Du bist ein kluger Junge!«

Sobald die Partner auf Schweigen, Tarnen oder Stören verzichten und es lernen, um klarere Kommunikation zu kämpfen, lassen die Spannungen nach. Das ist zwar noch kein ›Allheilmittel‹. Wenn die Kommunikationswege zu funktionieren beginnen, stellen die Partner normalerweise fest, daß sie in ihren Vorstellungen von einer lebensfähigen Ehe erheblich weiter voneinander entfernt sind, als ihnen lieb ist. Aber zumindest führen sie sich gegenseitig nicht mehr hinters Licht. Nun können sie mit ihren Bemühungen beginnen, einander so nahe zu kommen, daß sie Freude an der Harmonie eines ausgeglichenen Gebens und Nehmens haben können.
Hier soll noch einmal betont werden, daß es überflüssig ist, die historischen Ursachen oder die Motivationen für das Versagen der Kommunikation in den meisten Ehen zu analysieren. Statt sinnlos Zeit und Geld darauf zu verschwenden, die Ursachen ihres Verhaltens aufzudecken, können die Paare lernen, daß Nicht-Kommunikation im allgemeinen darauf hinzielt, etwas zu verdecken, was die Partner offen ins Auge zu fassen sich fürchten: z. B. Feindseligkeit der sadistischen Spielart; oder ausbeuterische Neigungen; oder übergroße Abhängigkeit; oder, häufiger, die Furcht, abgelehnt zu werden. Auch diese Faktoren bedürfen nur selten einer eingehenden Analyse. Wichtig ist allein, daß sich die Partner bei der Anwendung kommunikationsfeindlicher Taktiken ertappen, daß sie dann offen fordern, damit aufzuhören, und sich darin üben, ehrliche Arten der Kommunikation einzuführen.
Einige entfremdende Kommunikationsformen sind schwer als das zu erkennen, was sie wirklich sind. Die feine Kunst des ›Störens‹ ist dafür ein gutes Beispiel.
Angenommen, die Frau steht in der Küche und bereitet ein besonders leckeres Abendessen. Der Ehemann tritt ein, schnuppert, riecht den köstlichen Duft, der die Küche durchzieht, und bewundert das komplizierte kulinarische Werk, das seine Frau für das gemeinsame Vergnügen in Gang gesetzt hat. Er ist gerührt. Mag sein, daß er sogar erregt ist. Der Geruch von köstlichen Speisen und die Geschäftigkeit

bei der Zubereitung erinnern ihn an seine erste Liebe: seine Mutter. Nun ist es seine geliebte Frau, die er in eine für ihn so liebenswerte Beschäftigung vertieft findet. Dadurch, daß sie sich besondere Mühe beim Kochen gibt, zeigt sie ja, daß sie etwas für ihn übrig hat, daß ihr das *Wir* wichtig ist.

Also zwickt er sie spielerisch, versucht sie zu küssen oder zu tätscheln.

Vielleicht reagiert sie ebenso liebevoll, hört auf zu kochen und läßt den Braten lieber anbrennen. Die meisten Ehefrauen aber werden ärgerlich. Wenn der Mann ihre Proteste nicht beachtet, kann eine solche Hausfrau sogar rasend werden. Sie hat zu tun. Sie ist damit beschäftigt, etwas für ihn zu tun, etwas, was er mag! Sie ist von ihren Kochbüchern und Gewürzen in Anspruch genommen. In diesem Augenblick betrachtet sie sich nicht als Liebesobjekt, sondern als Meisterköchin und tüchtige Hausfrau. Sie kann doch nicht einfach die Stätte ihrer Amtsführung im Stich lassen. Das sexuell angeregte Verhalten ihres Mannes ist unvereinbar mit ihrer Auffassung von der Situation und von ihrer Rolle. Es droht ihre Pläne und ihre Persönlichkeit aus dem Gleichgewicht zu bringen. Es belastet ihr Spannungssystem zu stark, als daß sie gelassen darauf reagieren könnte. Es ›stört‹ sie.

Fast jeder hat schon einmal das verwirrende Erlebnis gehabt, sich während des Kontakts mit einem anderen Menschen ›gestört‹ zu fühlen. Ein verhältnismäßig Fremder kann nicht wirklich ›stören‹, weil man sich gewöhnlich nicht allzuviel daraus macht, was er tut oder wie er sich fühlt. Doch wenn die ›Störung‹ von einem Intimpartner kommt, macht es einem sehr viel aus. Man erwartet, daß er weiß, wodurch man sich ›gestört‹ fühlt. Sein ›Stören‹ kann deshalb rasch die Ausmaße einer kleineren Folter annehmen, besonders wenn es ein ›Liebeswerk‹ durcheinanderbringt wie im obigen Beispiel.

Wenn die ›Störung‹ durch einen Intimpartner den äußersten Grad erreicht und chronisch wird, ist sie eine gemeine Strategie und kann einen verrückt machen. Hier wollen wir uns nur mit den üblichen und weniger kränkenden Formen des ›Störens‹ zwischen Intimpartnern beschäftigen, die sich zwar lieben, deren Kommunikation jedoch sehr erheblich belastet ist.

Klagen über ständiges ›Stören‹ sind sehr verbreitet. »Mein Mann stört mich«, sagte eine Ehefrau. »Ich kann es nicht ertragen, mit ihm zusammen zu sein.« Oder: »Meine Frau macht mich verrückt; was ich auch sage oder tue, alles ärgert sie.« Oder: »Wir können es nicht im gleichen Raum aushalten.« Oder: »Die einzige Möglichkeit, es zu ertragen, besteht darin, mich zu betrinken; das macht mich immun. Oder: »Wir können zwar nicht sagen, woran es liegt, aber es ist alles so unbehaglich, daß wir es aufgegeben haben, miteinander zu reden.«

In manchen Fällen verursachen Bemerkungen, die den anderen aus dem Tritt bringen (»Nie tust du . . .«), solche ›Störungen‹. Häufiges Nichteinhalten von Verabredungen (z. B. zur Liebe, der man dann doch ausweicht) bewirkt ›Störungen‹ ebenso wie die Veränderung irgendwelcher Grundregeln für gemeinsame Tätigkeiten ohne vorherige Aussprache. Oder einfach unaufhörliches Nörgeln. Kinder und passiv feindselige Intimpartner sind in diesen Störtechniken besonders tüchtig. Längeres intimes Zusammenleben mit einem solchen heimlichen Streiter fordert einen hohen emotionalen Preis. Es ist ermüdend, einem Partner gefällig zu sein, dessen Vorstellungen von dem, was liebenswert ist, dem eigenen Ich fremd sind.

Man könnte versucht sein, solche ›Störungen‹ dadurch zu verhindern, daß man sich anpaßt. Aber das ist nicht weniger unbequem. So mancher Imtimpartner rutscht dabei in eine höchst unangenehme Situation, in der er nicht weiß, ob er er selbst bleiben und sich dem Partner entfremden oder ob er sich dem Partner anpassen und sich selbst ein Fremder werden soll.

Man wird nämlich leicht zum psychischen Prellblock für einen anderen. Das richtet vielleicht nicht einmal Schaden an, wenn man diese Rolle in seinem Büro übernimmt, indem man sich dem Chef oder sonst jemandem unterwirft, an den man sich gefühlsmäßig nicht gebunden weiß. Doch in den Beziehungen zu Intimpartnern (insbesondere wenn man, wie z. B. ein abhängiges Kind, nicht einfach davonlaufen kann) kann die Anpassung an ›Störungen‹ gefährlich werden. Sie führt nicht nur zur Entfremdung, sondern auch zu einer Bedrohung des emotionalen Wohlbefindens. Eine solche Anpassung kann das natürliche Selbstgefühl belasten und den emotionalen Reifungsprozeß verhindern.

Eine intime Beziehung zu ›entstören‹ ist schwierig, doch manchmal ist es leichter, als dies zunächst scheint. Angenommen, ein Sohn möchte sich einen Wagen ausleihen. Tut er das bei einer Mietfirma und bringt ihn nicht rechtzeitig zurück, so wird er dadurch ›bestraft‹, daß er eine zusätzliche Gebühr zahlen muß. Dabei entstehen keine emotionalen Probleme. Er kann die Firma nicht in unserem Sinne ›stören‹. Wenn er sich Vaters Wagen ausleiht, wird die Angelegenheit komplizierter:

VATER: »Gut, aber sorg dafür, daß ich ihn Punkt sechzehn Uhr zurückhabe. Dann brauche ich ihn unbedingt.«
SOHN: »Natürlich, Vater.«
(Es ist 18 Uhr. Der Sohn ist eben nach Hause gekommen.)
VATER: »Wo hast du denn gesteckt, zum Teufel? Ich habe dir doch gesagt, daß ich den Wagen um sechzehn Uhr brauche.«
SOHN: »Aber ich mußte Margret doch nach Hause bringen, Vater. Ich konnte sie doch nicht sitzenlassen!«

Nun fühlt sich der Vater wirklich ›gestört‹. Er versteht die Tatsachen. Er schätzt die Freundin seines Sohnes und hätte es gewiß nicht gern gesehen, wenn sie keine Möglichkeit gehabt hätte, nach Hause zu kommen. Aber man muß die Realitäten sehen: Der Vater wurde von seinem Sohn in große Schwierigkeiten gebracht. Er war gezwungen zu bedauern, daß er dem Sohn den Wagen überlassen hatte. Sein ›innerer Dialog‹ wird etwa so gelautet haben: »Ich habe als Vater meinem Sohn den Wagen gern überlassen, damit er sich einen schönen Nachmittag machen konnte. Denn ich liebe ihn. Aber ich kann und will mich nicht von ihm ausbeuten lassen. Das würde meine Liebe zerstören.« Das ist typisch für einen durch ›Störung‹ hervorgerufenen Konflikt. Ein Intimpartner, der den anderen ›stört‹, schaltet seine Liebe ununterbrochen ein und aus und strapaziert sie damit über Gebühr.
Gewöhnlich raten wir unseren Kursteilnehmern, es mit einer von zwei Methoden zu versuchen, diese ›Störung‹ wieder zu entflechten. Der eine Weg besteht darin, sich dem ›Störer‹ auf Gnade und Barmherzigkeit zu überlassen und zu sehen, was dann geschieht. (»Du weißt, daß mich das stört. Wenn du die Wagenschlüssel nimmst, hast du mich in der Hand, und das kann ich nicht dulden. Ich bin ein beschäftigter Mann, und wenn ich den Wagen fürs Geschäft brauche, dann muß ich ihn einfach haben.«) Der andere Weg ist, die Funktion des ›Störens‹ zu suchen. Aus welchem Grund ›stört‹ der Sohn den Vater wirklich? Begreift er überhaupt, was er dem Vater antut? Oder versteht er es vielleicht nur *allzu gut* und ›stört‹ den Alten Herrn, um eine gewisse sadistische Befriedigung dabei zu haben? Ist der Grund etwa der, daß er sonst nie die Beachtung des Vaters findet – oder den Vater nie beeinflussen kann –, außer durch solche ›Störungen‹? Wenn die Funktion des ›Störens‹ erst einmal erkannt ist, wird es leichter, sich mit dieser Form eines Kommunikationszusammenbruchs zu beschäftigen. Kurz, gute Kommunikation ist die Lebensader erfolgreicher Intimität

und immer das Ergebnis harter Arbeit von hingebungsvollen Partnern, die sich gemeinsam darum bemühen.
Hier einige Übungen, die dabei helfen:

1. Man stelle zunächst fest, wie wirksam die gegenwärtige Kommunikation ist. Ist jeder Partner offen und ehrlich? Erhält jeder eine Chance, dem anderen zu sagen, was an ihm nagt? Versteht jeder Partner wirklich, wonach der andere strebt, oder müßte es ihm deutlicher gemacht werden? Sobald Mängel erkennbar sind, sollten die in den früheren Kapiteln skizzierten Streitmethoden angewendet werden, damit über ihre Abstellung verhandelt werden kann.

2. Man lokalisiere einige der Ursachen für schlechte Kommunikation dadurch, daß man vor sich selbst und vor dem anderen zugibt, daß man gelegentlich oder gewohnheitsmäßig eine der in diesem und den beiden nächsten Kapiteln erörterten Kommunikationsstörungen anwendet. Man versuche sich gegenseitig bei der Verwendung solcher Kommunikationsstörungen zu ertappen und stelle aggressiv die Anwendung ab. Es könnte nützen, zu diesem Zweck »foul!« oder »Störung!« zu rufen.

3. Man höre auf, die Kommunikation zu blockieren, indem man ausdrücklich auf den Gebrauch von Störmanövern verzichtet.

4. Man halte die Kommunikation dadurch flüssiger, daß man sich bewußt zugänglich, offen und durchschaubar macht. Von Zeit zu Zeit sollte man die Qualität der Kommunikation überprüfen. Hat eine Verbesserung stattgefunden?

5. Man antworte mit voller Resonanzstärke. Man überzeuge sich, daß man seine eigene Ansicht von sich selbst und von der Welt mit dem Partner teilt. Ausdrucksstarke Kommunikation erhöht die Intimität; reflektive Kommunikation ist nützlich, aber sekundär. Je intimer zwei Menschen sind, desto mehr wechseln sie sich darin ab, ihre Ansichten frei auszusprechen.

VIII. Gemeine und krankhafte Streiter und wie man sie bessert

Im allgemeinen lassen sich bei Feindseligkeiten intimer Gegner die ›heuristischen‹ Regeln anwenden, die wir bereits erörtert haben. Häufig jedoch sind gemeine und krankhafte Streiter gegen Veränderungen so resistent, daß es nötig sein kann, tüchtige Psychotherapeuten zu Rate zu ziehen, um diese Menschen aus der Schablone ihres entfremdenden Verhaltens herauszuholen.

So dürfte es beispielsweise nicht ganz leicht sein, einen ›Monologsprecher‹ zu einem Dialogsprecher zu machen. Der ›Monologsprecher‹ ist dadurch gekennzeichnet, daß er nur so tut, als wolle er den Partner zu einem Dialog einladen, doch er verrät sich bald; er erträgt keinerlei ›Rückkoppelung‹. Seine ›Kommunikationen‹ gleichen Werbesendungen im Fernsehen. Er hält Reden, die er höchstens selbst bisweilen unterbricht. Er will einen Partner beherrschen und achtet auf Distanz. Er besteht darauf, das letzte Wort zu haben, und duldet keinen Widerspruch; er widersetzt sich jeder Forderung seines Partners, seinen vorgeblich intimen Dialog irgendwie zu ändern. Gewöhnlich liebt er es, sich in Szene zu setzen, etwa so wie ein jüngerer Schüler, der sich in der Klasse bemüht, die Aufmerksamkeit der Lehrerin auf sich zu lenken. Er ›weiß alles‹.

Wahrscheinlich ist es ihm nicht bewußt, aber er nützt seiner Sache damit keineswegs. ›Monologsprecher‹ stoßen auf starke Ablehnung. Nur wenige Ehepartner lieben es, ständig überwältigt zu werden. So wenden sich die Opfer von Dauerrednern immer stärker von dem Partner ab, der die Kommunikationskreise monopolisiert. ›Monologsprecher‹, deren Deklamationen wirklich interessant sind, laufen besonders große Gefahr, sich über kurz oder lang isoliert zu finden, weil ihre Äußerungen stärker zur Erwiderung reizen. Einen dummen Monolog kann man mit einem Achselzucken übergehen. Ein gescheiter schreit einfach nach Antwort. Wenn die Antwort abgewürgt wird, ist der, der gern erwidert hätte, geradezu gezwungen, das Interesse zu verlieren, um seine geistige Gesundheit zu bewahren.

Ein Partner, der einen ›Monologsprecher‹ bessern will, wäre gut beraten, wenn er behutsam vorginge und mit Hilfe einer Reihe von ›Deutero-Auseinandersetzungen‹ Fortschritte zu erzielen suchte. Wenn ein hilfsbereiter Partner einen plötzlichen Frontalangriff beginnen und den ›Monologsprecher‹ mit einer langen Liste von aufgestauten Beschwerden bestürmen wollte, wäre das Ergebnis Entfremdung. Der ›Monologsprecher‹ könnte in Panik geraten und sagen: »Herrje, wie du mich hassen mußt!« Falls dagegen ein wohlmeinender Freund oder ein Arzt dabei hilft, die Beschwerden des Opfers vorzutragen, und dabei zunächst mit dem Dauerrednerthema beginnt, wäre es möglich, daß der ›Monologsprecher‹ den Wink versteht und erwidert: »Lieber Gott, muß ich ein lästiger Bursche sein!«

Opfer von Dauerrednern können sich dazu erziehen, einen ›Monologsprecher‹ zum Schweigen zu bringen, indem sie mitten in einer derart einseitigen Unterhaltung hinausgehen. Die Opfer können auch die Hände auf die Ohren legen. Sie können es mit Klapsen, Püffen und Tätscheln versuchen, um den ›Monologsprecher‹ zur Ordnung zu rufen. Sie sollten ihn belohnen, wenn er wirklich auf die Korrektivsignale des Opfers reagiert (»Sieh mal an, es ist mir gelungen, dich zu erreichen! Ich wollte dir nur sagen, daß ich dich liebe!«). Aber nichts wirkt besser auf einen ›Monologsprecher‹ als die Gelegenheit, sich und sein Opfer im Film – am einfachsten mit Hilfe von Magnetbild- und Tonband – zu sehen.

Wenn sich die Kamera zuerst auf das Opfer richtet, sieht der ›Monologsprecher‹, der den Film in unserm Institut vorgeführt bekommt, gewöhnlich dieses Opfer aufmerksam zuhören, vielleicht sogar mit so intensiver Konzentration, daß es vergißt, die Zigarette weiterzurauchen. Eine so gespannte Aufmerksamkeit beeindruckt den ›Monologsprecher‹ tief; gewöhnlich behauptet er nämlich vorher: »Mein Partner hört mir niemals zu.« Wenn der Film des Monologs weitergeht, sieht der Dauerredner, wie sein Opfer immer wieder versucht, ihn zu unterbrechen, um auch einmal ein Wort einzuwerfen. Schließlich ist das Opfer natürlich entmutigt, verliert das Interesse und zeigt allmählich Gleichgültigkeit. An diesem Punkt kann der ›Monologsprecher‹ buchstäblich sehen, daß seine Worte auf taube Ohren treffen – ein sicher erzieherisch wirkendes Erlebnis.

Bisweilen ist die gleiche Verteidigungsstrategie auch gegen solche Leute wirksam, die wir ›Wüteriche‹ nennen – Ehepartner, die dazu neigen, in mehr oder weniger dauerhafte einseitige Wutausbrüche zu verfallen. Einige dieser so erschreckend wirkenden Menschen beruhigen sich allmählich, wenn sie einsehen, wie wichtig es ist, ihre Beschwerden sich nicht so lange anstauen zu lassen.

»Ich kann es nicht ausstehen, daß meine Frau jedesmal, wenn etwas schiefgeht, zu ihrer Mutter läuft«, sagte einer dieser ›Wüteriche‹. »Ich nehme an, die Schwierigkeit besteht darin, daß ich nie etwas zu ihr sage, bis sie tatsächlich das Haus verläßt. Dann gehe ich in die Luft! Dann flieht sie nicht nur zu ihrer Mutter, sondern sie bleibt auch dort, und es ist eine verteufelte Arbeit, sie zum Zurückkommen zu bewegen.«

Dieser Ehemann hörte auf zu wüten, als er lernte, mit seiner Frau zu verhandeln, ehe ihre gemeinsamen Probleme den Krisenpunkt erreicht hatten. Andere Partner, deren Wutausbrüche schwerer abzukühlen sind, finden zusätzliche Erleichterung darin, ihr Mütchen an Unbeteiligten zu kühlen – Kellnern, Taxifahrern, Telefonistinnen, Sekretärinnen und anderen Unschuldigen, die zufällig in der Nähe sind, wenn ein ›Wüterich‹ in die Luft geht. Natürlich ist es unvernünftig, seine Aggressionen an unschuldigen Leuten abzureagieren, doch es geschieht häufig und ist weniger destruktiv, als wenn man gegen seine Intimpartner loswütet. Fremde können solche Attacken leichter mit einem Achselzucken abtun.

Vielleicht am schwersten zu kurieren sind streitscheue Paare, die nahezu sämtliche Aggressionen auf Personen, Ereignisse, Vorstellungen oder die Umgebung außerhalb ihres eigenen Intimsystems projizieren. Eine lebendige Veranschaulichung bietet der Fall eines Luftwaffenobersten und seiner Frau, die seit zehn Jahren immer wieder für kurze Zeit in unserer Streitklinik auftauchen. Sie stritten nahezu nie miteinander. Wenn sie sich doch einmal auf Feindseligkeiten einließen, wurden sie äußerst verwirrt. Sie konnten sich nicht vorstellen, was diese seltenen, aber sehr turbulenten Augenblicke auslöste, wenn auch beide der Ansicht waren, daß der Ehemann ›schuld‹ daran sei, weil er, der gewöhnlich so höflich war, plötzlich ›gemein‹ wurde.

Schließlich stellte es sich während der Gruppentherapie heraus, daß die Zeitabschnitte des Sturms und der Friedlichkeit in der Ehe des Obersten wechselten – genau in Relation zu den Weltspannungen! Der Oberst begann zu Hause zu wüten, als der Krieg in Korea aufhörte. Dagegen stritt er niemals mit seiner Frau, wenn seine aggressive Erregung ein patriotisches Ventil in Krisen fand: wegen der Berliner Mauer etwa, wegen Kuba oder der Dominikanischen Republik. Sein glühender Einsatz für die Eskalation im Vietnam-Krieg machte ihn im eigenen Hause zu einer ›Taube‹, und die Aussicht auf Frieden verwandelte ihn wieder in einen kampfwütigen ›Falken‹.

Als das dem Obersten klargemacht wurde, sagte er: »Vielleicht ist etwas dran«, und dennoch brachte er es nicht fertig, an der Heimatfront zu einem sich offen aussprechenden, ehrlichen Streiter zu werden. Das gleiche gilt für solche Menschen, die aggressive Gefühle bei sich selbst nicht akzeptieren wollen, sie statt dessen aber bei jedem anderen sehen. Ihre Weltanschauung versetzt sie in die Lage zu sagen: »Ich bin's ja nicht. Die *anderen* sind die Schweinehunde!« Bezeichnenderweise werden solche Paare Mitglieder von Haßgruppen, die gemeinsam auf die kollektive ›Sündenbocksuche‹ gehen. In extremen Fällen können sie sich sogar zusammenrotten und Verbrechen gegen ihre eigene Nachbarschaft oder die Gesellschaft im ganzen begehen.

Es ist etwas leichter, Menschen zu erreichen, die ihre Zuflucht zu einem indirekten, aber gemeinen Stil nehmen, den wir nach dem Billardspiel ›Karambolage-Streit‹ nennen. Solche Leute schlagen nach dem Partner, indem sie ein Ziel angreifen, das dem andern besonders teuer ist – vielleicht ein Kind, und besonders gern ein Kind aus erster Ehe. Sie machen sich über die religiösen Überzeugungen des Ehepartners lustig. Oder sie behaupten einem Freund gegenüber, der Filmproduzent ist, daß der Film nie eine legitime Kunstform werden könne. Oft hilft es, an das Gefühl des ›Karambolage-Streiters‹ für *fair play* zu appellieren und seinem Opfer zu raten, solche hinterlistigen Provokationen zu boykottieren.

Ähnliche Verteidigungsmaßnahmen können gegen den Verrat eines Intimpartners aus dem ›Hinterhalt‹ wirksam sein. Manche gemeinen Streiter sind nämlich Experten darin, im Versteck liegenzubleiben, während sie die ›Achillesferse‹ des anderen angreifen. Wenn der Mann allergisch gegen Blumen ist, stellt die Frau ihm einen Strauß auf den Schreibtisch. Wenn die Ehefrau schmutzige Witze haßt, legt der Mann sich in den ›Hinterhalt‹ und veranlaßt einen Freund, ihr ein paar aufzutischen.

Auch das ›Stören‹ der Kommunikationen, über das wir bereits sprachen, kann auf böswillige Weise gesteigert werden, wenn sich ein Partner dabei der ›Fahrerflucht-Taktik‹ bedient. Angenommen, der Ehemann sagt seiner Frau und tut dabei ganz aufrichtig, er sei bereit, eine Streitfrage zu diskutieren, die ihnen beiden recht zu schaffen macht. Angenommen, er beginnt dann einen Monolog und gibt ihr keinerlei Gelegenheit, ihre Ansichten zu äußern. Diese Aufeinander-

folge von Warmwerden und Einfrieren ist, wenn sie oft genug wiederholt wird, mehr als ein bloßer ›Krisenmacher‹. Sie kann zu einem ›Verrücktmacher‹ werden.
Hier zur Veranschaulichung ein Paar, das sich für einen Abend in der Stadt fertig macht:

ER: »Heute wollen wir uns aber wirklich einen schönen Abend machen, Liebling!«
SIE: »Junge, was bin ich froh, daß du so prächtiger Stimmung bist!«
ER: »Das bin ich wirklich. Wir wollen was unternehmen, was *dir* Spaß macht.«
SIE: »Ist das tatsächlich dein Ernst?«
ER: »Klar. Was würde dir denn Spaß machen, Baby?«
SIE: »Weißt du, ich wollte schon immer mal ans Meer hinunterfahren und in diesem verrückten Bootsrestaurant essen.«
ER: »Das ist eine großartige Idee!«

Soviel zu Runde 1. Die nächste Streitrunde fand in dem Bootsrestaurant statt, das sich als arge Fehlentscheidung herausstellte. Sie mußten lange auf einen Tisch warten. Es gab praktisch nichts als Fisch auf der Speisekarte, und der Ehemann konnte Fisch nicht ausstehen. Die Preise waren hoch.

ER *(ärgerlich)*: »Du und deine Ideen!«
SIE *(gekränkt)*: »Aber du hast mich doch selbst gefragt!«
ER: »Wenn ich dich frage, dann heißt das doch noch nicht, daß du so einen dämlichen Vorschlag machen mußt! Warum hast du denn nicht wenigstens einen Tisch reservieren lassen?«

Dieser Ehemann war Fehlschlägen so wenig gewachsen, daß er seine Zuflucht zu gemeinen Tricks nahm, um sich selbst bei einem so kleinen Fehlschlag jeder Verantwortung zu entziehen. Er und seine Frau mußten trainiert werden, möglichst viele Entscheidungen gemeinsam zu treffen, damit keiner dem andern die Schuld für einen Fehlschlag zuschieben konnte.
Eine noch unaufrichtigere, aber keineswegs ungewöhnliche Methode, einen Partner hinterlistig zu manipulieren, ist das Rollenspiel. Es wird von Partner A ersonnen, um sich in die Liebe von B einzuschleichen, indem er eine Rolle spielt, in der – A – sich gefällt. Und das ist nicht annähernd so kompliziert, wie es klingt.

Vor einigen Jahren stellten wir fest, daß Mitglieder von Psychotherapiegruppen längst nicht so sehr daran interessiert sind, sich kennenzulernen, wie daran, aufeinander Eindruck zu machen. Wir glauben, daß das, wenn auch in einer komplizierteren Art, auch für intime Paare gilt. Die Strategie dabei ist die, daß A mit B nicht eine spontane, sondern eine selektive Kommunikation aufnimmt. Die Idee dabei ist die, B so zu beeinflussen, daß er sich A.s Vorstellungen entsprechend verhält. A möchte seine Vorstellungen bestätigt wissen und drängt B deshalb in eine Rolle, in der er A sieht, wie A selbst das wünscht. A versucht sogar, B dazu zu bringen, daß er sich selbst dem von A für ihn gewählten Verhalten anpaßt.

Angenommen, A, die Ehefrau, sieht sich als die ewig selbstlose Rotkreuzschwester. Sie möchte, daß B, ihr Ehemann, sie nicht nur als Rotkreuzschwester sieht, sondern daß er sich so verhält, als ob sie tatsächlich Rotkreuzschwester wäre. Deshalb sucht sie nach plausiblen Gründen, um die Rolle, die sie für sich gewählt hat, auch spielen zu können. Dann kann, wenn der Ehemann von der Arbeit nach Haus kommt, folgendes geschehen:

SIE *(ihn musternd)*: »Du siehst müde aus, Lieber.«
ER *(überrascht)*: »Wirklich?«
SIE *(besorgt)*: »Ja, bestimmt. Was fehlt dir denn?«
ER *(beiläufig)*: »Ach, ich hatte einen schlechten Tag.«

Eine erfahrene Rollenspielerin fühlt dem Ehemann dann vielleicht die Stirn, stößt besorgt-tröstende Töne aus, holt das Fieberthermometer und entdeckt eine Temperatur, die vielleicht eine Spur über dem Normalen liegt. Nun kann sie ernsthaft in das Rotkreuzgeschäft einsteigen, nachdem sie den Ehemann in die Rolle des schwachen, unterwürfigen Patienten gedrängt hat. Ihre Absichten müssen nicht unbedingt böse sein. Die Wirkung ihrer Bemühungen ist vielleicht sogar ganz wohltätig: Ihr Ehemann hatte wahrscheinlich tatsächlich einen schrecklichen Tag. Doch ihre Taktik ist manipulierend und im Grunde einseitig. Auf die Dauer ist das ein schlechter Dienst, den sie der Intimität erweist.

Diese Ehefrau ist bereits dort, wo alle gemeinen und krankhaften Streiter anfangen müssen. Sie hat ihr Opfer zum Mithandeln gezwungen. Sie sorgte dafür, daß er sich in die ihr zusagende Rolle drängen ließ – genau wie die Opfer von ›Monologsprechern‹, ›Wüterichen‹,

›Fahrerflucht-Taktikern‹, Partnern, die ›Hinterhalte‹ legen, und solchen, die den ›Schwarzen Peter‹ weitergeben. Sie hatte ihn dazu verführt, ihr heimlich in die Hände zu arbeiten. Und die Zusammenarbeit, Gemeinsamkeit, die auf solche Weise erreicht wird, ist überhaupt keine. Sie mag freundlich aussehen und bequem sein, aber sie beruht auf Falschheit – auf der Verleugnung der Identität des sich anpassenden Partners – und wirkt deshalb höchst destruktiv auf jede wahre Intimität.

Viele dieser Opfer lügen, um Konflikte zu vermeiden und das Boot nicht umzustürzen, in dem sie beide sitzen. Sie stimmen sogar dann den Überzeugungen, Einstellungen und Handlungen eines Partners zu, wenn diese den beobachteten Tatsachen deutlich zuwiderlaufen. Dieses heuchlerische Lügen, wie wir es nennen, zugunsten einer scheinbar guten Sache wurde in einem klug angeordneten psychologischen Experiment mit jungverheirateten Paaren demonstriert. Jungverheiratete sind häufig besonders ängstlich berauf bedacht, das relativ friedliche Idyll ihrer Werbungszeit zu verlängern. Den Paaren wurden Stücke bunten Papiers gezeigt. Die Farbdifferenzen waren gering, doch das Experiment war so aufgebaut, daß die Ehepartner in ihrer Farbwahrnehmung voneinander hätten abweichen müssen. Doch viele der Teilnehmer (übrigens mehr Männer als Frauen) leugneten, die Dinge anders als ihre Ehepartner zu sehen. Als man diesen Experimenten im Lauf der folgenden vier Jahre nachging, zeigte es sich, daß die Paare, die ihre Konflikte am besten zu lösen verstanden, diejenigen waren, die bei dem Versuch mit den bunten Farbstücken nicht zu falschen Aussagen, zur Heuchelei, bereit gewesen waren.

In der Hitze des Gefechts ist ›kollusives‹ Lügen wohl zu erwarten. Es ist nicht ungewöhnlich, daß ein konservativ republikanischer Ehemann seine politische Überzeugung *zeitweilig* während eines Streits mit seiner liberalen, demokratischen Frau ändert, falls der sich erweiternde Abgrund zwischen ihnen in ihm Angst vor einer Trennung hervorruft. Solange sich die Intimpartner in den Anstrengungen eines akuten Konflikts befinden, ist, wie wir bereits gezeigt haben, der Inhalt der Streitfrage sekundär. Der Stil – seine bindungschaffenden oder entfremdenden Elemente – ist weit wichtiger.

Andere verbreitete Heucheleien, die zu Intimitätskrisen führen können, sind: mit einem Problemtrinker zu trinken; einem frigiden Partner gegenüber Leidenschaft zu heucheln; langweilige Fernsehprogramme zusammen mit dem Partner anzusehen, um einer offenen

Kommunikation aus dem Wege zu gehen; als Passagier in einem verrückt gefahrenen Wagen mitzufahren; Eßsüchtigen, die ohnehin schon zuviel wiegen, üppige Speisen vorzusetzen; widerwärtige Kinder reizend zu finden (einschließlich der eigenen); in Gesellschaft eines überaus schlampigen Partners schlampig zu sein; in einem unordentlichen Haushalt geduldig nach verlorenen Gegenständen zu suchen; Interesse an den ermüdenden Wutausbrüchen des Partners zu heucheln; eine untüchtige Sekretärin zu behalten, weil man mit ihr verheiratet ist.

Heuchelei ist sehr leicht zu bemänteln. Hier einige von den häufigsten Erklärungen:

»Er hatte so viel Freude an diesen Dingen; ich wollte ihm diese Freude einfach nicht verderben.«

»Ich habe ihn so sehr geliebt, daß ich aus dem Fenster gesprungen wäre, wenn er es verlangt hätte.«

»Gewiß, es hat mir nicht gefallen, was sie da getan hat. Aber ich wollte, daß sie mich liebt, so habe ich mich damit abgefunden.«

»Ich habe mir gesagt: Sie kann einfach nicht aus ihrer Haut heraus, deshalb ist es besser, wenn ich mitmache.«

»Ich war in sie (oder ihn) verliebt, deshalb habe ich mich angepaßt, damit es Frieden gab.«

Erhebliche getarnte Feindseligkeit steht hinter solchen Versuchen, die Heuchelei zu beschönigen. Einen Partner in seinem unehrlichen Verhalten zu bestärken ist eine Form passiver Grausamkeit, weil es ihn daran hindert, er selbst zu sein. Wenn nämlich Partner A zu solcher Heuchelei bereit ist, erhält B einen falschen Eindruck von seinem Standpunkt; B ist berechtigt zu glauben, daß A etwas billigt, während A das in Wirklichkeit gar nicht tut. B wird von A weniger geachtet, als er glauben darf. B kann deshalb versucht sein, die Bekundung des guten Willens von A zu erwarten, den A in Wirklichkeit gar nicht für ihn hegt; so gerät die Partnerschaft schließlich in Bankrott.

Der zur Heuchelei bereite Partner verhindert den emotionalen Reifungsprozeß beider Partner und büßt viel von der eigenen Selbstachtung ein. Schließlich kann er sogar anfangen, sich selbst zu hassen, weil es demokratisierend ist, ein Leben der Heuchelei mit einem Intimpartner zu führen, mit dem man sich ein Leben der Offenheit und des Ausgleichs erhofft hatte. Außerdem kann es zu psychischem Nihilismus und zu Depressionen führen, wenn man nicht für seine Überzeugungen eintritt.

Ein Partner, der den intimen Feind zur Heuchelei verführt, kann das tun, weil er eine Strategie des Hasses gegen ihn verfolgt und seine Distanz zu ihm vergrößern will. Ein solcher Partner führt folgenden ›inneren Dialog‹: »Da, siehst du? Da tut er es schon wieder, der Narr! Ich kann es gar nicht mehr erwarten, ihn loszuwerden.« Das erklärt auch, weshalb die Heuchelei vor der Trennung so häufig zunimmt. Partner A, der ohnehin im Begriff ist, sich zu trennen, mag einen törichten Plan befolgen, den B ausgeheckt hat, doch er wirkt dabei nur mit, um die Torheit dieses Plans später als ›den letzten Tropfen‹ bezeichnen zu können, der den Eimer seiner Toleranz für B.s Dummheit zum Überlaufen brachte.

Heuchelei zeugt wieder Heuchelei. Ihre Heimlichkeit erfordert Energie und legt den zur ›Kollusion‹ Bereiten in eine Doppelklammer: Wenn er seine geheimen Vorbehalte wirklich geheimhält, fühlt er sich isoliert (und ist es tatsächlich auch); teilt er sein Geheimnis mit einem Außenseiter, ist er seinem Partner gegenüber nicht mehr loyal.

Allzuoft beginnt ein illoyales Bündnis damit, daß ein Verheirateter, der sich zur Heuchelei bereit gefunden hat, seine Vorbehalte mit einem Freund oder einer Geliebten teilt (»Meine Frau – oder mein Mann – versteht mich nicht!« ist das klassische Thema). Die Pseudointimität in solchen illoyalen Bündnissen beruht manchmal ausschließlich auf dem Austausch geheimer Vorbehalte, die die beiden zur Heuchelei Bereiten gegen ihre jeweiligen Partner gespeichert haben.

Während wir unseren Kursteilnehmern eigentlich den Wert hilfsbereiter Außenstehender bei der Lösung intimer Konflikte klarmachen, weisen wir sie doch auch nachdrücklich darauf hin, daß sich dritte Parteien, wenn sie nicht mit großer Sorgfalt gewählt werden, in einem Streit häufig als böse Ratgeber zeigen.

Der beste Weg, Schwierigkeiten zu vermeiden, wenn dritte Parteien in einen intimen Konflikt hineingezogen werden, ist, dafür zu sorgen, daß keine Geheimverträge oder -bündnisse und keine vertraulichen Informationen in diesem Dreieck wuchern können. Die dritte Partei sollte nur mit beiden Streitenden zugleich verhandeln. Falls hinter dem Rücken des einen Gegners etwas über ihn gesagt wird, sollte es ihm unbedingt später mitgeteilt werden.

Angenommen, eine Ehefrau sucht bei einer Nachbarin Trost. Angenommen, die Nachbarin macht den Vorschlag, der helfen könnte. Die hilfesuchende Ehefrau müßte dann sagen: »Würden Sie heute abend mal herüberkommen und das meinem Mann selbst sagen? Ich glaube nicht, daß die Beziehungen zwischen unseren beiden Familien unbelastet blieben, wenn ich heimliche Hilfe annehme. Und auch Sie würden sich das nächste Mal, wenn wir zusammen sind, schuldbewußt fühlen.«

Ehepaare sollten immer auf der Hut vor sadistischen dritten Parteien sein, die ihren Spaß daran haben, sich zum Richter aufzuwerfen und sinngemäß zu sagen: »Nun wollen wir euch beide mal zum Streit anstacheln.« Diese überaktiven Bürger beginnen als ›Spanner‹, die die Differenzen eines Paares belauschen und sie als ›Persönlichkeitszusammenstöße‹ interpretieren; dann fachen sie die Flammen dieser Zusammenstöße durch geeignete Bemerkungen an, die die Streitenden weiter reizen. Wenn diese dritten Parteien das Zuschauersein lange genug genossen haben, greifen sie als Schiedsrichter ein. Sie zählen die Tiefschläge. Sie verlängern den Streit, indem sie Pausen vorschlagen, nicht so sehr, um den Streitenden eine Erholung zu gönnen, sondern um sie daran zu erinnern, wie tief die Kluft ist, die sie voneinander trennt. Wenn der Streit wiederaufgenommen wird, zählen diese Schiedsrichter ›hilfsbereit‹ die Streitfragen auf. Sie schreiben nicht nur die Punktzahl an, sondern ernennen sich in den letzten Stadien der Feindseligkeiten zum Richter und verkünden, wer gewonnen hat, warum und auf welche Weise.

Für solche Helfer gibt es ein altes Sprichwort: »Wer braucht noch Feinde, wenn er solche Freunde hat?« Die einzige Möglichkeit, solche Kumpane zu behandeln, besteht darin, sie aus dem Ring zu weisen und ihren sadistischen Neigungen niemals nachzugeben.

Die Heuchelei kann ein intimes Paar dann besonders elend machen, wenn der eine Partner so weit geht, sich dem andern offen als Gefangener anzubieten. Wenn eine Frau sagt: »Hätte ich einen Ort, wo ich hingehen könnte, dann hätte ich dich schon lange verlassen«, spielt sie mit einer der Waffen im Arsenal der intimen Kriegführung, die am meisten Haß erzeugen. Es ist geradezu eine Aufforderung für den Mann, gemein zu streiten, da er nun glauben muß, seine Frau unwiderruflich im Griff zu haben.

Ein männliches Äquivalent für diese gefangene Feindin ist der Ehemann, der sexuell von seiner Frau geprägt ist: Er ist so an sie gewöhnt, daß er mit einer anderen keinen befriedigenden Geschlechtsverkehr haben kann. Falls seine Frau das herausfindet, er sich ihr daraufhin auf Gnade und Ungnade unterwirft und sich selbst als ihr Gefangener erklärt, wird er vermutlich vor einer unangenehmen Überraschung stehen. Vielleicht glaubt er, daß seine Heuchelei sie dazu veranlaßt, besonders fair zu sein, wenn es zum Streit zwischen ihnen kommt. Doch tatsächlich wird wahrscheinlich auch sie dadurch zum gemeinen Streiten provoziert werden, weil Menschen, die zu Kreuze kriechen, unweigerlich die sind, die die meisten Tritte kriegen. Niemand wünscht sich einen Partner, der nur deshalb noch herumlungert, weil er nicht weiß, wo er sonst hingehen soll.

Wir haben schon davor gewarnt, einem Partner Ansichten und Eigenschaften zuzuschreiben, statt ihn zu ermuntern, selbst offen zu sagen, wie er sich fühlt. Dieses Verhalten kann, wenn man es lange und intensiv genug fortsetzt, zu einer äußerst gemeinen Taktik werden, die viel Ähnlichkeit mit der Gehirnwäsche hat; der Partner glaubt schließlich selbst, daß er die Attribute besitzt, die der andere an ihm entdeckt zu haben glaubt.

Ein schöpferischer, aber schwer zerrütteter Professor der Volkswirtschaft schrieb Fachaufsätze und Bücher, die ihn zu einem führenden Gelehrten seines Fachs machten. Doch seine Arbeitsmethoden waren so chaotisch, daß es während der letzten Monate, die er an einem Buch schrieb oder in denen er ein Forschungsprojekt zu Ende führte, immer erschreckend schwer wurde, mit ihm zu leben. Seine Frau, mit der er seit zweiundzwanzig Jahren verheiratet war und die ihm sehr zugetan war, eine Pseudointellektuelle, war skeptisch, was Ruhm und schöpferische Kraft ihres Mannes anging.

Zwischen seinen Krisen war sie mehr stolz als eifersüchtig und während der besonders schwierigen Monate des Professors mehr eifersüchtig als stolz. In diesen kritischen Perioden nahm die Frau alles aufs Korn, was seine mangelnde Organisationsfähigkeit und seinen Hang verriet, es sich schwerzumachen. Wenn er ein überflüssiges Telefongespräch führte, kam sie zu dem Schluß: »Du willst dein Buch ja gar nicht fertigschreiben.« Wenn er verzagt war, weil er so langsam vorankam, nörgelte sie: »Das wundert mich nicht. Ich weiß, daß du tausend andere Dinge lieber tätest als diese Arbeit.«

Wenn er Zeichen von Müdigkeit erkennen ließ, sagte sie: »Weißt du, mein Lieber, bist du nicht zu müde für so viel Arbeit? Begnüg dich doch mit deinen Vorlesungen und einem gelegentlichen Aufsatz für eine große Tagung, wie es deine Kollegen tun!«

Wenn die Frau des Professors sich jedoch offen mit ihm ausgesprochen hätte, dann hätte sie gesagt: »Sieh mal, ich möchte lieber, daß du keine Bücher mehr schreibst. Es ist zu schwer für dich und macht deine ganze Umgebung nervös. Mir wird es zuviel.« Statt ihrem Mann eine solche offene Herausforderung anzubieten, um damit seine neurotischen Arbeitsgewohnheiten zu ändern, frustrierte sie ihn mit schweren Angriffen. Sie sagte etwa: »Du bist zu schwach, das zu beenden, was du anfängst.«

Der Professor brachte es fertig, sich durch vier Bücher hindurchzuquälen. Dabei zog er sich immer weiter von seiner Frau zurück. Während der letzten Wochen dieser Arbeit nahm er alle Mahlzeiten in seinem Arbeitszimmer ein, ließ sich von der Universität beurlauben und stand nur zum Schlafen vom Schreibtisch auf. Paradoxerweise war es diese defensive Isolierung, die ihn bei der Arbeit an seinem fünften Buch in eine entscheidende Sackgasse brachte. Da er sich von seinen Kollegen und andern, die seine Arbeit unterstützten, zurückgezogen hatte, stärkten die negativen Bemerkungen seiner Frau die Selbstzweifel, bis er sich schließlich sagte:

»Ich glaube, sie hat recht. Ich kann nicht schreiben. Wenn ich wirklich etwas zu sagen hätte, würde ich es überzeugender sagen können. Ich werde es aufgeben.«

Die Frau hatte mit ihrer Gehirnwäsche Erfolg gehabt.

Während der nun folgenden drei unproduktiven Jahre begann der Professor zu trinken, bis ihn ein Leberschaden in die Behandlung eines Psychotherapeuten brachte. Von dort aus kam er zum Streittraining und lernte die Selbstverteidigungstaktik, die in diesem Kapitel noch skizziert werden wird. Damit wurde er in die Lage versetzt, den Bemühungen seiner Frau, ihn zu Ansichten zu verführen, die er gar nicht vertrat, entgegenzuwirken. Sobald er von dieser Last befreit worden war, schrieb er ungehindert sein sechstes und siebentes Buch. Nach einer Zeit voller Depressionen ordnete die Frau ihre eigenen Interessen neu. Sie ging noch einmal zur Universität und unterrichtete dann an einer höheren Schule. Sie schrieb sogar ein kleines Buch mit dem Titel *Das schöpferische Heim.*

Wie hatte ihr die Gehirnwäsche bei ihrem Mann gelingen können?

Zunächst schrieb sie ihrem Mann eine Charakterrolle zu – Schwächling. Zweitens trieb sie ihn in die psychische Isolierung. Drittens sammelte sie sorgfältige Beweisfetzen auf höchst willkürlicher Grundlage und benutzte sie als Beweise für die Richtigkeit der Rolle, die sie ihm zugeschrieben hatte. Viertens schränkte sie ihre Kontakte mit dem Opfer auf die Gelegenheiten ein, wo sie ihm die von ihr gewählte Rolle noch stärker aufdrängen konnte. Es ist leicht einzusehen, weshalb

Eltern und Lehrer die gleiche Taktik gegen Heranwachsende anwenden, die noch mit ihrer schwankenden Identität experimentieren.
Mit geringen Ausnahmen gehen die bisher erwähnten Streiter, wie gemein ihre Taktiken auch sein mögen, nicht absichtlich darauf aus, ihrem Partner zu schaden. Unstreitig sind jedoch manche Intimpartner nicht nur gemein, sondern geradezu abscheulich. Ihre Taktik ist *bewußt* unfair. Sie sind keine ungeschickten Fechter, die gelegentlich einen Tiefschlag verpassen. Sie sind raffiniert und krankhaft. Sie rufen nicht nur Krisen hervor; sie planen systematisch das Chaos. Sie sind die teuflischen Streiter, die Genuß dabei empfinden, wenn sie Moral und Selbstachtung ihrer intimen Feinde zerstören.
Diese ›Teufel‹ lösen Verzweiflung aus, indem sie die Intimität planmäßig untergraben. Sie sind wie Feuerwehrleute, die Brände legen, Polizisten, die Banken berauben, und Psychiater, die Patienten irrsinnig machen. Sie gewinnen eine erregende Befriedigung aus den Spannungen ihrer Geliebten und genießen es, sie in panischer Angst zu sehen. Es fällt ihnen leicht, ihre sadistischen Spiele auszuführen, weil sie Virtuosen in der Kunst des ununterbrochenen ›Störens‹ sind. Sie gehen heiter zu einem großen Ball und weigern sich dann zu tanzen. Sie traben mit zur Kirche, nur um ein qualvoll gelangweiltes Gesicht beim Gottesdienst zu machen. Sie erklären sich bereit, ein ruhiges, friedliches Wochenende zu verleben, und laden dann eine Horde von Bekannten ein.
Ob es den Intimpartnern gefällt oder nicht, sie sind auf tragische Weise verletzbar durch die Fähigkeit, einander verrückt zu machen. Hier ist ein Paradox deutlich: Sie wären nicht verletzbar, wenn sie gefühlsmäßig nicht tief beteiligt wären; aber wenn sie gefühlsmäßig nicht tief beteiligt wären, gäbe es kaum Intimität für sie.
Eine der verborgenen Gefahren der Intimität besteht tatsächlich darin, daß sich Partner A zu einem überaus abhängigen, kindähnlichen Status zurückentwickelt. Das verleiht B etwa die gleiche Macht über A, die einst von A.s Eltern ausgeübt wurde. Übergroße Abhängigkeit ist der Grund dafür, weshalb sich Partner gegenseitig manchmal ›Mami‹ oder ›Papi‹ anreden – das ist kümmerlich, weil es immer ungesund ist, sich den Partner als Symbol oder Sache vorzustellen. Außerdem verwirrt es die Kinder.
Alle Intimpartner sind in gewissem Maß voneinander abhängig, aber ein ›Teufel‹ nutzt diese Abhängigkeit aus und verwandelt sie in eine Falle; gewöhnlich dadurch, daß er in seinem Opfer die Vorstellung

hervorruft, er sei ein unersetzlicher ›Beschützer‹, nur er, der ›Teufel‹, verstehe das Opfer und seine Probleme und nur er könne das Opfer unter den erwünschten Umständen erhalten – vielleicht, indem er die Schwächen des Opfers (Eitelkeit, Alkohol) oder seine besonderen Neigungen (Freunde, Liebe) befriedigt.
Die Opfer begreifen fast nie, daß ein ›Teufel‹ völlig darauf angewiesen ist, daß sich das Opfer ihm in masochistischer Knechtschaft unterwirft. Es kann keinen ›Teufel‹ geben, ohne daß das Opfer mitwirkt. Manche Opfer sind Kinder, isolierte Personen und andere, deren tatsächliche oder eingebildete Abhängigkeit und Untüchtigkeit so ungewöhnlich groß sind, daß sie den Eindruck haben, bedingungslos gezwungen zu sein, bei ihren ›teuflischen‹ Intimpartnern zu bleiben. Doch gibt es eine überraschend hohe Zahl von Unglücklichen, die sich demütig unterwerfen und unnötig eine solche Knechtschaft auf sich nehmen, indem sie leugnen, daß ihre destruktiven Gegner tatsächlich irrsinnig sind. Und genau das wünschen diese verrückten ›Teufel‹.
Häufig erkennen die Opfer so lange nicht, daß es sich um eine ›teuflische‹ Aggression handelt, bis eine Beziehung schon zu entartet ist, als daß sie noch gerettet werden könnte, selbst wenn der ›Teufel‹ zu entwaffnen wäre. ›Teufel‹ sind beispielsweise niemals durchschaubar, selbst wenn sie behaupten, es zu sein oder es zu sein scheinen. Sie sind besonders tüchtig darin, Masken aufzusetzen und Rollen zu spielen wie die der guten Mutter (die in Wirklichkeit eine Tarnung der Hexe aus *Hänsel und Gretel* ist), des beschützenden Vaters (der tyrannische Einmischung mit Unabhängigkeit und Selbstidentität tarnt), des besten Freundes (der seine intimen Kenntnisse der Schwächen des Partners ausnutzt (und des barmherzigen Samariters, der einen Schiffbruch herbeiführt und dann den ›Retter‹ spielt). Sie sind Experten in bisher besprochenen schmutzigen Methoden wie ›Stören‹, ›Entgleisenlassen‹, ›Verrücktmachen‹ usw.
Ebenso geschickt sind sie darin, die Dinge aus ihrem natürlichen Zusammenhang zu reißen. Angenommen, eine Frau ist im Begriff, den ›teuflischen‹ Einfluß ihres Mannes auf sie selbst und die Kinder zu erkennen. Dann beklagt sich der Mann laut wegen einer einzigen kleinen, unklugen oder destruktiven Einzelheit im Verhalten seiner Frau, die ihm eine geringe Unbequemlichkeit verursacht hat. Die Frau, die immer fair und ehrlich streitet, gibt diesen Irrtum zu.
In einem ›inneren Dialog‹ sagt sie sich: »Da ich auch destruktiv bin, kann er nicht viel schlimmer sein als ich. Schließlich hat er meinen

Fehler freundlich aufgenommen und erst erwähnt, als ich ihn in die Verteidigung drängte.«
Eine andere Möglichkeit für einen Mann, seine Frau davon abzuhalten, daß sie seine ›teuflischen‹ Tendenzen endgültig feststellt, besteht darin, daß er ständig auch den unwichtigsten Beweisfetzen übertreibt, der gegen die Hypothese seiner Frau spricht. Diese Methode mag sie veranlassen, sich zu sagen: »Gewiß, im allgemeinen ist er ein gemeiner Hund, aber wie kann ich ihm denn sehr böse sein, wenn er häufig so ein Engel ist? Hat er mir nicht gerade so ein schönes Geschenk zum Muttertag mitgebracht? Und hat er die Kinder nicht in die Kirche gefahren, als ich krankt war?«
Hat ein Opfer masochistische Neigungen, dann braucht sich der ›Teufel‹ nur sehr selten ein klein wenig nett zu benehmen, um die eine Kraft lebendig zu erhalten, die das Opfer stützt. Diese Kraft ist die Hoffnung – besonders die Hoffnung, daß alles einmal besser werden wird, dazu die Illusion, daß das Leben mit einem ›Teufel‹ besser sei, als überhaupt keinen Menschen zu haben. Ohne Hilfe von außen bringen es solche Opfer fast nie fertig, zuzugeben, daß das einzige Ziel ihres Partners die Zerstörung ist.
Hans Spiegel, Theaterregisseur, war Marthas dritter Ehemann. Er war verbindlich und bezaubernd. Martha war bald seinem sprühenden Geist und seinem europäischen Charme erlegen. Als sie zwei Jahre miteinander verheiratet waren, stand bereits fest, daß er zu Haus ein ›Wüterich‹ war und seinen Charme für seine zahlreichen außerplanmäßigen Freundinnen aufhob. Er genoß es, Martha als Haushälterin und als Beweis seiner Achtbarkeit auszunutzen. Als die Spannungen in der Ehe unerträglich wurden, entwickelte sich Martha, die immer gern getrunken hatte, zur Alkoholikerin. Hans griff seine Frau wegen dieser Schwäche überaus heftig an und beschimpfte sie deshalb bei jeder Gelegenheit.
Als dieses Paar in eine Streittrainingsgruppe eintrat, erwies sich Hans sehr rasch als Staatsanwalt mit rechthaberisch erhobenem Zeigefinger. Er brachte seine Frau geradezu in Handschellen in den Gerichtssaal und versuchte, die anderen Mitglieder der Gruppe als Jury zu benutzen. Mit allen Einzelheiten legte er die Beweise vor, die er gegen seine Ehefrau gesammelt hatte. Er berichtete, wieviel sie vor dem Abendessen trank, wieviel danach, wie oft sie abends zu Hause betrunken einschlief, wie sie ihre Töchter aus einer früheren Ehe vernachlässigte, wie ihr Trinken ihn bei seinen Geschäftsfreunden ins

schlechte Licht rücke und warum sie seiner im ganzen vollkommen unwürdig sei.
Bald zeigte es sich, daß Martha es nur ertragen konnte, mit diesem Mann in einem Haus zu sein, wenn sie vom Alkohol betäubt war, und daß sie überhaupt nur bei ihm blieb, weil sie tödliche Angst davor hatte, daß eine abermalige Scheidung ihre schlimmsten Befürchtungen im Hinblick auf ihre Identität bestätigen müsse: »Ich kann keinen Mann halten.« Schließlich erschienen dieser extrem sadistische Ehemann und diese schwache, masochistische Frau vor dem Scheidungsgericht. Sie hatten den guten Willen und die Geduld verloren, fair miteinander zu streiten, vielleicht hatten sie beides auch nie besessen.
Einige kranke Ehemänner und Ehefrauen verführen ihre Partner tatsächlich dazu, daß diese sie ›verrückt machen‹, um sie dann strafen und ihnen sagen zu können: »Sieh, was du mir angetan hast!« Doch eine beliebtere Strategie des ›Verrücktmachens‹ besteht darin, die Wahrnehmung des Partners von sich selbst und seiner Umgebung zu beeinträchtigen. Wir nennen diese Strategie ›Gaslicht‹ nach dem alten Film *Gaslight* mit Charles Boyer und Ingrid Bergman. In diesem Film nimmt die Ehefrau (Bergman) korrekt wahr, daß die Gaslampe in ihrem Heim immer matter brennt. Der Ehemann (Boyer) möchte, daß seine Frau in eine Irrenanstalt kommt, und dreht heimlich und ganz allmählich das Gas kleiner. Gleichzeitig bestreitet er, daß die Lampen matter brennen. Die Auswirkungen auf die Ehefrau sind unheilvoll, da sie ständig schwankt, ob sie den Behauptungen ihres Mannes oder ihrer Wahrnehmung glauben soll.
Der beste Selbstschutz gegen die chronische ›Störung‹ in der Art von ›Gaslicht‹ und gegen andere verwirrende Strategien ist ein Kampf an zwei Fronten: 1. defensiv, indem man der eigenen Abhängigkeit und der Versuchung Widerstand leistet, einem ›Teufel‹ zu erlauben, die eigene Identität zu verfälschen, und 2. aggressiv, indem man um ein geistig gesundes Persönlichkeitsbild kämpft. Wenn ein ›Teufel‹ versucht, meine Identität zu verletzen, genügt es nicht, daß ich »Au!« rufe. Ich muß mich sofort wehren, indem ich mein wahres Ich bekräftige.
Wenn Ingrid Bergman ihre Rolle in *Gaslight* als trainierte eheliche Streiterin gespielt hätte, wäre es notwendig gewesen, daß sie sich zuallererst dem sinnlosen, sich im Kreis drehenden Streit entzogen hätte, der darum ging, ob sie oder ihr Mann das Licht der Lampen

richtig wahrnahm. Sie hätte dann einen intensiven ›inneren Dialog‹ halten müssen, um ihre eigene unabhängige Wahrnehmung der Tatsachen zu prüfen und dann zu bestätigen. Sie hätte vielleicht einen Freund zu Rate ziehen können, der ihre Wahrnehmung ebenfalls bestätigte. Möglicherweise hätte sie ihre Sehfähigkeit untersuchen lassen und schließlich dann ihrem Ehemann aggressiv gegenübertreten müssen. Mittlerweile wäre sie in der Lage gewesen zu sagen: »Ich habe mir das genau überlegt! Du versuchst mich ›verrückt zu machen‹. Ich weiß, was ich weiß, und in diesem Fall weiß ich, daß das Licht der Lampen nicht so hell ist wie früher. Hör also bitte mit diesem Unsinn auf!«

Das entscheidende Mittel gegen ›teuflische‹ Taktik besteht darin, nicht das masochistische Opfer zu spielen und die Kniffe des ›Teufels‹ noch zu unterstützen. Glücklicherweise können manche Opfer einen ›Teufel‹ instinktiv erkennen. Wenn Opfer stark genug sind, sich dem falschen Druck auf ihre Identität zu widersetzen (»Das bin ich nicht!«) und der Versuchung zu widerstehen, übermäßig abhängig zu werden, dann können sie ihr wahres Ich durchsetzen. Intensives ›Marathon-Streittraining‹ ist besonders wertvoll für den Wiederaufbau des Ich, so daß das Opfer den Angriffen und Tiefschlägen des Partners zu widerstehen vermag.

Der Druck durch die Gruppe zwingt manche ›Teufel‹ dazu, ihr aggressives Schema zuzugeben und die Aggression nur zu heilsamen Zwecken zu benutzen und nicht als Zweck an sich. Diese Besserung ist schwierig, aber ein ›Teufel‹, der aufmerksam den Wechselwirkungen in einer Marathon-Gruppe zuhört, spürt vielleicht doch, daß die Befriedigung aus konstruktiver Aggression derjenigen überlegen ist, die er durch seine ›teuflischen‹ Methoden gewinnt.

Streittraining oder Psychotherapie ist eine Hilfe, wenn einem Intimpartner Sadismus oder Masochismus begegnen. In der Abgeschlossenheit einer intimen Beziehung ist es verhältnismäßig leicht, in unerwünschte Praktiken hineingezogen zu werden, die unvereinbar mit dem eigenen Ich sind.

»Ich gehe mit diesem verrückten Mädchen«, berichtete einer unserer Kursteilnehmer, »das es gern hat, wenn man ihr in die Brustwarzen beißt – richtig fest zubeißt! Das bringe ich nicht fertig, und sie ist ganz aufgebracht darüber.« Für diese Freundin gab es sehr viel, worüber sie aufgebracht hätte sein müssen. Sie stand unter dem völlig falschen Eindruck, daß sie die Menschen nur zufriedenstellen könne, wenn sie sich von ihnen quälen ließ. Es lag auf der Hand, daß sie intensiver psychotherapeutischer Behandlung bedurfte. Ihr Freund weigerte sich mit Recht, sein besseres Urteil zurückzustellen, sich verderben zu lassen oder sein eigenes gutes Gefühl für das, was recht und unrecht ist, zu manipulieren. Er spürte, daß es hier um die Identität zweier Menschen und nicht nur um Moral ging.

Seine Freundin erlebte schließlich einen schweren Zusammenbruch und mußte in ein Krankenhaus gebracht werden, doch mit Hilfe ihres Freundes gelangte sie zu der Erkenntnis, daß nur eine erhebliche Änderung in ihrem Innern sie in die Lage versetzen konnte, jemals eine einigermaßen gesunde intime Beziehung aufrechtzuerhalten. Damit war dieses Paar besser daran als die hartgesottenen Spieler, die manchmal ihren Weg in die Streittrainingsgruppen finden. Einige ihrer Erlebnisse, ganz gleich, wie gut sie auch belegt sein mögen, grenzen ans Unglaubliche.

Herr Clark war verheiratet, gab aber vor, ledig zu sein. Er war Darlehnssachbearbeiter in einer Bank. Fräulein Wright war Modell. Sie war ledig, gab aber vor, eine geschiedene Frau zu sein, deren tragische Ehe sie Männern gegenüber mißtrauisch gemacht habe. Eines Nachmittags erschien Frau Clark in Fräulein Wrights Wohnung. Sie war ihrem Mann vorher einmal gefolgt, als er eine Verabredung mit Fräulein Wright hatte. Die beiden Frauen führten ein langes Gespräch. Frau Clark wollte ihre Ehe retten. Fräulein Wright plante, sie zu zerbrechen. Um ihr Ziel zu erreichen, verabredete sie mit Frau Clark, daß sie das nächste Mal, wenn Herr Clark bei ihr sein würde, auch erscheinen solle. Fräulein Wright glaubte, wenn sich die Eheleute in einer solchen Situation begegnen würden, könne die Ehe gewiß nicht bestehenbleiben. Doch Herr Clark, ein Spieler mit unergründlichem Gesicht und umfangreichen außerehelichen Erfahrungen, übertrumpfte den Bluff seiner Freundin. Als seine Frau in Fräulein Wrights Wohnung stürmte, fragte er eiskalt: »Wer ist das?« So unglaublich es scheinen mag, es gelang ihm, Fräulein Wright davon zu überzeugen, daß er tatsächlich nicht verheiratet sei und daß seine Frau eine geistig zerrüttete Fremde sein müsse.

Schließlich verliebte sich Fräulein Wright ernsthaft in Herrn Clark. Dann erfuhr sie, daß er auch mit anderen Mädchen schlief. Seine Ehe wurde geschieden, doch er hatte nicht die Absicht, Fräulein Wright zu heiraten. Als sie drohte, sich das Leben zu nehmen, erklärte er sich bereit, einige Streittrainingssitzungen mit ihr zu besuchen. Dort zwang ihn der Druck der Gruppe, mit der ganzen Wahrheit herauszurücken, und darauf gelang es Fräulein Wright, sich von ihm zu lösen. Es ergab sich, daß beide niemals mir irgendeinem Menschen vertraut gewesen und daß beide wahrscheinlich zu einem Leben des Spielens verurteilt waren. Viele solcher Menschen enden als psychisch Kranke, Alkoholiker oder Selbstmörder. Sie sterben eher, als daß sie sich ändern.

Das sind extreme Fälle, die ärztlicher Hilfe bedürfen. Die überwiegende Mehrzahl von Eheleuten hat bessere Möglichkeiten, die Bilanz ihrer Beziehungen auszugleichen. Und wenn sie lernen, sich aggressiv und offen mit ihren Partnern auszusprechen, können sie gleichzeitig lernen, sich ihre intimen Verteidigungsmöglichkeiten zu bewahren und dadurch unnötige Verletzungen zu vermeiden. Hier folgen noch einige Tips für die Kunst der ehelichen Selbstverteidigung:

1. Neigung des Partners, dem anderen Eigenschaften beizulegen, läßt sich ausschalten, wenn sich der Gegner weigert, stumpfsinnig oder unbeteiligt, schweigend oder mit steinernem Gesicht alles hinzunehmen.
2. Ein Partner, der seinen Gegner irreführt, indem er unwirklichen Dingen Realität zuschreibt, kann entwaffnet werden, indem man ihn pedantisch immer wieder mit der Realität einer Situation konfrontiert.
3. Dem Plan eines Partners, seinen Gegner in eine Falle zu locken, kann man ausweichen, indem man fordert, daß beide Partner ihre Erwartungen in einer gegebenen Situation klar und vollständig mitteilen.
4. Die Neigung eines Partners zu Sadismus oder Masochismus kann vereitelt werden, wenn alle intimen Strafen immer genau der Bedeutung der entsprechenden Streitfrage entsprechen.
5. Die Neigung eines Partners, ein intimes Verhältnis mit allzu vielen Forderungen zu belasten, kann ausgeglichen werden durch die Gegenforderung: »Genug!« und durch zeitweiliges Verschwinden zum Auftanken.
6. Die Neigung eines Partners, mit unzureichender Anregung und Kommunikation ein Verhältnis zu gering zu belasten, läßt sich vereiteln, indem man einen Streit oder ›Deutero-Streit‹ über akute und wichtige gemeinsame Probleme einleitet.
7. Krankhaften und gemeinen Streitern aller Typen kann man mit Hilfe der in diesem Kapitel besprochenen Methoden entgegentreten.

IX. Streit um Trivialitäten

Vor einigen Jahren stellte ein Institut zur Erforschung der öffentlichen Meinung Ehepaaren überall in den Vereinigten Staaten die Frage: »Über welches Problem streiten Sie am häufigsten und am härtesten mit Ihrem Ehepartner?« Die beiden, sowohl von Ehemännern wie Ehefrauen, genannten Hauptstreitthemen waren Geldausgaben und Kindererziehung. Doch schon als drittes Thema wurde eine Vielzahl von bemerkenswert trivial klingenden Beschwerden genannt. Ehemänner klagten über allzu viel kleinliche Kritik ihrer Frauen. Ehefrauen klagten, daß ihre Männer zu unordentlich im Haus seien. Ein Ehemann bemerkte:

»Meine Frau ist ständig wegen Nichtigkeiten hinter mir her: Kleidung, Garten aufräumen, dies und das. Ich habe schon vor Jahren aufgehört hinzuhören.«

Dieser typische Streitscheue hatte sich dazu entschlossen, eine große Menge strategischer Nachrichten über seine Ehe zu verdrängen. Doch das tun merkwürdigerweise die meisten Intimpartner, die sich täglich gewaltige Gefechte liefern. Ursachen sind: verbrannter Toast, verlegte Wagenschlüssel, das Stellen der Uhr, das Ausführen des Hundes, das Vergessen einer Besorgung, das Zuspätkommen, das Zufrühkommen und so weiter.

Es gibt vier psychologisch wichtige Gründe für diese Arten von Unterlassung:

1. In der Hitze des Gefechts können die Intimpartner, wie bereits früher erörtert, nicht so klar denken, wie sie es gewöhnlich tun; oder sie reagieren vielleicht auf eine zornige Stimme wie ein Vogel Strauß, der den Kopf in den Sand steckt.

2. Die Scham unterdrückt die Erinnerung. In der Ruhe des frühen Morgenlichts ist leicht zu erkennen, in welchem Mißverhältnis die scheinbaren Trivialitäten zu der emotionellen Belastung stehen, die die Partner dabei erlebten. Die Verlegenheit bei den nachträglichen Überlegungen über den Streit geht so weit, daß sich häufig Partner füreinander entschuldigen (»Ach, er war so wütend, daß er gar nicht wußte, was er sagte«). Bisweilen versuchen sie sogar, noch nach dem Streit der

Auseinandersetzung auszuweichen (»Ich habe es nicht so gemeint. Achte gar nicht darauf! Ich war so wütend, daß ich nicht einmal mehr weiß, was ich gesagt habe«).

3. Eine triviale Streitfrage könnte ein Köder sein: Teil eines umfassenderen – aber gewöhnlich nicht bewußt ausgearbeiteten – Schlachtplanes. Oder ein Vorwand, ärgerlich zu werden, nur um den Partner einzuschüchtern oder um einen gewaltigen Eindruck auf ihn zu machen oder um den Zerreißpunkt der Bindung zu testen (»Wieviel Ärger kann er ertragen?«). Wahrscheinlicher jedoch tarnt die triviale Streitfrage ein Problem, das verständnisvolle Entschlüsselung erfordert. Wenn man vergißt, eine Besorgung zu erledigen, so kann das für den Partner bedeuten: »Du interessierst mich nicht mehr«; wenn man bei einer Party eine zweideutige Geschichte erzählt, so kann das interpretiert werden als: »Du versuchst bewußt, mich zu demütigen.« Solche Nachrichten werden häufig von Partnern übertrieben, die dazu neigen, Unrecht, das ihnen angetan wird, zu speichern. Diese Partner liegen auf der Lauer und warten darauf, nach jeder Trivialität als Beweis tiefer Niederträchtigkeit greifen zu können. Für sie bedeutet, wenn man sich bei einer Verabredung etwas verspätet, daß sie böswillig vernachlässigt werden; bei einer Party mit einer anderen Frau zu sprechen, wird als Beweis für Schürzenjägerei angesehen.

4. Die Substanz der trivialen Streitfrage selbst ist wirklich trivial und deshalb nicht wert, daß man sie sich merkt. Häufig ist sie so widersinnig trivial, daß es geradezu peinlich wäre, wenn man sich erinnern würde, daß man über ein ›Nichts‹ ärgerlich geworden ist.

Weshalb erleben Intimpartner denn dann so große Qualen, wenn sie um ›Trivialitäten‹ streiten? Weshalb wird ein Streit über ein Paar Unterhosen eine Staatsaktion? Weshalb streiten *Fremde* oft erbittert (vielleicht sogar tödlich) um wichtige Angelegenheiten, aber fast nie um Trivialitäten? Darfür gibt es drei Erklärungen:

1. Intimpartner nehmen tiefen Anteil aneinander, Fremde selten. Intimpartner fordern ständig Informationen voneinander über ihre ›Laune‹ oder über ihren ›guten‹ oder ›schlechten‹ Charakter. Sie stellen Hypothesen darüber auf, wie sie miteinander stehen, und möchten diese – wie Naturwissenschaftler – gern überprüfen. Das ist eine intuitive Methode und auch eine konstruktive, solange es nicht zu dem übertriebenen, rachsüchtigen Verhalten des ›Partner-Spanners‹ führt.

2. Intensiv um Trivialitäten zu streiten, ist häufig die Folge der

kumulativen Wirkung des Speicherns von Beschwerden. Zwischen intimen wie zwischen nicht intimen Partnern ist eine winzige Enttäuschung gleichbedeutend mit einem Tropfen, der in das Gefäß der Frustrationen fällt. Der entscheidende Unterschied ist nur der, daß das Gefäß oft genug bereits voll ist. Jede neue Belastung, wie winzig sie auch sei, erhöht den Pegel der Spannungen, bis irgend etwas überlaufen muß. Deshalb wirkt Zank um Trivialitäten als Sicherheitsventil in festen intimen Bindungen. Wenn Bagatellen allzu oft als ›nicht wert, daß man darum streitet‹ abgetan und alle kleineren Frustrationen im Interesse des häuslichen Friedens und der Harmonie unterdrückt werden, muß es schließlich zu einer großen Explosion kommen, vielleicht über Trivialitäten, vielleich über Dinge, die alles andere als trivial sind. In beiden Fällen ist zuviel Hitze und zuwenig Licht vorhanden.

3. Zwischen Intimpartnern sind, wie der scharfsinnige Leser bereits bemerkt hat, Trivialitäten häufig ganz und gar nicht trivial, sondern eine Art emotioneller Kurzschrift, die sie entwickeln, während sie um eine dauerhafte Bindung kämpfen. Mit wichtigen Ausnahmen kann ein spezifischer Streit um Trivialitäten ein Hinweis auf einen fundamentaleren Konflikt sein, der dahintersteckt. Nur das scheinbare Streitthema ist trivial; die Emotionen, die es weckt, sind wahrscheinlich sehr ernst zu nehmen.

Angenommen, ein Ehemann sagt zu seiner Frau: »Zum Teufel noch mal, warum kannst du denn nie die passenden Socken in meiner Schublade zusammenrollen?« Dieser Ausbruch könnte den dunklen Argwohn des Ehemannes verbergen, sie wende die Strategie der bewußten ›Unordnung‹ an, um ihm damit zu erklären: »Du liebst mich nicht genug«, oder: »Du willst mich foltern«, oder gar: »Ich glaube, du hast es gern, wenn ich mich abhängig von dir mache, damit du mich dann im Stich lassen kannst.« Vielleicht benutzt sie die ›Unordnung‹ auch, um ihm zu signalisieren: »Ich habe es satt, daß du dich wie ein hilfloser kleiner Junge benimmst«, oder: »Ich kann dich nicht achten, wenn du erwartest, daß ich dies tue, selbst wenn ich es angeboten habe.« Wahrscheinlicher ist jedoch ein wirklich trivialer Streit. Sie signalisiert ihm nur: »Ich habe es verdammt satt, dein Dienstbote zu sein.«

Der einzige Weg festzustellen, ob die Sockenfrage banal ist oder nicht, besteht darin, einen förmlichen Streit zu verlangen. Der Ehemann kann dann den tieferen Grund herausfinden: »Worum handelt es sich,

Liebling? Willst du nur versuchen, mich dauernd zu ärgern?« Falls die Antwort lautet, daß die Ehefrau den Dienstmädchenkomplex hat, läßt sich eine Lösung vernünftig aushandeln. Vielleicht muß sie für ein paar Stunden in der Woche eine bezahlte Hilfe haben. Der Ehemann sollte sich darüber klar sein, daß diese Lösung die Reizbarkeit auf seiten der Ehefrau vielleicht vermindert, sie aber nicht beseitigt. Es ist seine Aufgabe, seiner Frau mit neuen Mitteln zu zeigen, daß er sie als Mensch, nicht nur als Dienstmädchen achtet, daß sie nicht zur Sklavin wird, weil sie die Socken ordentlich zusammenlegt.

Angenommen, es liegt genau umgekehrt. Angenommen, der Ehemann streut Socken, Zigarrenstummel, Zeitungen und Geräte durchs ganze Haus und regt sich dann auf, weil das Haus in Unordnung ist, und sagt zu seiner Frau: »Du bist eine schlechte Hausfrau!« Dann ist es Aufgabe der Frau, für Aufklärung zu sorgen. Bedeutet es vielleicht, daß er den Eindruck hat, sie liebe oder achte ihn nicht genug?

Wahrscheinlich ist die Streitfrage gar nicht so ernst: Der Ehemann will vermutlich nur signalisieren, daß es auch nicht das reine Vergnügen für ihn ist, immer erst abends nach Haus zu kommen, daß er den ganzen Tag im Büro hat Befehle entgegennehmen müssen und nun jemanden haben will, den er herumkommandieren kann. Vielleicht sollte die Ehefrau ihm sein Vergnügen im Rahmen vernünftiger Grenzen lassen. Jedenfalls sollte sie nicht – wie es manche frustrierten Hausfrauen tun – den Staubsauger und das Bügelbrett am Abend deutlich sichtbar stehenlassen, um ihm schweigend zu zeigen: »Siehst du, ich tue, was ich kann!«

Zu den Auseinandersetzungen, die ausbrechen, wenn Ehemänner abends von der Arbeit nach Haus kommen, stellten wir bei der Analyse tatsächlich fest, daß viele Männer genügend Möglichkeiten im Beruf haben, ihre Aggressionen abzureagieren, während die Hausfrauen nur die Kinder anschreien können und sich gewöhnlich schuldig fühlen, wenn sie allzuoft ärgerlich auf sie werden. In solchen Fällen ist es lohnend, wenn der Mann zuhört und Mitgefühl zeigt, sobald seine Frau darüber stöhnt, was für ein ›schrecklicher Tag‹ wieder hinter ihr liegt, während er seinen Spaß mit den Kollegen im Büro und dazu noch ein ausgezeichnetes Mittagessen mit teuren Getränken auf Spesen gehabt hat.

Zu den größeren Streitthemen, die ernster sind, als sie zu sein scheinen, und die häufig irrigerweise als trivial bezeichnet werden, gehört der ›Neststreit‹, wie wir ihn nennen. Der Mensch ist ein territoriales

Lebewesen, und die Aufrechterhaltung eines gemeinsamen Nestverhaltens ist eine schwierige Kunst. Wenn eine Ehefrau sagt: »Ich habe die Etagenwohnung satt, ich will ein Haus in einem Vorort haben«, denkt sie wahrscheinlich nicht an Grundbesitz, sondern an das Ansehen der Familie. Ein Streit um die Einrichtung (»Ich will keinen Spannteppich; ich will nicht, daß unser Haus aussieht wie eine Hotelhalle!«) macht ebenfalls recht deutlich, daß das Nest eine Gefahrenzone ist.

Jeder Partner hat gewöhnlich seinen eigenen Geschmack im Hinblick auf die Möbel. Der Ehemann vermeidet häufig, sich festzulegen. Falls sich sein Geschmack als schlecht erweist, wird das peinlich sichtbar für den Partner und sogar für Außenstehende. Deshalb wird er den Partner vielleicht in die Verantwortung für eine bestimmte Anschaffung manövrieren oder mindestens versuchen, ihn mitverantwortlich für eine Erwerbung zu machen, weil er selbst nicht genug Mut aufbringt. Die Schwierigkeit ist dabei, daß die Nestvorstellungen der meisten Menschen recht verschwommen sind. Außerdem haben sehr viele Leute eine fast krankhafte Angst, einen Irrtum zu begehen; statt aus einem Fehler zu lernen, verzichten sie lieber auf die Erfahrung und suchen einen Sündenbock für alle sich etwa ergebenden Probleme. Schließlich sind für viele Leute Sachen wie Tische, Lampen und (besonders) Bilder tatsächlich etwas wie Erweiterungen des eigenen Ich. So kann die Wohnungseinrichtung eine Schutzdecke für Erwachsene werden, die manchmal wichtiger ist als die Kleidung – das wissen Möbelverkäufer genau.

Auch beim Kauf eines Wagens werden gewisse Emotionen angesprochen. Obwohl man nicht in einem Wagen wohnt, stellt er doch Stil, Geschmack und Status sichtbar zur Schau. Nach der Tradition ist der Wagen ein männliches Symbol. Die Ehefrau darf ihn aussuchen, doch nur mit dem Vetorecht des Ehemannes, und gewöhnlich beugt sie sich dann dem Wunsch des Mannes.

Doch bei der Innenausstattung einer Wohnung, die der Tradition nach zur weiblichen Domäne gehört, sind die Schwierigkeiten sehr viel ausgeprägter. Das Innere eines Hauses spiegelt nicht nur den Geschmack einer Familie wider, sondern zeigt auch, wer die Hosen anhat. Das beweist deutlich das folgende Gespräch, das stattfand, als eine Ehefrau ihren Mann in seinem Büro anrief:

SIE: »Ich habe endlich den richtigen Sessel für dein Arbeitszimmer gefunden.«

ER: »Wo?«
SIE: »Hier!«
ER: »Wo bist du?«
SIE: »Bei Macy.«
ER: »Lieber Himmel, ich wünschte, ich könnte hinüberkommen.«
SIE: »Mir würde viel daran liegen.«

Diese Ehefrau wollte ihren Mann mitverantwortlich für eine Anschaffung machen, bei der sie sich nicht ganz sicher fühlte, oder sich zumindest gegen den Vorwurf schützen, daß sie ihn nicht um Rat gefragt hätte bei einem Gegenstand, der ihm viel bedeutete. Solche Ehemänner sollten aufrichtig erklären: »Ich habe großes Interesse«, und ihre Ehefrauen sollten zugeben: »Ich fürchte mich, einen Fehler zu machen.«

Die Lösung ist, daß man vorher klärt, wer die Entscheidung treffen soll, daß man festlegt, wieweit der Entscheidende Handlungsfreiheit hat und ob seine Entscheidung wirklich endgültig ist. Ist die Ehefrau überzeugt, daß der Geschmack ihres Mannes verheerend ist, und legt er ein Veto ein, dann können die beiden in eine Sackgasse geraten. Die Folge davon kann sein, daß sie nie dazu kommen, etwas zu kaufen. Viele nicht zu Ende eingerichtete Häuser spiegeln häufiger solche Sackgassen der Verantwortlichkeit wider als finanzielle Schwierigkeiten.

Ein völliger Wechsel des Nests kann ein Symptom überaus ernster Eheschwierigkeiten sein. Zahlreiche verwirrte Ehepaare setzen ganz unrealistische Hoffnungen in die positive Wirkung eines Umzugs. Sie hoffen, eine Veränderung des Schauplatzes könne viele ihrer psychologischen Probleme überwinden. Tatsächlich jedoch geschieht gewöhnlich das Gegenteil. Nestwechsel trägt zur Verunsicherung der Menschen bei, die Spannungen nehmen zu. Er bewirkt oft *mangelnde* Vertrautheit, die einen Nährboden für Verachtung bildet. Wir haben viele Scheidungsfälle gesehen, wo der Wechsel des Nests nicht die erhoffte Rettung, sondern den Todesstoß für eine wankende Ehe brachte. Grundstücksmakler und Anwälte waren die einzigen Gewinner bei diesen unrealistischen Versuchen, ernste Intimitätsprobleme durch grobe materialistische Eingriffe zu lösen.

Nicht selten löst ein lächerlich geringfügiges Ärgernis einen unverhältnismäßig schweren Konflikt aus. Das geschieht, wenn eine triviale Angelegenheit einen Partner an eine ganz und gar nicht triviale Streit-

frage erinnert, die schon lange an ihm nagt. In solch einem Fall wird die Trivialität zu einem Hinweis dafür, daß die Partnerschaft aus dem Gleichgewicht geraten ist.
Das geschieht in den Auseinandersetzungen um die ›optimale Distanz‹ (vgl. Kapitel 2).
Manchmal ist es fruchtlos, nach ernsthaften Motiven für einen trivialen Streit zu suchen, weil es solche Motive einfach nicht gibt. In solchen Fällen kann es sich destruktiv auswirken, wenn man den Partner mit bohrenden Fragen bedrängt. Das Wort »Warum?« ist ohnehin das am meisten mißbrauchte Wort in der Ehe. Meistens kann niemand die wirklich, tief im Innern liegenden Antwort auf die Frage finden, warum ein Partner irgend etwas tut; und falls jemand sie entdeckte, würde sie ihm wahrscheinlich nichts nützen. Lebendige Teilnahme an Aktion und Reaktion des Partners zahlt sich immer am besten aus.
Aber wie kann man denn wissen, wann ein trivialer Streit nicht auf seine Ursachen untersucht zu werden braucht? Unser erster Ratschlag lautet, daß die Interessierten lernen sollen, die nutzlosen, vulkanähnlichen Ausbrüche zu erkennen und zu ignorieren.
Trivialitäten kann man auch unbeachtet lassen, wenn sie Thema eines Scheinstreites sind. Das ist ein Streit ohne wirkliche Streitfragen, etwa so, wie wenn zwei junge Hunde aggressiv um ein Stück Holz miteinander balgen. Eine Geste oder der Klang der Stimme kann verraten, ob ein Streit um reale Dinge geht oder im Scherz geführt wird. Der Ehemann sagt vielleicht: »Ist das wirklich dein Ernst?« Und wenn die Ehefrau darauf mit einem bestimmten Ton erwidert: »Gewiß ist es mein Ernst«, werden vermutlich beide Partner erkennen, daß es gar keine Streitfrage gibt.
Die meisten Scheinstreitigkeiten brechen um Pseudoprobleme aus. Sind die Wagen von 1969 besser als die von 1968? Hat Adlai Stevenson die Präsidentschaftswahl im Jahr 1952 verloren, weil er Junggeselle war? Hat der Ehemann (oder die Ehefrau) die Pointe in dem Film vom Vorabend nicht verstanden? Das sind Scheinstreitigkeiten, weil kein Mensch wirklich Interesse an dem Ergebnis hat.
Der Scheinstreit hat eine vernünftige Funktion. Er trägt dazu bei, daß es keine Langeweile gibt. Er kann ein Publikum unterhalten. Er kann dazu dienen, andere – vor allem Kinder – am Leben in der Familie teilnehmen zu lassen (»Was hältst du davon, Jimmy?«). Er kann zur Vervollkommnung der Streittechnik beitragen, und die natürlichen aggressiven Neigungen können abreagiert werden. Bezeichnenderwei-

se tritt eine solche Übung als ›freundlicher Sadismus‹ im Streit der Geister zutage.
Der Bridgetisch ist ein guter Platz für solch ein Spiel, weil nahezu jeder das die Feindseligkeit auflösende Lachen über einen, der gerade verliert, zu schätzen weiß. Übrigens raten wir den Ehepaaren unter unseren Kursteilnehmern nachdrücklich, stets *gegeneinander* zu spielen. Das ermöglicht eine gesunde Ventilierung von Aggressionen und verringert die sehr viel einschneidenderen Feindseligkeiten in einer Partnerschaftssituation (»Was ist denn in dich gefahren? Wie oft habe ich dir schon gesagt, du darfst nicht . . .«)
Ein völlig unerwarteter Lohn des Streitens um Trivialitäten zeigte sich infolge eines strategischen Fehlers während unserer ersten Versuche mit dem Streittraining. Ursprünglich rieten wir den Kursteilnehmern, nicht wegen törichter, irrationaler Kleinigkeiten zu streiten; wenn sie es jedoch täten, sollten sie diese Trivialitäten auf die ihnen zugrundeliegenden ernsten Streitfragen zurückführen. Einige unserer ersten Kursteilnehmer waren infolgedessen äußerst tüchtig darin geworden, Konflikte vernunftgemäß und rasch im besten Stil der vernunftgemäßen Logik förmlicher Debattenredner beizulegen. Diese Paare fanden nicht nur Frieden, sondern es ergab sich auch eine gewisse Entfremdung.
Eines dieser Paare verkündete stolz, es streite sich jetzt gar nicht mehr, da alle Streitfragen ausgehandelt und mit einer Übereinkunft abgeschlossen würden. Daraus ergab sich eine faszinierende Gruppendiskussion:
GRUPPENMITGLIED: »Wissen Sie, was Sie beide sagen, klingt, als ob Sie das Streiten vermißten.«
ER: »Aber nein, ich gewiß nicht! Ich bin ja froh und stolz, daß sie ein logischer und vernünftiger Mensch geworden ist. Wir können jetzt rationale Entscheidungen über reale Probleme treffen. Sie hackt nicht mehr wegen alberner Dinge auf mir herum . . . nun ja, wenigstens kaum noch. Das gefällt mir.«
SIE: »Ja, wir schreien uns nie mehr an. So ist es viel besser.«
ANDERES GRUPPENMITGLIED: »Und trotzdem klingt es, wie Sie es sagen, fast traurig, fast deprimiert. Und Sie sehen mißgelaunt aus, Sie beide.« *(Schweigen.)*
ER *(nachdem er einen fragenden Blick mit seiner Frau gewechselt hat)*: »Ja, seit wir uns nicht mehr streiten, haben wir auch fast ganz mit der Liebe aufgehört.« *(Gelächter der Gruppe.)*

SIE: »Alles ist so nett und ruhig, so vernünftig, und in unserem Liebesleben ereignet sich gar nichts. Ich fühle einfach nichts. Er auch nicht, und das ist für uns ganz ungewöhnlich.«
ER: »Ja, früher waren wir drei-, viermal die Woche zusammen, aber das war während der guten, alten ... schlechten und lärmenden Zeit. *(Er lacht sarkastisch.)* Während der letzten drei Wochen so ungefähr ... nichts! Lediglich friedliche Koexistenz.«
SIE: »Ich verstehe das nicht. Nun, wo wir uns besser vertragen, hat unser Liebesleben gelitten. Wie kommt das?«
DR. BACH: »Die Beobachtung der Gruppe war richtig. Sie sind traurig. Vermissen Sie das Streiten?«
ER UND SIE: »Aber nein! Diese Streitereien waren gemein und dumm. Ich möchte nicht wieder damit anfangen.«
DR. B.: »In Ordnung. Ich glaube, Sie haben recht, und ich glaube nicht, daß Sie zum Streiten auf die alte gemeine Art je wieder zurückzukehren brauchen.«
ER: »Gut und schön. Aber wie kommen wir nun wieder zusammen ins Bett?«
DR. B.: »Meinen Sie nicht, daß irgendeine Art des Streitens, vielleicht spielerisches Streiten, sexuell stimulierend für Sie beide wäre?«

Wir erfuhren aus dieser und ähnlichen Diskussionen mit anderen Paaren, daß die erfolgreichsten Intimpartner triviale Zänkereien und sogar größere Ausbrüche um ›nichts‹ keineswegs unterdrücken, sondern fördern. Der Lohn dafür kommt, wenn sie sich versöhnen, und die Stimmung des: »Bleib mir vom Leibe!« wird zu einem: »Komm näher zu mir!«

Liebenden und Eheleuten, die nicht um ›nichts‹ streiten, entgeht tatsächlich sehr viel. Vor allem entgeht ihnen etwas von den erotisch verjüngenden Kräften des neubelebten Werbungsverhaltens, wo sich Anziehung und Abstoßung in dem vertrauten Zyklus realistischer Romantik abwechseln: Anziehung – Abstoßung; Gegenangriff – Verfolgung; Verweigerung – Verzeihung; Zurückrufen – Widerstreben usw. Im allgemeinen fördert die übermäßige Gleichheit der Rituale die Sache der realistisch offenen Aussprache nicht, doch hier ist eine Ausnahme. Wir haben auf dem Weg über Fehler gelernt, daß es sich beständige Intimpartner kaum leisten können, auf trivialen Streit als auf etwas, worüber sie hoch erhaben sind, zu verzichten.

Und wie regt nun das Streiten um Trivialitäten die Liebe an? Der

Prozeß von Ursache und Wirkung tritt in Kraft, weil die aggressive Verfolgung und der bestimmte Anspruch auf den Partner als ›mein‹ schon in Richtung auf die Erregung und Befriedigung von Liebesemotionen wirkt. Umgekehrt schwindet die Anziehung, wenn Paare sich nicht mehr verfolgen oder beanspruchen, weil sie ihre Beziehung für selbstverständlich halten. Die Zugehörigkeit und die Sicherheit, daß sich jemand für einen einsetzt, wird von beständigen Paaren nur um den Preis weniger intensiver Erlebnisse bei der Liebesbefriedigung genossen. Im Gegensatz zu der weitverbreiteten Ansicht schätzen es beide Geschlechter, gelegentlich zu jagen und gejagt zu werden, zu verführen und verführt zu werden, zu beanspruchen und beansprucht zu werden. Und der Partner, der ›leicht umzulegen‹ ist, wie man im intimen Sprachgebrauch in Amerika gern sagt, der ständig zur Verfügung steht, stets nachgibt, beraubt sich selbst und den Verfolger erheblicher Genüsse – wenn es freilich auch in einer echten Intimbeziehung Zeiten gibt, wo ein solcher Partner zu einer tröstlichen Versicherung gegen sexuelle Frustrierung werden kann.

Erfolgreiche Intimpartner wissen all das, genauso wie sie wissen, daß Jagd oder Widerstand, wenn sie allzu aggressiv werden, zum Bumerang werden und sich mindestens zu einem gewaltigen Streit um schlechte Kommunikation entwickeln können. Dann ist es recht günstig, wenn das Fehlen größerer Streitfragen Intimpartner dazu veranlaßt, einen Streit ›vom Zaun zu brechen‹. Vielleicht zanken sie sich und werfen dabei den ehelichen Apfelkarren um, nur um sich zu überzeugen, daß auch keine faulen Äpfel in der Ladung sind.

Streit um Trivialitäten verdient Ermutigung, solange die Themen frisch, der Stil spontan ist und kein Partner versucht, den anderen zu kränken oder herabzusetzen.

X. Der Streit um realistische Romantik (nach der Hochzeit)

Da die menschliche Liebe am leichtesten quillt, wenn sie sich auf ein verschwommenes Objekt richtet (es wird dadurch sehr viel einladender!), kann ein Liebender schwach werden und dem Partner liebenswerte Eigenschaften aller Art zuschreiben; diese wirken wiederum auf ihn als Liebesauslöser. Ein so gebildetes Image ist wesentlich, um Menschen zusammenzubringen. Doch die Psychodynamik der ursprünglichen Anziehung und des Zusammenkommens unterscheidet sich erheblich von der Dynamik des ständigen Zusammenbleibens. Um zusammenzubleiben, müssen sich die Partner als *wirkliche Menschen* aufeinander verlassen können, und das Streiten erfüllt die Funktion, die Paare aus unrealistischen oder gar phantastischen Erwartungen herauszureißen. In Glück und Unglück ist die Korrektur und das Zurückbringen zweier voneinander abweichender ›Liebesrahmen‹ auf das rechte Maß mehr als ein sanfter Abstieg aus dem Garten Eden. Es ist eine Schlacht. Das Ziel ist ein Zustand lebenswerter Realität. Die Streitfrage dabei lautet: Wessen ›Realität‹ und wessen Definition von ›lebenswert‹ soll vorherrschen?

Es trifft durchaus zu, daß ›Vertrautheit Verachtung erzeugt‹, sobald sich die romantischen Liebestauben besser kennenlernen, weil die Vertrautheit romantische Illusionen zerstört. Aber das Wichtige ist, daß ein solcher langweiliger, steriler Zustand gar nicht erst entsteht. Die romantische Auffassung von Liebe und Ehe könnte gar nicht auf falscherem Weg sein, als wenn ihre Sprecher mahnen: »Haltet Abstand! Bewahrt euch das Bild der Liebe!« Die Schwierigkeit dabei ist nämlich die, daß eine solche utopische Verbindung nicht funktionieren kann. In seltenen Fällen mag eine Ehe nach dem Prinzip »Nach dir, mein lieber Alphonse!« vielleicht ein Leben lang dauern – doch ein Leben voll geheuchelter Anpassung, Monotonie, Selbsttäuschung und Verachtung. Die meisten Partner können jedoch sich selbst und ihre Intimpartner nur eine gewisse Zeit täuschen, dann müssen sie sich den Weg durch die die Realität erprobende Phase der Intimität bahnen. In diesem Stadium versucht jeder Partner von seinen zärtlich gehegten

Werbungserwartungen jene Traumfragmente zu retten, die erfüllt zu sehen er ein realistisches Recht hat. Ist er klug, dann wird er weder nach mehr noch nach weniger streben. Quälende Umwälzungen brechen aus, wenn man zuläßt, daß die utopistische Phase allzu lange währt. Wenn die Partner phantastische Bilder Jahr für Jahr mit sich herumschleppen, dann wird es wahrscheinlich einen unnötigen Eklat geben, wenn die Selbsttäuschung offenbar wird.

Angenommen, eine überehrgeizige Frau bildet sich ein, ihr recht durchschnittlicher Ehemann sei ein Verstandesriese oder ein Finanzgenie. Angenommen, er versucht, seine Grenzen zu verbergen und sich so zu verhalten, wie sie es erwartet. Da seine Fähigkeiten seinem falschen Image nicht gewachsen sind, muß er früher oder später Schiffbruch erleiden. Sie wird bei diesem Versagen in Wut geraten und ihm nun vielleicht den Vorwurf machen, er habe sie zu ihren widersinnigen Erwartungen veranlaßt und sie noch darin bestärkt (sich also der ›Kollusion‹ schuldig gemacht). Er wird die Gegenklage erheben, daß sie ›nicht an ihn glaube‹ und daß dieser Mangel an Unterstützung ihn zu der Niederlage verurteilt habe.

Oder angenommen, eine Ehefrau zieht sich sehr sexy für eine Party an und tanzt ausschließlich mit anderen Männern. In Wirklichkeit bemüht sie sich damit, sich für ihren Mann attraktiv zu machen. Sie hält es vielleicht für völlig legitim, sich und ihn auf diese indirekte Weise zu erregen. Schließlich ist er es doch, der sie am Ende nach Haus bringt und mit ihr ins Bett geht. Und Liebe unter solchen Umständen kann eine überaus reizvolle Sache sein. Leider haben sich diese Partner – wie das andere Ehepaar in dem unmittelbar davor beschriebenen Beispiel – vorher nicht offen miteinander ausgesprochen. Und so hat die Ehefrau ihren Mann keineswegs sexuell erregt, sondern ihn argwöhnisch und eifersüchtig gemacht.

Der Übergang von den Phantasiebildern der Werbungszeit zu den Realitäten des Ehelebens ist häufig genug nicht nur schmerzlich, sondern geradezu unbegreiflich.

Viele hängen sehr an den selbstgemachten Bildern von ihrem Partner und ihrer Ehe. Sie lieben diese geistigen Bilder mehr als den wirklichen Partner. Sie würden lieber kämpfen, als vom Bild auf die Realität umzuschalten. Leider ist dieses Kämpfen um Bilder gewöhnlich alles andere als konstruktiv, weil der Schmerz der Dissonanz dem Partner zur Last gelegt wird, der dann bestraft werden muß, weil er ›alles verdirbt‹. Das Bedürfnis, einen ›bildzerstörenden‹ Partner zu bestrafen, erhält oft Vorrang vor der realistischen Notwendigkeit, die Ehe in eine neue Phase zu rücken. Enttäuschte Partner können Jahre daran verschwenden, sich gegenseitig dafür zu bestrafen, daß sie ein Traumbild zerbrochen haben, das Wirklichkeit hätte sein *sollen,* aber nur Phantasie war.

Trainierte Paare brauchen ihre Bilder voneinander und ihre Liebe zueinander nicht auf die Probe zu stellen. Sie erwerben dieses Wissen als Nebenprodukt ihrer ständigen offenen Aussprache. Sie können die Bilanz ihrer Intimität jederzeit ziehen, und deshalb wissen sie immer recht gut, wo sie stehen. Bei der untrainierten Liebesprobe hält jeder Partner gewöhnlich seine Liebesvorstellungen unter Verschluß wie eine Geheimformel. Statt offen füreinander zu werden, benutzen diese Liebesprüfer jede Methode des ›Bildermachens‹ und ›Bilderbewahrens‹:

1. Bewußte Täuschung: im Sonntagsanzug auftreten, um so liebenswert wie möglich zu erscheinen;
2. Unbewußte Täuschung: wie oben, jedoch mit dem Unterschied, daß man selbst daran glaubt;
3. Raten lassen: erwarten, daß der Partner völlig allein ergründet, was liebenswert an einem ist;
4. Andeuten: »Wäre es nicht schön, wenn wir dieses Wochenende mal ohne die Kinder mit der Jacht führen?«;
5. Spuren legen: »Ich möchte wirklich einmal sehen, wie du mit den Kindern fertig wirst«;
6. Willkürlich auswählende Bewertung: insgeheim nach Zeichen Ausschau halten, ob der Partner in den eigenen ›Liebesrahmen‹ hineinpaßt;
7. ›Schiebung‹: den Partner so manipulieren, daß er wenigstens teilweise in den eigenen ›Liebesrahmen‹ hineinpaßt;
8. Befehl an den Partner, sich liebevoll zu verhalten. (Das kann mit Drohungen wie: »Wenn du das nicht tust ... werde ich dich verlassen!« kombiniert werden.)

Es ist nur menschlich, daß jeder Partner das Sonntagbild, das er sich von sich selber macht (das idealisierte *Ich*-Bild), lieber bestätigt sehen möchte als das Montagmorgenbild (das negative *Ich*-Bild). Wenn sich in einem intimen Verhältnis herausstellt, daß Herr Sonntag eigentlich Herr Montag ist, kann die Enttäuschung zu groben und brutalen

Gegenangriffen führen, etwa: »Du verdienst nicht genug Geld!« oder: »Du bist zu dick!« oder: »Kein Wunder, daß du entlassen worden bist!«
Die meisten Menschen kennen ihr Montagbild nur allzu gut und brauchen nicht ständig daran erinnert zu werden. Wir raten den Kursteilnehmern, mit Signalen zu antworten, die etwa lauten: »Hör auf, mir meine Fehler vorzuhalten und den Staatsanwalt zu spielen. Dazu habe ich dich nicht geheiratet. Das kann ich ganz und gar nicht ausstehen.«
Statt daß die Intimpartner einander zugleich mit der Realität der Nach-Werbungszeit stützende Hilfe und Trost bei Schwierigkeiten geben, neigen sie eher dazu, die Hoffnung zu verlieren und sich im ermüdenden ›Rundlauf-Streit‹ festzufahren. Hier folgt ein solcher Streit zwischen einem Ehemann, der glaubte, seine Frau werde zuvorkommend bleiben wie eine Geisha, und einer Ehefrau, die glaubte, der Mann werde immer so großzügig mit dem Geld sein, wie er es bei den Verabredungen vor der Hochzeit anscheinend gewesen war.

ER: »Du hast unser Konto schon wieder überzogen.«
SIE: »Weshalb läßt du mich nicht wissen, was ich ausgeben kann?«
ER: »Du gehst mir aber verdammt auf die Nerven! Du weißt doch selbst ganz genau, wenn du zuviel ausgibst, und kümmerst dich den Teufel darum.«
SIE: »Es macht dir einfach Vergnügen, mich im unklaren zu lassen, nur damit du einen Grund hast, mir eins auszuwischen. Ich bin schließlich nicht deine Buchhalterin. Du hast die Finanzen im Haus in Ordnung zu halten.«
ER: »Da kann ich nur lachen. Hast du schon jemals getan, was ich dir sage?«
SIE: »Probier's doch mal aus!«
ER: »Ach, zum Teufel, bei dir hat doch alles keinen Zweck.«

Oder nehmen wir die nächste Begegnung zwischen einer Ehefrau, die ihre künftige Schwiegermutter erst drei Wochen vor der Hochzeit kennenlernte, und einem Ehemann, der es fertiggebracht hatte, bis nach der Heirat zu verbergen, daß er so etwas wie ein Muttersöhnchen war.

SIE: »Du bringst zuviel Zeit bei deiner Mutter zu.«
ER: »Fängst du schon wieder damit an?«
SIE: »Du bist es, der damit anfängt, weil du ständig hinüberläufst.«
ER: »Ich lasse mir nicht von dir vorschreiben, was ich zu tun und zu lassen habe.«
SIE: »Ich kümmere mich nicht darum, was du tust, wenn du nur aufhörst, den kleinen Jungen zu spielen und ständig Schutz bei deiner Mama zu suchen.«
ER: »Du psychoanalysierst mich schon wieder.«
SIE: »Du kannst eben die Wahrheit nicht ertragen.«
ER: »Das ist doch lächerlich.«
SIE: »Damit endet es bei uns immer.«
ER: »Ich habe es satt.«

Ein solcher Streit, erzeugt von der Ernüchterung der Nach-Werbungszeit, darf nicht mit einem frischen, notwendigen Streit um Trivialitäten, den wir befürworten, verwechselt werden. Die eben beschriebenen Begegnungen sind Rituale unter konfliktgewöhnten Ehepaaren, die dazu verurteilt sind, immer wieder die gleichen trivialen Pseudofragen durchzuhecheln. Ihre Züge und Gegenzüge sind genauso vorhersehbar wie die in einem Kartenspiel, das man offen und ohne Joker spielt. Jeder Partner weiß ganz genau, was als nächstes kommt. Wenn die Menschen lernen könnten, weniger ängstlich vor einer möglichen Ablehnung zu sein, und wenn sie anfingen, sich offen miteinander auszusprechen, statt so unbedingt darauf aus zu sein, alles ›nett zu machen‹, würden sie später nicht diese ›Rundlauf-Streitereien‹ an die Stelle der Intimität setzen.
Es gibt noch einen anderen Grund, weshalb die utopistische Gußform der frühen Werbung so schwer zu zerbrechen ist. Die Träume, die sich die Menschen um ihre intime Partnerschaft weben, sind nicht nur außerordentlich inhaltsreich, sondern sie sind, und das ist bezeichnend für sie, auch immer einseitig. Die Partner konzentrieren sich lediglich auf die eigenen Phantasien und neigen dazu, die Phantasien des anderen zu ignorieren. Es ist, als ob sie sich ständig einredeten: »Es ist ja schließlich *mein* Traum, nicht wahr?« Und deshalb halten sie ihre Vorstellung vor dem Partner geheim und leben in der Hoffnung, daß sich der Partner schon in Übereinstimmung mit dieser Vorstellung verhalten werde. Diese Hoffnung ist schwer auszurotten. Üblicherweise bemüht sich ein Partner, sie in eine sich aus eigener Kraft

erfüllende Prophezeiung zu verwandeln. Direkt oder indirekt wird Partner A versuchen, B dazu zu bewegen, daß er sich in Übereinstimmung mit A.s Vorstellung oder ›Lebenskarte‹ verhält.
Wie durch die geschilderten Fälle demonstriert wurde, wird diese Art von Schattenboxen kaum jemals zum Ziel führen. Ein Partner hätte jedoch realistische Alternativen:

1. Er kann sein Verhalten so ändern, daß es mit der Vorstellung des Partners übereinstimmt.
2. Er kann zeigen, daß es sich bei dieser Vorstellung um unrealistische Phantasien handelt, indem er sich ständig abweichend von ihr verhält.
3. Er kann den Partner veranlassen, daß dieser *seine* Vorstellung oder Lebensform ändert.
4. Er kann seine eigene Lebensform so abändern, daß sie mit derjenigen des anderen übereinstimmt.
5. Er kann die andere Person verändern.
6. Er kann alle Lebensformen aufheben und von einem Augenblick zum nächsten leben.

Der letzte Grund, weshalb Werbungsphantasien so lange Zeit überzeugend wirken, ist der, daß sie als Teil unserer kulturellen Erbschaft legitimiert worden sind. Der Druck unserer Gesellschaft auf die Frau, sich einen ›guten Mann‹ zu suchen, ist so stark, daß die Mädchen während der Phase der Werbung und Hochzeit zu entgegenkommenden, chamäleonhaften Schauspielerinnen werden. Je klüger das Mädchen, desto kunstvoller wird ihre Schau sein. Doch man fordert von allen Mädchen, daß sie dieses ›Fang-Spiel‹ spielen, das zu dem ebenfalls von der Kultur geforderten ›Jagd-Spiel‹ der Jungen paßt. Alle Kulturen haben volkstümliche Wege ersonnen, um Junge und Mädchen auf Biegen oder Brechen zusammenzubringen, damit das menschliche Geschlecht nicht ausstirbt. Sind die beiden aber erst einmal ein Paar, dann verliert unsere Kultur das Interesse an der intimen Beziehung, und man überläßt die beiden sich selbst, die nun sehen müssen, wie sie miteinander fertig werden. Viele suchen im Laufe der Zeit Hilfe beim Psychoanalytiker.
Aber Einblicke in das Ich der Vergangenheit nützen nicht viel. Was nötig ist, ist der *Wir*-Blick. Die in den letzten zehn Forschungsjahren auf dem Gebiet der Psychotherapie gesammelten klinischen Erfahrungen zeigen, daß die meisten Menschen ihr Lebensschicksal wirksa-

mer verbessern können, wenn sie aufhören, sich darüber Sorgen zu machen, weshalb sie die und die Schwierigkeiten haben, und statt dessen anfangen, neue Wege für das Leben in dieser Welt zu gehen. Vorwärts schauen, mit neuen Möglichkeiten experimentieren, durch die man alte Probleme lösen kann, lernen, wie man gemeinsam lebt – statt zu grübeln, warum man es nicht kann – und dann wirksame Möglichkeiten einüben, mit anderen in Beziehung zu treten, das ist die neue Richtung der wissenschaftlichen Psychotherapie. Auf die Probleme des intimen Lebens angewandt, bedeutet das, daß man Informationen darüber suchen sollte, wo eine Beziehung aus dem Gleichgewicht geraten ist, um sich dann gemeinsam zu bemühen, das Gleichgewicht in einem zweiseitigen – nicht einseitigen – Verfahren wiederherzustellen. Triviale Ärgernisse übersetzen und aus ihnen Hinweise ableiten, wo die Partner miteinander stehen, ist dabei ein wichtiger Schritt.

Selbst die klügsten Menschen bringen es oft nicht fertig, sich der Aufgabe zu stellen, ein gemeinsames, realistisches Ehebild zu schmieden, bevor sie nicht Jahre oder gar Jahrzehnte der Verzweiflung durchlitten haben.

Folgendes geschah Dr. Karl und Frau Sue Bond nach einundzwanzigjähriger, im allgemeinen frustrierender Ehe. Dr. Bond war ein überaus erfolgreicher Psychoanalytiker. Als seine neunzehnjährige Tochter einen College-Freund für eine Zeitlang als Gast mit nach Haus brachte, fühlten er und seine Frau Sue sich gezwungen, etwas für ihr eigenes Verhältnis zu tun. Die Liebe des jungen Paares beeindruckte sie stark. Und besonderen Eindruck machte auf sie, wie frei und realistisch die jungen Menschen darüber sprachen, was sie voneinander hielten und erwarteten. Die Eltern verglichen das mit ihrem eigenen, gehemmten Werbungsverhalten und begannen sich zu fragen, wie es möglich sei, daß sich die falschen Eindrücke, die zu jener Zeit entstanden waren, so lange bei ihnen hatten halten können. Dadurch kamen sie in unser Institut. Der Ehemann, der häufig sexuell untreu war und geheuchelte Intimität bei Callgirls gesucht hatte, kritisierte Sue heftig, weil sie ›niemals‹ Gäste einlud, ›niemals‹ das großartige Schwimmbekken ihres neuen Traumschlosses benutzte, ›niemals‹ bereit war, eine Reise mit ihm zu machen, ›niemals‹ mit ihrem großzügigen Haushaltsgeld auskam, ihn ›niemals‹ mit der nötigen Begeisterung bei den offiziellen Gesellschaften unterstützte, die seine gesellschaftliche Stellung erforderte . . . ›niemals‹, ›niemals‹ . . . ihr Verhalten seinem *Wir*-Bild aus der Werbungszeit anpaßte.

Es ergab sich, daß dieser Arzt – so inkonsequent das auch scheinen mag – seine Frau stets als die geborene Gastgeberin mit anhaltendem Interesse für Sport und mit großem Verlangen gesehen hatte, mit ihm in ferne Länder zu reisen. Außerdem betrachtete er sie als sparsam und voller Dankbarkeit ihm gegenüber, weil er ein so hohes Einkommen hatte. Das war das Bild, das sie ihm vor einer Generation von sich selbst gemalt hatte, um ihn zu ›fangen‹.

Am Ende der Beschwerden des Ehemannes hätten die meisten Frauen aufgeschrien: »Wenn du das alles von mir denkst, weshalb läßt du dich dann nicht scheiden?« Üblicherweise bedeutet das: »Ich bin nicht zur Wahrheit bereit; wir wollen zusehen, daß wir noch einige Jahre aus dem alten falschen Bild herausholen.« Sue dagegen war, obwohl den Tränen nahe, bereit zu offener Aussprache. Ihre Ehe wurde real für sie, als sie ihrem Mann zuschrie: »Du hast recht! Ich bin nicht die Frau, für die du mich hältst, und ich werde es niemals sein. Ich kann es nicht! Aber ich kann andere Dinge, Dinge, die uns beiden gefallen. Hatten wir am letzten Wochenende nicht schöne Stunden miteinander?«

In einem etwas ähnlichen Fall hatten ein Arzt und seine Frau zwölf Jahre lang ein Phantasiestück gespielt, das an *Pygmalion* erinnert. Er sah sich als ›Professor Higgins‹, als Messias. Zuerst neckte sie ihn, weil er seiner Phantasie so die Zügel schießen ließ, indem sie ihm Komplimente von der Art »Ich weiß, daß ich viel von dir zu lernen habe« machte. Später führte sie die Posse noch weiter, indem sie auf Parties das attraktive Sexobjekt spielte. Er vergalt es ihr, indem er andere Partnerinnen beim Tanzen eng an sich zog und seinen Erfolg als männlicher Verführer dadurch zur Schau stellte, daß er sie auf den Hals küßte und das Starren ihrer Ehemänner übersah. Als seine Frau ihn dabei ertappte, wie er bei einer Party in der Küche eine andere Frau umarmte, wurde sie wütend und biß ihm später die Unterlippe blutig. Für ihn bedeutete das Krieg. Wie konnte ›Professor Higgins‹ dulden, daß er öffentlich gedemütigt und sein Image als Königinnenmacher und Königinnenbesitzer, der die Freiheit hat, sexuell ebenso großzügig zu sein wie seine Frau, ruiniert wurde.

Als all diese Einbildungen ans Tageslicht gezogen und gründlich untersucht worden waren, stellte sich heraus, daß der Arzt gar nicht so viel für die Rolle des ›Professor Higgins‹ übrig hatte und daß sich seine Frau ebensowenig wohl fühlte, die ›Eliza‹ zu spielen. Auch das waren Bilder aus der Werbungszeit, die als solche erkannt worden waren ... zwölf Jahre später. Angesichts der Bedrohung durch eine Krise konnten die Partner diese verlogenen Bilder löschen, als sie dazu herausgefordert wurden.

Nicht selten stellt sich heraus, daß die Phantasiebilder der Partner völlig unvereinbar sind, und manchmal ist es das Geld, das diese Bilder auseinanderbringt. Es sollte eine Selbstverständlichkeit sein, daß die Intimität die Nachgiebigkeit sich selbst gegenüber beschneidet. Doch wenn einem Partner die Freiheit beschnitten wird, Geld auszugeben, dann gibt es Ärger. Das geschieht, weil finanzielle Beschränkungen in schroffem Gegensatz zu der romantischen Erwartung stehen, daß zwei zusammen stärker seien als jeder für sich. Finanziell ist das jedoch fast niemals der Fall, und doch werden Menschen, die heiraten, häufig in finanziellen Dingen immer hemmungsloser.

Vielleicht liegt das Problem in der Gewohnheit, das Segelboot des Mannes gegen den Pelzmantel aufzuwiegen. Das Ziel dabei ist, den Partner zu überzeugen, daß die Nachgiebigkeit den eigenen Wünschen gegenüber dem gemeinsamen Wohl dient. Aber alle Realität, die etwas mit materiellem Besitz zu tun hat, kann so fest mit den Gespinsten verlockender Werbungsträume verwoben sein, daß sie sich nie mehr daraus lösen und logisch betrachten läßt.

Wir bemühten uns erfolglos, einen Modus vivendi im Fall eines Fußballtrainers auszuhandeln, der lange davon geträumt hatte, sich einen Jeep zu kaufen und eine zwei Monate lange Reise durch das wilde Land der Baja California in Mexiko zu machen. Während der Werbungszeit hatte er diese abenteuerliche Phantasie, in der er sich als Forschungsreisenden sah, häufig erwähnt. Seine Verlobte hatte ihn damals begeistert ermutigt. Insgeheim dachte sie, wenn er erst seinen Jeep habe, werde sie einen eigenen Wagen bekommen – was er jetzt aber für Verschwendung hielt.

Nach der Heirat wollte er ungeduldig seinen Traum erfüllt sehen. Er wollte den Jeep sogar vor den Möbeln kaufen. Unaufhörlich stritten sie um den Jeep. Er verlor ständig. Jahr um Jahr fuhr er zur Automobilausstellung, besichtigte die neuen Jeeps und sprach mit den Vorführmädchen, die häufig Campinguniformen trugen und so mit ihm redeten wie seine Frau vor der Hochzeit. Eines Tages besuchte er wieder einmal die Ausstellung und konnte es nicht mehr ertragen. Er kaufte nicht nur den Jeep, sondern dazu eine Menge teurer Ausrüstung einschließlich eines Elektrogenerators.

Seine Frau war wütend. Schließlich stimmte sie zu, daß er den Jeep behielt, verlangte aber, daß er die Ausrüstung zurückgab. Mit diesem

Kompromiß versuchte sie zu bemänteln, daß sie sich nicht an eine Übereinkunft aus der Zeit vor der Hochzeit gehalten hatte. Er weigerte sich, etwas von seinen Anschaffungen zurückzugeben. Er fühlte sich betrogen, weil ihre Begeisterung für seinen Forschertraum ein wesentlicher Bestandteil seines *Wir*-Bildes gewesen war. Sie hatte in Wirklichkeit nie etwas mit diesem Bild des Forschungsreisenden zu tun haben wollen, und nun war die Wahrheit an den Tag gekommen. Die Frau weigerte sich, zum Streittraining zu kommen, und schließlich wurde das Paar geschieden. Natürlich waren die beiden auch auf anderen Gebieten verschiedener Ansicht. Doch sein Traum hatte dazu beigetragen, sie zusammenzubringen, und indem sie ihm den Traum verdarb, löste sie den Zusammenbruch der Ehe aus.

Wenn sich Paare erst einmal mit den Realitäten ihrer Partnerschaft abgefunden haben, finden sie im allgemeinen – mehr oder weniger bewußt und dennoch spontan – eine Lebensweise, die angenehm und einigermaßen vorhersehbar ist, wo die Neigungen zusammenpassen und wo jeder sagen kann: »Das sind wir.« Dieses Gefühl ist wichtig für das einigermaßen gute Funktionieren der Beziehung. Streit um den Lebensstil bricht aus, wenn ein Partner neue Neigungen entwickelt und mehr oder weniger selbständig nach ihnen handelt. Ein Streit darüber, ob man einen Kombiwagen oder einen Sportwagen kaufen soll, kann ein mildes Beispiel für einen solchen Konflikt sein. Ebenso ein Streit darum, ob man mehr Zeit mit Freunden verbringen sollte (»Wir unternehmen niemals was« kontra »Wir laufen dauernd nur von einem zum anderen«). Das Entscheidende dabei ist, daß die Zerstörung einer bestehenden Ordnung nur eine einzige Person erfordert, wie es Lee Harvey Oswald, der Kennedy-Mörder, mit katastrophalem Erfolg demonstrierte. Doch in der Ehe etwas zu schaffen – ganz besonders einen neuen Lebensstil –, dazu braucht es immer zwei Menschen. Harold und Joy Young stellten das fest, als ihre Ehe ausgerechnet von dem erst vor kurzem erworbenen Wohlstand bedroht wurde. Joy hatte hart gearbeitet, um Harold das Studium zu ermöglichen. Während der nächsten paar Jahre war ihre finanzielle Lage angespannt geblieben, während sich Harold als Biochemiker in einem großen Labor für Krebsforschung einarbeitete. Doch kaum hatten sie einige Ersparnisse gemacht, als Harold einen größeren Teil davon, etwa tausend Dollar, nahm und in einem Klub für Aktienspekulationen anlegte, der sich als Betrugsunternehmen herausstellte. Harold verlor sein ganzes Geld. Joy war insgeheim froh darüber, weil

sie hoffte, daß ihn diese Erfahrung von weiteren törichten Spekulationen abhalten würde.
Doch nun unterrichtete er sich selbst über die Geheimnisse des Aktienmarktes und wurde Fachmann auf diesem Gebiet. Einen Teil der Zeit, den er sonst für wissenschaftliche Zeitschriften verwendete, benutzte er jetzt für das Studium der Rentabilitätskurven seiner Lieblings-Entwicklungsgesellschaften. Er ging auch zum Pferderennen, wobei er sich vorher stets mit wissenschaftlicher Gründlichkeit über die Form der Pferde informierte, und gelegentlich fuhr er für eine Nacht nach Las Vegas, um dort zu spielen. Joy protestierte, doch Harold wies sie darauf hin, daß seine Gewinne aus Spekulation und Spielen seine Verluste weit überstiegen. Außerdem machten ihm, wie er sagte, diese Risiken Spaß, und er habe nach so vielen Jahren harter Arbeit Recht auf ein bißchen Spaß.
Joy war mit dieser Wendung der Ereignisse nicht einverstanden, und bald trat eine Entwicklung ein, die ihr noch mehr Sorge bereitete. Eines Samstags sagte sie zu Harold: »Wenn du mit mir ans Meer fährst, liebe ich dich das ganze Wochenende. Sieh mal zu, ob dir das nicht mehr Spaß macht als das Spielen.« Er stimmte zu, verlangte jedoch im letzten Augenblick, daß sie statt dessen nach Las Vegas führen, dort könnten sie sich lieben, und er könne außerdem spielen. Da Joy sich für eine Sirene hielt, war sie schockiert, daß ihr Angebot doch nicht ganz mit der Anziehung der Spieltische konkurrieren konnte. Nicht lange nach diesem Wochenende kam sie vom Einkaufen zurück und fand ihren Mann mit den Kindern auf dem Fußboden sitzen, wo sie um Geld Karten spielten.
Da ging sie in die Luft. Harold sagte: »Es ist mein einziger Genuß, und ich habe es mir verdient!« Sie schrie: »Aber du zerstörst unser ganzes Leben!« Er zuckte die Achseln: »Ich sehe nicht ein, wieso.«
Während des darauffolgenden Streittrainings stellte Harold fest, daß Joy ihn nicht lieben konnte, wenn er nicht wieder zu seinem Ich vor der Spielzeit zurückkehrte. Ihr Lebensstil war im Laufe der Jahre so eingefahren, daß sie glauben mußte, er werde seine Gewohnheiten nicht ändern. Doch er lernte es, ein Ventil für seinen Spieltrieb in verhältnismäßig harmlosen Pokerspielen mit seinen Freunden zu Haus zu finden, wenn er auch noch manchmal Aktien kauft und verkauft und hin und wieder seinen Buchmacher anruft.
Das bedeutet nicht, daß es in einer wirklichen Intimität keinen Raum für legitimes persönliches Wachsen gibt. Im Gegenteil: Aggressive

offene Aussprachen sind ein ideales Stimulans für das innere Wachsen und trainieren einen Partner, mit diesem Wachstum fertig zu werden. Ein typischer Wachstumsstreit kann etwa wie folgt beginnen:
SIE: »Ich glaube, wir entwickeln uns voneinander weg.«
ER: »Aber hör mal!«
SIE: »Ich glaube das wirklich.«
ER: »Wie meinst du das?«
SIE: »Ich habe es beispielsweise verdammt satt, dauernd Bridge zu spielen.«
ER: »Aber du spielst doch so gerne Bridge!«
SIE: »Nein, jetzt nicht mehr. Ich habe Besseres zu tun.«

Sich einer solchen, sich eben entwickelnden Ungleichheit gegenüberzusehen, bedeutet eine Krise, die man ernst nehmen muß. Der wachsende Partner könnte dem Bridgespieler einen Gefallen tun und einfach weiter Bridge spielen, doch das kann sich unheilvoll auswirken, weil es die Anhäufung von Feindseligkeit fördert. Eine Weigerung, weiter Bridge zu spielen, sollte den Partner, der eine Veränderung sucht, veranlassen, dem Ehemann Alternativen anzubieten: vielleicht Schach oder neue Freundschaften mit Menschen, die nicht Karten spielen, sondern vielleicht interessante Gedanken miteinander austauschen.

Ein Wachstumsstreit kann mehrere Jahre lang verschiedene Stadien durchlaufen, ehe sich die Partner einigen. Gewiß, er wird beiden manchmal Unbehagen verursachen, aber er bringt weniger Bitterkeit, als sich für die Partner ergäbe, wenn diese Streitfragen verborgen blieben oder die Partner nicht in der Lage wären, sich über das, was sie wirklich bedrückt, zu verständigen.

XI. Sex als Streitparole

Sex mit seinem zugleich anziehenden und abstoßenden Gesicht ist immer wieder Streitthema und Waffe. Wir haben die ungünstigen Auswirkungen der sexuellen Vortäuschung und der Sexverweigerung, der sexuellen Provokation und Gleichgültigkeit, der sexuellen Monotonie und selbst den Tod des Sexuellen aus Mangel an psychischen Reizen in der Ehe schon gezeigt. Sind Sex und alle Streittypen untrennbar? Das ist der allgemeine Eindruck, im Geist vieler noch verstärkt durch die zunehmende Zahl der Wahlmöglichkeiten und der Konflikte, die die neuen sexuellen Freiheiten bieten: die Freiheit von unerwünschter Schwangerschaft, die Freiheit von der doppelten Moral, die Freiheit der Freiheit selbst, wie sie die zunehmende Häufigkeit von Betrug und Scheidung veranschaulicht, und die Freiheit, der wachsenden Zahl von Sexexperten zuzuhören, von denen viele Ratschläge geben, die unvereinbar mit der menschlichen Psyche und Physis sind.

Eine realistische, therapeutische Einstellung zu den sogenannten »Sexproblemen« befähigt viele Intimpartner, Sex als erfreuliches Erlebnis um seiner selbst willen zu genießen und zu lernen, wie man, indem man ›richtig streitet‹, lieben kann. So klassische psychische Sexprobleme wie Frigidität und Impotenz sind gewöhnlich Ersatzausdrücke für Feindseligkeit und Ablehnung. Sobald Partner lernen, Feindseligkeit direkt durch konstruktiven Streit im Wohnzimmer oder auf neutralem Boden und nicht im Schlafzimmer auszutragen, pflegen ihre Sexprobleme zu verschwinden. Wenn die Intimpartner lernen, der Versuchung zu widerstehen, Sex als strategische Waffe einzusetzen, stellen sie gewöhnlich fest, daß der Haß die Liebe nicht zu vergiften braucht, daß Sex im Streit über nicht-sexuelle Streitfragen nicht aufzutauchen braucht. Die einzige Ausnahme ist der Gebrauch von Sex als strategischem Mittel bei der ›Versöhnung‹ nach jeder Art von Streit; das empfehlen wir ohne jede Einschränkung.

Zugegeben, die bisher genannten Bedingungen machen es den meisten Paaren schwer, ihre Ansichten nach realistischen Richtlinien neu zu ordnen. Wir versuchen ihnen dadurch zu helfen, daß wir ihnen zuallererst raten, sich selbst zu den einzigen qualifizierten Schiedsrichtern über ihre sexuellen Neigungen zu ernennen. Dann schlagen wir ihnen vor, daß sie sich miteinander über ihre sexuellen Schwierigkeiten verständigen und gemeinsam durch reinen Liebesstreit (oder Streit um sexuelles Sich-aufeinander-Einspielen) lernen, was gute sexuelle Befriedigung *(swing)* für sie bringt. Sexueller *swing* ist höchst persönlich (paarspezifisch). Er findet sich nicht in Sex-Lehrbüchern katalogisiert und auch nicht etikettiert durch psychiatrische Definitionen. Am besten ist er zu erreichen, wenn die Partner lernen, ihre individuellen Unterschiede zu ›eichen‹.

Bevor Paare das lernen können, sollten sie sich klarwerden, daß es sieben große Mythen über das Sexualverhalten in der Ehe gibt, die heutzutage weithin für Tatsachen gehalten werden. Diese Mythen sind für den größten Teil der irrationalen sexuellen Schwierigkeiten verantwortlich, unter denen heute so viele im allgemeinen ganz gesunde Paare leiden. Diese Fiktionen müssen beseitigt werden, ehe wir die legitimen Aspekte des Sexuellen als Streitthema behandeln.

Der erste große Mythos über den Sex ist der, *daß Sex und Liebe immer zusammengehen müßten.* In einer wahrhaft intimen Beziehung kann es befriedigenden Sex ohne Liebe, Liebe ohne Sex und natürlich Liebe mit Sex geben. Nicht jeder ist in der Lage, diese drei Zustände sämtlich zu genießen, aber viele Menschen erleben sie alle drei in verschiedenen Stadien eines langfristigen Verhältnisses.

Sex ohne Liebe ist gewöhnlich nicht intim, wenn auch die Rechtsanwälte den Gerichtshöfen immer wieder einzureden versuchen, daß jeder, der mit jemand anderem ins Bett steigt, mit ihm ›intim‹ sei. Tatsächlich ist physische Liebe jedoch eher lustvoll als intim. Sowohl Männer als auch Frauen besitzen die Fähigkeit, erfreulichen Sex mit nahezu jedem zu genießen, der physisch und/oder gesellschaftlich und/oder wirtschaftlich als Partner anziehend und fähig und bereit ist. Bisweilen kann liebeloser Sex sehr intim sein, zum Beispiel wenn die Partner vorübergehend Leidenschaft füreinander empfinden und sich beide bemühen, die Begegnung so genußreich wie möglich füreinander zu machen. Liebeloser, lustvoller Sex, kann auch ein Auftakt für nachfolgende Intimität sein, denn heutzutage ist Sex nicht mehr unbedingt der Lohn am Ende einer langen Verlobungszeit. Wir fällen in diesem Buch nirgendwo moralische Urteile, aber es ist eine Tatsache, daß sexuelle Anziehung manchmal der Schlüssel sein kann, der Türen zu tieferer Intimität öffnet – gerade die Türen, die so viele Menschen so gern sorgfältig verschlossen halten möchten.

Liebe *ohne* Sex ist der Zustand, in dem man sich während der vielen Stunden nichtsexueller emotionaler Gemeinsamkeit mit einem Partner befindet. Für manche Paare können sich diese Stunden auf Wochen oder Jahre erstrecken, weil Sex, wie jedes langverheiratete Paar weiß, bisweilen eine langweilige Routineangelegenheit werden kann.

Colette, scharfsinnige Autorin über intime Fragen, schreibt: »Ich fürchte, es besteht nicht viel Unterschied zwischen der Gewohnheit, sexuelle Befriedigung zu erhalten, und beispielsweise der Gewohnheit, Zigaretten zu rauchen.« Forscher haben erfolgreiche Ehen beschrieben, in denen sich die Partner wenig oder gar nichts aus Sex machten. Andererseits erreichen manche engen, aber nichtsexuellen Freundschaften ein Niveau psychischer Intimität, um das sie von vielen sexuell verbundenen, aber sich emotionell fernen, pseudointimen Paaren beneidet werden.

Liebe *mit* Sex, die optimale Bedingung für die wahre Intimität zwischen Gleichen, wird am leichtesten durch sexfremde Streitthemen vergiftet. Ein gutes sexuelles Verhältnis trägt dazu bei, daß Partner gute Ehegatten werden, doch es ist heute allein nicht mehr ausreichend. Ja, heute brauchen sich gutes sexuelles Verhältnis und gute eheliche Beziehungen nicht einmal mehr zu entsprechen. Man pflegte Sex mit Intimität gleichzusetzen, weil allein das sexuelle Verhältnis einen dauerhaften Bund zwischen den Gatten schaffen konnte, als der Mann noch der Bevorrechtigte und die Frau deutlich untertänig war. Heute geht der Wert eines Intimpartners natürlich weit über die Vermittlung sexuellen Genusses hinaus. Diese Erweiterung des Wertes der Intimität – die psychischen, das Sexuelle übersteigenden Bedürfnisse, die Partner füreinander haben – hat die lustbetonte Seite der Intimität beeinträchtigt. Viele überaus tüchtige, Lust vermittelnde Bettpartner erleben keine psychische Intimität mit dem andern, weil es ihnen schwer wird, im Wohnzimmer miteinander zu reden. Gute Liebende sind nicht unbedingt gute Partner, und schwache Bettgefährten erleben häufig ein beneidenswertes Ausmaß an gegenseitigem Verständnis und hegen tiefe Zuneigung zueinander. Kurz, wahre Intimität schließt die physische Liebe ein, übersteigt sie jedoch.

Die häufige Verweigerung sexueller Genüsse ist neben physischer Gewalttätigkeit die grausamste und verzweifeltste Waffe in dem reich ausgestatteten Arsenal der intimen Kriegführung. Sex sollte niemals zur Erpressung benutzt und kann als »sexy Sex« von jeder Vergiftung so sehr freigehalten werden, daß er sich ohne Rücksicht auf andere

Konflikte genußreich ausüben läßt. Wenn Sex lediglich als Lustvermittler benutzt wird, kann er andere Probleme nicht verschärfen. Dagegen ist er sehr geeignet, das intime System nach einem Streit wiederherzustellen, und erlaubt es den Partnern, auch in Zeiten von Intimitätskrisen den notwendigen Kontakt miteinander zu halten.

Der zweite große Mythos über Sex ist, daß *Abwechslung die Würze für das Geschlechtsleben eines Menschen* sei. Wenn Intimpartner, die schon lange miteinander leben, auch tatsächlich darüber klagen, daß sich ihr Geschlechtsleben zu stumpfer Routine verschlechtert habe, bringt der Verkehr mit ›demselben alten‹ Partner doch meist eine behagliche Gewohnheit hervor, die Vertrauen schaffen und stärkere und sicherere orgastische Befriedigung bringen kann, als es bei Sex-Neuerungen – entweder durch Abwechslung bei den Techniken oder bezüglich der Partner – möglich ist. Für die Phantasie ist die sexuelle Abwechslung gewöhnlich sehr reizvoll. In Wirklichkeit kann außerplanmäßiger Sex zwar befriedigend und überaus erregend sein, mindestens zeitweilig, aber häufig bringt er praktische Komplikationen mit sich, die die Erregung erheblich vermindern.

Die führenden Experten auf diesem Gebiet, die erfahrenen Playboys und Playgirls unter unseren Kursteilnehmern, entdecken, daß ihre Erlebnisse mit einer Vielfalt von Sexpartnern nach einer Weile an Reiz verlieren. Der Spaß dabei nimmt ab. Der Genuß kann zur Pein werden, wenn die Gewohnheit zu Übersättigung oder Zwang führt. Dann erweist sich die sexuelle Abwechslung schließlich als doch nicht so gut, und die meisten ›Abwechsler‹ suchen nach der völlig verpflichtenden Form der Intimität, bei der das sexuelle Geben und Nehmen nur eine Seite des gegenseitigen Teilens ist – und nicht unbedingt die zentrale.

Anfangs bieten Liebesaffären einen reizvollen Schrittwechsel im gewohnten Geschlechtsleben von Intimpartnern. Aber der Spaß hält nur so lange an, wie es die Liebenden fertigbringen, sich ausschließlich auf den »sexy Sex« zu konzentrieren. Leider dauert dieses Stadium nur kurze Zeit. Der Hunger nach tieferer Intimität kann durch lustvollen physischen Sex nicht gestillt werden. Gute Liebespartner wünschen fast immer, tiefer aneinander beteiligt zu sein. Ihre Spielgefährten werden echte Gefährten. Dann wird der Liebende fast zu einer zweiten Ehefrau oder einem zweiten Ehemann, und die Liebesaffäre verwandelt sich in ein zweites Intimsystem mit Problemen, ähnlich denen, wie sie sich den verheirateten Partnern stellen.

Die gleichen Probleme erweisen sich dann für das nichtverheiratete Paar häufig genug als weit schwieriger, als es bei einem Ehepaar der Fall ist. Deshalb ist es nur vernünftig, wenn die außerehelichen Partner gewöhnlich höhere Forderungen stellen als verheiratete Intimpartner. Die außereheliche Affäre *muß* einfach erregender sein als die eheliche Liebe. Wenn sie es nicht wäre, wer wollte sich dann die Mühe machen? Erfahrene ›Sex-Abwechsler‹ berichten uns auch, daß außerehelicher Sex – möglicherweise wegen der damit verbundenen Angst- und Schuldgefühle – keineswegs automatisch besser sei als die eheliche Form. Es wird kaum noch überraschen, daß gute Beziehungen mit der Geliebten auch bei ihr durch Streiten erreicht werden müssen. Damit ein solches Verhältnis dauerhaft bleiben kann, muß es die gleiche von Heuchelei erfüllte Werbungszeit durchlaufen, die der Ehemann mit seiner Ehefrau erlebte; nur sind die Umstände bei den außerehelichen Beziehungen heimlicher und Konflikten stärker ausgesetzt.

»Oh, wie ich dieses kleine Zimmer liebe«, sagt die Geliebte vielleicht, wenn sie in ein Hotel als Schauplatz einer Sex-Verabredung geführt wird. Tatsächlich jedoch haßt sie den Ort. Sie fragt sich, ob so viel Billigkeit nicht ein zu hoher Preis für den Schwung einer Liebesaffäre ist. Ein heftiger Sturm kann sich da bereits zusammenbrauen.

Ehelicher Streit um außerehelichen Sex – das heißt, tatsächliche sexuelle Abwechslung wie auch angedrohte und vermutete Abwechslung – sind eine der besonders häufig gezückten Waffen intimer Streiter. Dieses Thema ist ebenso beliebt bei ›Teufeln‹, die herumspielen, wie bei ›treuen Engeln‹, die das nicht tun. Beide verstehen es, sich gegenseitig mit der Sexfrage zu quälen, ob das Problem nun real oder eingebildet ist.

Die ›Engel‹ nutzen, wie es unsere Kultur sanktioniert, die Schuld ihres ›teuflischen‹ Ehepartners aus. Die beliebteste Strategie der ›Engel‹ – der männlichen wie der weiblichen – ist es, der Schwäche ihres ›teuflischen‹ Partners für Sex-Abwechslung insgeheim Vorschub zu leisten (»Ich habe bemerkt, daß Jim dich wirklich reizt!«), nur damit sie den ›Teufel‹, nachdem sie ihn indirekt zu seiner schmutzigen Tat des Betrugs ermuntert haben, ertappen oder seine Beichte hören können. Dann kann der ›Engel‹ in alle Ewigkeit dem ›Teufel‹ die Leviten lesen, sobald es sich in einem Konflikt, der nicht das geringste mit Sex zu tun hat, lohnt, ihn zu beschämen und damit in eine bestimmte Richtung zu drängen.

Wenn ›Teufel‹ ein betrügerisches Verhalten an den Tag legen, um

Eifersucht zu erregen, können sie dafür verschiedene Gründe haben. Wer weiß? Vielleicht argwöhnt der ›Teufel‹, daß der ›Engel‹ gelegentlich, wenn auch nur im verborgenen, ebenfalls ein ›Teufel‹ ist. Oder vielleicht ist es nötig, dem ›Engel‹ zu signalisieren: »Wach auf! Halte meine Liebe nicht für zu selbstverständlich!« Es mag ein Fall von Politik am Rande des Abgrunds sein oder ein Manöver, um die eigenen Schuldgefühle abzureagieren, oder ein Versuch, Gleiches mit Gleichem zu vergelten. Doch damit diese Strategie wirksam ist, muß dem betrogenen Ehepartner immerhin so viel am anderen liegen, daß er sein psychisches Territorium, seinen zentralen Platz in den Gedanken des anderen verteidigt. Sonst führt die Schaustellung der Sexabwechslung in unserer Kultur nur zu weiterer Entfremdung und Zunahme der Scheidungen.

Der dritte große Sexmythos ist der, daß *beide Partner immer gleich ungeduldig nach Sex verlangen* müßten. Zwischen Intimpartnern äußert sich die Aggression oft in der Forderung des einen Sexpartners, daß der andere häufiger ›dabei‹ sein sollte. Das ist immer eine unrealistische Forderung, weil Sex anfangs ebenso sehr von innen wie von außen ausgelöst wird. Für den Mann wie für die Frau ist der sexuelle Orgasmus ein egozentrischer Ausdruck des eigenen Ich. Er kann nie eine befohlene Sache werden. Ebensowenig ist er eine passive Reaktion. Weil die sexuelle Erfüllung eine im Grunde sich selbst regelnde Angelegenheit ist, bestimmt die Frage, wie man sich innerlich fühlt, die Qualität der sexuellen Begegnung ebenso wie die Einstellung zum Sexpartner.

Der Versuch, einen Partner, der innerlich nicht aufnahmebereit ist, zu erregen, kann ein viel eher abstoßendes als anziehendes Manöver sein. Häufig geschieht es, daß der Mann, wenn die Frau am stärksten nach Sex verlangt, dazu neigt, sich zurückzuziehen – und umgekehrt. Einige dieser Unterschiede in der sexuellen Aufnahmefähigkeit lassen sich ›eichen‹, besonders, wenn sich herausstellt, daß es sich dabei um Äußerungen von Feindseligkeit oder Angst vor allzu großer Nähe handelt. Doch viele Unterschiede sind einfach Beispiele für Ungleichartigkeiten in der Sexualität, die man ertragen und mit denen man ohne Peinlichkeit leben kann.

Wegen der egozentrischen Natur des Sex müssen die Menschen den Ablauf eines sexuellen Ereignisses – Zeitwahl, Bewegungen, die Art und die Menge der Liebkosungen – überwiegend nach dem eigenen Rezept auf eine Weise gestalten, die ihnen hilft, den Orgasmus zu erreichen. Selten wird das gleiche Rezept für beide Partner passen. Beide müssen lernen, daß der Weg, sich selbst die Befriedigung zu erleichtern, nicht jenem entspricht, der bei dem Partner zu diesem Ziel führt. Die praktische Lösung wird häufig sein: »Ich tue es jetzt mit dir auf deine Weise, und du tust es mir später auf meine.« Das erfordert sexuelle Geschicklichkeit und guten Willen. Statt dessen nutzen viele Paare die Gelegenheit zu Abweisungsmanövern, in dem sie den Orgasmus zurückhalten, die Erektion verlieren, vorzeitig zur Ejakulation kommen, selten Verkehr haben, sich dem Vorspiel entziehen und im allgemeinen nicht das tun, was der Partner gern hat.

Der vierte große Sexmythos ist der, daß *gleichzeitiger Orgasmus ein Haupterfordernis der guten sexuellen Anpassung sei.* Gewisse psychiatrische Schulen sind der Ansicht, daß ›das Göttliche in menschlicher Form die Ekstase des Orgasmus‹ sei. Nach diesem Mythos müssen sexuell reife Frauen genau zu der Zeit, wenn der männliche Partner durch die rhythmischen Beckenstöße signalisiert, daß er im Begriff ist zu ejakulieren, in Leib und Seele mit einem tiefen vaginalen Orgasmus reagieren. Mann und Frau müssen sich gegenseitig zur vollen geschlechtlichen ›Hingabe‹ bringen. Beide müssen völlig ›dabei‹ sein, um vorzügliche Zensuren für geistige Gesundheit auf ihrem Zeugnis für Männlichkeit bzw. Weiblichkeit zu erhalten.

Der Mythos vom gemeinsamen Orgasmus fordert, daß ein Mann, um ein wahrhaft maskuliner Liebhaber zu sein, in der Lage ist, in seiner Partnerin jedesmal sexuelle Erfüllung hervorzurufen, um seine Männlichkeit und ihre Weiblichkeit zu bestätigen. Dieses unrealistische Modell für gesunde Sexualität versorgt jeden Partner mit einem veritablen Arsenal von Waffen und Munition für Streit – und die Psychoanalytiker mit einem nicht abreißenden Strom von Patienten. Wenn Partner darauf gedrillt sind, für ihre sexuelle Befriedigung hilflos auf den Orgasmus des anderen angewiesen zu sein, was geschieht dann, wenn es nicht gelingt, die gleichzeitige gemeinsame Ekstase zu erreichen, die der Mythos fordert? Wessen ›Schuld‹ ist das? Wenn sie nicht den vollen Orgasmus hat, liegt es dann daran, daß er nicht männlich genug ist? Oder ist er leicht impotent? Oder zu ungeschickt? Unerfahren? Rücksichtslos? Oder gar verdeckt homosexuell? Oder trägt ihre ›Frigidität‹ die Schuld? Kann eine Frau überhaupt darauf verzichten, zu der Technik, ›nicht gleichzeitig fertig zu werden‹, ihre Zuflucht zu nehmen, wenn sie weiß, daß dies eine ›kastrierende‹ Wirkung auf den Mann ausübt?

Kein Wunder, daß viele Partnerinnen lieber den Orgasmus heucheln, als sich solchen Attacken auszusetzen. Die unrealistischste Anwendung des Mythos vom gleichzeitigen gemeinsamen Orgasmus ist die »Liebesprobe«. Dann heißt die Hypothese: »Da wir nicht zusammen fertig werden, kann unsere Ehe nichts taugen!«

All diese Streitfragen sind illusorisch. Nach den jüngsten maßgeblichen Forschungen ist die orgastische sexuelle Befriedigung ein höchst verwickeltes und spezialisiertes Reaktionsschema, das bei jedem einzelnen starke Unterschiede aufweist – in mancher Hinsicht zwischen den einzelnen sogar stärker als zwischen den beiden Geschlechtern. Es ist deshalb ganz erheblich praktischer, gutes, wenn auch einseitiges Vergnügen am Sex zu akzeptieren, selbst wenn der eine Partner dem anderen nur dazu verhilft und selbst zur gleichen Zeit nicht orgastisch und leidenschaftlich beteiligt ist.

Obwohl der Mythos vom Orgasmus unter Wissenschaftlern jetzt in Mißkredit geraten ist, hat seine Botschaft doch eine Gehirnwäsche für zwei Generationen dargestellt. Infolgedessen haben sich die Intimpartner selbst einen weiteren Neurose-Auslöser geschaffen.

Wir nennen ihn Beobachtung des Orgasmus. Das ist eine andere Form der Partnerbeobachtung. Das taktvolle Miterleben der sexuellen Reaktion des Partners kann die erotische Erregung sowohl für den Partner, der den Orgasmus gerade genießt, als auch für den anderen, der ihn herbeiführen hilft, erhöhen. Besorgte Beobachtung des Ringens um den Orgasmus wirkt wie ein Befehl und ist genußhemmend. Besorgtes Beobachten gehört nicht zur rücksichtsvollen Erleichterung.

Viele ›Orgasmusbeobachter‹ neigen dazu, die sexuelle Reaktion des Partners zu werten und zu messen. Insgeheim sammeln sie Daten für ihre ›Liebesprobe‹, mit denen sie später Beschuldigungen wegen sexueller Unzulänglichkeit des anderen begründen. Diese Beobachter erkennen selten, daß ihr Beobachten den Partner hemmt oder ihn veranlaßt, eine leidenschaftliche Reaktion zu heucheln.

Eng verwandt mit den besorgten Beobachtern sind die Orgasmussammler, die die von ihrem Partner erzielten Orgasmen zählen. Dann vergleichen sie die Gesamtzahl mit der der eigenen Orgasmen und gelangen zu einer »Liebesprobe«, in der es plus und minus gibt! Diese Zählung wird häufig von Neid auf den orgastischeren Partner begleitet.

Welches sind die physiologischen Tatsachen beim Orgasmus? Nach der anfänglichen Anziehung, dem Begehren, der Empfänglichkeit,

Kommunikation, Vorbereitung und geschlechtlichen Erregung nimmt die sexuelle Reaktion gewöhnlich ihren eigenen Verlauf. Der Partner, der sich dem Orgasmus nähert, benutzt den anderen auf aggressive Weise und veranlaßt ihn hoffnungsvoll, die richtige Art von Reizen zu liefern, die ihn zur sexuellen Befriedigung führen (durch bevorzugte Bewegungen, Streicheln, Stöße, Haltung, Reibung usw.).

Es spielt keine Rolle, wie die sexuelle Befriedigung erreicht wird: durch die Genitalien, manuell oder oral. Es braucht auch überhaupt keinen Orgasmus zu geben, weil sexuelle Aggressivität auch um ihrer selbst willen genußvoll sein kann; Verkehr ohne Orgasmus kann ein überaus genußreicher erotischer ›Ringkampf‹ sein.

In den Augenblicken der orgastischen Leidenschaft wird jeder zum Narziß. Der Drang nach sexueller Entspannung treibt Körper und Seele an und fordert volle Konzentration auf die eigene sexuelle Erregung – nicht auf die des Partners.

Diese Augenblicke erfordern unterstützendes, nichtablenkendes Verhalten vom Partner. Idealerweise wird dieses Verhalten den gewöhnlich hochspezifischen und eigentümlichen Erfordernissen angepaßt, die stets klar mitgeteilt werden sollten. Dieses aggressive Signalisieren hat das sehr wichtige Ziel, den Partner in die angemessene sexuelle Koordination zu bringen, damit maximale Erfüllung erreicht wird.

Aggressiver Sex dient einem doppelten Zweck: dem sexuellen Genuß und der emotionellen Aggressionsbefriedigung. Zorn und Frustration gehören zum erfolgreichen Verkehr – wie zu jedem Versuch der Partner, Unterschiede zu ›eichen‹ und zu koordinieren. Zorn beim Sex ist üblich und normal, weil die Partner bei ihrer starken Egozentrik dazu neigen, ›falsch‹ zu reagieren, wenn sie nicht sehr feste und klare Hinweise erhalten. Glücklicherweise ist der Zorn beim Lieben häufiger ein erregenderer Reiz als ein ›Abschalten‹.

Bei befriedigendem Sex gibt es ein ständig wechselndes Spiel von physischer Aggression und Zärtlichkeit – fest zupacken und loslassen, treiben, fordern, Alternativen befehlen, befolgen, sich unterwerfen, sich ergeben. Und in diesem Auf und Ab von sich ergänzenden, aber auch scheinbar paradoxen Gefühlszuständen können Mann und Frau die ihnen traditionellerweise zugeschriebenen stereotypen Rollen (Mann: aggressiv; Frau: hingebend) mehrmals bei einer einzigen erotischen Begegnung tauschen.

Nun wird deutlich, weshalb die Fiktion vom gleichzeitigen Orgasmus alles andere als hilfreich ist. Ein Partner, der vorübergehend, aber tief damit beschäftigt ist, den eigenen Orgasmus zu erreichen, ist kaum in der idealen Verfassung, das rechte, den Partner sexuell unterstützende Verhalten mit maximaler Klugheit und Kreativität zu wählen, besonders deshalb, weil der Partner ebenfalls mit Vorbereitungen für den Orgasmus beschäftigt ist und sich also auch seinerseits nicht in einem optimalen Zustand für sexuelle Zusammenarbeit befindet. All das erklärt, weshalb wir in fünfundzwanzigjähriger Praxis mit Psychotherapie und Streittraining festgestellt haben, daß bei den meisten Paaren gemeinsamer Orgasmus mehr oder weniger Zufall ist. Orgasmus nacheinander, wobei der Orgasmus des einen Partners den des anderen anfacht, scheint einem guten sexuellen Verhältnis *(swing)* dienlicher zu sein. Der sexuelle Genuß wird auf diese Weise sehr viel seltener beeinträchtigt – und die Macht, dem Partner den sexuellen Genuß zu verderben, ist die tödliche Waffe im Kampf der Geschlechter. Diese Macht vom Schauplatz zu entfernen ist eine wichtige Hilfe in dem Prozeß, den Streit um Sex zu entgiften.

Der fünfte Sexmythos behauptet, daß *Männer und Frauen spezifische, starre Rollen in der Liebe zu spielen* hätten. Der moderne Mensch ist so sehr mit der Suche nach der Identität beschäftigt, daß viele ständig nach Unterschieden Ausschau halten, die sie als ›maskulin‹ oder ›feminin‹ etikettieren können. Wir sprechen nicht von den selbstverständlichen Geschlechtsmerkmalen. Einige Psychologen und Psychiater sind viel weiter gegangen. Sie haben festgelegt, daß gewisse Arten des *Verhaltens* Erwachsener schlüssige Beweise für Männlichkeit oder Weiblichkeit seien. Die Madison Avenue, versessen darauf, zwei Märkte statt des einen zu schaffen, unterstützt die Bemühung, die Kluft zwischen den Geschlechtern zu erweitern. »Willst du, daß er männlicher ist?« fragt eine Anzeige für Parfüms. »Dann versuch, mehr Frau zu sein!«

Unser Streittraining hat nicht das Ziel, Erwachsene in neutrale Wesen zu verwandeln, sondern die natürliche Umkehrbarkeit ihrer Intimrollen als ganze Menschen zu verdeutlichen, einschließlich der Sanftheit bei Männern und der Aggressivität bei Frauen. Wir halten das für eine entscheidend wichtige Mahnung für viele Paare, weil der Nachdruck, der allgemein auf die Geschlechtsunterschiede gelegt wird, eine Verheerung im Intimleben angerichtet hat.

Künstliche, von der Kultur induzierte Stereotypen sind Schranken für die Zugänglichkeit des Partners (»Du wirst mich eben nie verstehen, weil du ein Mann bist«). Sie können als Mittel zur Beschämung

benutzt werden (»Ich hasse es, wenn du so eine kindische Ausdrucksweise benutzt; das ist so unmännlich!«). Sie können dem Partner emotionell Handschellen anlegen, damit man selbst sich ihm verweigern kann (»Frauen fordern niemals Sex«). Und sie können starke Schranken gegen wünschenswerte Veränderung sein – gegen einen Wachstumsprozeß, der vielleicht das Ergebnis einer wirksamen Therapie ist. (»Mach das nicht zu einer Befehlsangelegenheit! Ich bin schließlich der Mann. Wir werden es tun, wenn ich dazu bereit bin.«)
Am bedauerlichsten ist es, daß solche Beschuldigungen wie »Du bist nicht weiblich!« oder: »Du bist kein Mann!« neue Neurosen hervorgebracht haben, weil sie viele Partner verwirrt und besorgt machten, wie sie im ›richtigen‹ Sexrollen-Stil orgastischer sein können – wie es ihnen gelingt, den vollkommensten Orgasmus zu haben, um wahrhaft feminin zu sein, und wie sie männliche Erektionskraft behalten, um sich als tatsächlich männlich zu erweisen. Männer machen sich jetzt also Sorgen, was sie tun sollten, um für männlich genug gehalten zu werden; und Frauen machen sich Sorgen, wie sie es fertigbringen könnten, die ideale Frau zu sein, wie sie in diesem Sexrollen-Einsatzspiel dargestellt wird. Jeder Partner projiziert die Furcht, daß er die Stereotypen in seinem Leben nicht erreicht, auf den anderen. Und die Beschuldigung, daß der andere diesen Mythen nicht entspricht, spielt nun schon in die Verwendung des Sexuellen als strategische Waffe hinein. Wir lehren unsere Kursteilnehmer, »Klischee!« oder »Falsch!« oder »Foul!« zu rufen, wenn ein Partner versucht, die Sexrollentypisierung bei einem Streit zu benutzen, aber es ist bemerkenswert, wie viele Partner eifrig bereit sind, in dem Spiel der Sexidentität mitzuspielen.

Wenn wir auch die Umkehrbarkeit der männlichen und weiblichen Rolle oben schon erwähnt haben, möchten wir doch warnend auf deren Grenzen hinweisen, die alle die Frau zu begünstigen scheinen. Es gibt beispielsweise einen wirklichen Unterschied in der sexuellen Leistungsfähigkeit zwischen den Geschlechtern. Ist die durchschnittliche erwachsene Frau erst einmal voll erregt, so besitzt sie weit größere sexuelle Kapazität als selbst der tüchtigste männliche Liebende. Deshalb ist im Gegensatz zu der anmaßenden männlichen Philosophie, wie sie in den die Playboys ermutigenden Magazinen vertreten wird, nur die Frau von Natur aus befähigt, Sexträume mit reicher Abwechslung zu erfüllen. Doch in der heutigen Kultur hört man nicht viel von solchen weiblichen Phantasien. Zumindest *noch* nicht. Doch wenn sich eines Tages genügend Frauen entschließen sollten, aktive Sex-Abwechslerinnen zu werden, dann werden sie die Kultur revolutionieren, indem sie die doppelte Moral umkehren. Mittlerweile sollte man doch wenigstens anmerken, daß kein einziger Mann die Maximalwünsche erfüllen kann, die eine sexuell reife Frau haben kann. Deshalb besteht immer die Gefahr, daß der eine Mann einer sich auf einen Mann beschränkenden Frau dazu gebracht werden kann, daß er sich sexuell unzureichend, kastriert oder erschöpft fühlt.

Physische Unterschiede machen es offensichtlich auch leichter für Frauen, sexuell zu heucheln. Doch die vermutlich bedeutsamste Kluft zwischen den Geschlechtern ist ein psychischer Unterschied, der von der Rolle der Frau als Erzeugerin des Lebens hervorgerufen wird. Alles, worauf der Mann beim Sex hoffen kann, ist eine orgastische Ejakulation. Das Bedürfnis der Frau nach sexueller Befriedigung muß nicht ebenso dringend sein, vermutlich weil sie fühlt, daß ihre große Stunde im Entbindungssaal, nicht im Schlafzimmer stattfindet. Deshalb ist die Frau auch eher in der Lage, den Geschlechtsakt für nichtsexuelle strategische Zwecke zu benutzen. In einem Streittrainingsseminar spielten wir einmal eine psychodramatische Simulation einer Schlafzimmerszene durch, die folgendermaßen verlief:

ER: »Wenn ich in dir bin, fühle ich mich lebendig wie ein wirklicher Mann.«

SIE: »Und warum bist du dann gestern abend zum Essen zu deiner Mutter gegangen?«

Die Seminargruppe bog sich vor Lachen, und mehrere Männer riefen: »Au!« Die Ehefrau, die in diesem Dialog auftrat, hatte, wie so viele andere, die Erregung ihres Mannes dazu benutzt, ihn zum gefangenen Zuhörer ihrer außersexuellen Beschwerden zu machen. Sie benutzte den Sex als Waffe nach dem Verkehr. Die meisten Frauen würden vorher zuschlagen, vielleicht nur, um reinen Tisch zu machen. Jedenfalls täten die Frauen gut daran, ihre natürlichen Vorteile nicht dazu zu benutzen, den Geschlechtsakt auf diese Weise zu vergiften. ›Siege‹ im Sexstreit, die sich nicht wirklich mit Sex selbst beschäftigen, sind meist kurzlebig. Gewöhnlich rufen sie nur Groll und weitere sinnlose Streitereien hervor. Das veranschaulicht auch wieder, daß ein ›Gewinner‹ beim ehelichen Streit auf die Dauer der Verlierer sein kann.

Der sechste Sexmythos behauptet, daß *Sexspiele ein unschuldiger Sport* seien. Wir meinen hier nicht sexuelle Ausgelassenheit (etwa jagen und sich jagen lassen), sondern feindselige Rituale – etwa die Zuweisung männlicher und weiblicher Rollen – wie sie in dem Buch *Spiele der Erwachsenen* beschrieben sind. Sexspiele sind berüchtigte Werkzeuge der Konfliktvermeidung und der Zerstörung des Geschlechtslebens. Dies ist die Beschäftigung von Leuten, die sich fürchten, verletzt zu werden, wenn sie sich beteiligen. Die Spiele tragen vielleicht scheinbar dazu bei, eine stabile und wechselseitig angenehme Routinebindung zu errichten, doch in Wirklichkeit rufen sie wachsende Verärgerung zwischen den Spielern hervor und sind immer eine wirksame Barriere gegen das Entstehen einer spontanen, durchsichtigen und realistischen Intimität.

Wir haben bereits besprochen, wie oft ein Partner zu einer Forderung des anderen nein sagen sollte, damit beide genau wissen, wo sie in einem Konflikt miteinander stehen. In nichtsexuellen Angelegenheiten ist das eine nützliche Strategie – wenigstens im allgemeinen. Doch wenn man dieses Verfahren auf das Sexuelle anwendet, verschärft es sich leicht zu einem der gewöhnlichsten und grausamsten Sexspiele. Es beginnt damit, daß ein Partner – Mann oder Frau – einen sexuellen Annäherungsversuch macht und der andere ihn entweder ignoriert oder zurückweist. Die meisten Leute glauben, das sei ein vor allem weiblicher Zeitvertreib, wie ihn Dr. Eric Berne in seinem Spielbuch unter dem Titel »Frigide Frau« beschreibt. Unsere klinische Erfahrung zeigt jedoch, daß das Spiel: »Komm her, bemüh dich weiter, damit ich dich zurückweisen kann!« – entweder mit Worten oder auch mit Taten – von beiden Geschlechtern gespielt wird. Die Zurückweisung kann von anhaltender Verweigerung des Geschlechtsverkehrs bis zu einem interesselosen Nachgeben reichen – wobei aber der Partner sehr deutlich zeigt, daß er nur die Bewegungen macht; das ist eine Form des Entgegenkommens, die tatsächlich beleidigt und zurückweist. Menschen mit einem schwachen Ego können sich dieses Spiel nicht leisten und müssen bei der ersten Runde annehmen oder angenommen werden. Doch häufig verführt der Zurückweisende den sich Nähernden dazu, weitere Avancen zu machen. Dem Spiel liegt also eine Prüfung der eigenen Anziehungskraft zugrunde: »Wie oft kann ich nein sagen, ohne daß du deine Versuche einstellst?« Diese Art der Provokation durch Verführung, gefolgt von Zurückweisung, kann zu einer tödlichen Strategie werden. Manche Menschen lieben es, das ›Verständnis‹ des Partners durch dieses Spiel auf die Probe zu stellen, doch das ist keineswegs zu empfehlen.

Nach dem siebten und letzten Hauptsexmythos ist die *sexuelle Anpas-*

sung ein natürlicher Prozeß, der sich mehr oder weniger von selbst ereignet. Nichts könnte weiter am Ziel vorbeischießen. Intimpartner, die sich guten, erfüllten Sex wünschen, müssen bereit sein, dafür zu kämpfen. Negative Emotionen verderben im Gegensatz zu dem, was die Tradition behauptet, den Sex keineswegs, sondern spielen eine notwendige und den sexuellen Genuß erhöhende Rolle in dem kreativen Prozeß, in dem zwei Liebende die für sie beste sexuelle Anpassung suchen. Wie bei anderen Streitthemen auch, gibt es immer Partner, die eher auf Sex verzichten, als daß sie zum Kämpfen bereit sind, oder die sich mit interesselosem, wenig angenehmem Sex begnügen, weil sie eine echte Begegnung fürchten. Doch die kultiviertesten Menschen besitzen nicht nur einen sehr aktiven Sexualtrieb, sondern sind auch bereit, für besseren Sex zu kämpfen.

Den notwendigen ›Eichungsprozeß‹ lernt man am besten durch den reinen Sexstreit, der in diesem Kapitel bereits erwähnt wurde.

Auch hier wieder erklären die physiologischen Tatsachen, weshalb dies ein unerläßlicher Schritt ist. Die einzigen natürlichen Aspekte der menschlichen Sexualität sind die Fähigkeiten, erregt zu werden, und das Interesse, nach der Erregung und ihren physischen Reaktionen etwas zu unternehmen, um sexuelle Befriedigung zu erzielen. Wenn die Aktionsphase erreicht ist, können sich normale erwachsene Männer und Frauen jedoch nicht mehr auf das verlassen, ›was natürlich geschieht‹, weil es sich dabei hauptsächlich um Besorgnis und Unsicherheit handelt: Besorgnis, ob man genügend Anziehungskraft besitzt, wie man den Partner zur Mitwirkung überredet, ob man zurückgewiesen wird, ob man sexuell vielleicht untüchtig ist oder ob man die sexuellen Erwartungen erfüllen kann, die während der Werbungszeit geweckt wurden.

Was man seiner sexuellen Interessen wegen dann tut, gründet sich auf Kenntnisse, die man durch viele Versuche und Irrtümer erworben hat. Paare lernen dadurch, daß sie allmählich auf die Sexmythen verzichten und authentische Informationen übereinander sammeln. Während dieses ganzen Prozesses tragen Kämpfe erheblich dazu bei, guten sexuellen *swing* zu erreichen. Und Menschen, die sich dagegen wehren, Sex mit konstruktiver Aggression zu mischen, werden nach unseren Erfahrungen am Ende ein sehr viel weniger befriedigendes Sexleben haben als diejenigen, die sich gegenseitig mit ihren Wünschen und Neigungen gegenübertreten und ihre Auseinandersetzungen um sexuelle ›Eichung‹ von anderen Fragen freihalten.

XII. Streiten vor, während und nach dem Sex

Wie können Paare ihren Sexstreit von nichtsexuellen Streitfragen freihalten? Viele Partner finden, daß diese Fähigkeit schwer zu erwerben sei, doch tatsächlich ist das erstaunlich einfach.

Angenommen, der Ehemann ist erregt, die Frau sagt jedoch: »Ach, du bist so gemein gewesen. Ich kann das einfach nicht plötzlich vergessen und mit dir schlafen. Ich bin schließlich keine Maschine.«

Diese Einstellung könnte den Ehemann dazu verleiten, ein Betrüger zu werden. Er könnte lügen und sagen, er habe seine Ansicht über den Konflikt geändert, der ihn in den Augen seiner Frau so ›gemein‹ erscheinen ließ. Er leugnet vielleicht die Bedeutung der Kontroverse. Oder er bittet um Verzeihung, obwohl in Wirklichkeit gar nichts zu verzeihen ist. Oder er spielt den Verletzten und versucht dadurch seine Frau zu bewegen, ihren Entschluß zu ändern.

Diese Betrügermethoden sind nicht fair und werden sich während weiterer Bemühungen, Konflikte über nichtsexuelle Fragen zu klären, sicher rächen. Ehemänner, die sich in einer solchen Situation befinden, sollten sich, so schwer das auch jeweils ist, damit abfinden, daß vergifteter Sex, d. h. Sex, der davon abhängt, daß erst andere Konflikte ausgehandelt werden sollen, die Mühe niemals lohnt. Vernünftig handelt der Ehemann in obiger Situation, wenn er aus dem Bett aufsteht und sagt: »Wir wollen das Bettzeug auslüften lassen. Komm mit ins Wohnzimmer; dort wollen wir alles besprechen.«

Trainierte Paare lernen auch, wie sie sich gegen Zurückweisung sichern können; sie wissen, wie sie um sofortigen Sex verhandeln müssen, wobei Einverständnis darüber herrscht, daß ein fairer Streit um die nichtsexuelle Streitfrage später ausgefochten wird. Paare können es sich abgewöhnen, Sex chronisch zu verweigern – übrigens ein Verfahren, das bei Männern beliebter ist als bei Frauen.

Die Sexverweigerung ist nicht nur grausam, sondern auch ein wenig lohnendes Verhalten, und das selbst dann, wenn der Verweigerer keine strategischen Hintergedanken dabei hat. Angenommen, die Ehefrau ist einfach ›müde‹. In dieser Situation sollte sie sich entschließen, dennoch Verkehr zu haben, solange der Mann nicht von ihr verlangt, daß sie völlig ›dabei‹ ist. Die Forderung nach tiefer Leidenschaft ist unvernünftig angesichts einer natürlichen Ungleichheit. (»Wenn ich eingeschaltet bin, erwarte ich von dir, daß du es ebenfalls bist.«) Solche männlichen Forderungen nach ebenso starker Leidenschaft schalten die meisten Frauen ab, weil der Akt, geliebt zu *werden,* und der, Liebe zu *geben,* nicht dasselbe ist.

Es ist nichts dagegen einzuwenden, wenn man dem Sinn nach sagt: »Ich habe Hunger. Können wir, bitte, zu Abend essen? Vielleicht bist du nicht hungrig, aber das heißt doch gewiß nicht, daß du mir deshalb auch nichts zu essen geben willst, nicht wahr?« Solch eine Einstellung paßt vielleicht nicht zu altmodischen Vorstellungen von der Romantik der Werbung, aber sie dient der Beziehung erheblich besser als eine Miene unglücklicher Resignation, der ein beleidigtes: »Dann eben nicht!« folgt, wodurch eine Bitte um Liebe in etwas wie eine Verpflichtung verwandelt wird.

Natürlich kann es nicht jedesmal, wenn ein Partner eine Neigung dazu verspürt, zum Geschlechtsverkehr kommen. Eine gewisse tägliche Menge von physischer Wärme kann weitgehend als Sexersatz dienen. Häufig hören wir die Klage: »Mein Mann (oder: meine Frau) ist niemals zärtlich, wenn es sich nicht um Sex handelt.« Die meisten dieser Paare hätten diese Schwierigkeit nicht, wenn sie das ›Kuschelproblem‹ beim Schlafengehen lösen würden.

Wenn wir anfangen, ernsthaft vom ›Kuscheln‹ als einem Problem zu sprechen, lachen die meisten Leute. Doch das berührt uns wenig, weil die Paare, die die Kunst des ›Kuschelns‹ beherrschen, feststellen können, daß damit viele ihrer Sexschwierigkeiten erledigt sind.

›Kreatives Kuscheln‹ stärkt die intime Bindung, weil es den Partnern eine hilfreiche Versicherung der Liebe gibt, beispielsweise während der Menstrualperiode, in der Frauen sich häufig für nicht begehrenswert halten. Wir vermuten, daß sich für Paare, die schon früh gute ›Kuschelgewohnheiten‹ einführen, die Beherrschung dieser Kunst in den weniger leidenschaftlichen älteren Jahren als lebensverlängernd erweisen wird. Und wir besitzen Berichte über zahlreiche Fälle hartnäckiger Schlaflosigkeit, die durch die neu gelernten ›Kuscheltechniken‹ geheilt wurden.

›Kreatives Kuscheln‹ läßt sich in zwei Einzelbetten nicht bewerkstelligen (man braucht eigentlich das »französische« Bett.) In einem schmalen Bett fehlt es an Raum für die entsprechenden Manöver. Wir sind ohnehin gegen getrennte Betten, weil sie die Einstellung: »Wir kommen nur zum Sex zusammen« fördern. Es *ist* allerdings möglich, daß die Partner, obwohl sie in getrennten Betten oder gar in verschiedenen Zimmern schlafen, dennoch die Intimität aufrechterhalten. Manche Partner bestehen auf dieser Trennung, weil der eine Partner schnarcht oder an einer leichten Phobie oder anderen Zuständen leidet. Diese Menschen müssen jedoch sehr darauf achten, daß sie äußerst kommunikativ im Wohnzimmer bleiben, um dort die nächtliche Trennung zu kompensieren. Es gibt allerdings auch Fälle, wo die Partner vielleicht allzusehr daran interessiert sind, ihre Individualität zu wahren; sie haben vielleicht das Problem noch nicht gelöst, die ›optimale Distanz‹ voneinander zu finden und zu wahren, damit sie Verstrickung ohne Verschlungenwerden genießen können; und das Bestehen auf getrennten Betten stellt vielleicht den radikalen Protest eines Partners gegen Übergriffe auf seine Autonomie als Individuum dar.

Natürliche ›Kuschler‹ bringen es gewöhnlich fertig, sich schweigend in eine Stellung maximaler Kontaktwärme zu manövrieren. Das sind meist die glücklichen Partner, die eine Berührung Brust–Rücken genießen. Es sind gleichzeitig die, die keine Schwierigkeit haben, entsprechende Stellungen für ihre Arme zu finden, so daß sie sich umarmen können. Andere muß man ermuntern, zu experimentieren und sich mit ›Tätscheln‹, ›Klapsen‹ oder ›Stoßen‹ ihren Platz beim Partner zu suchen. Auch das ›Kuscheln‹ Rücken an Rücken kann befriedigend sein, selbst wenn dabei die Umarmung notwendigerweise fehlt. In Verhältnissen, wo ein Partner ein natürlicher ›Kuschler‹ und der andere ein natürlicher ›Nichtkuschler‹ ist, kann diese Ungleichheit zu einem Hauptthema für Streit und Verhandlungen werden.

Wenn die erste Sexfrage geklärt ist – ob man es tut oder nicht –, ist der nächste legitime Konfliktpunkt die Frage, wer wen jagt. Fast jedes Paar im Streittraining hat über mangelndes Gleichgewicht in dieser Phase geklagt, und die Beschwerden kommen ebenso häufig von Männern wie von Frauen:

»Immer muß ich den Anfang machen. Er tut es niemals.«

Eine typische Sitzung mit einem Ehepaar beginnt etwa folgendermaßen:

ER: »Immer muß ich anfangen. Du kommst niemals zu mir.«

DR. BACH: »Was ist dagegen einzuwenden, solange Sie überhaupt zusammenkommen?«

ER: »Es ist nicht fair.«

Ein solches Paar hat vermutlich ein unrealistisch romantisches Bild von der sexuellen Beziehung als einer Wechselleistung, wie es der Austausch von Geschenken ist. Wir schlagen vielleicht vor: »Wenn Sie Einwände gegen dieses Bild haben, steht es Ihnen jederzeit frei, es zu zerreißen. Wenn Sie wirklich den Eindruck haben, es gäbe mehr Vergnügen für Sie, wenn Sie häufiger der Empfänger von Aggressionen wären, dann müssen Sie die Einstellung Ihrer Frau und Ihre eigene ändern und die Situation ausarbeiten. Vielleicht ist das nicht ganz leicht. Wir kennen viele Paare, bei denen beispielsweise kein Partner ein guter Aggressionsempfänger ist. Es könnte sein, daß Sie an einem sehr empfindlichen Gleichgewicht herumbasteln. Das ist durchaus in Ordnung, solange Sie beide wissen, was auf dem Spiel steht, und solange Sie aus Liebe daran interessiert sind, die Dinge zu ändern.«

Das Entscheidende ist, daß sich idealerweise zwischen Intimpartnern ein Gleichgewicht der Erregung erzielen läßt. Überempfindliche Leute nehmen oft Vergleiche zwischen Menschen und Tieren übel, doch es ist erzieherisch, zu beobachten, wie ein kluger Hund das Problem des Jagens in ein prächtiges Gleichgewicht bringt, wenn er spielt: »Komm und hol's dir«. Es wird einen Knochen oder ein Spielzeug aufnehmen und versuchen, sein Herrchen dazu zu bringen, daß es ihn jagt und ihm das Spielzeug wegnimmt. Der Hund ist dem Herrn weit an Wendigkeit, Geschwindigkeit und Ausweichvermögen überlegen. Deshalb gleicht er die Ungleichheit der Chancen durch Vorgaben aus und läßt seinen Herrn nach einer gewissen Zeit der Jagd das Spielzeug nehmen. Der ideale Punkt ist erreicht, wenn der Hund den Eindruck hat, daß die Jagd lange genug gedauert hat, so daß beide ihren Spaß dabei hatten, aber nicht so lange, daß der Herr müde wird oder das Interesse verliert.

Ein weiterer realistischer Sexstreit kann um die Bemühungen entstehen, die Vorlieben beider Partner für »Spaß am Sex« und Aggressionsbefriedigung miteinander zu verschmelzen. Viele Frauen beklagen sich, daß ihr Partner zu passiv sei. Diese Frauen wünschen sich häufig aggressiveren, gröberen, sogar schmerzhaften Sex. Und Ehemänner anderer Frauen bedauern oft, daß ihre Ehefrauen die männliche Aggressivität hemmen, indem sie behaupten, sie könnten den Geschlechtsverkehr nur ertragen, ›wenn du sanft mit mir umgehst‹.

Die meisten Paare lernen von selbst, wenigstens gelegentlich die beste sexuelle Befriedigung mit einer von beiden geschätzten und nicht verletztenden Aggressionsbefriedigung zu verbinden. Doch in unseren hedonistischen Zeiten ist sexuelle Befriedigung leichter zu erhalten als die der Aggression, weil so viele Leute durch kulturelle Gehirnwäsche dazu gebracht worden sind, persönliche Aggression in jeder Form abzulehnen, so natürlich sie auch ist. Die heutige Kultur definiert Aggression als die Anwendung unangenehmer Reize gegenüber einem Opponenten. Doch damit ist nicht erklärt, weshalb manche Formen des Schmerzes als Reaktion auch Informationen erbringen – zum Beispiel beim Geschlechtsakt, wo aggressive Reaktionen wie Quetschen, Beißen, das Niederdrücken des Partners oder Geräusche aggressiver Natur, gemeine Sprache oder schmutzige Geschichten Teil der Lust werden können. Für einige Partner, die wir als ›sado-maso‹ bezeichnen, ist das Zufügen von Schmerz oder das Drohen damit eine unerläßliche Bedingung für den Orgasmus.

Sexualwissenschaftler haben dieses Thema kaum je behandelt außer im Hinblick auf extrem sado-masochistisches Sexverhalten, das unstreitig eine Abweichung darstellt. Unserer Ansicht nach sollten normale Partner behutsam ermutigt werden, jene Art von sorgfältig bemessenen ›Attacken‹ zu praktizieren, die wir als ›Sexattacken‹ bezeichnen. Dennoch, es ist riskant: zu sanft oder zu grob bei dem Bemühen um Aggressionsbefriedigung zu sein könnte den Partner abkühlen, oder es könnte gar zu physischen Verletzungen führen. Deshalb ist es notwendig, sich selbst und den Partner zu prüfen, bei welchem Maß von Aggression die beste beiderseitige Befriedigung gewährleistet wird. Zu diesem Zweck haben wir eine *Selbsteinschätzungsskala für ›Sexattakken‹* entworfen, bei der die Partnerin die einzelnen Punkte selbst mit ja oder nein beantworten muß:

1. IMMER SANFT: Ich schätze es nie, aggressiv behandelt zu werden.
2. ÜBERWIEGEND SANFT: Ich habe es gern, wenn die Sache gelegentlich, aber nur sehr kurz, aggressiv wird.
3. AGGRESSIV SANFT: Ich mag es gemischt, wie es die augenblickliche Stimmung fordert, doch niemals etwas in der Art von 6 und 7.
4. GENITAL AGGRESSIV: Ich habe es gern, beim Sex fest angefaßt zu werden, doch ohne weitere Aggression.
5. AGGRESSIV: Ich habe es sehr gern, beim Sex sehr fest und sehr aggressiv behandelt, aber nicht verletzt oder bedroht zu werden.
6. ANDROHUNG GEWALTSAMER AGGRESSIVITÄT: Ich habe es gern, mit physischen Angriffen bedroht zu werden.

7. GEWALTSAM AGGRESSIV: Ich habe es gern, beim Sex physisch verletzt, gebissen und gekniffen, niedergedrückt oder schmerzhaft geschlagen, gequetscht zu werden usw. Das schaltet mich ein und macht mich leidenschaftlicher.

Die Frage lautet:
»Was glauben Sie, wie aggressiv Ihre Partnerin beim Sexualverkehr behandelt zu werden wünscht, um den höchsten Genuß zu haben?«
Im allgemeinen liegt die erratene Stufe ein oder zwei Stufen von der Selbsteinschätzung entfernt, und das gleiche gilt für Männer wie für Frauen. Die Frau glaubt gewöhnlich, ihr Partner liebe höhere Aggressionsstufen, als er selbst meint. Frauen passen sich, besonders während der Ungewißheit der Verführung und der frühen Werbungszeit, der ihnen vom Mann zugeschriebenen Aggressionsstufe an. Gewöhnlich halten sie ihren eigenen Wunsch nach mehr oder weniger Zärtlichkeit geheim und neigen dazu, ein bis zwei Stufen höher oder tiefer auf der Skala der ›Sexattacken‹ anzugeben. Diese geheuchelte Anpassung ist eine Form der ›Kollusion‹ mit der Absicht, im Mann das stereotype Bild des aggressiven Sexpartners (wobei er die Reaktion der Frau als Maßstab für seine Männlichkeit benutzt) am Leben zu halten. Auf ähnliche Weise benutzen Frauen ihre Beliebtheit bei Männern, um ihre Weiblichkeit und ihren Wert vor sich selbst zu bestätigen, auch wenn das nicht funktioniert – wie der tragische Fall der Marilyn Monroe und die Tricks anderer weiblicher Sexsymbole demonstrieren.
Wenn die Partner lernen, Sex und Aggression miteinander zu verschmelzen, nimmt ihre sexuelle Befriedigung allmählich zu, und ihr Bedürfnis, andere mit Worten oder handgreiflich zu beleidigen, nimmt ab. Bei der Arbeit mit ledigen und geschiedenen ›Sex-Abwechslern‹ entdeckten wir außerdem, daß sich die idealen Aggressionspegel jedesmal ändern, wenn der Partner gewechselt wird. So bevorzugt beispielsweise Partner A, wenn er mit Partner B-1 zusammen ist, die ›Sexattakken‹ Stufe 5; bei Partner B-2 muß die sexuelle Aggression um zwei Stufen angehoben werden. Das optimale ›Sexattacken‹-Niveau ist für Männer wie für Frauen stets paarspezifisch: Bei dem einen Mann bevorzugt es die Frau, durch eine Vergewaltigung im Stil Iwans des Schrecklichen genommen zu werden, während ein anderer Partner sie abkühlt und ausschaltet, wenn er Grobheit oberhalb der Stufe 4 anwendet. Mit anderen Worten, sie kann nicht von jedem die aggressivste sexuelle Annäherung genießen.

Nur wenige sind bereit, das zuzugeben, aber viele Männer und Frauen haben sehr lebhafte Phantasien über aggressiven Sex, einschließlich der Vergewaltigung (aktiv und passiv). Produzenten von pornographischen Büchern und Filmen sorgen für solche Phantasien, und Menschen, die diese Geheimnisse genießen, sind keineswegs psychische Abnormitäten. Bei Frauen beginnen diese Träume häufig in der Kindheit, falls ihr Hauptkontakt mit dem Vater vor allem darin bestand, fest angefaßt oder verprügelt zu werden. Bei Männern können diese Phantasien auf Väter zurückgehen, die es liebten, ihre Söhne bei rohen Ringkämpfen fest zu Boden zu drücken.

Eheliche ›Vergewaltigung‹ kann jedoch nur dann gutgeheißen werden, wenn sie auf Einladung oder mit Zustimmung erfolgt. Als Strategie ist sie gewöhnlich nicht zu empfehlen, doch für manche Paare ist sie nicht unbedingt schlecht. Manche Männer erregt es besonders stark, wenn sie ihrer Partnerin gelegentlich signalisieren können: »Ich kann es nicht ertragen, in deiner Nähe zu sein, ohne dich zu besitzen.« Und manche Frauen lieben es, heftig zu protestieren und Widerstand zu leisten. Wenn sie sagen: »Nein, jetzt nicht!« meinen sie in Wirklichkeit: »Ja, wenn . . . (du mich leidenschaftlich begehrst).« Dann kann sich eine solche Frau dem Vergewaltiger hingeben und sagen: »Ich bin von dir überwältigt worden.«

Häufig ist es Frauen sehr peinlich, zuzugeben, daß sie sich am liebsten hingeben, wenn der Mann ihren Widerstand mit körperlichen Mitteln bricht; sie würden es schon deshalb nicht zugeben, weil es nicht ›schicklich‹ ist, Männer dazu zu verführen. Deshalb sollten es die Männer nicht einfach von vornherein für selbstverständlich halten, daß ihre Partnerinnen nie den Wunsch verspüren, vergewaltigt zu werden; das Nein der Partnerin bedeutet oft genug ein Ja, falls die Verfolgung beharrlich, geschickt und wahrhaft leidenschaftlich ist.

Wir möchten jedoch noch einmal betonen, daß es durchaus gefährlich sein kann, mit dieser Technik zu spielen. Niemand sollte voraussetzen, daß er freie Bahn hat, Iwan den Schrecklichen zu mimen. Am besten ist es, nach Fingerzeigen Ausschau zu halten: Muß die Frau jedesmal ›überwunden‹ werden? Weiß der Ehemann, wie er auf ›Einladungen‹ zu reagieren hat, wenn sie in Form von heftigem Widerstand geäußert werden? Und dabei sollte man sich stets erinnern, daß beim ›konstruktiven Streiten‹ die Aggression des einen Partners ständig durch Begrenzung vom anderen in Schach gehalten werden kann.

Das richtige Maß der sexuellen Aggression zu finden ist tatsächlich nicht leicht. Aber eine schlechte Anpassung der verschiedenen Sexstile könnte zu weniger Sex und schließlich zu Untreue führen. Dagegen können Experimente, die eine beiderseitig erfreuliche Ebene für ›Sexattacken‹ anstreben, viel Spaß machen. Die bevorzugten Grenzen lassen sich signalisieren, und Erfolg in der Fixierung der rechten Ebene für ›Sexattacken‹ erhöht die erotische Freude. Neben physischer Brutalität ist die Verweigerung sexueller Erfüllung vielleicht das Grausamste, was zwischen Intimpartnern geschehen kann. Und oft genug geschieht das aus Furcht, den anderen zu verletzen.

Eine weitere Methode, den Partner vor dem Geschlechtsakt abzukühlen, ist der Streit wegen einer Schwangerschaft. Angenommen, Mann und Frau wollen beide ein Kind haben. Das kann den Verkehr für den Ehemann in eine Kommandoangelegenheit verwandeln, vor allem an den Tagen, an denen die Frau besonders fruchtbar ist. Eine erhebliche Zahl von Ehemännern empfindet einen gewissen Groll, wenn die Ehefrau den Termin für eine Schwangerschaft bestimmt, und der Druck, den Geschlechtsverkehr zu bestimmten Zeiten zu vollziehen, kann einen Mann psychisch unfruchtbar (impotent) machen. Diese Männer sagen ihren Frauen dann: »Ich mag es nicht auf Kommando tun.« Und sich selbst gestehen sie: »Ich kann es nicht auf Kommando tun.«

In solch einer Situation sollte sich die Frau an die biologischen Tatsachen erinnern: Schwangerschaft unterliegt ihrer Verantwortung, und sie kann durchaus von ihrer Geschicklichkeit bei der erotischen Verführung abhängen. Wenn es den Mann abkühlt, den Geschlechtsverkehr einem Zeitplan unterzuordnen, dann ist es ihre Sache, ihren weiblichen Charme zu benutzen und den Mann dazu verführen, so häufig wie möglich mit ihr zusammen zu sein – ohne Rücksicht auf ihre Temperaturkurve oder seine Spermenzählung.

Häufiger jedoch geht es bei Fruchtbarkeitsauseinandersetzungen um die Empfängnisverhütung, und diese beschränken sich keineswegs auf Paare, die sich Sorgen um ihre zu große Fruchtbarkeit machen. Der Streit geht um eine Schwangerschaft, die einer der beiden Partner nicht wünscht. Der folgende Dialog zeigt, wie ein Ehemann kühl ist, weil die Frau darauf besteht, empfängnisverhütende Pillen zu nehmen, da sie kein Kind mehr haben möchte.

ER: »Ich möchte, daß wir noch ein Kind haben.«

SIE: »Ich finde, zwei sind genug. Ich kann es kaum erwarten, daß

Bobby und Mike in die Schule kommen, damit ich selbst wieder an der Schule unterrichten kann. Ich möchte nicht länger so gebunden sein.«
ER: »Du bist selbstsüchtig.«
SIE: »Das bin ich auch, da hast du verdammt recht!«

Das ist ein weiteres Beispiel für vergiftete Sexstreiter. Das Geschlechtsleben dieses Paares wird vermutlich so lange beeinträchtigt sein, wie sie es nicht fertigbringen, eine Übereinkunft im Hinblick auf die ganz offensichtlich nichtsexuellen Seiten ihrer Meinungsverschiedenheit über die Empfängnisverhütung zu schließen.

In einem ähnlichen Fall fühlt sich der Ehemann ebenfalls durch die Kontrolle seiner Frau über den Nachwuchs aus dem Gleichgewicht gebracht, doch diesmal aus dem entgegengesetzten Grund: Er wünscht sich keine weiteren Kinder, vermutet aber, daß seine Frau es tut. So kontrolliert er ihren Pillenvorrat im Badezimmer und stellt fest, daß sie keine genommen hat.

ER: »Ich sehe, daß du deine Pillen nicht nimmst.«
SIE: »Es ist noch nicht die richtige Monatszeit.«
(Er studiert die Anweisungen auf der Pillenschachtel und liest sie laut vor.)
SIE: »Ich nehme sie nur, weil du Kondoms so haßt. Ich hasse die Pillen. Sie machen mich dick und nervös, und ich höre immer wieder, daß sie gefährlich sind.«
ER: »Nun drehst du es wieder so, daß ich mir selbstsüchtig vorkommen muß. Ich dachte, diese Frage hätten wir längst geklärt.«
SIE: »Du hast angefangen, weil du in meinen Pillen rumgeschnüffelt hast . . .«

Diesem Paar rieten wir, daß niemals ein Partner dem anderen gegenüber den Detektiv spielen dürfe. Wenn der Ehemann nicht rumgeschnüffelt hätte, würde die Ehefrau zur rechten Zeit wahrscheinlich die Pillen wieder genommen haben. Falls eine Frage zwischen ihnen noch nicht geklärt war (sollte er es noch einmal mit Kondoms versuchen, sollte sie vielleicht lieber ein Pessar benutzen?), dann wäre es richtiger gewesen, diese Frage entsprechend der Vorliebe beider Partner auszustreiten.

Sehr häufig wird beim Streit um Empfängnisverhütung eine handfeste Täuschung versucht. Vielleicht gibt die Ehefrau vor, daß sie die Pillen nimmt, während sie es in Wirklichkeit nicht tut, um ein Kind zu bekommen und ihren Mann dadurch enger an sich zu binden. Manche Männer verlangen, daß die Ehefrau die Pille jeden Morgen mit dem Apfelsinensaft einnimmt, damit sie sich selbst überzeugen können, daß es nicht zu einer unerwünschten Schwangerschaft kommt. Damit erhebt sich die heikle Frage der Sex-Vortäuschung – ob tatsächlich oder nur vermutet oder angedroht. Leider gibt es eine unübersehbare Vielfalt von Methoden der Sex-Vortäuschung, und eine sehr große Zahl von Partnern benutzt zeitweise mindestens eine davon.

Ein großer Teil dieser Heuchelei gründet sich auf das männliche Mißtrauen, die Frau könne irgendwelche Tricks anwenden. Bei der Untersuchung von Männern, die in wachsender Zahl von Chirurgen eine Vasotomie vornehmen lassen (Durchschneidung des Samenleiters, nach der zwar der Orgasmus möglich bleibt, eine Schwängerung jedoch ausgeschlossen ist), stellten die Forscher fest, daß es viele unverheiratete Frauen darauf anlegen, schwanger zu werden, damit sie Druck ausüben können, um geheiratet zu werden; eine erhebliche Zahl von verheirateten Frauen nimmt heimlich Pillen, um die von ihren Männern gewünschten Kinder nicht zu bekommen.

Auch unter den Männern, die eine Vasotomie vornehmen lassen wollen, haben viele versteckte Motive. Sie vermuten, daß ihre Frauen untreu sind, und möchten einen Beweis für diese Untreue haben, wenn eine Ehefrau schwanger wird. ›Sex-Abwechsler‹, die Konflikten wegen ihrer sexuellen Promiskuität aus dem Weg gehen wollen, entschließen sich ebenfalls häufig zu einer Vasotomie. Und es gibt Ehefrauen mit Tubenunterbindungen oder Hysterektomien, deren Ehemänner überzeugt sind, daß sie die Unmöglichkeit einer Konzeption zum sexuellen Betrug benutzen (wenn auch die Männer selbst ohne solche Operationen nie wissen können, ob sie der Vater sind).

Zu den konventionelleren Formen der Sex-Vortäuschung gehört etwa, daß Partner A vorgibt, Freude an Sextechniken zu haben, die B besonders gut beherrscht und von denen B fest glaubt, sie verschafften A großen sexuellen Genuß. In Wirklichkeit findet A diese Techniken jedoch gar nicht erregend. Auch das ist eine Form der ›Kollusion‹ mit den unrealistischen Phantasien des Partners.

Die sexuelle Heuchelei beginnt, wie so viele versteckte intime Konflikte, in der Werbungszeit oder während der Flitterwochen. Zu Anfang der sexuellen Intimität ist der Drang so stark, daß man sich gewöhnlich kaum um die feineren Qualitäten des sexuellen Erlebnisses kümmert. Neue Sexpartner sind so sehr bereit, dem anderen zu Gefallen zu sein und vom anderen als angenehm empfunden zu werden, daß sie ihre eigenen Gefühle häufig gar nicht kennen. Und falls sie wissen, was sie sexuell ›an-‹ und ›abschaltet‹, wagen sie es nicht zu sagen. Vielleicht fürchten sie sich, ihre Unerfahrenheit, ihre Ungeschicklichkeit oder die Grenzen ihrer sextechnischen Erziehung zu verraten. Oder aber sie befürchten, sie seien *allzu* erfahren und könnten den weniger erfahrenen Partner überwältigen oder schockieren.

Die Furcht, zurückgewiesen zu werden, der ungeduldige Eifer, sich als erfolgreicher Verführer oder als Vamp zu beweisen, und der Wunsch, dem neuen Liebespartner zu gefallen, sind starke Motive für Sexheuchelei. Das ist nur natürlich während der Ungewißheit des Verliebtseins, doch es kann die ersten ernsten Eheschwierigkeiten auslösen.

Freude, die sich auf Heuchelei gründet, ist fast niemals dauerhaft, und je eher neue Liebespartner es über sich bringen, sich offen über ihre sexuellen Neigungen miteinander auszusprechen, desto geringer ist die Gefahr, daß sie in den Kreis von Sexverweigerung, Untreue und Scheidung hineingezogen werden.

Die gewöhnlichste Form der Sexheuchelei ist die Vortäuschung des Orgasmus. Frauen können das durch ein wenig Theaterspielen erreichen. Es gelingt ihnen leicht, weil die meisten Männer sich lieber täuschen lassen als einem sexuellen Problem ins Auge sehen. Ein Mann kann zwar keine Ejakulation vortäuschen, aber auch für ihn gibt es Methoden der Sexheuchelei: Er kann die Leidenschaft übertreiben, Leidenschaften, die er nicht fühlt, zur Schau stellen, Müdigkeit heucheln (statt mangelndes Interesse zuzugeben), die Beckenstöße und andere heftige Bewegungen verstärken, wenn er spürt, daß er seine Erektion verliert, zurückziehen und so tun, als fürchte er eine Schwängerung und wolle deshalb lieber nicht in ihr fertig werden.

Die Strategie des männlichen Sexfälschers hat das alte Sprichwort gegen sich: »Der Penis lügt niemals.« Der Mann kann nicht so wirksam Theater spielen wie die Frau. Doch selbst diese Ungleichheit in den Sexrollen verwischt sich jetzt immer mehr, da Millionen von Sexbuchlesern mit den zwar diffusen, aber dennoch klaren Zeichen des echten weiblichen Orgasmus vertraut werden. Ein sicheres Zeichen für Vortäuschung ist es, wenn eine Frau berichtet, daß sie immer genau zur Zeit der Ejakulation des Mannes fertig werde. Dieser Wunsch, den Orgasmus vorzutäuschen, gründet sich auf die irrige Annahme, daß ein Verkehr ohne Höhepunkt ein völliger Fehlschlag sei und ständig Schmerz und Frustration verursache. Andererseits kann eine gelegentliche übertriebene Äußerung der Leidenschaft – physisch und/oder mit Worten – ein Akt der Liebe sein, dazu bestimmt, den sexuellen Genuß des Partners zu erhöhen.

Unterschiede im orgastischen Befriedigungserlebnis werden üblicherweise B von Partner A zugeschrieben, damit B die Schuld für ein verhältnismäßig kümmerliches Erlebnis zugeschoben werden kann. Dadurch soll B für jede Leistung, die den Erwartungen nicht entspricht, erniedrigt werden, vor allem wenn B persönlich und/oder sexuell unsicher ist.

Den Mann zu kastrieren und die Frau zu degradieren und zu entwerten ist recht leicht. Niemand braucht dabei etwas zu sagen. Ein kleiner gelangweilter Seufzer genügt, damit ein unsicherer Partner das Signal aufnimmt: »Du bist ein jämmerlicher Sexpartner!« Aber eine ebenso wirksame Waffe ist es, als Liebender nicht sein Bestes zu geben und unbekümmert und rücksichtslos zu sein. Dieses Signal sagt: »Solange ich mich selber amüsiere und du nichts dagegen hast, warum nicht?«

Viele Sexpartner, vor allem fast frigide Frauen, die ganz bestimmte Bedingungen brauchen, um den Orgasmus zu erreichen, lassen sich zur Heuchelei herbei. So war es auch bei Tom Hurst, einem vierundzwanzigjährigen Direktionsassistenten, und seinem Mädchen Caroline Hayes, 22. Zunächst der Streit, den sie eines Abends im Bett führten:

CAROLINE: »Du sorgst immer nur für dich!«

TOM: »Warum nicht? Du hast bisher doch nie Einwendungen gemacht. Es ist doch besser, wenn wenigstens einer von uns was davon hat, nicht wahr?«

CAROLINE: »Aber ich möchte es auch . . . Ich brauche nur ein bißchen mehr Aufmerksamkeit.«

TOM: »Ich bin dir gegenüber doch aufmerksam. Ich mach's dir jedesmal, wenn du es wünschst.«

CAROLINE: »Aber du machst es nicht richtig!«

Als dieser Streit in einer Gruppensitzung diskutiert wurde, geschah folgendes:

CAROLINE: »Er ist so wütend geworden! Nun ruft er mich nicht mehr an, und alles ist mein eigener verdammter Fehler. Während unserer ersten zwölf, fünfzehn Begegnungen habe ich nichts gesagt. Ich habe getan, als ob ich fertig würde. Und nun kann ich den Orgasmus nicht mehr heucheln, weil ich angefangen habe zu trinken. Ich wurde böse, und da wurde er ärgerlich und ging, deshalb haben wir das nie klären können.«
GRUPPENMITGLIED: »Warum haben Sie ihm denn nicht gesagt: ›Du befriedigst mich nicht, wenn wir zusammen schlafen; es schaltet mich nicht ein. Wir wollen mal was anderes versuchen‹?«
CAROLINE: »Wenn er so dumm ist und nicht mal merkt, daß ich nur so tue und gar nicht richtig dabei bin, warum soll ich mir da noch die Mühe machen?«
DR. BACH: »Sie überschätzen seine Fähigkeit, die Situation zu verstehen, und Sie unterschätzen die Schwierigkeit, etwas Negatives und Bedrohliches zu erkennen. Die Leute wollen die Probleme, die sie hervorrufen, nicht sehen, und ganz bestimmt suchen sie in einer Liebesaffäre nicht nach Problemen. Sie sind vielleicht im Bett eine gute Schauspielerein, aber wie können Sie erwarten, daß irgend jemand seine prosexuelle Orientierung aufgibt und Ihre Vorbehalte ahnt?«
CAROLINE: »Ja, ich weiß schon, daß ich es ihm leichtgemacht habe, egoistisch zu sein. Aber ich hatte Angst, daß er mich dann nicht mehr haben wollte, daß er wütend auf mich würde, und ich finde ihn furchtbar attraktiv. Deshalb habe ich mich der Kollusion ihm gegenüber schuldig gemacht, wie Sie hier sagen. Ich kann es nicht ändern. Wenn mir jemand gefällt, bin ich wahrscheinlich immer zur Kollusion bereit.«
DR. BACH: »Gewiß, aber auf die Dauer verlieren Sie die Männer dadurch, und solange Sie noch zusammen sind, betrügen Sie sich selbst und den anderen. Verlieren und betrügen – ist das Ihre Lebensweise in der Liebe?«

Solche Heucheleien im Bett sind nur für eine gelegentliche Vortäuschung gut, um den Sex des Sexes wegen zu genießen, aber bei einer ständigen Diät mit solcher ›sexuellen Kooperation‹ muß die Intimität allmählich verhungern.
Die Vorstellung, daß man jeden dazu bringen könne, sich wie ›ein wirklicher starker Mann‹ oder wie ›eine wirklich reizvolle Frau‹ zu fühlen, nur weil der Partner entsprechend reagiert, ist unrichtig,

wenigstens bei solchen Menschen, die in ihren eigenen Augen Wert besitzen. Wenn dieser Wert lediglich in den Augen, dem Geist und Herzen des anderen besteht und nicht im eigenen Ich, dann läßt er sich nicht übertragen – mindestens nicht zwischen Erwachsenen. Nur während einer verhältnismäßig kurzen, beeinflußbaren Phase der jugendlichen Persönlichkeitsformung kann eine bedeutende Bezugsgestalt, die von dem Jugendlichen bewundert wird, diesen so sehr mit ihrem Wert beeindrucken, daß sich der Jugendliche das positive Bild des bewunderten Freundes zu eigen machen kann.

Wenn diese Phase jedoch abgeschlossen ist, dann ist keine Übertragung der Persönlichkeit des anderen auf das eigene Ich mehr möglich. Und trotzdem ist gerade das der geheime Wunsch vieler hoffnungsvoller Intimpartner: den eigenen Ich-Wert – besonders auf dem Gebiet des Sexuellen durch Identifizierung mit der positiven Ansicht und Reaktion des anderen – zu erhöhen.

Ein sexuell unsicherer Partner glaubt häufig, daß er, indem er dem anderen das orgastische Erlebnis erleichtert und in dessen Augen ein guter Liebender ist, auch in seinen eigenen Augen zum guten Liebenden werden könne.

Das ist ein Teil des Orgasmusmythos und schafft bei dem versagenden Partner nur bittere Enttäuschung. Statt diesen Mythos aufzugeben und unmittelbar an dem mangelhaften Selbstvertrauen zu arbeiten, neigen unreife und unsichere Liebende dazu, ständig nach dem ›rechten‹ Partner Ausschau zu halten, durch dessen orgastische Befriedigung sie selber als ›gute Liebende‹ bestätigt werden.

Das ist ein weiteres Beispiel dafür, wieviel mehr als Geschlechtsverkehr da im Bett vor sich geht. Sex wird leicht zur Identitätsbewertung benutzt, und Liebende, die auf die sexuelle Reaktion des anderen für die eigene Sex-Identität angewiesen sind, bedrohen mit einer tödlichen Waffe jene, die »sexy Sex« um seiner selbst willen, also nicht vom Identitätskampf vergiftet, genießen.

Abgesehen von dem gelegentlichen Wert der Erhöhung erotischer Erregung ist das Vortäuschen nicht nur Verschwendung von Energie und bedeutet Erzeugung von Spannungen. Es ist schlimmer: Es schafft jede Art von fehlgeleitetem gutem Willen und Takt, die zur Täuschung auch durch den anderen führen. Bald ist das gesamte Intimsystem von Verlogenheit infiziert, die man immer mit ›Besorgnis für die Gefühle des anderen‹ beschönigen kann. Es kann jedoch auch einen Rückschlag von Mißtrauen hervorrufen, weil selbst die geschicktesten Sexheuchler früher oder später von ihrem Partner ertappt werden. Wie? Der Heuchler mag der Bürde überdrüssig werden. Oder er hat vielleicht kein Interesse mehr an den Folgen und verrät selbst sein Geheimnis. Oder er möchte den Partner zu äußerstem Zorn anstacheln. Oder er hat den Eindruck gewonnen, daß er den Partner auch ohne diese Heuchelei halten kann. Oder er kommt zu der Erkenntnis, daß er auch ohne Orgasmus leben kann.

Doch welches der Grund für eine solche Entdeckung auch sein mag, was geschieht anschließend? Ständige Partner neigen dazu, ein Repertoire gewisser Sex-Routinemethoden zu entwickeln. Stellt sich dann heraus, daß diese Routinemethoden auf Täuschungen statt auf wirklichen Vorlieben und Abneigungen aufgebaut waren, dann erweist sich das gesamte Sexleben eines Paares plötzlich als ein Netz von Lügen. Eine solche Entdeckung können nur wenige Bindungen überstehen.

Sex-Vortäuschung wird gelegentlich erkannt, ehe sie zu einem dauernden Schaden geführt hat. Ethel Harper, 29, Mutter zweier Kinder, hatte niemals einen Orgasmus gehabt. Sie hatte ihn stets vorgetäuscht. Ihr Ehemann Bill, Besitzer zweier Reinigungsgeschäfte, hatte das nicht gemerkt. Schließlich machte Ethel das Vortäuschen zuviel Mühe. Sie wurde sexuell gleichgültig. Sie liebte ihren Mann zwar tief, sagte ihm jedoch: »Es macht mir einfach keinen Spaß mehr.«

Beide Partner gaben dem älteren Kind die Schuld daran. »Das Kleine kann ich immer ins Bettchen legen«, sagte Ethel, »aber der Vierjährige kommt dauernd in unser Schlafzimmer gewandert. Und wenn er es nicht tut, muß ich immer an den Lärm denken, den die beiden machen.« Die Harpers konnten ihre Kinder nicht für einige Zeit zu den Großeltern geben, weil beide nervenkrank waren. Diese Krankheit hatte die beiden während der Werbungszeit einander nähergebracht.

Bill unternahm nichts in der Situation, weil er den Eindruck hatte, ein guter Vater sein zu müssen, der die Freiheit der Kinder nicht hemmt. Infolgedessen hatte er keine sexuelle Befriedigung mehr und begann seinen kleinen Söhnen das übelzunehmen. Kurz nachdem dieses Paar mit dem Streittraining begonnen hatte, wurde ihr Geschlechtsleben sehr viel befriedigender. »Sie können sich die Veränderung bei meinem Mann einfach nicht vorstellen«, sagte uns Ethel. Das Problem der Zurückgezogenheit war im Handumdrehen gelöst worden. Bill hatte einfach ein Schloß an der Schlafzimmertür angebracht. Doch das Entscheidende war, daß die beiden Partner nun anfingen, offen miteinander über alles zu sprechen, was sie wirklich bedrückte:

DR. BACH: »Haben Sie mit Ihrem Mann über Ihre Sorgen wegen Ihrer kleinen Brüste gesprochen?«
ETHEL: »Ja. Wissen Sie, mein Mann hat *Playboy* abonniert. Ich schlug das Heft auf und sah mir die ›Spielgefährtin des Monats‹ an. Sie war riesig. Mir erschien sie wie das Traummädchen eines Mannes. Ich fühlte mich dagegen viel zu schlank. Ich fragte Bill: ›Wie kann eine Frau damit konkurrieren?‹ Er lachte nur und sagte, ich solle mich nicht lächerlich machen. Das Mädchen auf dem Bild sei für seinen Geschmack viel zu üppig.«
DR. BACH: »Und haben Sie etwas wegen seiner eigenen Sexsorgen herausgefunden?«
ETHEL: »Ja, wirklich. Ich nehme an, daß das Gespräch über meine Brüste uns darauf gebracht hat. Jedenfalls sagte er mir, er habe den Eindruck, daß sein Penis sehr klein sei.«
DR. BACH: »Und was haben Sie darauf erwidert?«
ETHEL: »Ich sagte, nun sei er an der Reihe, sich lächerlich zu machen. Ich sagte: ›Es ist nicht die Größe; nur was du damit machst, zählt schließlich.‹«

Diese wechselseitige Entdeckung und Beruhigung ohne tiefe Analyse genügte für dieses Paar, um selbst den Weg zu einem besseren Verhältnis zu finden.
Andere Orgasmuskonflikte entstehen, weil es für die Frau so viel leichter ist als für den Mann, weiter Theater zu spielen. Da der Penis für gewöhnlich nicht verhehlen kann, in welchem Zustand ihn die Emotionen des Mannes gebracht haben, hat die Frau mehr Möglichkeiten zur ›Kollusion‹ mit dem Männlichkeitsbild des Mannes; sie kann ihn veranlassen, sich als großer Liebhaber zu fühlen, und ihre Bürde schweigend tragen. Der Mann läßt sich leichter täuschen. Da er das weiß, ist er im allgemeinen vorsichtiger, sich innerlich zu beteiligen. Aus dem gleichen Grund neigt dieser verletzbare Mann dazu, Frauen dankbar zu sein, die ihm zuverlässig ein wahres Gefühl der Männlichkeit geben, indem sie geschickt leidenschaftserregende Strategien anwenden.
Häufig ergibt sich eine peinliche Situation, die bisweilen als regelrechte Feindseligkeit interpretiert wird: Wenn sich ein Paar dem Orgasmus nähert, der Mann aber die Erektion oder die Frau das Interesse verliert, sobald der andere unmittelbar vor dem Orgasmus steht. Das kann aus verschiedenen Gründen geschehen. Ein Partner erlebt vielleicht ein

Gefühl der Überforderung, dem ein physischer Kurzschluß folgt. Psychologisch ist es auch möglich, daß sich ein Element sexueller Rivalität bemerkbar macht. Einer der Partner könnte das Gefühl haben: »Ich will ihn/sie nicht mehr Spaß an der Sache haben lassen, als ich selbst habe.« Auch Feindseligkeit kann eine Rolle bei einem Mann spielen, der es seiner Partnerin übelnimmt, daß sie nicht genug Erregung zeigt. Oder die Frau mag es ihm verübeln, daß er ihren Fingerzeigen nicht genügend Aufmerksamkeit zollt (»Schließlich soll er es doch *mir* tun!«).

Die Erklärung solch peinlicher Schwierigkeiten ist gewöhnlich recht einfach. Einer der beiden Liebenden ist eventuell zu müde oder hat vielleicht zuviel getrunken. Oder es ist zufällig ein Abend, an dem sie aus irgendeinem Grund ›nicht auf der gleichen Wellenlänge‹ sind. Wenn das nicht allzu häufig geschieht, dann macht es wenig aus, vorausgesetzt, daß das Problem nicht unbesprochen liegenbleibt und die Beziehung vergiftet.

Glücklicherweise verlängern wahre Intimpartner das sexuelle Vortäuschen nicht soweit, daß es ihnen nicht möglich wäre, zusammenzukommen und einander zu genießen. Sie verzeihen sich diese Heuchelei, wenn sie taktvoll ist und früh genug gebeichtet wird. Schließlich sind beide an dem Spiel des ›Bildermachens‹ beteiligt. Trotzdem stellt der Übergang von der Sex-Vortäuschung zur echten Liebe eine der großen Krisen der Intimität dar und hängt stark von der Fähigkeit der Partner ab, offen um bessere und authentischere Sexualität zu kämpfen.

Das darauffolgende Versuchsstadium sollte darauf angelegt werden, ›seine‹ Weise und ›ihre‹ Weise zu ›unserer‹ Weise zu verbinden. Jeder sollte dem anderen den Verkehr erleichtern. Während ihr Repertoire größer wird, sollten sie schließlich eine neue Harmonie finden, die für beide erregend ist. Das Erwerben dieser Kenntnisse ist ein stark bindungschaffendes Ereignis. Es erhöht das sexuelle Vertrauen und macht den gemeinsamen, wenn vielleicht auch nicht gleichzeitigen Orgasmus erreichbarer. ›Rückkoppelung‹ – darüber, was jeden Partner ›ein-‹ oder ›ausschaltet‹ – erhöht die Erregung beim anderen.

Nach einer Weile pflegt das Experimentieren aufzuhören, weil die Partner ihre sexuelle Energie sparen und nur auf den erprobten Wegen des Gebens und Empfangens von sexueller Freude verbrauchen möchten. Nun können sie sich entspannen und den Sex genießen, es sei denn, sie wären im Herzen zufällig Sex-Abwechsler, was die meisten Menschen – Männer wie Frauen – nicht sind.

Wie erhält man die sexuelle Begegnung erregend und dennoch vorhersehbar angenehm? Das ist eines der wesentlichen Paradoxe des intimen Lebens. Auch das läßt sich durch legitimen Sexstreit erreichen. Sexrituale, ganz gleich, wie wünschenswert und erfreulich sie sind, sollten ständig der Überprüfung offenstehen; man sollte sie sowohl aufgeben als auch verbessern können; das Gewohnte muß stets durch deutliche Fingerzeige oder Befehle neu akzeptiert werden. Das ist eine wirksame Versicherung gegen Eintönigkeit, und wir sagen den Frauen, die fürchten, daß Kritik beim Verkehr einen Minderwertigkeitskomplex im Mann hervorrufen könne, daß dieser Gedanke gewiß Rücksichtnahme beweise; doch wenn das Zögern der Frau, zu kritisieren, sie dazu bringt, ihrem Mann eine Illusion darüber zu erhalten (›Kollusion‹), was männlich an ihm ist, dann wird er sich weit schlimmer fühlen, wenn er schließlich die Wahrheit entdeckt.

Eine weitere Versicherung gegen sexuelle Monotonie ist die Erweiterung des Sex über das Schlafzimmer hinaus. Das Bett ist nicht unbedingt der beste Platz für den wünschenswerten täglichen Austausch physischer Zärtlichkeiten. Die meisten Paare haben keine Vorbehalte im Hinblick auf das Bett beim Sex, aber man kann triftige psychologische Gründe dagegen anführen. Das Bett ist der Platz, wo die Menschen faul, krank, müde, senil sind und schließlich sterben. Die Menschen bevorzugen das Bett für den Sex wegen der auf der Hand liegenden Bequemlichkeit. Wir sind nicht dagegen. Doch wir ermutigen die Ehepartner zu der Erkenntnis, daß die Verbindung der allgemeinen Zuneigung mit spezifischem Sex am besten zu verwirklichen ist, wenn man lernt, Gefühle der Wärme, des Interesses und der Fürsorge – selbst die leisesten Regungen solcher Gefühle – überall zu spüren und miteinander zu teilen, nicht nur im Schlafzimmer. Wenn genügend Ungestörtheit auf der Chouch im Wohnzimmer, im Büro, im Garten oder sonst irgendwo außerhalb der Wohnung zu finden ist, empfehlen wir solche Orte für ein aufregendes Erlebnis, besonders älteren Paaren.

Miteinander vertaute Sexpartner wissen genau, was sie vom ersten Blick des Interesses und der ersten Berührung im erotischen Vorspiel zu erwarten haben. Sie können weder sich selbst noch den anderen täuschen, und darin liegt der große Wert von Sexritualen zwischen ständigen Intimpartnern. Die Rituale mögen nicht immer die gleichen sein, doch nach einer Weile gibt es wahrscheinlich weniger Abwechslung, weil die alten Methoden tief begründet und eingefahren sind. Die

Sexpartner werden abhängig vom nie wechselnden Ritual, häufig so sehr, daß selbst die verlockendste neue Liebesaffäre sie sexuell kaltläßt.

Wir ermutigen jedoch gewöhnlich zum Streiten, um größeren Spaß am Sex zwischen altvertrauten Partnern zu bewirken, um die Monotonie zu mildern und Langeweile zu verhindern. Glücklicherweise haben reife und erfahrene Partner nichts gegen gelegentliche weniger genußreiche sexuelle Betätigung. Sie entschließen sich beispielsweise zur Benutzung vulgärer Ausdrücke, wenn einer der Partner das erregend findet. Etwas sexuell Erregendes mit oder für einen Partner zu tun, solange es erträglich und nicht schmerzlich ist oder als ›abstoßend‹ empfunden wird, kann eine wichtige Geste des Schenkens sein – eine sexuelle Gunst, gewährt als Zeichen des guten Willens. Wenn Partner jedoch solche Gesten schwierig oder unmöglich finden – und das kommt häufig vor beim Streit um eine größere Vielfalt in den Stellungen –, kann der Widerstand auf sehr viel wichtigere Dinge als ästhetische gegründet sein. Zur Veranschaulichung:

ER: »Weshalb läßt du es mich nicht einmal von hinten tun?«
SIE: »Ach, Liebster, darüber haben wir schon so oft geredet.«
ER: »Ja, das ist es ja gerade! Ich habe dir immer wieder gesagt, ich möchte mit verschiedenen Stellungen experimentieren, wie es in diesen Büchern heißt, die ich gekauft habe. Hast du sie gelesen?«
SIE: »Ich hab's versucht. Ehrlich, ich hab's versucht. Aber sie sind abstoßend! Ich habe schon Schwierigkeiten genug, es auf die normale Weise zu tun.«
ER: »Aber kannst du das denn nicht einsehen? Ich will dir ja gerade helfen, darüber hinwegzukommen. Ich hätte es wirklich gern, wenn du dich sexuell frei fühltest.«
SIE *(ärgerlich):* »Nun drängst du mich wieder! Du weißt, wie schwer es mir wird, fertig zu werden. Mir wäre es gleich, aber es ist für dich so wichtig, daß ich fertig werde ... nein, das ist es nicht einmal: Es ist für dich so wichtig, daß du mich fertig werden läßt ...«
ER: »Ja, natürlich, ich möchte es gut machen. Hast du es denn nicht gern, bis ins tiefste erregt zu sein?«
SIE: »Gewiß nicht, wenn das bedeutet, daß ich mich vom Kronleuchter herunterschwingen und Purzelbäume schlagen muß, zum Donnerwetter! Ich bin nicht der Typ für solche Dinge. Wenn du solche verrückten Verdrehungen brauchst, dann geh hin und schaff dir eins

von diesen Häschen an, die du dauernd im *Playboy* anstarrst. Wenn du die Energie, die Zeit und das Geld hast, nur zu, amüsier dich doch! Ich bin keine Hure.«

In diesem Fall waren die sexuellen Forderungen des Ehemannes tatsächlich zuviel für diese Partnerin. Ihr Anerbieten, seine Triebe außerhalb der Ehe abzureagieren, war das Ergebnis ihrer verzweifelten Suche nach einem Sicherheitsventil. Um diesen Partner nicht zu verlieren, griff die Ehefrau nach Hilfe von außen, um Erleichterung von dem unerträglichen Druck zu finden, den ihr die Forderung, sexuell tüchtiger zu sein, verursachte.

Streitereien *nach* der Liebe haben meist ebenfalls eine besondere Bedeutung, die die Paare erkennen lernen sollten. Wie bereits erwähnt, besteht bei Liebenden die Neigung, nach dem Verkehr tastend die ›optimale Distanz‹ zwischen sich wiederherzustellen. Für viele Paare ist das Erlebnis der orgastischen Hingabe erschreckend – sowohl für den, der sich hingibt, als auch für den, der die Hingabe verursacht und wahrnimmt. Eine Ehefrau bricht häufig einen Streit ›um nichts‹ vom Zaun, nachdem sie eine besonders enge sexuelle Begegnung mit ihrem Mann gehabt hat. Den Mann wird das sehr verwirren. Er will vielleicht die wahre Frage dabei gar nicht erkennen, daß nämlich die Frau Angst vor ihrer sexuellen Abhängigkeit hat oder gar fürchtet, ›zu sehr‹ zu lieben und dadurch allzu verletzbar im Hinblick auf eine Zurückweisung zu werden.

Die postorgastische Strategie der Entfremdung und Abkühlung ist häufig auch notwendig, um die Partner aus der selbstsüchtigen, narzißtischen Geistesverfassung herauszureißen, in die sie durch ihre eigene orgastische Aktivität gestürzt wurden. Sie brauchen buchstäblich Zeit, um den Zustand der emotionellen Intimität wieder zu erreichen, nachdem sie so stark mit dem eigenen Sexerlebnis beschäftigt waren.

Paaren, die die Paradoxe und andere menschliche Schwierigkeiten einer anhaltenden sexuellen Beziehung verstehen lernen, wird es durchaus möglich, sich von nichtsexuellen Konflikten vor jedem Geschlechtsverkehr frei zu machen, die Notwendigkeit des reinen Sexstreits (zur sexuellen ›Eichung‹) während der Verkehrsphase anzuerkennen und den Streit um guten, lebensfähigen, emotionellen *swing* eine Zeit danach wiederaufzunehmen. Ehepartner, die die Kunst beherrschen, ihr sexuelles Leben in der hier beschriebenen Art dynamisch zu halten – während sie den Sex vor jeder möglichen Vergiftung durch andere Streitfragen bewahren –, berichten, daß die Ehe erregender und befriedigender denn je sei. Diese erfolgreichen beständig Liebenden sagen auch, daß sie sich bei ihrem Partner sicherer fühlten. Das ist keine geringe Leistung, da die Institution der Ehe, wie jeder weiß, nie so sehr von den Versuchungen des außerehelichen Sex bedroht war wie in der modernen Zeit.

XIII. Ehelicher Streit um außerehelichen Sex

Ob sie monogam leben sollen oder nicht, ist für die meisten Verheirateten in unserer heutigen Kultur eine verwirrende Entscheidung, und die Wahl wird ständig schwieriger. Die Untreue nimmt zu. Die Statistik des verstorbenen Dr. Alfred Kinsey, überwiegend gestützt auf Interviews, die in den heute so fern liegenden vierziger Jahren geführt wurden, zeigte schon eine bemerkenswert starke Tendenz. Seither ist die sexuelle Freizügigkeit, gefördert durch die Freiheit, die empfängnisverhütende Tabletten und eine Atmosphäre ständig zunehmender Nachsicht in allen sexuellen Fragen gewähren, ganz erheblich stärker geworden. Was die Partner dazu bewegen mag, ihr Geschlechtsleben in ausschließlicher oder häufig wechselnder Bindung zu führen, steht hier nicht zur Debatte. Ebensowenig die vielfältigen sittlichen und gesetzlichen Folgen. Uns beschäftigten hier lediglich die Auswirkungen der Untreue auf die intime Partnerschaft.

Wenn beide Partner wahre Loyalisten sind, von denen keiner ›herumspielt‹, dann haben sie die große Aufgabe, das gemeinsame Sexleben so erfüllend für beide zu machen, daß ihnen die unterdrückten ›Abwechslungs-Triebe‹ nicht allzuviel Schwierigkeiten bereiten. Denn jedesmal, wenn sich die Neigung zur Abwechslung bemerkbar macht – vielleicht bei einer Cocktail-Party, auf einer Geschäftsreise oder zu anderen günstigen Zeiten –, wird der Partner dem anderen Vorwürfe wegen der Grenzen des gemeinsamen Sexlebens machen. Unweigerlich werden die meisten Partner versucht sein – oder damit drohen –, während einer lange andauernden Bindung mindestens gelegentlich den anderen zu betrügen.

Ein wechselseitig erfülltes monogames Leben ist überaus wünschenswert und auch durchaus erreichbar, vor allem wenn sich die Partner über die Wichtigkeit realistischer Auseinandersetzungen um besseren Sex klarwerden. Leider ist das loyale Leben gleich vom Beginn der Ehe an bedroht, und zwar gerade durch das Instrument, das die Stabilität garantieren soll: Seltsamerweise ist der Unheilstifter der Ehevertrag, der fordert, daß man alle anderen aufgibt. Allzu viele Partner glauben, wenn sie den Heiratsschein unterschreiben, daß nun automatisch der

Dauerzustand des gegenseitigen ausschließlichen Besitzes an dem ›einen und einzigen‹ gesichert sei.
Die klinische Erfahrung beweist jedoch, daß die von der Gesellschaft geschaffene Ehelizenz eher zu einer Lizenz für psychische Faulheit wird und daß das amtliche Dokument die schöne Kunst der ehelichen Liebe zu einer staatsbürgerlichen Aufgabe mit einem vorgeblich lebenslänglichen Besitzanspruch für beide Partner macht. Wir sind der Ansicht, daß sich ein Ehevertrag auf private Erprobung und ständige Verhandlung zwischen den Ehepartnern gründen sollte.
Heute gibt es mindestens fünf Hauptstile des intimen Lebens:

1. DER EXKLUSIVE TREUESTIL. Er schließt sexuelle Abwechslung oder Autonomie aus und wird von Tradition und Stereotype stark gestützt. Es ist der von Jungverheirateten bevorzugte Lebensstil.
2. DER SEXUELLE FREIHEITSSTIL. Paaren, die nach diesem Modell leben, geht es in erster Linie um die Qualität der Verpflichtung und Hingabe, die zwischen ihnen bestehen, nicht darum, was der Partner anderswo tut. Außenseiter werden nicht für besonders interessant und keinesfalls für eine Bedrohung des »Wir« gehalten.
3. DER STIL DER DOPPELTEN MORAL. Die Ehefrau lebt nach dem Treuemodell, und der Ehemann darf herumspielen, wenn er es diskret tut. Zwei Prinzipien gelten hier: »Was ich nicht weiß, macht mich nicht heiß« und »Männer sind eben Männer«. Die Duldung außerehelicher Betätigung hört jedoch bei dem leisesten Hinweis darauf auf, daß die eheliche Verpflichtung beeinträchtigt wird.
4. DER STIL DER GLEICHEN MORAL. In diesem verhältnismäßig seltenen Modell kann die Information über außereheliche Erlebnisse zu einer Quelle ritueller Unterhaltung werden (»Wie ist sie/er im Bett?«). In solchen Ehen fühlen sich beide Partner zueinander hingezogen, wenn sie den dritten und vierten außenstehenden Partner betrügen, die üblicherweise nur als flüchtige sexuelle Unterhalter benutzt werden, während die eheliche Einheit, die »Wir«-Gruppe, zusammenhält.
5. DER NISTSTIL. Viele Paare sind in erster Linie daran interessiert, eine Familie aufzubauen, Kinder aufzuziehen und ein Nest zu schaffen, wo sie sich selbst unterhalten können. Paare, die nestorientiert sind, erweisen sich häufig als recht tolerant außerehelichen Erlebnissen gegenüber, solange diese die Nistfunktionen nicht stören. Außereheliche sexuelle Beziehungen werden vielleicht geduldet, solange

die Kinder ›noch zu jung sind, um es zu erfahren oder zu verstehen‹, doch während der sexuell entscheidenden Pubertätsjahre, in denen die Kinder nach den eigenen Sexrollen tasten, werden solche Beziehungen untragbar und führen zu überaus heftigen Auseinandersetzungen.

Viele Paare wechseln diese Stile und zahlreiche andere zu verschiedenen Zeiten ihrer Ehe: Ein Typ, der heute nicht mehr ganz ungewöhnlich ist, vor allem unter Frauen, die aggressive Gefühle im Hinblick auf die Frauenrechte im allgemeinen hegen, ist der, der es mit der doppelten Moral im umgekehrten Sinn hält. Wie bereits erwähnt, eignet sich die Frau physisch durchaus dazu, sich als ›Sex-Abwechslerin‹ zu betätigen. Sie ist vermutlich auch stärker ›sexy‹ und etwas ›flüchtig‹, während der Mann angeblich stetig und treu in seiner Hingabe ist. Diese umgekehrte doppelte Moral wird von den Frauen, die sie vertreten, gewöhnlich geheimgehalten. Wir erfahren davon, weil solche Frauen ihre Einstellung bei den Sitzungen unserer Marathongruppen zugeben, wo das Heucheln so schwierig wird, daß nur eine Berufsschauspielerin uns hinters Licht führen könnte.
Frauen mit Doppelleben rechtfertigen sich damit, daß sie sagen: »Meine außereheliche Affäre ist für mich eine Notwendigkeit, damit ich für die kümmerliche Intimität entschädigt werde, die zwischen meinem Mann und mir besteht. Sie rettet unsere Ehe.« Hier folgt das Beispiel einer zweiunddreißigjährigen Anwaltsfrau, die mit ihrem Ehemann jahrelang Theater gespielt hatte, bis sie glaubte, bereit zu sein, ihn, wenn nötig, zu verlassen.

SIE: »Ich habe meinen Mann nie merken lassen, daß ich wiederholt fertig wurde.«
DR. BACH: »Warum nicht?«
SIE: »Weil er dann auch fertig geworden wäre – und dann wäre es aus gewesen mit dem Sex für den Abend. Er wäre eingeschlafen, und ich hätte erregt dagelegen, ohne noch weiter befriedigt zu werden. Bei Wochenendausflügen und nach Parties war er gewöhnlich zum Verkehr bereit, aber wenn er am nächsten Morgen eine Golfverabredung hatte, verzichtete er darauf, weil er sonst beim Spielen so erledigt war, daß seine Golfergebnisse sehr schlecht wurden. Dann brauchte er zehn Schläge mehr oder noch schlimmer.«
DR. B.: »War Ihr Mann nicht zärtlich und liebevoll?«
SIE: »Doch, er war zärtlich, solange weder auf dem Golfplatz, noch

beim Baseball, Rugby, Pferderennen, auf der Kegelbahn, im Boxring, im Radio oder Fernsehen etwas los war. Wenn dagegen zwei oder mehrere Sportereignisse gleichzeitig stattfanden, stellte er den Radioapparat auf die eine und den Fernseher auf die andere Sportart ein. Und er wußte wirklich, was bei jedem Spiel vor sich ging. Er konnte sogar gleichzeitig ein Gespräch über eine ganz andere dritte Sportart führen.«

DR. B.: »Das ist bemerkenswert.«

SIE: »Das ist es. Aber hier habe ich einen Strich gezogen: Bitte keinen Sex, solange eine Sportereignis übertragen wird. Ich hatte einfach keine Lust, auch unter ›Sportarten‹ zu rangieren.«

DR. B.: »Legten Sie denn nicht fest, unter welchen Bedingungen Sie guten Sex mit Ihrem Mann haben wollten?«

SIE: »Nein, denn wenn ich das getan und ihm gesagt hätte, wie ich mich wirklich fühle, hätte ich ihm nicht trauen können. Er hätte sich dann über mich lustig gemacht oder diese Informationen benutzt, um mir den Sex zu verderben.«

DR. B.: »Ja, haben Sie denn darüber nie einen guten Streit geführt?«

SIE: »Nein, wir haben nie gestritten. Ich lernte, mir keine Blöße zu geben, und verschwieg, was ich fühlte. Schließlich verliebte ich mich in meinen Geistlichen, und wir hatten regelmäßig Verkehr miteinander. Er war wunderbar zu mir.«

DR. B.: »Aber Sie haben einen hohen Preis dafür gezahlt: Angst, Verwirrung . . .«

SIE: »Wenn ich die Chance hätte, täte ich es wieder. Ich möchte es um nichts in der Welt missen . . .«

Als die Affäre mit dem Geistlichen endete und die wachsenden ehelichen Spannungen den Anwalt und seine Frau zum Training führten, ergab es sich, daß diese Frau den Eindruck hatte, sie könne ihre starke Sexualität ihrem Mann nicht zeigen, ohne Gefahr zu laufen, daß er impotent würde. Jedesmal, wenn sie leidenschaftlich wurde, verlor er die Erektion. Er gehörte zu jenen Partnern, die eifersüchtig rivalisieren und feindselig werden, wenn der andere mehr Spaß an der Sache hat. Dieses Paar glaubte außerdem an den Mythos, daß nur gleichzeitiger gemeinsamer Orgasmus erfüllend sei. Allmählich lernte es dieser Ehemann, seine Frau zuerst zu befriedigen, und beide lernten es schließlich, den Orgasmus nacheinander zu genießen.

Das Heucheln ausschließlicher Hingabe ist eine offenbar reizvolle Strategie für einen Partner, der mit einem übermäßig besitzgierigen, übermäßig eifersüchtigen und sexuell unsicheren Gatten verheiratet ist. Man könnte sogar behaupten, daß besitzgierige und kontrollierende Partner es geradezu herausfordern, betrogen zu werden, und es möglicherweise sogar verdienen. Jedenfalls setzt sowohl die Energie, die aufgebracht wird, um irgendwie heucheln zu können, als auch diejenige, die für eine übermäßig besitzgierige Einstellung notwendig ist, das Intimsystem zusätzlichen Spannungen aus.
Wie wir bereits feststellten, muß die Offenheit in Fällen sexueller Untreue in den meisten Ehen mit unendlichem Takt Hand in Hand gehen. Im Lauf der Jahre erkannten wir, daß etwa 10% unserer verheirateten Kursteilnehmer in der Lage sind, auf diesem heiklen Gebiet in völliger Ehrlichkeit zu leben. Dann kann das Eingeständnis von Fällen der Untreue zu einem Akt der Liebe werden, der dem Partner die Unwürdigkeit erspart, herumzuschnüffeln und den Staatsanwalt zu spielen. Am wenigsten geeignet ist diese Strategie für Partner, die ›wissen, aber nicht wissen wollen‹. Ihnen erspart das Schweigen, den Betrug billigen zu müssen (»Er soll nicht wissen, daß ich es weiß«). Diese Loyalisten wollen die Augen schließen, und man sollte deshalb nicht mit ihnen streiten. Für sie heißt es: Allzuviel Realismus ist nichts für mich.
Wie heikel dieses Problem ist, hat sich immer wieder gezeigt. In einer denkwürdigen ›Marathonsitzung‹ vor mehreren Jahren gab es bei den meisten der sieben teilnehmenden Paare mindestens einen Partner, der sich auf außereheliche Affären eingelassen hatte. Als einer der Ehemänner mutig sein Inneres für eine Inspektion durch die Gruppe eröffnete, wurde er von den Sexloyalisten der Gruppe heftig angegriffen. Keiner der ›Untreuen‹ kam ihm zu Hilfe oder wagte es, sich mit ihm zu identifizieren. Wir wollten gerade sagen: »Halt! Ihr, die ihr selbst im Glashaus sitzt, habt jetzt genug Befriedigung daran gefunden, mit Steinen zu werfen!«, als die Ehefrau des Beichtenden ihrem Mann weinend zu Hilfe kam.
»Laßt ihn in Ruhe!« schrie sie. »Laßt ihn! *Ich* muß mit ihm leben. Ich *will* mit ihm leben. Er ist mein Mann! Er sieht sich gern als Hengst und hält sich für sexy, und außerdem ist er ein kleiner Junge, der herumspielen muß. Das hasse ich an ihm, aber ich liebe ihn trotzdem!«
Dann wandte sie sich an ihren Mann und schrie: »Nur weiter so! Schlaf du mit all deinen Huren! Aber von jetzt an will ich nichts mehr

davon hören – nie, niemals!« Schließlich kam ihr letzter Ausbruch: »Und zum Teufel mit Ihrem Ehrlichkeitsprinzip, Doktor Bach! Es ist sehr destruktiv. Es ist weiter nichts als eine Ausrede, sich zur Schau zu stellen. Es ist ganz und gar nicht gut . . .«

Diese Ehefrau hatte sich endlich geäußert und klargemacht, daß sie das Verhalten ihres Mannes infantil und nachteilig für die Liebe fand und daß sie weder gleichgültig noch tolerant in dieser Hinsicht war. Aber sie hatte es noch abstoßender gefunden, dem außerehelichen Verhalten des Mannes nachzuspionieren, und ganz entschieden wollte sie ihn nicht verlieren.

Der Mann hatte zu erkennen gegeben, daß er im Herzen ein ›Sex-Abwechsler‹ war, aber auch, daß er seine Frau und die Kinder liebte und gern als Verheirateter lebte. Er behauptete, daß gelegentliche außereheliche Begegnungen der auch für ihn an erster Stelle stehenden Intimität mit seiner Frau zuträglich seien und sie nicht beeinträchtigten. Indem er seinem verspielten, jungenhaften Ich auf den Spielplätzen der Hotels die Zügel schießen ließ, steigerte er in den eigenen Augen seine Bedeutung. Außereheliche Enthaltsamkeit machte ihn, wie er weiter berichtete, häufig kratzbürstig der Familie gegenüber; er wurde deprimiert und verlor bei seiner Frau bisweilen die Potenz. Als die Partner in Gegenwart der Streittrainingsgruppe eine Regelung aushandelten, erklärte er sich bereit, nach den Regeln des Takts und der Diskretion zu leben. Das ist gewiß keine ideale Lösung, aber bisweilen ist es doch das beste, sich damit abzufinden, daß Regen gleichzeitig mit Sonnenschein auftreten kann.

Es gibt so manchen substantiellen Lohn für Loyalisten, die mit ›Sex-Abwechslern‹ verheiratet sind. Außerehelicher Sex kann dem loyalen Partner nicht nur Erleichterungen beim Drängen des Gatten bieten, er solle sich zu größerer sexueller Leistungsfähigkeit aufschwingen. Wichtiger ist, daß er die starke, von der Gesellschaft sanktionierte Waffe der selbstgerechten sittlichen Überlegenheit in die Hand des Loyalisten legt. Dieses Geschütz kann in ›Zeiten der Verärgerung‹ aufgefahren werden, damit es das Ego des irrenden Partners einschüchtert: »Du Schürzenjäger! Was bist du doch für ein Schwächling!« Oder: »Du Nutte, wie soll ich dir je wieder trauen?« Oder: »Du armer unreifer Narr!«

Die Paarung eines selbstgerechten Loyalisten mit einem sich selbst gegenüber nachsichtigen ›Abwechsler‹ bietet die ideale Szenerie für die sado-masochistische Feindseligkeitsroutine, die man beim gemeinen

Streiten antrifft. Der Loyalist wird zum Staatsanwalt, Richter und zur Jury dazu. Er schwelgt in seiner Autorität und Überlegenheit. Wenn er Strafen zumißt, kann er, wenn er will, sadistisch werden. Gleichzeitig kann er sich in seiner Rolle als Opfer masochistisch, kastriert und voller Selbstmitleid fühlen. Möglicherweise erfüllt er damit übrigens einen unbewußten Wunsch, zu versagen und das Objekt seiner Liebe an einen sexuell tüchtigeren Rivalen zu verlieren.

Die angebliche Verletzung des Loyalisten kann sich bisweilen sogar anregend auswirken – mehr sogar als die Erregung der Liebesaffäre, die der ›Abwechsler‹ erlebt. Der Loyalist genießt es deshalb, seine Anklageplatte immer wieder abzuspielen (»Siehst du ein, was du getan hast? Wirst du mir das wieder antun?«). Das erbringt jedesmal ein schuldbewußtes Sich-Winden oder eine nervöse Selbstverteidigung von seiten des ›abwechselnden‹ Partners.

Als ausgleichenden Lohn bringen es viele verletzte Loyalisten fertig, ihre eigenen Abwechslungs-Phantasien und Wünsche durch die eifersüchtige Identifizierung mit dem praktizierenden ›Abwechsler‹ zu erfüllen. In diesen Fällen führt der ›Abwechsler‹ aus, was der Loyalist gern tun würde, was ihm aber zuviel Mühe macht. Schließlich gibt es die triumphierende sexuelle Befriedigung, wenn der ›Abwechsler‹ reuig nach Haus zurückkehrt. Der Loyalist ist am Ende immer der Sieger, und der außereheliche Sexpartner hat vielleicht nur als rivalisierender Anreger gedient, um eine schal gewordene Ehe zu retten.

In Ehen, die nicht mehr zu retten sind, kann das Vorhandensein einer dritten Partei den Bankrott der ehelichen Situation sichtbar machen. Manchmal ist eine dritte Partei sogar nötig, um den Status der bankrotten Ehe zu klären. Vor dem sexuellen Wettbewerb gab es in solchen Fällen zwei sehr unglückliche Menschen. Nachher sind es bisweilen zwei glückliche. Der dritte, der sexloyalistische Ehegatte, hat nun mindestens die Chance, ein neues und besseres Leben zu beginnen. Dies sind Dreiecke, die zu ›kreativen Scheidungen‹ führen.

Solche Lösungen sind einem unterirdisch geführten Krieg vorzuziehen. Ein Beispiel für eine häufig benutzte Strategie von Untergrund-Sexstreitern ist die Untreue mit Hilfe der Phantasie. Die Waffe ist Masturbation. Sie wird häufig benutzt, wenn ein Partner findet, es mache zuviel Mühe, den anderen ›einzuschalten‹. In dieses Verhalten rutscht man leicht hinein, weil es üblicherweise geheimgehalten wird und deshalb kein Ärgernis hervorruft (in den seltenen Fällen, wo es entdeckt wird, kann es jedoch zu einer Form der Erpressung führen).

Ein weiterer Grund für seine Beliebtheit besteht darin, daß der abirrende Partner scheinbar treu bleiben kann. Es verletzt nicht offen die Konvention und bringt deshalb weniger Konfliktstoff mit sich als eine außereheliche Affäre. In der Ehe ist die Masturbation jedoch eine kümmerliche Sache. Sie verletzt unsere Regel, daß man intime Interessen und Sorgen miteinander teilen sollte, und der masturbierende Partner verschwendet überdies sexuelle Energie, die er dazu benutzen könnte, den kühlen Partner ›einzuschalten‹.

Häufig fragen Kursteilnehmer, weshalb sie Schwierigkeiten machen sollten, indem sie den Status quo einer stabilen Ehe, in der ein Partner masturbiert, gefährden. Wir weisen darauf hin, daß die Störung einer solchen Ordnung gewiß nicht das gleiche ist wie Schwierigkeiten zu machen; die Schwierigkeiten sind bereits da. Das Sexleben des Partners befindet sich nicht in einem vernünftigen Gleichgewicht. Wir lenken die Aufmerksamkeit der Kursteilnehmer lediglich darauf, daß die Unsichtbarkeit einer solchen Tabu-Praxis wie der Masturbation die Partner wahrscheinlich davon abhält, ein besseres Intimverhältnis auszuhandeln.

Heuchelei der Untreue gegenüber ist eine andere häufige und möglicherweise überaus destruktive Praxis. Allzuoft sanktioniert Partner A durch Nachsicht eine Verhaltensform B.s, die in Wahrheit verwerflich ist. Wahrscheinlich ist dies die verhängnisvollste Art der Kommunikationsstörung, weil sie trügerisch kooperativ und bisweilen sogar ein Teil der Liebe ist. Die Partner reden sich selbst und dem anderen dabei ein, was sie tun, sei sanktioniert, obwohl das keineswegs der Fall ist. Der Loyalist geht da nämlich eine unheilige Allianz mit seinem Feind ein: mit der ›dunklen‹, Abwechslung suchenden Seite der Persönlichkeit des Gatten.

Der Fall der in diesem Kapitel bereits beschriebenen Ehefrau, die sich so heftig weigerte, etwas über die Untreue ihres Mannes zu hören, ist ein Beispiel für diese ›Kollusion‹.

Ein weiterer Fall folgt hier:

Bereits zu Anfang ihrer Ehe stellte Holly Robertson, ein früheres Fotomodell, fest, daß ihr Mann Howard sexuelle Probleme hatte und sich deshalb gezwungen fühlte, ›herumzuspielen‹. Sie wußte, daß ihr großer, schlanker Mann mit dem Adlergesicht, ein ungewöhnlich erfolgreicher Modefotograf, bis zur Heirat von anderen Mädchen verfolgt worden war. Holly heiratete ihn dennoch, weil sie hoffte, ihn nach der Hochzeit dazu bringen zu können, sich in die monogame Ehe zu finden. Es geschieht häufig, daß ›Abwechsler‹ tatsächlich monogam werden, weil der außereheliche Sex ihnen gleichgültig oder zu schwierig wird; allerdings gibt es auch andere, deren außereheliche Betätigung nur etwas abnimmt, und noch andere, deren außereheliches Treiben sich nach der Heirat verstärkt.

Hollys Strategie war es, Howard zu Haus so viel Sex zu geben, wie er wünschte. Sie nahm auch, wenigstens scheinbar, sein ›Abwechslungsbedürfnis‹ hin. Sie hoffte, daß er dadurch der Mädchen rascher überdrüssig wurde, als wenn sie offen eingeschritten wäre.

Eine bemerkenswerte Zahl von Intimpartnern beichtet einander freiwillig ihre Untreue. Dabei kann es sich um ein offenes Geständnis handeln. Doch manche versuchen es auch auf andere Weise, indem sie Briefe absichtlich auf dem Nachttisch liegenlassen oder Telefongespräche führen, die der Partner mithören soll. Ein jungverheirateter Ehemann erfand einen Fall von Untreue und ›beichtete‹ ihn dann, nur um herauszufinden, wie seine Frau reagieren würde, falls er jemals gegen den Ehevertrag verstoßen sollte.

Zu dieser Zeit hatte er noch kein Interesse an solch einem Verstoß. Aber er war überaus interessiert daran, herauszufinden, was seine junge Frau zu einem etwaigen späteren Seitensprung sagen würde. Dieser Ehemann suchte nach Bindung, und das unbewußte Bedürfnis nach Bindung und Kontrolle scheint der psychische Grund für die erstaunliche Ungeschicklichkeit mancher untreuer Partner zu sein. Sie lassen sich ertappen, obwohl sie bewußt versuchen, verschwiegen zu sein.

Gewöhnlich ist diesen auf Bindung abzielenden Manövern nur harmlose oder verhältnismäßig geringfügige Untreue vorangegangen, so daß es deshalb selten zu größeren Ehekrächen kommt. Doch selbst bei schweren Verfehlungen oder chronischer Untreue richtet die sexuelle Abwechslungssucht im realen Leben nicht die Verheerungen an, die ihr in Drama, Roman und Film zugeschrieben werden. Zum Teil liegt das vermutlich daran, daß sich die meisten Partner klar darüber sind, daß ein Trauschein psychisch nicht bindend ist. Und zum anderen Teil mag die bereits erwähnte Befriedigung, die der Loyalist in der Rache findet, einiges von dem dramatischen Niederschlag neutralisieren.

Fassen wir zusammen: Unsere Daten weisen nicht nach, daß außereheliche Betätigung unbedingt beweist, daß dieser Partner neurotisch oder unbefriedigt ist oder daß diese außereheliche Tätigkeit die eheliche Beziehung notwendigerweise schwächt. Die eine oder andere oder all diese Ursachen und Wirkungen sind zwar häufig zu finden; aber das *muß* nicht so sein.

Das Entscheidende ist, daß bei wirklich intimen Partnern die Untreue ihren Reiz verliert. Gewiß, die Untreuen merken vielleicht, daß der Spielraum für ihre sexuellen Reaktionen größer ist als beim festen Partner und daß der Geschlechtsverkehr mit dem ›richtigen‹ Fremden neue Dimensionen des sexuellen Genusses aufdeckt. Aber sie entdekken auch, daß Sex mit einem neuen Partner mehr emotionelle Anspannung erfordert, als der Spaß wert ist. Und dann sehen die erprobten Sexrituale zu Haus wieder recht attraktiv aus, wenn man sie von dem fragwürdigen Ort eines Stelldicheins aus betrachtet, bei dem der Liebhaber impotent, die *femme fatale* frigid ist und beide sich aus Furcht vor dem Scherbengericht der Gesellschaft irgendwo verstecken müssen. Tatsächlich zeigen solche Exkursionen dem abirrenden Partner häufig, wieviel emotionelles und sexuelles Kapital er auf seiner Ehe-Bank deponiert hat.

Schließlich – zum Schaden für ein weiteres Anwachsen der Hotel-Industrie und anderer Absteigeetablissements – genießen es unsere sexuell reifsten Erwachsenen, vielleicht nach einer Periode außerplanmäßiger Experimente, keineswegs, Ehebrecher zu sein. Es ist auf die Dauer einfach keine lohnende Rolle. Das ist auch der Grund, weshalb so viele Geliebte verheirateter Männer schließlich doch die Verliererinnen sind. Die Männer behaupten vielleicht, sie könnten ihre Ehefrau ›um der Kinder willen‹ nicht verlassen. Wären sie sich selbst und ihren außerplanmäßigen Damen gegenüber ehrlicher, würden die meisten dieser Ehemänner vermutlich zugeben, daß es nicht so sehr die Kinder sind, die wandernde Männer binden, als die Bequemlichkeiten und die Befriedigung, mit der ›einen und einzigen‹ zu schlafen.

XIV. Streiten mit (und um) Kinder

Familiärer Dreiecksstreit, in den Mutter, Vater und Kind verwickelt sind, wird erheblich vielschichtiger als Streit zwischen Ehemann und Ehefrau – nicht nur, weil er dreiseitig ist, sondern weil die Streitenden mehr Ehrgeiz haben. Manche Mütter und Väter sind zu erheblichen Anstrengungen bereit, um ihre Kinder als Waffen im Kampf der Erwachsenen zu mißbrauchen. Und Kinder kämpfen um nichts Geringeres als ihre Identität, wenn sie tatsächlich gegen ihre Eltern ins Gefecht ziehen.

Konflikte können junge Menschen verletzen und sie im Heranwachsen hemmen. Aber sie können ihnen auch dabei helfen. Wir bemühen uns, Müttern und Vätern beizubringen, wie sie die Aggression als konstruktive Technik beim Aufziehen der Kinder einsetzen können, und es steht dabei sogar noch mehr auf dem Spiel als nur die Persönlichkeitsentwicklung der jungen Menschen. Denn wenn die Kinder nicht frühzeitig lernen, wie man fair streitet, sind sie vielleicht niemals in der Lage, diese Erkenntnis weiterzugeben, wenn sie selbst Kinder haben.

Es versteht sich nahezu von selbst, daß wahre Intimität nur zwischen denjenigen herrschen kann, die über mehr oder weniger gleiche Macht verfügen, nie zwischen einem Elternteil und einem Kind. Dem entsprechenden Elternteil erscheint das nicht immer so. Solange ein Kind klein und abhängig ist, mag es Augenblicke seliger Intimität geben: der Elternteil kann seine Liebe und seine Beschützergefühle ausschütten, das Kind kann seinen Abhängigkeitsbedürfnissen nachgeben und sie offen zur Schau stellen. Notwendigerweise werden solche Augenblikke immer seltener, weil es die Aufgabe des Kindes ist, seine Abhängigkeit zu überwinden, indem es aggressiv gegen den Elternteil kämpft, vor allem heutzutage, wo so viele Mütter und Väter zu übergroßer beschützender Fürsorge neigen.

Konflikte zwischen Eltern und Kindern werden traditionellerweise mit Unbehagen oder gar mit Entsetzen beobachtet. Doch Kämpfen um Wachstum, um die Gelegenheit, zu erkunden und zu lernen, ist eine lebenswichtige Funktion des Heranwachsens. Kinder können gar nichts Wichtigeres lernen als die Kunst, unabhängig zu werden. Und um unabhängig zu werden, müssen sie lernen, sich gegen jeden in der Familie und in der Gemeinschaft zur Wehr zu setzen und gegen jeden zu streiten, bis ihr Selbstwertgefühl eine Ebene erreicht hat, die es ihnen ermöglicht, Erwachsene zu sein und sich als Gleichberechtigte mit anderen Erwachsenen um guten *swing* zu bemühen. Bis dahin ist es nur natürlich, daß Kinder gegen Erwachsene um Anerkennung und Vorrechte kämpfen.

Das normale Kleinkind zeigt von Anfang an Aggressionen. Es schreit, wenn man es enttäuscht. Bald nimmt es anderen Kindern die Sachen weg und schlägt nach ihnen. Viele Mütter bringen dem Kind dann Umgangsformen bei, die bestimmen, unter welchen Umständen es sich vielleicht zur Wehr setzen darf. Solche elterlichen Programme zur Kontrolle der Aggression sind alles andere als realistisch. Sie zerfallen in vier Kategorien: 1. eine zu nachsichtige Reaktion der Eltern und anderer Kinder auf die Aggression; 2. Erziehung durch Zwang und harte Strafen; 3. eine Mischung von Nachsicht und harter Zucht; 4. Kontrolle durch irrationale Drohungen (»Wenn du nicht aufhörst, werde ich . . .«).

Wenn das Kind heranwächst und zu einer individuellen Persönlichkeit wird, ist es bald fähig, sich klar zu äußern. Dieser Prozeß ist zum Teil das Ergebnis von Streiterfahrungen, die es ihm erlauben, Positionen und Einstellungen durch den Zusammenstoß mit anderen zu klären, von deren Meinung es abweicht (und von denen es sich so differenziert). Das läßt sich deutlich an den spielerischen, aber oft bösartigen Rivalitätsstreitereien zwischen Geschwistern beobachten. Der Beginn dieser Kämpfe um die Individualität ist nicht destruktiv, sondern gehört zu der klaren Äußerung eines Ichgefühls. Streiterfahrungen erhöhen das Bewußtsein hinsichtlich der Natur des Gegners. Und die Opposition des Gegners erhöht das Bewußtsein des eigenen Wertes als Person.

Vor vielen Jahren zeigten unsere Forschungen, was mit angeblich gefügigen kleinen Kindergartenmädchen geschah, wenn die von Familie und Kindergärten geprägten Umgangsformen es ihnen unmöglich machten, aggressiv gegen das Establishment zu sein (das geschah wirklich lange, bevor sie eine Universität von innen sahen). Die Kinder fragten sich dem Sinn nach: »Wie darf man seine Aggressionen äußern?« Dann ließen sie ihre Feindseligkeit an Puppen – unbelebten Dingen – aus, die keinem dabei helfen können, sich zu differenzieren und zu wachsen. Das war von der Gesellschaft erlaubt, und so lernten sie sehr früh im Leben, ihre Aggressionen auf symbolische Ziele zu richten. Die Kinder hatten die eigene Frage beantwortet: »Nur im Spiel, in Spiegelfechtereien ist Aggression zulässig.«

Aggression in interpersonalen Konflikten bleibt tabu. Später wird dem Kind ein Aggressionsventil im Sport erlaubt, und dort lernt es endlich die Regeln des *fair play*. Faires Spiel im Sport ist ein Schritt zur realistischen Programmierung der Aggression.

Natürlich ermuntern wir unsere Kursteilnehmer nicht dazu, solche innere Verkrüppelung der Kinder hinzunehmen, weder um der Aggression entgegenzuwirken noch aus irgendwelchen anderen Gründen. Wir bitten die Eltern vielmehr, sich vor Augen zu halten, daß die Erwachsenen in der zeitgenössischen westlichen Kultur es sich leisten können, weniger zimperlich in der konstruktiven Erziehung zu sein. Da heutzutage schon die leiseste Aggression verboten ist und von Eltern oder anderen älteren, stärkeren Autoritäten bestraft wird, lernen kleine Kinder feindselige Wörter doppelt so schnell wie ›nette‹; sie ›explodieren‹ rascher in Wutanfällen und zeigen andere ungesunde Symptome; und sie setzen Aggression mit den Vorrechten und der Macht von Erwachsenen (oder Armeen) gleich, nicht mit schöpferischer Kraft oder der konstruktiven Lösung von Problemen.

Die heutige Kultur flößt den Kindern unrealistische und destruktive Verhaltensweisen ein, um Aggressionen abzureagieren. Die Gewalttätigkeit im Fernsehen und im Kino lehrt die jungen Menschen genau wie der Krieg, Aggression dadurch abzureagieren, daß sie Mitmenschen umbringen, die wir zu ›Feinden‹ erklären.

In ihrem eigenen Heim werden die Kinder häufig strategische Waffen im intimen Streit der Erwachsenen, und nur sehr wenige Eltern haben auch nur die geringste Ahnung von den psychischen Verheerungen, die sie damit in den Kindern anrichten.

Zunächst einmal wird dadurch die natürliche Abhängigkeit der Kinder von den Eltern ausgebeutet: Übermäßiger Schutz wird von den Kindern als behaglich und tröstend empfunden. Tatsächlich stört er jedoch den Entwöhnungsprozeß und verzögert die Differenzierung und die Unabhängigkeit. In extremen Fällen halten wohlhabende Eltern ihre Kinder bis ins erwachsene Leben hinein in finanzieller Abhängigkeit. Das bringt die jungen Menschen in eine psychisch korrupte Situation, weil es in reichen Familien geradezu zu einer Sucht geworden ist, sich darauf zu verlassen, daß man alles Gewünschte von den Eltern bekommt. Und selbst viele weit weniger verwöhnte Kinder neigen dazu, überaus egozentrisch zu werden, häufig sogar tyrannisch, und wenn ihre Eigenentwicklung wirksam unterdrückt worden ist, werden sie gleichzeitig deprimiert und rebellisch.

Im Streit zwischen Ehepartnern ist die Strategie, störend auf die natürlichen Bedürfnisse eines Kindes einzuwirken, eine beliebte Art geworden, den Partner zu treffen, der das Kind liebt – einer der vielen Gründe, weshalb es für ein Kind gefährlich ist, Liebling eines Elternteils zu sein. Es macht den anderen Elternteil eifersüchtig und fordert dazu heraus, das Kind als Waffe zu mißbrauchen. In extremen Fällen führt dies zu physischen Grausamkeiten und sogar zum Kindermord.

Je unreifer und neurotischer Eltern sind, desto stärker wird ihr eigenes Selbstwertgefühl davon abhängen, wie ihre Kinder auf sie und die Welt reagieren.

Es ist üblich, daß Eltern dann besonders streng zu Kindern sind, wenn sie jene Eigenschaften bei ihnen vermissen, die sie in ihrer eigenen Selbstachtung erhöhen würden. Eltern, die selbst unbeholfen sind, bestrafen ihre Kinder häufig, weil sie sich nicht graziös genug bewegen. Daß Kinder bestraft werden, weil sie nicht gescheit genug sind, ist gewöhnlich darauf zurückzuführen, daß sich die Eltern dumm fühlen; damit, daß sie ihre ›dummen‹ Kinder bestrafen, leugnen sie ihre eigene Unzulänglichkeit. Werden Kinder wegen schlechter Zensuren bestraft, bedeutet das häufig, daß die Eltern weniger gebildet sind als sie sein möchten. Wenn Halbwüchsige zur Promiskuität neigen, so kann das heißen, daß die Eltern unmoralisch oder frigid sind.

Fast allgemein stören Eltern, die auch nur leicht neurotisch sind, den natürlichen Prozeß, der heranwachsende Kinder dazu drängt, sich mit Gleichaltrigen zu identifizieren. Eine beliebte Srategie der Eltern ist es, Filme für Jugendliche und das starke Interesse der Heranwachsenden an Kleidung, Tanz und Musik und andere Bräuche, bei denen sich Eltern überflüssig und fehl am Platz vorkommen, lächerlich zu machen. Der Einfluß von Gleichaltrigen wird einfach deshalb als ›schlecht‹ betrachtet, weil er wirksamer ist als der elterliche.

Das Mittel gegen jeden strategischen Mißbrauch von Kindern besteht darin, ihnen so früh wie möglich beizubringen, wie man konstruktiv gegen Erwachsene kämpft. Der beste Ort dafür ist zu Hause. Die besten Partner sind die Eltern. Die besten Kämpfe werden um das ausgefochten, was die jungen Menschen als das Bedeutsamste betrachten, einschließlich der Unantastbarkeit ihrer privaten Welt. Wir wollen kurz Methoden skizzieren, die Eltern benutzen können, um wirksam mit ihren Kindern zu streiten. Hier möchten wir nur zeigen, daß der Streit nicht annähernd so einseitig ist, wie im allgemeinen angenommen wird. Wenn die Eltern auch physisch überlegen sind und wenn die Gesellschaft Müttern und Vätern auch große Macht gibt (beispielsweise die Macht, die Bewegungsfreiheit junger Menschen außerhalb des Hauses einzuschränken), so betrachten die Kinder das doch als Rechtfertigung für den Einsatz versteckter Waffen und anderer Kniffe. Die meisten Kinder sind Meister der Täuschung. Das allein schon kann sie zu sehr leistungsfähigen Streitern machen.

Kinder haben noch andere Vorteile. Sie vermögen erhebliche Strafen zu absorbieren und haben gewöhnlich kaum Bedenken, Erwachsene zu verletzten oder zu quälen. Da sie verhältnismäßig wenig Mitleid aufbringen, wenn sie ihren Eltern Unrecht zufügen, leiden sie nur selten unter Schuldgefühlen, wenn sie vielleicht auch Vergeltung fürchten. Erwachsene unglücklich zu machen ist für sie eine Form der Selbstverteidigung.

Sie können Unterstützung von ihren Freunden erhalten. Sie können, ohne sich etwas zu vergeben, entwaffnende kindliche Aggressionsarten benutzen wie Lachen, Weglaufen, Beißen, Stören, Sich-nicht-anziehen-Lassen, Sich-weigern-zu-essen, Säugling-Spielen, Krank-Spielen, Schmollen und so weiter und so fort. Sie können damit rechnen, daß sich die Eltern von den Reaktionen ihres Kindes beeinflussen lassen. Eltern möchten geliebt werden; das Kind hat dadurch eine Waffe in der Hand: Es kann seine Liebe zurückhalten oder vielleicht auch nur zeigen, daß es gekränkt ist. In der heutigen, auf das Kind ausgerichteten Kultur kann die bloße Tatsache, daß ein Kind unglücklich ist, die Eltern völlig entwaffnen.

Die Nachteile des Kindes als Streiter liegen stärker auf der Hand. Es fürchtet Schmerz von physisch Überlegenen. In den frühen Jahren bringen ihm seine kindlichen Gefühle der Allmacht immer wieder Überraschungen ein, wenn es nicht nach seinem Willen geht; deshalb wird es leicht deprimiert. Einschränkung seiner Bewegungsfreiheit oder Entzug von Vorrechten können so schmerzlich für das Kind sein, daß es sich in der Erwachsenenwelt verloren oder gar als Gefangener vorkommt. Es kann seinen Eltern kaum Beschränkungen auferlegen oder sie wegen ihrer Fehler zurechtweisen. Und da Logik, Spott und Sarkasmus traditionelle Instrumente der Erwachsenen sind, ist der beschränkte Wortschatz des Kindes ein starkes Hindernis. Doch vor allem hat das Kind ein großes Bedürfnis, geliebt zu werden und ›dazu zu gehören‹. Die Furcht, die Liebe zu verlieren, und die Angst, daß die Eltern sich von ihm abwenden könnten, hemmen die kämpferischen Fähigkeiten eines Kindes den Erwachsenen gegenüber erheblich. Und sein mit Feindseligkeiten gegen Eltern und Lehrer gefüllter Beschwerdevorrat ist ständig im Begriff, in Form von gewalttätigen Phantasien und von Streitereien mit Geschwistern überzulaufen.

Eltern, die ihren Kindern gegenüber äußerst nachsichtig sind, klagen häufig darüber, daß diese sich auf überaus intensive und grausame Rivalitätskämpfe mit ihren Geschwistern einlassen. Kein Wunder: da diese Kinder ihre Aggressionen nicht gegenüber den Eltern abreagieren können, streiten sie härter untereinander. Mütter und Väter, die dazu neigen, die Fähigkeiten und die Benachteiligungen von Kindern bei Familienstreitereien zu übersehen, sind sich oft auch der vielfältigen Rollen nicht bewußt, die junge Menschen im intimen Streit übernehmen können. Kinder werden häufig benutzt als:

1. *Zielscheiben.* Das geschieht besonders dann, wenn ein Elternteil die Wucht des Erwachsenenstreits von dem Ehepartner auf das Kind verlegt.

2. *Vermittler.* Etwa, wenn der Vater sagt: »Bitte Mutti darum, nett zu Vati zu sein.«

3. *Spione.* Die Mutter sagt: »Geh mal zu Papi und sieh nach, in welcher Stimmung er ist.«

4. *Boten.* Die Mutter sagt: »Sag deinem Papi, daß ich gern wieder zu ihm zurückkommen würde, aber tu so, als ob der Gedanke von dir käme.«

5. *Scheidungsanwälte.* Die Mutter sagt: »Ich kann deinen Vater nicht ausstehen. Aber ich bleibe euretwegen bei ihm.« Worauf ein Kind vielleicht erwidert: »Ich helfe dir, ihn loszuwerden.«

6. *Übersetzer.* Das Kind sagt: »Das hat Papi nicht gemeint. Er meinte . . .«

7. *Monitoren.* Das Kind sagt: »Das hat Mutti nicht gesagt. Sie sagte . . .«

8. *Schiedsrichter.* Das Kind sagt: »Warum läßt du Mutti das nicht erklären? Laß sie doch mal ausreden!«

9. *Liebesboten.* Eltern, vor allem Väter, erziehen ihre Kinder häufig zu Liebesauslösern. Der Weg zum Herzen eines Mannes mag durch den Magen gehen; der Weg zum Herzen einer Frau führt häufig über ihr Kind.

Bei ehelichen Krisen ist die Benutzung von Kindern in einer oder in allen diesen Rollen wahrscheinlich nicht zu vermeiden und möglicherweise hilfreich. Im allgemeinen halten wir jedoch die Rollen 1 bis 5 für destruktiv. Rolle 6 kann konstruktiv oder destruktiv sein, je nach den beteiligten Charakteren und der Situation. Die Rollen 7 bis 9 können konstruktive Ergebnisse bringen. Rolle 10 ist zur Überraschung oder zum Schock vieler unserer Klienten die wichtigste und erwünschteste Rolle von allen. Sie wird noch eingehend behandelt werden, doch zunächst möchten wir ein für allemal die Kinderrolle 1 ablehnen: die Zielverschiebung.
Wir haben diese gröblich unfaire Streitstrategie bereits erwähnt, doch hier soll noch ein weiteres Beispiel gebracht werden:

VATER: »Was bist du doch für eine jämmerliche Mutter!«
MUTTER: »Du bist wohl nicht bei Verstand.«
VATER: »Wie kannst du überhaupt Mutter sein, wo du dauernd unterwegs bist?«
MUTTER: »Doktor Spock sagt, es sei wichtig, daß man sich von seinem Kind löst. Schließlich soll Jimmy nicht so ein Muttersöhnchen werden wie du früher.«
VATER: »Überleg bloß mal, wie oft du im letzten Monat fort warst und wie oft das Baby nachts aufgewacht ist und ich den Jungen in unser Bett holen mußte!«
MUTTER: »Nenn den Vierjährigen nicht ›Baby‹! Er weiß über meinen Beruf Bescheid. Er weiß, daß ich immer wiederkomme. Er holt mich brennend gern vom Flughafen ab. Und vergiß nicht, wie oft ich ihn mitgenommen habe!«
VATER: »Es paßt mir nicht.«
MUTTER: »Nun läßt du die Katze aus dem Sack! *Du* bist es, dem meine Karriere nicht paßt! Ich hab Freude an meinem Beruf. Und hier im Haus gibt es niemals Freude!«

Diese Mutter war die überaus energische Verkaufsleiterin einer Kosmetikfabrik mit hohem Gehalt. Sie reiste viel, und ihr Mann grollte ihr des Erfolges wegen. Die Streitstrategie gegen seine Frau bestand darin, das einzige Kind zu verwöhnen. Der Vater wollte den Jungen der Mutter entfremden, um sie dazu zu bringen, ihren Beruf aufzugeben. Schließlich hatte er mit seiner Strategie so viel Erfolg, daß das Kind vor der Mutter zurückwich, wenn diese von einer Geschäftsreise zurückkam – die Eltern landeten schließlich vor dem Scheidungsgericht.
Vielen solcher Verschiebungskämpfe liegt die Zucht der Kinder als angebliche Streitfrage zugrunde, um Konflikte wegen Sex und anderer Dinge zu tarnen, die für die Eltern weit bedeutender und bedrohlicher sind. Wenn die Erziehung auch ein legitimes Streitthema ist, erhalten die Kinder doch häufig ein unrealistisches Bild von Leben und Ehe, weil viele Eltern eine ›einige Front‹ vor ihren Kindern zur Schau stellen wollen.
Im folgenden befindet sich eine Familie in mildem Aufruhr, weil die Fahrräder der Kinder immer im Vorgarten stehenbleiben. Die Mutter wünscht, daß die Räder in die Garage gestellt werden. Der Vater meint, die Räder könnten ruhig an der Hauswand stehen.

SIE: »Weshalb unterstützt du mich nicht?«
ER: »Weil ich nicht deiner Ansicht bin.«
SIE: »Willst du denn, daß sie glauben, sie können bei dir etwas erreichen, wenn ich schon nein gesagt habe?«

Wenn das Paar untrainiert ist, wird sich der Vater gewöhnlich dazu bewegen lassen, die Mutter schließlich doch zu unterstützen. Sind sie trainiert und ist der Vater überzeugt, daß die Forderung der Mutter ungerechtfertigt ist, wird er sagen: »Das ist nicht das Entscheidende; ich werde ihnen sagen, sie sollten sich mit dir auseinandersetzen.« Damit wird vermieden, daß Ehemann und Ehefrau ein scheinbares Einverständnis zur Schau stellen. Außerdem wird die Ehe nicht durch eine Streitfrage vergiftet, die keine Streitfrage zu sein braucht. Es fördert die Intimität der Kinder mit einem einzelnen Elternteil und hält die Angelegenheit auf der Ebene des Duetts, statt sie zu einem komplizierten Dreieck zu verschärfen. Und es lehrt die Kinder, daß jeder Elternteil seine eigenen Ansichten hat.
Wichtige Familienentscheidungen, die die Kinder betreffen, müssen natürlich von Vater und Mutter gemeinsam getroffen werden, und in solchen Sonderfällen hat es durchaus Sinn, daß die Eltern tatsächlich

eine ›einige Front‹ bilden – die Kinder erhalten dadurch eine völlig klare Anweisung, der sie folgen oder gegen die sie sich auflehnen können. Und dennoch können sich die trivialsten Streitereien zwischen einer Mutter und ihrem Kind zu häßlichem Gezänk ausweiten, an dem die ganze Familie beteiligt ist.

Häufig kommt es zu einer Verschärfung von Konflikten zwischen einem Elternteil und einem Kind, weil dieser Elternteil vom anderen fordert, ihn bedingungslos zu unterstützen, ganz gleich, worum es geht.

In einem typischen Fall kommt Frau Johns eines Nachmittags ziemlich spät vom Einkaufen zurück. Ihre drei Kinder hatten den Auftrag erhalten, in ihrer Abwesenheit den Abwasch zu erledigen. Als sie vor ihrem Haus vorfährt, hupt sie, doch keines der Kinder erscheint, um ihr beim Hineintragen der Waren zu helfen. Wütend stürmt sie ins Haus und trägt dabei selbst eine der schweren Einkaufstaschen. Der Eßtisch und die Küche sind noch nicht aufgeräumt. Oben läuft der Fernseher in höchster Lautstärke, und die Kinder sind offensichtlich völlig davon in Anspruch genommen. Frau Johns ist empört und wütend. Aber sie befiehlt den Kindern nicht, ihre Arbeit im Haushalt zu tun. Sie fühlt sich vielmehr wie eine ausgebeutete Sklavin, schleppt den Rest der Waren selbst ins Haus und macht sich an den Abwasch. Sie redet vor sich hin: »Gott, ist das eine Schufterei! Bin ich wirklich selbstsüchtig, wenn ich böse auf sie bin? Die Kinder amüsieren sich gerade so gut.« Schließlich gibt sie sich selbst die Antwort: »Das ist lächerlich.«

Daraufhin stürmt Frau Johns die Treppe hinauf, schaltet den Fernseher aus und fährt wütend auf die Kinder los, die 12, 10 und 7 Jahre alt sind. Sie schreit: »Ihr seid wirklich eine rücksichtslose Bande! Räumt eure Zimmer auf! Setzt euch hinter eure Bücher! Hört auf herumzutrödeln!«

In diesem Augenblick fährt der Ehemann vor dem Haus vor und erwartet die allabendliche Begrüßungszeremonie, auf die er besonders viel Recht zu haben glaubt, da der Tag im Büro kaum auszuhalten gewesen war. Als er im Erdgeschoß des Hauses niemanden vorfindet, setzt er sich nicht mit einem Cocktail und der Zeitung in seinen Sessel, um abzuwarten, bis der Frieden im Obergeschoß einzieht, sondern stürmt auch die Treppe hinauf und beteiligt sich an der allgemeinen Rauferei. Er ergreift Partei für die Märtyrer-Mutter und wendet die traditionelle ›Unterstützungspolitik‹ an.

Indem er sich mit seiner väterlichen Kernwaffenrüstung in diesen Sturm im Wasserglas einmischt, der ihn gar nichts angeht, spielt er die Rolle, die die westliche Gesellschaft (und vor allem die Mütter) in zunehmendem Maß von den Vätern erwarten: Er bemüht sich, einen Ausgleich für seine tägliche Abwesenheit von der Familie zu schaffen. Theoretisch ist das eine ausgezeichnete Idee. In der Praxis jedoch funktioniert sie gewöhnlich nicht. Johns war Computerverkäufer, kein Grobschmied des neunzehnten Jahrhunderts, der zu Haus arbeitete und ständig von der Familie um Rat gefragt werden konnte. Selbst wenn Johns sich nicht verpflichtet hätte, diese ›Unterstützungspolitik‹ zu treiben, hätte er bestenfalls als Schiedsrichter fungieren können, der in der zehnten Runde im Kampfring erscheint, wo sich die höchst voreingenommenen Streitenden bemühen, ihn aufzuklären.

Wir haben es versucht, die Väter mit ihren Entscheidungen zu einer zentralen Gestalt in der häuslichen Alltagsroutine zu machen, doch es ist uns niemals gelungen. Deshalb raten wir unseren Klienten, die Väter, besonders an Wochentagen, möglichst mit Auseinandersetzungen zwischen Kindern und Mutter zu verschonen. Am Wochenende dagegen sollte er für Konferenzen mit den Kindern zur Verfügung stehen, sollte die unerledigten Fragen der Woche regeln und über wichtige Angelegenheiten mit ihnen diskutieren. Diese Lösung ist gewiß nicht ideal, aber wir haben festgestellt, daß es am besten ist, den Vater als Präsidenten der Gesellschaft zu betrachten, so daß jeder die wichtigere Rolle der Mutter erkennt, und aufzuhören, den guten alten Zeiten nachzutrauern, als der Vater meistens noch in der Nähe des Hauses arbeitete.

Vor allem die Mutter sollte begreifen, daß das Wesentliche des Familienlebens ihre Ehe ist und daß sie für ihren Mann um so attraktiver sein wird, je weniger sie ihn mit den kleinen Problemen der Kinder wegen belastet. Gewöhnlich raten wir den Müttern, gute Beziehungen zwischen den Kindern und ihrem Vater zu fördern, dafür zu sorgen, daß sie nicht vom Niederschlag der Konflikte zwischen Mutter und Kindern vergiftet werden, und sich zu hüten, den Vater ausschließlich zum Buhmann und Oberzuchtmeister zu machen.

Kinder werden jedoch nicht nur zum Streit um Disziplin und Autorität in der Familie mißbraucht, sondern vor allem auch dann, wenn einer der Elternteile dem Sex ausweichen will. Wir zeigten bereits, wie ein Sexstreit unter den Erwachsenen ausbricht und was die Ehepartner dagegen tun können. Aber wie sollte die elterliche Einstellung den

Kindern gegenüber dabei sein? Im allgemeinen raten wir Müttern und Vätern, den Kindern, die mindestens dreieinhalb Jahre alt sind, gegenüber aufrichtig zu sein. Sie können sagen:

»Mami und Papi möchten allein sein und sich liebhaben. Das ist eine private Sache. Wenn du verheiratet bist, wirst du es auch tun. Und bis dahin solltest du, wenn unsere Schlafzimmertür verschlossen ist, Rücksicht auf uns nehmen. Es bedeutet nicht, daß wir dich nicht mehr gern haben.«

Den meisten Paaren widerstrebt dieses Verfahren, zum Teil wegen ihrer postviktorianischen Hemmungen und zum Teil deshalb, weil gewisse Experten der Psychiatrie behaupten, daß eine allzu frühe Bekanntschaft der Kinder mit sexuellen Fragen äußerst aufreizend auf sie wirken könne. Unsere eigenen Erkenntnisse sprechen dafür, daß man Kinder von dreieinhalb Jahren lehren kann, den Begriff der ehelichen Liebe zu erfassen und dabei zu spüren, daß sie selbst ein Produkt dieser Liebe sind. Deshalb ist Sex nicht etwas völlig Normales für sie, sondern sie begreifen im allgemeinen auch schon, daß ihr Leben davon abhängt. Nach unseren Erfahrungen ist die Vorstellung, daß Sex etwas Erschreckendes für Kinder sei, das Ergebnis einer elterlichen Antisexpropaganda – oder aber die Kinder sind Zeugen geworden von schlechten elterlichen Sexerfahrungen mit Wutausbrüchen, Flüchen, Schreien, Türenschlagen und Herausstürmen aus dem Schlafzimmer.

Sind die Kinder sechs Jahre alt oder älter, dann zögern wir nicht, sie in unserem Institut an einer Sitzung zusammen mit ihren Eltern teilnehmen zu lassen, damit wir *mit* dem Kind, nicht *über* das Kind sprechen können. Natürlich berufen wir keine Familiensitzung eigens zu diesem Zweck ein, das Geschlechtsleben der Eltern zu diskutieren. Das ist bei den meisten Kindern eine recht nebensächliche Angelegenheit, und wir behandeln sie entsprechend. Dennoch gibt es in diesem Stadium des Gesprächs immer verlegenes Kichern und gewöhnlich auch ein paar rote Gesichter. Jedoch fast nie bei den Kindern. Sie machen sich nicht viel aus dem, was ihre Eltern tun, solange sie selbst nur ihre normalen Tätigkeiten fortsetzen können und nicht still in ihrem Zimmer eingesperrt bleiben müssen. Die meisten Kinder wünschen sich gar nichts Besseres, als daß die Eltern miteinander beschäftigt sind und sich nicht so viel um die Kinder kümmern.

Eine beträchtliche Anzahl von Müttern und Vätern sagt uns jedoch, daß sie sich trotzdem gehemmt fühlen, sich zu lieben, wenn die Kinder wach sind und herumlaufen. Wir erklären ihnen, daß diese Gefühle im allgemeinen das Ergebnis einer kulturellen Gehirnwäsche seien; sonst könnten die Eltern, die in den beengten Wohnungsverhältnissen von Rußland und Indien lebten, niemals miteinander schlafen.

»Sie brauchen keinen Geschlechtsverkehr zu haben, wenn die Kinder wach sind«, sagen wir diesen Eltern. »Aber es ist wichtig, daß Sie sich selbst und Ihrem Partner nichts vormachen und die Kinder als Ausrede benutzen, während Sie in Wirklichkeit dem Geschlechtsverkehr überhaupt ausweichen wollen.« In der Mehrzahl der hundert Fälle, bei denen dieses Problem auftauchte, gaben die Partner den wahren Grund dafür zu, weshalb sie Sex in Hörweite der Kinder verweigerten. Gewöhnlich widerstrebte es dem Partner, seine sexuelle Enttäuschung zu zeigen.

In solchen Situationen interessiert uns vor allem die Benutzung der Kinder als Hindernis für die Liebe. Wir erklären den Eltern, daß alles, was geeignet ist, ein Kind zu einem Vereitler der Freude zu machen, psychisch gefährlich für den jungen Menschen werden kann. Partner neigen dazu, diese Kinder zurückzuweisen. In den Augen der Eltern erscheinen solche Spaßverderber als ›lästige‹ Kinder, weil sie mit der Vorstellung von ›Schwierigkeiten‹ in Verbindung gebracht werden. Und Kinder spüren es sehr rasch, wenn sie irgendwo im Wege sind. Sie sagen sich dann vielleicht: »Wenn unsere Eltern ihren Spaß haben wollen, schieben sie uns ab.« Die Geheimhaltung der Eltern ist es, weshalb Kinder ihre Aufmerksamkeit auf das Geschlechtsleben der Erwachsenen konzentrieren.

Ebenso unnötig sind die Hemmungen, die es den Eltern schwermachen, ihre Kinder zu Zeugen bei ehelichen Konflikten werden zu lassen. Schon der Gedanke daran erscheint vielen unserer Kursteilnehmer als abstoßend und gefährlich für ihre Nachkommen. Diese Reaktion ist nicht unbedingt unbegründet. Wir würden es gewiß nicht empfehlen, junge Menschen als Publikum heranzuziehen, wenn sich ihre Eltern im Stil von *Wer fürchtet sich vor Virginia Woolf?* zerreißen. Und bedauerlicherweise trifft es zu, daß viel zu viele Kinder heutzutage wegen der groben Streitereien ihrer Eltern den Eindruck gewinnen, die Ehe sei ein äußerst schwieriger und qualvoller Zustand. Doch all dies fügt sich zu einer einzigen Mahnung zusammen: Intimpartner, die gemein streiten, verdienen es nicht, Kinder als Publikum zu haben.

Saubere, konstruktive elterliche Auseinandersetzungen – spontane Begegnungen, die schließlich mit einer Versöhnung enden – sind etwas völlig anderes. Einen fairen Streit mitzuerleben, konfrontiert die Kinder frühzeitig mit Problemen wie Aggression und Konfliktlösung. Die einzigen anderen Modelle kommen vom Fernsehen, von Filmen oder von den Horden der Gleichaltrigen. Natürlich gibt es Zeiten und Themen, die es nicht ratsam erscheinen lassen, daß Kinder anwesend sind; es muß eine kluge Entscheidung darüber getroffen werden, wann es für Kinder ratsam ist dabeizusein. Fast alle Eltern sind zu scheu, in Gegenwart der jungen Generation zu streiten. Statt sich ihren Kindern realistisch und vollständig zu zeigen wie in einem lebensgroßen Spiegel, lieben sie es, ein Stück von sich wegzuschneiden und nur das ›Beste‹ zu zeigen. Diese auf die Wahrung des Scheins gerichtete Taktik stützt vielleicht die elterliche Selbstachtung, aber die Kinder durchschauen so etwas fast immer.

Allerdings ergeben sich Probleme, wenn man in Gegenwart von Kindern streitet. Es könnte den einen Partner viel mehr hemmen als den anderen. Partner, die Kindern gegenüber weniger empfindlich sind, könnten durch die anwesenden Kinder einen so ungewöhnlichen Vorteil erlangen, daß jeder Streit in Gegenwart der Kinder für den anderen einen Tiefschlag bedeutet (»Wie oft habe ich dir schon gesagt, daß ich bei den Kindern keine Disziplin mehr bewahren kann, wenn du vor ihnen davon sprichst, daß ich das Konto überzogen habe?«). Alles in allem genommen liegt es jedoch so: Je mehr sich ein Elternteil von der romantischen Familienideologie befreien kann, daß Ruhe und Ordnung mehr als alles andere zu rühmen seien, desto mehr wird er es begrüßen, wenn seine Kinder auf dem Schauplatz der Konfliktlösung erscheinen. Menschen, die es fertigbringen, in Gegenwart ihrer Jungen und Mädchen zu streiten, stellen fest, daß die Kinder nicht nur Geschmack an der Rolle der Zuschauer finden (»Mann, sie sind schon wieder dran!«), sondern daß die Teilnahme an diesen lebensgetreuen Situationen und an der Lösung von Problemen auch das Gefühl der Familienzugehörigkeit und (durch Differenzierung) die Individualität der Jugendlichen erhöht. Außerdem werden Eltern vor ihren Kindern fast immer besser und fairer streiten, weil sie vor den Jüngeren nicht brutal wirken wollen. Ferner entdecken manche Eltern, daß der *einzige* Weg, den Partner dazu zu bringen, daß er fair streitet, der ist, die Kinder, die unehrliches Spiel verabscheuen, dabei zu haben.

Statt mit ihren Kindern wenigstens bis zu einem vernünftigen Grad offen zu sprechen, führen viele Eltern mit ihnen einen getarnten Krieg. Die Kämpfe in diesem Krieg beginnen oft schon, wenn die Kinder anderthalb Jahre alt sind – wenn sie leicht zu Tyrannen werden. Typisch dafür ist, was wir häufig von Müttern und Vätern hören:

VATER: »Der Junge macht mich verrückt! Er läßt und läßt mich nicht in Ruhe. Er will, daß ich ständig bei ihm bin, sobald er merkt, daß ich im Hause bin. Er schreit, wenn ich versuche zu telefonieren. Und meine Frau hilft mir nicht. Sie will ihn mir nicht abnehmen. Ich werde immer wütend auf sie.«

MUTTER *(verzweifelt)*: »Mich macht er auch verrückt mit seinem Gequengel und Geschrei. Ich weiß, daß er das tut, weil er nicht alles, was er fühlt, aussprechen kann. Wenn er etwas will, schreit und quengelt er, bis er es kriegt. Das einfachste ist es, ihm alles zu geben, was er haben will. Aber ich weiß, daß das die bequeme Art und Weise ist. Und ist sie richtig? Müßte ich ihn nicht von der Vorstellung abbringen, daß er alles haben kann, was er will?«

DR. BACH: »Natürlich. Aber warum sprechen Sie nicht mal offen mit Ihrem Baby?«

MUTTER: »Wie kommuniziert man mit einem Einjährigen? Soll ich ihm sagen: ›Du schaltest mich aus und frustrierst mich?«

DR. Bach: »Ich bin kein Buch über Kindererziehung. Aber ich meine, Sie sind es dieser neuen kleinen Person schuldig, sie nicht darüber im unklaren zu lassen, daß das Leben ein bißchen härter wird und daß es nicht immer nach seinem Kopf gehen kann. Übrigens tut es das meistens nicht! Wenn Sie dann dabei sind, werden Sie auch die Möglichkeit finden, ihm zu sagen: ›Du schaffst es in jedem Fall, Liebling, und ich helfe dir dabei. Also hör bitte auf, mich zu tyrannisieren! Du wirst sehr bald herausfinden, daß du ganz gut zurechtkommst, ohne all das zu bekommen, wonach du schreist.‹«

Es ist für viele Mütter schwierig, mit so einer Situation fertig zu werden, vor allem beim ersten Kind, wenn sie nicht alles in einem schönen Buch über Kinderpflege nachschlagen können. Wir vermuten, daß diese deutliche Entartung des Mutterinstinktes – und die Beliebtheit solcher Bücher – ihre Wurzeln in einem Vertrauensverlust haben. Dieser wiederum ist das Ergebnis der allzu vielen ›Regeln‹, die sich allzu rasch geändert und allzu viele Konfliktsignale erzeugt haben. Viele Mütter verlassen sich auf einen ›Leitfaden für Kinderpflege‹, damit er ihnen sagt, was sie auf dem Gebiet der Kinderpsychologie zu tun haben, weil sie sich nicht auf ihren eigenen gesunden mütterlichen Menschenverstand zu verlassen wagen. Wir haben den Eindruck, daß niemand eine solche spontane und komplizierte Beziehung wie die zwischen Mutter oder Vater und dem Kind so behandeln kann, als ob es dabei um ein festgefügtes Routineverfahren ginge. Alle drei Patienten in einer Familie sollten lernen, wie man kreativ miteinander lebt, nicht indem sie in einem Buch nachschlagen, sondern indem sie einander um Rat fragen, indem sie alle Fragen auskämpfen, indem sie experimentieren und aus den Verletzungen und dem Lachen und aus den Augenblicken des Glückes lernen, was ihnen *swing* schenkt und was nicht.

Wenn ein Kind älter wird, beschwören Eltern, ohne es zu wissen, manchen überflüssigen Streit herauf, indem sie sich auf Feilschen oder Vertragsabschlüsse einlassen (»Wenn du gute Zensuren nach Hause bringst – oder den Rasen mähst oder den Wagen wäschst –, gebe ich dir dein Taschengeld«). Wir sind gegen solche Verträge. Zunächst einmal ist es die Pflicht der Eltern, einem Kind beim Heranwachsen und Lernen zu helfen. Es ist das Recht des Kindes, aufgezogen zu werden. Und das Kind muß lernen, daß Menschen im Hinblick auf praktische und emotionelle Unterstützung aufeinander angewiesen sind. Außerdem bringt einem die Tatsache, daß man anderen hilft (wobei die Familienangehörigen Vorrang haben), ein gutes Gefühl ein.

Bei solch spontanem Verhalten lernt das Kind sehr bald, was andere tatsächlich als Hilfe betrachten. Und deshalb werden die kleinen Dinge im Haushalt sehr viel besser erledigt. Sie werden deutlich definiert als das, was *jetzt* getan und überwacht werden kann. Wird eine Arbeit dagegen vertraglich ausgehandelt, dann gibt es weniger Verantwortungsgefühl und infolgedessen mehr Trödelei.

Vertragsschlüsse in intimen Beziehungen dienen im allgemeinen nur als anfängliche und vorübergehende Maßnahmen, um die breiten Grenzen der Verantwortung abzustecken. Besonders für Kinder gilt: Je weniger Gebiete starr durch ›Rollenverträge‹ festgelegt sind und je mehr Raum für spontane Teilnahme bleibt, desto mehr wird sich der junge Mensch zu Hause fühlen. Das ist ja gerade die wahre Bedeutung des Zu-Hause-Seins: in der eigenen Familie spontaner sein zu können als anderswo, besonders da die meisten Tätigkeiten in der Schule, auf der Straße und im Sport von Rollenverträgen dieser oder jener Art bestimmt werden. Die Intimität des Familien- und Liebeslebens würde zerstört, wenn man ständig auf Vergütung erhaltener Werte bestehen wollte.

Viele Eltern werden zerstörerisch aggressiv beim Streiten mit ihren Kindern. Hänseln ist dabei eine beliebte Taktik. Eltern halten das Hänseln meist für liebevoll. Tatsächlich ist es eine Mischung aus Aggression und Zärtlichkeit. Wenn es jedoch über den Punkt hinaus fortgesetzt wird, wo ›es kein Spaß mehr ist‹, wird es zur offenen Provokation oder zur aggressiven Attacke.

Eltern reden sich oft ein, daß Kinder es gern haben, wenn man sie neckt. In Wirklichkeit finden sie sich bestenfalls damit ab, um den Eltern das Abreagieren ihrer Feindseligkeit zu ermöglichen. Wenn Kinder gute Miene dabei machen, wenn sie gehänselt werden, dann sind sie tatsächlich einfach hungrig nach elterlicher Aufmerksamkeit. Sie nehmen das Hänseln oder andere Feindseligkeiten als Ersatz für Ermutigung hin. Geneckt zu werden ist immer noch besser, als ignoriert zu werden.

Hänseln ist auch eine Form des Spielens mit Tabubefriedigungen. Ein Vater, der seine Inzestgefühle unterdrückt, hänselt seine heranwachsende Tochter vielleicht mit ihren ›Blödlingen‹ und reagiert damit wenigstens teilweise seine Inzestphantasien ab.

Der Spaß am Hänseln ist trügerisch. Ein Kind kann kaum mehr tun als sich mit dem Scherz abfinden. Hätte es die Kraft zu fordern: »Hör auf damit – ich mag mich nicht hänseln lassen«, würde es vermutlich noch mehr gehänselt werden, und außerdem würde man ihm sagen, es sei ein Spielverderber. (»Was ist denn mit dir los? Verstehst du keinen Spaß?«)

Zur Strategie des Hänselns gehört zunächst, daß man einen besonders verletzbaren Punkt gefunden hat – etwas, was das Ich ungern zur Schau gestellt sieht –, und zum anderen, daß man irgendwelche Ereignisse auf diesem Gebiet allen anderen zur Kenntnis bringt. Mit anderen Worten, es ist die grausame Verwendung intimer Kenntnisse – ein unfairer Stich in die ›Achillesferse‹ des Kindes.

Linda Knight, acht Jahre alt, bemüht sich, ihre Schwierigkeiten beim Schwimmunterricht zu überwinden. Es ist ihr unmöglich, das Gesicht beim Schwimmen unter Wasser zu halten. Deshalb erklärt ihr die Mutter, sie würde eine schlechte Seejungfrau abgeben.

Ein zweiundvierzigjähriger Klient ist immer noch verbittert darüber, daß sein Vater, ein Bäcker, das Hänseln zur Familienbelustigung am Sonntagnachmittag machte. »Als Kind hatte ich den Ehrgeiz, Kunstmaler zu werden«, sagte dieser Mann, der statt dessen Lehrer geworden war und seinen Beruf haßte. »Ich zeichnete sonntags, und die

Familie gab nach ein paar Glas Wein meine Skizzen herum und machte sich darüber lustig. Alle hielten das für urkomisch und machten es meinem Vater nach.«

Manche Arten freundlichen Hänselns sind gelegentlich brauchbar, um Kindern gewisse Ängste auszutreiben. Das Lächerlichmachen von destruktivem Verhalten kann ebenfalls nützlich sein, wenn sich Erwachsene in Streittrainingsgruppen gegen solches Verhalten verteidigen müssen. Doch im ganzen halten wir Hänseln für eine entfremdende, keineswegs für eine bindungschaffende Form der Aggression, besonders wenn Kinder die Zielscheiben sind. Wenn wir jemanden dabei ertappen, der es bei einer Familien- oder Marathontherapie tut, sagen wir: »Wir wollen nicht über Erfahrungen lachen, die für den, der sie macht, nicht komisch sind.«

Da legitime Möglichkeiten, persönliche Feindseligkeit abzureagieren, in der heutigen etikettbewußten Gesellschaft schwer zu finden sind, verleiten Eltern bisweilen ihre Kinder zu einem ›anstößigen‹ Verhalten, nur um nachher ihre Aggressionen an jungen Sündenböcken auslassen zu können. Sie sagen vielleicht einem Jungen, der ausgehen möchte, er solle sich tüchtig amüsieren, und verdammen nachher alles, was der Junge getan hat. Die meisten Kinder scheinen zu spüren, daß Eltern aus erzieherischen Gründen glauben, ihrer Entrüstung Ausdruck verleihen zu müssen, und finden es am bequemsten, sich mit den ›richterlichen‹ Maßnahmen ihrer Eltern abzufinden, um später die gleiche Torheit ihren eigenen Kindern gegenüber zu begehen.

Verleitung zu dem Zweck, einen Sündenbock zu finden, führt gelegentlich zu unbewußten Handlungen der Eltern (oder Lehrer), die bisweilen so weit gehen, daß sie einem Kind zuviel Taschengeld geben, um ihm später Verschwendungssucht vorzuwerfen. Die Enttäuschung über das Kind wird dann benutzt, um die strafende und unfaire Aggression des Erwachsenen gegen das Kind, den ›ungehorsamen Quälgeist‹, zu rechtfertigen.

Eltern, die die Rute nicht sparen – aus Furcht, das Kind zu verwöhnen –, all die Mütter und Väter, die freigiebig mit Strafen, aber knauserig mit Lob und Ermutigung sind, setzen sich der raffinierten Vergeltung durch ihre Kinder aus. Diese jungen Wesen werden zu Experten in der schönen Kunst des Frustrierens und Quälens, die sie gegen Eltern, Lehrer und erwachsene Gäste einsetzen. Häufig bleibt das zermürbende Stören allerdings ihre einzige Möglichkeit, sich gegen Cocktailparties, Fernsehstücke, die Zeitung oder ›Erwachsenengeschwätz‹ durchzusetzen und auch ein wenig Aufmerksamkeit zu erlangen. Auf diese Weise lernen Kinder, daß sich ›Stören‹ psychologisch auszahlt; und darin sind sie sehr tüchtig, wie die Dekane aller Colleges wissen.

Wieder andere Eltern benutzen getarnte Mittel, um das Heranwachsen eines Kindes zu verzögern und das Kind selbst zu verwirren, indem sie es ihren eigenen unerfüllten Erwachsenenbedürfnissen entsprechend als Baby behandeln. Die Motive der Eltern müssen dabei nicht unbedingt böse sein. Angenommen, eine geschiedene Mutter klammert sich an ihren Sohn, der die Pubertät bereits hinter sich hat, und behandelt ihn wie den kleinen Jungen auf den alten Familienfotos, die sie in der Handtasche mit sich herumträgt. Wahrscheinlich hungert diese Mutter nur nach Gesellschaft und fürchtet sich vor dem Tag, an dem ihr heranwachsender Sohn ihr Haus verläßt, so daß sie allein zurückbleibt. Trotzdem wirkt sich ihr Verhalten so aus, daß der Sohn allzu passiv wird, und wenn er nicht lernt, sich konstruktiv gegen die Mutter zu wehren, um sein Selbstwertgefühl durchzusetzen, wird er später sicher in Schwierigkeiten geraten.

Übermäßig aggressive Kinder – häufig als ›feindselig‹ bezeichnet – sind wahrscheinlich ebenfalls das Ergebnis elterlicher Neurosen. Wir hatten das Glück, daß unser Institut viele Jahre lang enge Beziehungen zu einem ausgezeichneten Kindergarten in Los Angeles unterhielt. Die Besitzerin und Leiterin, Dorothy Carter Nelson, hat uns häufig konsultiert, wenn sich Probleme mit besonders aggressiven Kindern ergaben. Wir stellten fest, daß die Aggression eines übermäßig ›feindseligen‹ Kindes in nahezu jedem Fall eine Reaktion auf elterliche Reize war, wie sie gewöhnlich beim gemeinsamen Streiten vorkommen.

Manche Mütter dieser Kinder schwankten ständig zwischen ernsthaft verärgerter, offener Ablehnung ihres Kindes und von Schuldgefühlen hervorgerufener, übermäßiger Nachsicht. Solche Schwankungen sind Kindern völlig unverständlich. Deshalb wehrt sich das Kind, um weiterer Verwirrung und Bestürzung zu entgehen. Um sich zu schützen, wurde es aggressiv, als ob es sagen wollte: »Ich darf auf diese verrückte Umgebung nicht reagieren. Ich muß vorwärts gehen, mich durchsetzen und auf die Umgebung einschlagen. Das beste wird sein, wenn ich mich schlechtmache, konsequent schlecht. Dann kümmert man sich ständig um mich, indem man mich *böser Junge* schilt. Das ist besser, als ständig von einer verrückten Mischung aus Liebe und Haß verwirrt zu werden.«

Eine andere Art, wie Eltern ihre Kinder verrückt machen, ist die

Identitätsbildung: Die Eltern erklären den Kindern, sie wüßten genau, was diese denken und fühlen, und interpretieren das Verhalten eines Kindes entsprechend. Sie zwingen dem Kind also die Ansicht der Eltern auf und nehmen ihm damit die Möglichkeit, daß seine eigenen Gefühle und Gedanken anerkannt werden. Das ist gar nicht so kompliziert oder grotesk, wie es auf den ersten Blick scheint. Im Gegenteil, es ist leider sogar schockierend einfach, wie die Mutter in folgendem Dialog veranschaulicht:

KIND: »Mami, ich möchte zu Frieda gehen und mit ihr spielen.«
MUTTER: »Du kannst doch Frieda nicht leiden.«
KIND: »Kann ich sie nicht leiden? Aber darf ich nicht trotzdem hinübergehen, Mami? Darf ich nicht?«
MUTTER: »Nein, du *weißt* doch, wie müde du warst, als du das letztemal von ihr zurückkamst.«
KIND: »War ich das?«

In manchen ernsthaft gestörten Familien finden Mutter oder Vater (oder beide) in Heuchelei ein sadistisches, fast satanisches Vergnügen daran, das Ich zu kontrollieren, das ein junger Mensch für sich selbst erfahren sollte. Es ist deshalb kaum verwunderlich, daß falscher und korrumpierender Identitätsdruck (»Du bist ein böses Kind!«), wenn er lange genug fortgesetzt wird, ein Opfer buchstäblich verrückt machen kann.

Das geschieht, wenn das natürliche Ich allmählich zerstört wird, weil es niemals Bestätigung findet. Der Zerstörer ist eine »entscheidende Bezugsperson« des Kindes, gewöhnlich die Mutter. Die Mutter erreicht die Zerstörung, indem sie das Kind verwirrt und irremacht und seinen eigenen destruktiven Neigungen durch Heuchelei nachgibt. Wenn dieser Prozeß weitergeht, wird das wirkliche Ich des Kindes allmählich vernichtet. Dann erlebt das Kind nur noch sein falsches Ich und ist nicht mehr es selbst!

In der Familientherapie schlagen wir bisweilen eine Methode gegen das ›Verrücktmachen‹ vor, wenn ein Kind von einer kranken, feindseligen Mutter schikaniert wird, ohne daß ihm jemand beibringt, wie es sich wehren kann. Der Gedanke dabei ist, dem Kind zu helfen, daß es die Aggression der Mutter erkennt und in Grenzen hält, mit denen das Kind fertig werden kann. In einem Fall war die Mutter schwer paranoid. Sie lebte in einer von Geistern bevölkerten Privatwelt. Wir konnten die Kinder trainieren, diese Geisterwelt zu tolerieren, als ob sie ein zeitweiliger unpersönlicher Besitz der Mutter wäre, der jedoch für die Kinder keinerlei Bedeutung hatte. Die Geisterwelt der Mutter wurde von den Kindern geduldet wie ein Halsband, das sie vielleicht trug. Wenn sie ihre Kinder jedoch zu überreden versuchte, das Vorhandensein ihrer Geister zu bestätigen, griffen die übrigen Familienmitglieder ein, die wir ebenfalls trainiert hatten, und wiesen die Raubzüge der Mutter zurück.

Kurz, die Familienmitglieder lernten, einen von Phantasien verfolgten Angehörigen weder zurückzuweisen noch ihm nachzugeben, vielmehr dadurch an seiner Therapie mitzuwirken, daß sie seine verrückt machende Strategie bekämpften. Eine von Phantasien verfolgte Person mag schwer zu bessern sein, aber wirksames Streiten immunisiert die engsten Familienangehörigen gegen psychopathologische Ansteckung – ohne daß das kranke Familienmitglied in eine Anstalt gebracht werden muß. Wenn kranke Mütter oder Väter sehen, daß die Kinder ihre verrückte Wirklichkeitsvorstellung nicht akzeptieren, sind sie häufig eher bereit, ihre ungesunden Phantasien aufzugeben.

Wenn dies auch extreme Beispiele sind, so finden doch alle Intimpartner einen Weg, in den Geist des anderen hineinzugelangen und festzustellen, wie das Ich dort erlebt wird. Identitätsformung ist also selbst dann, wenn sie von Eltern vorgenommen wird, die nicht psychisch krank sind, ein emotionell geladenes Handeln, um die Jungen zu beeinflussen, und kann leicht zu einer Art Gehirnwäsche werden, die das emotionale Wachstum des Kindes aufhält. Wir beobachten diesen Formungs- oder Typisierungsprozeß ständig, wenn Mitglieder unserer Streittrainingsgruppen intimer miteinander werden und sich gegenseitig dazu verleiten, sich untereinander oder den Therapeuten auf eine bestimmte Weise zu erleben.

Eltern benutzen auch Prägungsmaßnahmen, um Kinder in ein Verhaltensschema zu zwingen, das mit dem elterlichen Rahmen von dem übereinstimmt, was ein Kind sein und wie es fühlen sollte. Typischerweise bemühen sich Mütter um eine ›Vatertypisierung‹ bei Jungen, häufig mit den gleichen Ergebnissen, wie sie im folgenden Fall sichtbar wurden.

Richard Hart, ein sexuell interessierter, herzlicher und männlicher Public-Relations-Berater, der gute sexuelle Beziehungen zu seiner ersten Frau und einer Anzahl anderer Frauen nach seiner Scheidung unterhielt, wurde äußerst frustriert, als er Mary Knoll kennenlernte, eine junge Frau, die er wirklich gern hatte. Es gab an Mary gewisse

Dinge, die Richard ›einschalteten‹. Doch zu seiner tiefsten Enttäuschung war seine sexuelle Reaktion völlig unzureichend. Er war bei ihr impotent. Das führte schließlich dazu, daß sie sich ihm entfremdete und sich von ihm zurückzog, wenn sie ihn sonst auch gern hatte.
Zunächst gab sich Richard noch ziemlich forsch wegen seiner Impotenz, da er zu jener Sorte von erfolgreichen, aber ungebildeten Geschäftsleuten gehörte, die bei Problemen privater Natur leicht verlegen werden und das überspielen wollen. Doch allmählich wurde er nach einer Selbstprüfung und einer Konsultation mit Mary bei einem Berater sowie durch seine eigene Diskussion mit dem Berater und einer Streittrainingsgruppe nachdenklich. Nach mehreren Wochen kam er ins Sprechzimmer und beschrieb erregt eine ›innere Entdeckung‹, wie er es nannte.
»Ich weiß, Sie und Mary glauben, daß ich kein sexuelles Verhältnis mit ihr haben wollte, weil ich als Kind nicht anerkannt worden bin«, sagte er. »Aber das muß ich zurückweisen. Ich spüre, daß der Fehler in mir selber liegt, weil ich mich immer fürchte, daß ich die Frau, mit der ich gerade zusammen bin, vielleicht nicht befriedigen kann. Wenn eine Frau nicht sofort begeistert auf meine Annäherungsversuche reagiert, bekomme ich stets diese Furcht vor meiner Unzulänglichkeit. Ich führe das jetzt auf meine Pubertätszeit zurück, als mich meine Mutter darüber aufzuklären versuchte, wie ich mich bei Frauen zu verhalten hätte. Sie betonte sehr nachdrücklich, daß es die entscheidende Pflicht eines Mannes sei, seine Ehefrau oder die Frau, mit der er geht, unbedingt zu befriedigen. Sie erklärte, das sei sehr wichtig. Gleichzeitig kritisierte sie meinen Vater dauernd als unzulänglichen Liebhaber.
Im Lauf der Jahre wurde das in meinem Geist sehr stark und bedeutungsvoll. Als dann Mary mir gegenüber auch betonte, wie wichtig es sei, daß sie sexuell befriedigt werde, kam ich vor Angst fast um den Verstand. Ich verlor die Erektion und zog mich von der ganzen Sache zurück.«
Glücklicherweise sind die meisten gesunden Kinder durchaus in der Lage, sich nicht nur gegen diese offensichtlich neurotischen und verrückt machenden Strategien zu wehren, sondern auch gegen die gewöhnlicheren Übergriffe der Eltern auf das jugendliche Ich.

XV. Wenn sich Kinder wehren

Wir kennen einen fünfzehnjährigen Jungen, dessen Vorliebe für Fernsehspiele, in denen Nazi-Schurken dargestellt werden, ihm geholfen hat, eine empfehlenswerte Methode zu erfinden, um seinem Vater zu signalisieren, daß dieser eine übertriebene Forderung an die Dienstbereitschaft oder Gutmütigkeit des Sohnes stellt. Wenn sich eine solche Situation ergibt, antwortet der Junge zackig und herausfordernd: »Jawohl, Obersturmführer!«

Diese Antwort verringert die Spannung zwischen Vater und Sohn, weil sie dem Vater erlaubt, über sich selber zu lachen. Der Junge kann mit dieser Entgegnung seine Selbstsicherheit beweisen und dem Vater, ohne ihn zu verletzen, mitteilen, daß er ihn für ein wenig willkürlich hält. Außerdem informiert sie den Vater, daß dieser Sohn ungehorsam werden könnte, wenn man ihn zu weit treibt.

Wir billigen die psychologische Geschicklichkeit dieses jungen Mannes durchaus und bewundern auch die vielen anderen Jugendlichen, die eigene Methoden finden, um von elterlichen Forderungen abzurücken, die dem sich entwickelnden Ich eines jungen Menschen fremd sind. Der Elternteil, der wütend wird, wenn der heranwachsende Sohn nicht mit Mami und Papi zur Oper gehen will, begreift gewöhnlich gar nicht, daß die Hartnäckigkeit des jungen Mannes vermutlich eine konstruktive Tat ist. Möglicherweise revoltiert dieser Junge gar nicht einfach gegen ›gute‹ Musik. Er tut einen Schritt auf der langen, langen Straße zur Entfaltung seiner eigenen Persönlichkeit. In diesem Fall wendet er Mahatma Gandhis Strategie des kreativen Ungehorsams an.

Wenige Eltern freuen sich, wenn ihre Kinder befehlsresistent werden oder sich entschließen, mit einem trotzigen »Nein, ich will nicht!« in Streik zu treten. Zu wissen, wann und wie man beharrlich, wann und wie man nachgiebig sein muß, gehört zu den schwierigsten Funktionen der konstruktiven Elternschaft. Es erfordert erhebliche Einsicht von einem Elternteil, sich selbst zu fragen, was wirklich ›dem Besten des Kindes dient‹ und deshalb eine legitime Streitfrage für einen Streit bildet und was tatsächlich nicht in diese Kategorie fällt und deshalb lieber mit lockerem Zügel gelenkt oder ganz aufgegeben werden sollte. Wir versuchen das Problem für unsere Kursteilnehmer dadurch zu klären, daß wir ihnen das folgende, völlig imaginäre Gespräch vorspielen:

EIN ELTERNTEIL: »Ich liebe dich und sorge für dein Wohlergehen.«

KIND: »Das ist nett. Es freut mich. Es ist gut, einen Menschen zu lieben. Es muß hübsch für dich sein, daß du Mutter (oder Vater) bist.«

ELTERNTEIL: »Nun, das hängt ganz von dir ab.«

KIND: »Wie meinst du das?«

ELTERNTEIL: »Du weißt genau, wie ich das meine: Ich liebe dich, wenn du nett bist und mir durch dein Verhalten – etwa dadurch, daß du dein Zimmer aufräumst und höflich zu Erwachsenen bist – zeigst, daß du Interesse hast.«

KIND: »Interesse woran?«

ELTERNTEIL: »Interesse daran, daß du die alltäglichen Arbeiten tust, die ich dir vorschreibe, und daß du sie gut und pünktlich tust.«

KIND: »Ach, das! Das meiste tue ich, um dir einen Gefallen zu tun – oder damit du mich nicht anschreist oder schlägst.«

ELTERNTEIL: »Aber diese Arbeiten sind zu deinem eigenen Besten.«

KIND: »Das weiß ich nicht. Ich glaube eher, es macht dir Spaß, mich herumzukommandieren und mir Anordnungen zu geben.«

ELTERNTEIL: »Darauf kommt es nicht an. Ich hoffe, du weißt es zu schätzen, daß ich dich erziehe, weil ich mich um dich kümmere und dich liebe.«

KIND: »Das ist nett von dir, aber müssen sich nicht alle Eltern um ihre Kinder kümmern?«

ELTERNTEIL: »Nun . . . ja. Aber es geschieht zu deinem Besten.«

KIND: »Da bin ich anderer Ansicht. Ich denke, es ist überwiegend zu deiner Erleichterung.«

ELTERNTEIL: »Was, in aller Welt, meinst du damit? Gefällt es dir hier nicht?«

KIND: »Doch, wo wäre sonst ein Platz für mich? Aber die meisten Arbeiten, die du mir aufträgst, gefallen mir nicht.«

ELTERNTEIL: »Wie willst du denn sonst alles lernen?«

KIND: »Was lernen? Zu tun, was du willst?«

ELTERNTEIL: »O nein, nicht so sehr das, wirklich nicht. Jetzt bringst du mich ganz durcheinander. Weißt du denn nicht, daß ich dich liebe und daß du mir teuer bist? Das ist der einzige Grund, weshalb ich die Verantwortung auf mich nehme, dich zu erziehen und zu kritisieren.«

KIND: »Das glaube ich nicht, und ich brauche es auch nicht so sehr. Aber ich nehme an, daß du mich auf deine Weise lieben mußt. Ich bin dein ›Fleisch und Blut‹, wie du immer sagst. Ich sehe ein, daß ich es dir schwermachen kann, indem ich deine Liebe nicht erwidere – indem ich diese alltäglichen Arbeiten für dich nicht erledige.«

ELTERNTEIL: »Die sollen dich lehren, wie du später im Leben zurechtkommst. Außerdem, weshalb solltest du mir das Leben schwermachen wollen?«

KIND: »Richtig, das ist tatsächlich *unser* Problem. Es ist gegenseitig. Glaubst du wirklich, es sei gut für meine Entwicklung, daß du die einzige bist, die mir das Leben schwermachen kann? Ich könnte mich revanchieren, weißt du?«

ELTERNTEIL: »Ich lebe schon länger als du, deshalb mußt du mich respektieren.«

KIND: »Das ist dein Problem. Mir ist mein Alter lieber, aber reg dich nicht allzusehr auf – ich bin ja nicht für immer hier. Bis dahin würdige ich deine Aufopferung für mich, aber bitte verlange nicht allzu viele alltägliche Arbeiten von mir – oder ich muß mich wehren. Entschuldige!«

In gewisser Hinsicht ist es gut, daß Jugendgruppen meist den Mitgliedern, die hervorragende kämpferische Fähigkeiten beweisen, den Führerstatus zubilligen. Der Rebell, der in seiner Kritik an der herrschenden Ordnung und Autorität aggressiv ist, wird auch Gefolge und Ansehen in seiner Altersgruppe finden.

All das gehört zum intensiven Versuch der Jugend, miteinander zum Selbstwertgefühl zu gelangen. Wenn die Suche damit beginnt, sich kriminell zu betätigen oder sich sogenannter bewußtseinserweiternder Drogen zu bedienen, dann bedeutet das fast immer, daß junge Menschen versuchen, Ersatz für den Anreiz zum Wachsen zu finden, den sie zu Haus nicht erhalten haben.

Wenn Eltern der Versuchung nicht widerstehen können, Kinder emotionell auszubeuten – etwa indem sie sie mit Forderungen überlasten und dieser Überforderung ein Abreagieren der elterlichen Aggression durch Strafen folgen lassen –, lernt ein gesundes Kind bald, sich zu verteidigen. Meist findet es einen Weg, die Eltern einzuschläfern, so daß sie glauben, man könne sich darauf verlassen, daß der Junge die Bürde der Überforderung auf sich nimmt (»Jawoll, Mami, wird gemacht!« oder: »Mach dir keine Sorgen, Papi!«). Was das Kind damit jedoch wirklich meint, lautet: »Einstweilen ja, aber ich meine damit: nein, sobald ihr mich nicht mehr so genau überwacht.«

Alle Erwachsenen kennen die Tendenz der Kinder und Jugendlichen, diese Formel zu verwenden, um die Forderungen der Erwachsenen einzuschränken oder um sich ihnen völlig zu entziehen. In den meisten Fällen ist es gescheiter, wenn ein junger Mensch diese Methode wählt, statt den Helden zu spielen und nein zu sagen. In einer Befehlssituation nimmt der Kommandierende selten ein Nein hin. Selbst wenn der erwachsene Kommandierende später sehr zornig und aggressiv wird, sobald er entdeckt, daß das Ja des Kindes in Wirklichkeit nein bedeutete, wird das Kind vermutlich nicht allzu beunruhigt sein, wenn es wegen Ungehorsams beschimpft wird. Da sich der junge Mensch von Anfang an seinem Ja nicht verpflichtet gefühlt hat, braucht er sich auch nicht schuldig zu fühlen, weil er die Leistung nicht gebracht hat. Das ist der Grund, weshalb das Verfahren, Erwartungen bei Lehrern und Eltern zu wecken und dann zu enttäuschen, der bevorzugte Kampfstil der Kinder ist. Sie wissen, daß sie in einer Befehlssituation mit Überforderungen am Ende doch ›Sieger‹ werden können.

Erwachsene finden das natürlich überaus ärgerlich, solange sie nicht gelernt haben, diese Strategie zu entschlüsseln und ihr entgegenzutreten. Doch selbst wütende Eltern sind noch besser daran als ein Kind, das sich einer Befehlsüberlastung beugt und wirklich versucht, sie zu erfüllen – also sagt: »Einstweilen ja und für später auch ja.« Das ist fast sicher ein ungesundes Kind, das sich schuldig fühlen wird, wenn es trotz härtester Bemühungen die strengen Forderungen der Eltern nicht erfüllt. Nach mehrjährigen Attacken dieser Art wird dieses Kind vermutlich Depressionen haben, die es möglicherweise bei jeder Tätigkeit lähmen.

Nur das Kind, das sich gegen unrealistische Forderungen wehrt, hat eine Chance, ein gesunder Erwachsener zu werden. Und dieses Kind wird einen Weg finden, Eltern und Lehrern zu sagen: »Es ist nicht realistisch, wenn ich versuche, eure Erwartungen zu erfüllen. Und es ist für keinen von uns konstruktiv, wenn ich euch jetzt täusche und sage: ›Einstweilen ja, aber nein für später.‹ Ich werde aufhören, dich, lieber Erwachsener, in deinen Erwartungen zu bestärken, daß ich etwas tue, wenn es mir nicht wirklich ernst ist. Ich bin jetzt stark genug, mit dem elterlichen Druck fertig zu werden.«

Ein anderer vernünftiger Stil für klassenmäßig und zahlenmäßig überforderte Streiter ist natürlich der, es überhaupt nicht zu einer Begegnung mit einem überlegenen Feind kommen zu lassen. Kinder, die allzu viele Schlachten verloren haben, verstecken sich vielleicht in ihrem Zimmer und werden später Hippies, damit sie in einer passiven Kultur von Gleichgesinnten, wo sie spüren, daß sie eine Chance haben, Kraft gewinnen. Kinder, die weniger hoffnungslos unterdrückt worden sind, erweisen sich gewöhnlich als höchst erfinderisch im Hinblick auf Ausweichmanöver, die sie unzugänglich und unverletzbar machen. Sie fühlen, daß ihr Einfluß, ihre Macht und Geschicklichkeit ihnen nie eine Chance geben, einen Sieg zu erkämpfen.

Kluge Eltern versuchen intuitiv, die Waffensysteme, die zwischen ihnen und ihren Kindern benutzt werden, so anzugleichen, daß die jungen Menschen nicht allzu entmutigt werden und um weitere Vorrechte, mehr Unabhängigkeit und Wachstumsmöglichkeiten kämpfen. Doch viel zu viele Kinder gewinnen immer stärker den Eindruck, daß sie die ständigen Verlierer sind.

Die Strategie des Unterlegenen ist es, dem Sieger eines auszuwischen, und die Formel »Einstweilen ja, jedoch später nein« ist nicht das einzige Mittel, mit dem Kinder zurückschlagen. Sie können den Erwachsenen den Sieg verderben, indem sie den Gewinner beispielsweise dazu bringen, daß er sich schuldig fühlt.

Deshalb sind Kinder so begabt im Schmollen, im Verdrossensein und im ständigen Herumreiten auf ihren Verlusten und Schmerzen. Diese Schuldgefühle in den Erwachsenen durch die Schaustellung der eigenen Leiden hervorzurufen ist eine sehr wirksame Kinderwaffe – und das wissen die lieben Kleinen genau. Sie weinen und rücken ihre Schmerzen recht dramatisch bei den Eltern ins rechte Licht, deren Schuldgefühle so leicht zu wecken sind, wie Lisa Carter, sechs Jahre alt, hier demonstriert:

LISA: »Mami, ich gehe jetzt und kaufe Shelly und mir was.«
MUTTER: »Woher hast du denn das Geld?«
LISA: »Das habe ich gehabt.«
MUTTER: »Gestern hattest du es nicht, und ich habe dir kein Geld gegeben.«
LISA: »Ich weiß nicht mehr, woher ich es habe.«

MUTTER *(streng)*: »Lisa, woher ist es? Du hast mich heute morgen um Geld gebeten, und ich habe dir keines gegeben. Woher hast du es also plötzlich?«
LISA *(aufgeregt)*: »Ich weiß nicht mehr.«
MUTTER *(selbstzufrieden)*: »Nun, dann bleibst du dort sitzen, bis es dir wieder einfällt!«
Nach endlosem Bohren der Mutter erinnerte sich Lisa, daß sie das Geldstück in der Handtasche ihrer Puppe gefunden hatte. Sie gestand das erst, nachdem die Mutter ihr versprochen hatte, *nicht* böse zu werden und nicht mehr darüber zu sagen, als unbedingt notwendig war – auch später nicht. Doch die Mutter wurde trotzdem wütend. Daraufhin starrte Lisa mit brennenden Augen zu Boden und floh schließlich aus dem Zimmer. Sie legte sich ins Bett und deckte sich zu und lutschte am Daumen. Ihre Mutter saß fassungslos da. Und nach einer kurzen Weile fühlte sie sich gemein und böse. »Armes Kind«, dachte sie. »Ich glaube, so sehen Kinder aus, wenn sie von keinem Menschen geliebt werden und niemand da ist, der auf ihre Schwierigkeiten hört. Ich bin grausam und herzlos gewesen. Ich muß sie sofort trösten.« Die Mutter tritt in Lisas Zimmer:
MUTTER: »Lisa?«
LISA: »Was denn?«
MUTTER: »Fühlst du dich wohl?«
LISA: »Ja.«
MUTTER: »Bist du mir böse?«
LISA: »Nein.«
MUTTER: »Was machst du hier drin?«
LISA: »Ich liege.«
MUTTER: »Woran denkst du?«
LISA: »An nichts.«
MUTTER: »Möchtest du über irgend etwas mit mir sprechen? Hast du mir irgend etwas zu sagen, oder willst du dich beschweren?«
LISA: »Nein.«
MUTTER: »Glaubst du, daß Mami unfair oder gemein zu dir ist? Ich weiß, daß ich auch Fehler mache, und ich möchte, daß du mir sagst, wenn du meinst, daß ich unfair bin oder etwas falsch mache.«
LISA: »Ja.«
MUTTER: »Dann will ich jetzt lieber gehen, wenn du mir nichts Besonderes zu sagen hast . . .«
LISA: »Ja.«

Verwirrt und reuevoll bemühte sich die Mutter, dem Kind in die Augen zu schauen, doch Lisa blickte zur Seite und lutschte am Daumen.

Seit neuerdings psychotherapeutisch mit ganzen Familiengruppen gearbeitet wird, hat sich die erschütternde Tatsache herausgestellt, daß durchschnittliche Familien – und nicht etwa nur psychisch kranke – dazu neigen, die gefühlsmäßige Abhängigkeit, die ein Mitglied einem anderen gegenüber empfindet, falsch zu behandeln. Vor allem werden Teenager von dieser Störung beeinträchtigt. Da die jungen Menschen emotionell akzeptiert werden möchten – und das auch dringend brauchen –, befinden sie sich in der ständigen Versuchung, sich dem Liebes- bzw. Haßrahmen anzupassen, den ihre Eltern um sie her aufbauen. Und da Teenager in den meisten Familien kein wirtschaftlicher Aktivposten sind und deshalb keinen geachteten Platz in der Gesellschaft einnehmen, hängt die Bestätigung ihrer Identität entscheidend davon ab, wie sie zu Haus behandelt werden.

Deshalb ist es doppelt bedauerlich, daß viele Eltern ihre Kinder mit Kommunikationsstörungen der gleichen Art beunruhigen, die Ehepartner anwenden, um sich gegenseitig ›verrückt‹ zu machen. Doch da gibt es einen tragischen Unterschied: Da Kinder nicht gleichstarke Kämpfer sind, werden sie immer wieder gezwungen, gemein vorzugehen oder Feuer mit Feuer zu bekämpfen. Mit anderen Worten: Wenn Teenager Eltern und Lehrer zur Weißglut bringen, dann ist das in Wirklichkeit häufig genug nichts als ein Sich-zur-Wehr-Setzen.

Es ist nicht immer leicht, Eltern dazu zu bringen, die Dinge in diesem Licht zu sehen. Ebensowenig wollen sie einsehen, daß es sich, wenn ihre Kinder sie ärgern, meistens um weit mehr handelt, als daß sie sich an ihnen für eine Tracht Prügel oder andere Strafen rächen wollen. Es kann eine kreative Provokation sein, die die Eltern dazu zwingen soll, zu zeigen, ob sie wirklich *Interesse* für ihre Kinder haben. Kinder glauben nämlich selten, daß die Eltern sie lieben, bis sie Mutter und Vater auch einmal zornig erleben. Es wird den jungen Menschen schwer oder unmöglich, völlige Anerkennung mit Liebe und Zuneigung gleichzusetzen.

In der Kindererziehung wie in der Landwirtschaft ernten die Menschen, was sie säen. Das tritt vielleicht noch nicht so deutlich zutage, solange die Kinder noch klein sind, doch nach dem zehnten Lebensjahr geht die schlechte Saat gewöhnlich auf und bringt drei Typen von ›rücksichtslosen‹ jungen Menschen hervor:

1. REBELLEN OHNE ANLIEGEN. Sie wurden zurückgewiesen, als sie noch kleiner waren. Ihre Strategie als Heranwachsende besteht darin, rücksichtslos zu sein, weil sie Freude daran finden, die Eltern unglücklich zu machen.
2. VERWÖHNTE. Sie sagen sich: »Mutter hat alles für mich getan, als ich klein war; warum soll sie jetzt damit aufhören?«
3. IMITATOREN. Sie wurden gelehrt, Vater oder Mutter zu bewundern, und nun äffen sie den bevorzugten Elternteil nach.

Je mehr Kinder ermuntert werden, sich offen und realistisch gegen elterliche Strategien zu wehren, durch die sie zurückgewiesen wurden, desto seltener werden sie später zu Konflikten neigen, die man heute gern als Generationsprobleme bezeichnet, d. h. gegenseitiger Mangel an Verständnis und Kommunikation.
Eltern, die gelernt haben zu entschlüsseln, was ihre Kinder signalisieren, erscheinen bisweilen wieder bei uns und berichten uns von überraschenden Erfahrungen. Ein Vater erzählte, daß er sich Sorgen gemacht habe, weil sein sechzehnjähriger Sohn ungewöhnlich wenig mitteilsam gewesen sei. Dieser Vater war so etwas wie ein ›Monologsprecher‹ und hatte die Schwäche, dem Sohn ausführliche Vorträge über all das zu halten, was er als nützlich für den Jungen betrachtete. Dabei ermunterte er angeblich den Sohn, Fragen zu stellen, doch dieser ließ die Informationsflut gewöhnlich nur stoisch über sich ergehen und reagierte selten. Er benahm sich dabei nicht gelangweilt, doch der Vater erkannte allmählich, daß der Sohn passiver sei, als es nach seiner sonstigen Wachheit zu rechtfertigen war.
Als sich dieser Vater eines Abends weitschweifig über das Thema des gesellschaftlichen Strebertums ausließ, hielt er schließlich einmal inne, um irgendeine Resonanz vom Sohn zu erhalten. Er fragte: »He, weißt du eigentlich, was wir darunter verstehen, wenn wir sagen, ein Mensch sei ein ›gesellschaftlicher Streber‹?« Der Junge erwiderte: »Nein, ich glaube, eigentlich nicht.« Der Vater war empört und erkundigte sich nun: »Warum, in aller Welt, fragst du denn dann nicht?« Der Junge sagte: »Du gibst mir ja nie eine Chance.« Da begriff der Vater, daß der Junge signalisierte: »Wer würde *dir* denn eine Frage stellen? Das gäbe doch nur wieder einen langweiligen Vortrag.«
Dieser Junge wurde schließlich dazu ermutigt, um seine Neigungen und seine Identität zu kämpfen. Jetzt hatte er eine bessere Chance, in die Entwöhnungsphase einzutreten, die sich so häufig als ein unnütz

quälender Schritt für einen Sohn erweist, wenn er sich von der Familie losreißen muß, um ein eigenes Leben zu beginnen.
Viele Heranwachsende werden zu dieser Zeit von den verschiedensten Wünschen hin und her gerissen. Sie haben Angst vor dem Gedanken an Unabhängigkeit und sexuelle Freiheit und vor ihren eigenen Experimenten mit ihrem Selbstwertgefühl in der Außenwelt, die sie, wie sie genau wissen, nicht verhätschelt. Dennoch wollen sie sich energisch entwöhnen und streben nach psychischer und sexueller Freiheit. Deshalb klammern sie sich wahrscheinlich wegen der wirtschaftlichen Sicherheit und kaum aus anderen Gründen an das Nest.
Während dieser Übergangszeit fühlen sich viele Eltern von ihren heranwachsenden Kindern ausgenutzt, weil die jungen Menschen weder Zeit noch Herz, noch Neigung für die Intimität im Schoß der Familie haben. Vor allem Vätern fällt es häufig schwer, Verständnis für diese Phase aufzubringen. Das führt bisweilen zu schrecklichen Auseinandersetzungen mit ihren Töchtern. Häufig werden diese Konflikte noch von den Müttern angefacht, die es genießen, daß die Rivalin um die Liebe ihres Ehemannes in Schwierigkeiten mit dem Vater gerät. Besonders dann, wenn der Vater so unzufrieden mit seiner Tochter ist, daß er dadurch in die Arme seiner Frau getrieben wird.
Elwood Saunders, der wohlhabende Besitzer einer Fabrik für Autoteile, machte sich die Mühe, ein langes und eingehendes ›Manifest einer selbstsüchtigen Tochter‹ aufzusetzen, das sich auf seine neunzehnjährige Tochter June bezog, ein bildschönes Mädchen, das ihren Vater viel Geld kostete, ihm jedoch fast nur Ärger dafür zurückgab. Hier ein paar Auszüge aus dem desillusionierten Dokument des Vaters:
»Man schuldet seinen Eltern nichts.« – »Der beste Weg, mit ihnen auszukommen, ist, ihnen fernzubleiben.« – »Wenn dich die Eltern bitten, als Mitglied der Familie Anteil zu nehmen und mitzuarbeiten, tu's ja nicht!« – »Behalte stets das letzte Wort! Das bedeutet, daß du den Streit gewonnen hast.« – »Dein Leben ist ausschließlich deine Sache – es geht keinen anderen etwas an.« – »Wenn du Versprechungen machen mußt, gut und schön. Aber vergiß nie, daß du sie nicht zu halten brauchst.« – »Laß die Leute auf dich warten! Schließlich bist du die Heldin in deinem eigenen Leben.« Und so weiter und so fort.
Folgendes geschah, als Elwood, June und ihre Mutter Kathryn dieses Dokument in unserem Sprechzimmer diskutierten:

JUNE *(wütend)*: »Das sind nicht meine Gedanken! Ihr sagt das nur!«
KATHRYN *(selbstzufrieden)*: »Aber Vater hat dich durchschaut. Wenn du diese selbstsüchtigen Gedanken nicht hast, wie kommt es dann, daß alle deine Handlungen selbstsüchtig sind?«
KATHRYN *(zu Elwood)*: »Lies ihr die Liste vor!«
JUNE *(abgestoßen zum Berater)*: »Doktor Bach, muß ich mir diese Liste zum x-ten Male anhören? Das ist doch lächerlich.«
ELWOOD *(bemüht sich, ruhig zu bleiben)*: »Wir sind hier, um Hilfe zu erhalten, und ich möchte, daß Mutter die Liste vorliest, damit der Doktor selbst beurteilen kann, ob ich mir die Angaben über dich aus den Fingern sauge.«
JUNE *(zieht sich in sich selbst zurück, wirkt ärgerlich und pafft kriegerisch an ihrer Zigarette)*.
KATHRYN *(geziert zum Arzt)*: »Hier ist meine Liste ihres Tagesablaufs, und ich will Ihnen gleich sagen, Doktor, sie macht uns verrückt.
1. Schläft bis zehn Uhr, manchmal bis vierzehn Uhr.
2. Bleibt fast jeden Tag im Nachthemd, Haar unfrisiert.
3. Wenn sie überhaupt etwas ißt, muß es ihr fertig hingestellt werden. Trinkt nur aus Flaschen oder Kannen. Will keinen Teller und kein Glas schmutzig machen.
4. Steht nur auf, wenn das Telefon klingelt. Wird meist von Jungen angerufen. (Die meisten sind keine ordentlichen jungen Leute.)
5. Läßt alles liegen, damit es andere aufräumen oder saubermachen. Läßt sich ihr Zimmer von der sechsjährigen Schwester aufräumen, wenn es überhaupt geschieht. Überläßt es den Eltern, den übrigen Teil des Hauses nach der schweren Tagesarbeit aufzuräumen.
6. Sagt, sie will montags, dienstags, mittwochs und donnerstags bis zweiundzwanzig Uhr ausgehen, in den übrigen Nächten bis zwei Uhr. (Sie kommt jedoch gewöhnlich zwei Stunden später nach Haus – an den Abenden Montag bis Donnerstag zwischen Mitternacht und ein Uhr, an den anderen zwischen halb drei und drei. Deshalb schläft sie den ganzen Vormittag oder den ganzen Tag.)
7. Will nicht mit der Familie zusammen sein. Wenn sie mit uns zum Essen ausgeht, möchte sie eilig wieder nach Haus und wird frech, wenn sie glaubt, wir beeilten uns nicht genug.
8. Nie pünktlich, läßt Leute zwischen zehn Minuten und zwei Stunden warten. Geht zu ihren Verabredungen immer zu spät weg.

9. Schmutziger Charakter – wird ärgerlich und flucht auf gemeine Art, möglicherweise, um uns zu schockieren. Nennt Vater: ›Du Bastard!‹ Mutter: ›Du Hure!‹
10. Wir können sie nicht mit ihrer kleinen Schwester allein lassen. Sie schläft, und die Kleine muß für sich selbst sorgen, obwohl wir in einem Eckhaus wohnen, wo der Verkehr stark ist.
11. Gibt alles Geld, das sie bekommt, für sich selbst aus. Ihre kleine Schwester bekam eine Karte und ein Geschenk von jedem Mitglied der Familie, nur nicht von ihrer älteren Schwester.«

Dem Vorlesen der Liste folgte ein triumphierendes Schweigen der Eltern. Sie erwarteten deutlich, daß die Tochter von dem Therapeuten kritisiert werden würde. Statt dessen geschah folgendes:

DR. BACH *(zu Kathryn)*: »Sagen Sie Ihrer Tochter, was sie tun kann, um Sie glücklicher zu machen, solange sie noch bei Ihnen lebt. Ich möchte, daß Sie alle drei eine klare Regelung darüber aushandeln, was Sie vernünftigerweise voneinander erwarten können.«
KATHRYN *(störrisch)*: »Ich habe gewußt, daß Sie das versuchen würden – aber eine Übereinkunft bedeutet ihr nichts. Jetzt wird sie zu allem ja sagen, nur um aus dieser Therapie herauszukommen. Aber sie ist unaufrichtig. *(Zu ihrer Tochter gewandt:)* Ich kenne dich.«
DR. B.: »Hören Sie auf, ihr zu sagen, was sie denkt und ob sie aufrichtig ist oder nicht! Wenn sie so denkt und es mitzuteilen wünscht, dann werden wir es hören.«
JUNE *(eifrig)*: »Nein, nein, ich denke ganz und gar nicht so. Ich möchte nur in Ruhe gelassen werden. Meine Eltern verlangen, daß ich mich für ihre Gefühle interessiere. Ehrlich gesagt, das tue ich nicht. Aber das bedeutet nicht, daß ich unmöglich, launenhaft, schwachsinnig oder sonst was bin.«

Schließlich kam dieses unglückliche Terzett überein, daß die Tochter als Gegenleistung für Zimmer, Verpflegung und Wagen regelmäßige Arbeiten im Haus übernehmen werde, einschließlich Beaufsichtigung der viel jüngeren Schwester, damit die Mutter dem Vater mehr in der Fabrik helfen konnte. Natürlich tat sie all das sehr ungern, besonders die Fürsorge für die Schwester, damit die Mutter beim Vater sein konnte.

Als June drohte, sich mit ›dem nächsten besten zu verheiraten – nur um von zu Haus wegzukommen‹, bat Frau Saunders um eine Einzelberatung. Ihre Klage lautete etwa:

»Ich kann ihr einfach nicht helfen. Sie will sich nicht offen mit mir aussprechen. Es ist ihr immer überaus schwergefallen, ehrlich zu sein, selbst bei Dingen, wo die Wahrheit besser als eine Lüge gewesen wäre. Nun können wir überhaupt nicht mehr miteinander reden. Sie verschweigt uns stets, wohin sie geht, was sie vorhat und alles andere.

Als ich vorschlug, wir sollten einen Nachmittag miteinander verbringen, sagte June, wenn sie mich wirklich brauche, sei ich nicht da, deshalb brauchte ich mich auch jetzt nicht zu bemühen. Ich glaube nicht, daß dieser Vorwurf berechtigt ist, wenn ich auch viel in der Fabrik sein mußte, als sie noch jünger war. Aber ich hatte mehr Zeit für sie, als sie heute zuzugeben bereit ist.

Sie sagt: ›Laßt mich bloß in Ruhe!‹ und behauptet, sie wolle so rasch wie möglich heiraten, um einen Menschen für sich allein zu haben. Sie scheint nicht zu begreifen, daß sie, um einen Menschen zu haben, ihm auf halbem Wege entgegenkommen muß.

Neulich waren mein Mann und ich über das Wochenende zu einer Sitzung außerhalb. Sie sagte, sie wolle eine Party geben. Ich erklärte ihr, das könnten wir nicht erlauben, wenn wir verreist seien, und sie erwiderte, sie würde die Party ohnehin nicht in unserem dummen alten Haus feiern. Wir kamen zurück und fanden das Gästehaus in wüster Unordnung, überall Bierdosen, die Aschenbecher voll und das Wohnzimmer in einem unbeschreiblichen Zustand. Sie hat nicht einmal die Höflichkeit aufgebracht aufzuräumen!

Meine Haushälterin ist für drei Wochen in Urlaub gewesen, das bedeutet, daß ich auch die Arbeit im Haus tun muß. June weigert sich einfach, irgendwo zu helfen. Ich habe vorgeschlagen, sie solle eine Liste über das aufstellen, was sie für uns tut, und wir wollten eine Liste über das machen, was wir für sie tun, doch sie will nichts mit einer Liste zu schaffen haben. Sie verlangt von uns Kost und Unterkunft, Telefon, Wagen, Benzin und alles übrige, aber sie ist nicht bereit, irgendwo mit zuzufassen. Alles Geld, das sie verdient, wenn sie – selten genug – einmal für kurze Zeit arbeitet, gibt sie für sich selbst aus. Sie bekommt natürlich auch von uns Geld.

Doktor, ist es denn möglich, daß jemand wirklich glücklich sein kann, der nichts Lohnendes tut? Wir haben versucht, ihr klarzumachen, daß man nicht den ganzen Tag und die ganze Nacht herumspielen kann.

Man muß sich dem Leben und der Wirklichkeit stellen. Sie behauptet, dazu sei sie noch zu jung, und sie habe ein Recht, sich zu amüsieren, ehe sie endgültig gebunden sei. Aber alle ihre Bekannten sind beschäftigt. Viele von ihnen arbeiten und gehen nebenher noch zur Schule, aber June tut gar nichts! Sie hat sieben Tage in der Woche Verabredungen. Wenn sie keine Verabredungen hat, bleibt sie dem Haus trotzdem fern. Sie sagt, sie wolle nicht mit uns zusammen sein. Aber wir gehen früh schlafen. Wir würden sie nicht stören, wenn sie zu Haus bleiben, lesen, fernsehen oder Briefe schreiben wollte ...«

June Saunders zog bald zu Hause aus und besorgte sich eine Arbeit. Die Eltern hatten sie vorzeitig aus dem Haus getrieben. Sie hatten sie behandelt, als ob sie noch das kleine Mädchen auf den süßen Familienfotos wäre, die die Eltern so hoch schätzen. Und die Eltern hatten es versäumt, eine Gefühlsbindung zwischen sich und der nächsten Generation herzustellen.

Es war zu spät für sie (und deshalb unrealistisch), noch zu versuchen, nicht vorhandene Kommunikationen mit ihrer entfremdeten Tochter auszubauen. Wenn eine solche Situation mit Kindern gegen Ende des zweiten Lebensjahrzehnts entsteht, ist Trennung die einzige Lösung, und häufig muß dieser schmerzliche Schritt einseitig von den Eltern oder dem jungen Menschen erzwungen werden.

Die Not des Saunders-Terzetts ist ziemlich typisch. Das Klischee, daß die heutige Jugend von der Elterngeneration ›entfremdet‹ sei, trifft weithin zu. Kontakte mit den Eltern werden häufig durch Scheidung – besonders Kontakte mit dem Vater – und fast unabänderlich durch die verstärkte berufliche, politische und soziale Betätigung der meisten Eltern unterbrochen. Dabei ist es keineswegs ohne Bedeutung, daß die junge Generation der älteren finanziell zur Last fällt, statt mitzuverdienen, wie es früher der Fall war. Doch die größte Schwierigkeit ist wohl, daß der einzelne nicht mehr so viel zur Lösung der Lebensprobleme beitragen kann, die sich jeder Generation stellen. Ältere Menschen können heute nur noch eine verhältnismäßig kleine Rolle bei der Lösung der Probleme junger Menschen spielen – und umgekehrt. Für jede Generation ist die Gruppe der Gleichaltrigen einflußreicher als die ›vor einem Stehenden‹ oder ›einem Folgenden‹.

Die Verhältnisse verändern sich heute mit so dramatischer Geschwindigkeit, daß die zwanzig bis dreißig Jahre, die die Generationen voneinander trennen, die Erfahrungen der Älteren häufig unerheblich für die Bedingungen machen, denen sich die Jungen gegenübersehen.

Infolgedessen erbringt die Weitergabe von Gelehrsamkeit, Geschicklichkeit und Erkenntnissen – all den Gaben, die eine realistische Bindung zwischen den Generationen schaffen – nicht mehr die tröstenden und nützlichen Ergebnisse wie früher.
Häufig, wenn auch keineswegs immer, führt der Verlust bildungsmäßiger und wirtschaftlicher Verbindung auch zu einem Verlust der gefühlsmäßigen Nähe zwischen Eltern und jungen Menschen. Diese emotionelle Entfremdung hat ernste Folgen für die geistige Gesundheit der neuen Generationen.
Die heutigen Bewohner der westlichen Länder haben sich mit der Tatsache auseinanderzusetzen, daß die meisten Eltern ihren Kindern kaum noch etwas an Gemütswerten zu bieten haben, wenn sie auf die höhere Schule kommen. Sie sorgen für ihren Unterhalt, gewiß, aber die Beziehung ist zu einer Pflicht geworden, der das Bedeutsame fehlt. Wie alle obligatorischen Beziehungen löst sie erheblichen Groll aus. Und es ist nicht nur die Jugend, die die Abhängigkeit von den Älteren haßt. Auch die Älteren nehmen es übel, daß sie eine Generation unterhalten müssen, die weder Liebe noch wirtschaftlichen Nutzen dafür zurückgibt.
Um mit den dieser Situation innewohnenden Krisen fertig zu werden, sollten die Eltern versuchen, über wirtschaftliche und Erziehungsfragen hinaus eine gute Verbindung mit ihren Kindern zu schaffen. Andernfalls werden sie altmodisch wie durch Maschinen ersetzte Arbeiter. Eine psychische Bindung auf der Grundlage gegenseitigen Verständnisses und gemeinsamer Intimität ist heute wichtiger als je.
Wenn Kinder das zehnte Lebensjahr überschritten haben, wären die Eltern gut beraten, wenn sie ihre Anweisungen mäßigen würden; der Ton »du sollst« in ihren Kommunikationen müßte gemildert und sie selbst mehr die intimen Freunde und Gefährten ihrer Kinder werden. Dann sind die Eltern in der Lage, den jungen Menschen eine gefühlsmäßige Erziehung zu geben, die die nächste Generation nirgendwo so gut wie in der Intimität des Familienlebens erhalten kann.
Doch wir müssen realistisch sein. Vielen Eltern fehlt es an Geschicklichkeit. Deshalb können Lehrer, Berater, Sporttrainer, Jugendführer und jeder erwachsene Freund als wichtige Brücke zwischen den Generationen dienen. Selbst eine einzige kurze Sitzung mit einem verständnisvollen Berater kann zum Wendepunkt oder zum Augenblick der Wahrheit im Geist eines Jugendlichen werden – zu einem Moment, der die Richtung, in der sich ein Mensch entwickelt, endgültig festlegen

oder verändern kann. Manchmal ist ein Außenstehender, der ohne die Hindernisse früherer Mißverständnisse zu einer Begegnung mit einem jungen Menschen kommt, am besten in der Lage zu zeigen, daß wir in einer erregenden Welt leben, daß diese Welt sich jedoch rasch bewegt und daß Ältere die Jungen etwas lehren können: wie man lebt und wie man reif wird.

Junge Menschen müssen mit Menschen vertraut gemacht werden, deren Beruf die Lebensberatung ist. Sie müssen lernen, wie man sich Berater auf dem Gebiet der Psychologie und ähnlichen Gebieten zunutze machen kann. Wenn nötig, können solche Berater einen neuen Weg für die Weitergabe von Erkenntnissen von Generation zu Generation zeigen und den Jungen dabei helfen, vernünftige Verhaltensmuster in dieser sich rasch bewegenden Welt zu entwickeln.

Wenn Eltern und Kinder zunächst überhaupt einmal lernen, richtig zu streiten, können sie die meisten Generationsprobleme beseitigen, ehe sie auftauchen. Das konstruktive Streiten sollte bereits in der frühen Kindheit beginnen, sobald verständnisvolle Eltern damit anfangen, dem Verhalten ihrer Kinder Grenzen zu setzen. Viele Eltern wissen noch immer nicht, daß Kinder ebenso dringend Grenzen brauchen wie ein Schiff die Entscheidungen eines Kapitäns. Wenn die Eltern nicht freiwillig Grenzen setzen, finden die Kinder Möglichkeiten, sie zu fordern. Häufig zwingen sogar ganz kleine Kinder ihre Eltern schon, ihnen Grenzen für aggressives Verhalten zu setzen. Sie tun das, indem sie sich schlecht benehmen und Mütter und Väter dadurch veranlassen, diese Grenzen festzulegen.

Ein übermäßig nachgiebiger Elternteil reagiert weder seiner eigenen Rolle noch der Rolle des Kindes gemäß, wenn er sich vor dem Widerstand eines Kindes gegen Grenzen fürchtet. Ohne Grenzen schlagen die Kinder immer wieder über die Stränge, bis entweder der Elternteil das Signal »Ich brauche Grenzen« aufnimmt oder bis das Kind seine schmerzhafte Strafe von der lieblosen und alles andere als nachsichtigen Außenwelt bekommt.

Einem Kind keine Grenzen zu setzen und zu nachsichtig ihm gegenüber zu sein ist tatsächlich eine passive Form von Feindseligkeit von seiten der Eltern, weil ein verwöhntes Kind unerwünschte Verhaltenszüge ausbildet, derentwegen es dann zurückgewiesen wird: erst von den zunächst so entgegenkommenden Eltern und später von der Welt. Bei der Kindererziehung wie bei der Therapie gilt Dr. Bruno Bettelheims berühmter Ausspruch: »Liebe ist nicht genug.«

Mit Liebe nein sagen heißt, daß man auf sentimentale Vorträge darüber verzichtet, wie sehr Eltern ihre Kinder lieben oder daß das Verhalten der Kinder zu ›ihrem Besten‹ eingeschränkt wird. Man sollte da ehrlich sein. Wir raten Eltern, alles zu gestatten, was sie glauben, gestatten zu können und zu sollen, und nicht zu dulden – in gar keinem Fall –, was sie glauben, nicht gestatten zu können und zu dürfen. Dem Kind etwas zu verweigern, ohne daß eine Schuld oder ein Grund zu Strafe vorliegt, ist durchaus möglich, wenn sich die Eltern offen mit den jungen Menschen aussprechen und ihnen klar sagen, wie sie mit Vater und Mutter stehen. Ein nützliches Signal dabei ist: »So stehen die Dinge im Augenblick. Vielleicht denke ich später anders darüber oder habe mehr zu bieten.«

Der letzte Teil dieses Signals ist von größter Wichtigkeit. Er sollte klar mitteilen, daß jeder in der Familie das Recht hat, fair und offen anderer Ansicht zu sein, und daß auch ein Kind dieses Recht hat. Das ist mehr als ein Signal vager Hoffnung. Es bedeutet vielmehr, daß das Kind die Chance hat, um die Anerkennung seiner Wünsche und Ansichten zu kämpfen, wenn nicht jetzt, so doch später, und daß es Gelegenheit erhält, sich wenigstens manchmal durchzusetzen. Dem Kinde eine Chance zu geben, zu ›gewinnen‹, wenn es das verdient, erleichtert angenehme Lösungen bei Konflikten zwischen Eltern und Kindern. Niemand kann sich wohl fühlen, wenn er ständig der Verlierer ist.

Neurotische, übermäßig beschützerisch eingestellte (und wahrscheinlich von Schuldgefühlen gequälte) Eltern, die ihren Kindern nahezu in allem nachgeben, bringen die jungen Menschen um ihr Aggressionstraining, besonders um die Erfahrung, sich gegen die elterliche Autorität zur Wehr setzen zu müssen. Diese Eltern manövrieren, ohne es zu wissen, sich selbst und ihre Kinder in eine unangenehme Doppelklammer: Erst verwehren sie es den Kindern, durch realistische Erfahrungen, die ein gewisses Wagnis enthalten, Kraft zu gewinnen; und später sind dieselben Eltern ärgerlich und enttäuscht, wenn ihre Kinder nichts Tüchtiges leisten können oder wollen.

Kinder erwerben die beste Streitübung, wenn sich Vater und Mutter, sowohl einzeln als auch zusammen, von ihnen angreifen lassen. Die Eltern können den Kindern dann zeigen, was bei ihnen zum Erfolg führt und was nicht – genau wie ehrliche Liebende einander zeigen, was sie ›einschaltet‹ und was sie ›ausschaltet‹.

Ein Elternteil, der fair mit einem Kind streiten will, ist wohlberaten, wenn er das Kind als würdigen Gegner betrachtet, als Person mit natürlicher Aggression, die es abreagieren muß und möchte, besonders denen gegenüber, von denen es so sehr abhängig ist.

In der ehelichen Intimität nimmt die Aggression zu, sobald übergroße Abhängigkeit, übermäßige Verstrickung (zu nahe) oder übermäßige Beherrschung ansteigen. In idealen Fällen bringt konstruktives Streiten zwischen erwachsenen Intimpartnern schiefe Abhängigkeitsverhältnisse in ein besseres Gleichgewicht. Zwei Gleichgestellte erlangen dann ein eigentümliches Gleichgewicht der Abhängigkeit, der ›optimalen Distanz‹ und der Machtkontrolle, mit dem beide gern leben. Je eher sie ein solches Gleichgewicht des *swing* erreichen, desto kürzer und weniger heftig sind ihre Auseinandersetzungen.

Eltern und Kind haben die gleiche Aufgabe, das Gleichgewicht herzustellen, aber bei ihnen wird es ein mehr oder weniger ständiger Kampf sein, weil sich Kinder stets unterlegen fühlen – und es auch sind; Eltern brauchen es ihnen nicht immer wieder klarzumachen, daß sie im Vorteil sind, weil sich ein Kind schon ohnehin sehr abhängig fühlt. Es besteht die Gefahr, daß sich ein Kind übermäßig beherrscht fühlt; und dem Kind fehlt die Kraft, Grenzen für das elterliche Vorrecht zu erzwingen, aus angeblicher Liebe Unterdrückungsmaßnahmen zu ergreifen.

In Konflikten mit einem Kind wissen kreative Eltern, wie sie ihr überlegenes Waffensystem so einsetzen können, daß es dem des Kindes gleich oder nur ein klein wenig überlegen ist. Solche Eltern werden das Kind zur ausschließlichen Verwendung fairer Waffen erziehen und ihm ein Gefühl für die ›Gürtellinie‹ vermitteln. Damit erhält das Kind die Chance, zu lernen, wie es seine Aggression auf vernünftige, realistische und ehrliche Weise abreagieren kann. Wenn die Eltern zu schwere Waffen gegen das Kind einsetzen und die scharfen Erwachsenenklauen nicht der empfindlichen Haut des Kindes anpassen, werden die jungen Menschen, während sie scheinbar verlieren, im Untergrund zurückschlagen müssen, und das tun sie auch.

Ein Kind kann einen Streit mit einem Erwachsenen ›gewinnen‹. Das muß nicht unbedingt geschehen, indem es den Erwachsenen ›besiegt‹ und erlebt, wie sich der Erwachsene ihm gegenüber ›geschlagen‹ gibt, sondern häufiger wird es so sein, daß der Erwachsene die Initiative ergreift und offen zugibt, wieviel Fortschritte das Kind gemacht hat.

Angenommen, ein Elternteil spielt mit seinem Kind Tischtennis. Nach den Regeln unter Erwachsenen ist der der Sieger, der als erster 21 Punkte erhält. Doch wenn der Erwachsene die Fähigkeiten des Kindes

berücksichtigt, kann jedes Ergebnis Siegerbefriedigung hervorrufen, solange nur der Fortschritt des Kindes anerkannt und gelobt wird. (»Du hast diesmal acht Punkte geschafft! Soviel hattest du noch nie. Das hast du gut gemacht!«)
Um nutzlose, unfaire oder destruktive Kämpfe mit Kindern zu vermindern, können folgende allgemeine Richtlinien helfen:

1. Vermeide übertriebene Forderungen. Damit wird die Überbeanspruchung verhütet.
2. Verzichte auf Forderungen, die im Namen der ›Charakterstärkung‹ gestellt werden, solange sie noch nicht von praktischem Nutzen sein können.
3. Verlange nur, was ein Kind *jetzt* vollenden kann. Für weitere Forderungen ist später noch Zeit. Teilforderungen lassen sich leichter und besser erfüllen.
4. Beaufsichtige das Kind und unterstütze es bei der ganzen Arbeit, damit es seinen Auftrag erfüllen kann. Bleib bei dem Kind, bis die Arbeit erledigt ist. Kannst du das nicht, dann stell deine Forderung erst, wenn du dableiben kannst.
5. Zeige dem Kind genau, was du erwartest, und sorg dafür, daß es nicht nur versteht, was es zu tun hat, sondern auch, wie es getan werden kann. Das weckt die Erwartung des Kindes auf Erfolg und Lob – und darum handelt es sich bei der Auseinandersetzung vor allem anderen.

XVI. Streiten in der Familie

Der gute Wille ist entscheidend für konstruktives Streiten und für die Konfliktlösung; aber es fällt den meisten Menschen schwer, gleichzeitig für mehr als einen Intimpartner Einfühlungsvermögen aufzubringen. Eine Gruppe von mehr als zwei Menschen wird häufig bereits als Abstraktion empfunden. Es ist deshalb eine nicht ganz leichte Aufgabe, allen Familienmitgliedern beizubringen, wie sie Einfühlung und Respekt für die Integrität der ganzen Familiengruppe gewinnen und erhalten sollen.

Jeder – Einsiedler vielleicht ausgenommen – weiß, daß dies nicht der einzige Grund ist, weshalb Familienbeziehungen kompliziert sind. Zwei Menschen können höchstens auf zwei Ebenen kämpfen. Das Hinzutreten einer dritten, vierten, fünften Partei oder gar noch mehrerer verändert den Charakter der Auseinandersetzung ganz erheblich. Es geht dabei nicht nur um die Zahl. Denn nun gibt es Verbündete, Ankläger, Verteidiger, Vermittler, Richter, Geschworene und Publikum. Da wird Partei ergriffen, Beifall gespendet, buh gerufen, geurteilt, reformiert, konspiriert, gestraft, ausgestoßen, ein Sündenbock gesucht – eine fast unbegrenzte Gelegenheit für ›Küchenstreitereien‹ in vielen Dimensionen, die häufig jahrzehntelang dahinpoltern und manchmal erst aufhören, wenn der Tod die Menschen scheidet.

Trotzdem ist es uns gelungen, in unseren Familien-Sitzungen Eltern, Großeltern, Verwandte – und sogar Kinder von drei Jahren an – zu einer konstruktiven Kommunikation ohne Schuldgefühle über ihre Aggressionen und Konflikte zu veranlassen. Jede Familie wird ermuntert, für sich selbst faire Streitregeln aufzustellen und jedes Mitglied zu verpflichten, diese Regeln einzuhalten, genau wie wir es beim Streittraining für Paare tun. Der Grundgedanke ist nicht etwa, Familienkonflikte zu beseitigen, sondern sie gefühlsmäßig produktiver zu machen und die Gefahren für die geistige Gesundheit zu vermindern, indem man das Familiendrama psychologisch wirklichkeitsnäher macht.

Natürlich *ist* es ein Drama. Zu Anfang des Familientrainings erklärt der Therapeut, daß die vielen ungleichartigen Charakterschauspieler das Familienleben zu einer Inszenierung machen müssen, in der die

Harmonie bisweilen dem Konflikt Platz macht und jedes Mitglied der Truppe seine ganz eigene Rolle spielt. Neben den Gefühlen über das eigene Ich und das eigene Leben und über jeden einzelnen in der Familie hat jedes Mitglied der Truppe auch Reaktionen auf die Gruppe als ganze. Dann lockt der Therapeut Informationen aus der Truppe hervor:

»Welche Art von Dramen spielt Ihre Familie? Haben Sie Themen bemerkt, die häufig auftauchen? Welche Rollen spielen Sie, wenn diese Themen dargestellt werden? Wie trifft Ihre Familie Entscheidungen? Wie werden Sie als einzelne von diesen Entscheidungen betroffen?«

»Nehmen Sie an diesen Entscheidungen teil? Tun Sie viele Dinge gemeinsam? Wieweit fügen Sie sich? Wie stark rebellieren Sie? Welchen Nutzen haben Sie von dieser Gruppe? Was tun Sie bei Interessengegensätzen? Wie behandeln Sie Konflikte im allgemeinen? Wie sah Ihr letzter Familienstreit aus?«

»Ist Ihr Haus Außenstehenden geöffnet oder geschlossen? Benutzen Sie die Familie als Quelle für Ihren guten Ruf? Stellen Sie sich die Familie als Ort der Freude und des Vergnügens, als Kampfarena, als Eß- und Schlafgemeinschaft, als Gefängnis oder als Warenhaus vor, wo Sie alle guten Dinge erhalten? Wie unterscheidet sich Ihr Familienleben von Ihrem Schul- und Klubleben und von Ihrem Arbeitsleben?«

»In welcher Hinsicht würden Sie das Familienleben gern verbessern? Glauben Sie, daß jeder seine Rolle gut spielt? Wie gut spielen Sie Ihre eigene Rolle? Welche Rollen im Familiendrama gefallen Ihnen am besten? Wen und was würden Sie gern ändern?«

Sehr rasch wird deutlich, daß die Gruppenmitglieder die Dinge verschieden sehen und verschiedene Forderungen stellen. Bald werden sich die Gruppenmitglieder attackieren – das ist ziemlich sicher. Da die Mitglieder auf verschiedenen intellektuellen Ebenen leben, müssen die Verschiedenartigkeiten sorgsam überwacht werden, damit besonders Kinder Gelegenheit erhalten, Familienstreit als Möglichkeit des emotionellen Wachstums benutzen zu können.

Häufig wird ein Mitglied als ›krankhaft‹, als Problemmitglied, als ›schwarzes Schaf‹ herausgestellt. Dann folgt ein Angriff der anderen, und das Drama ›Sündenbock‹ ist im Gange. Ist dieses herausgestellte Mitglied weich, schwach oder zu jung, nimmt es die Rolle des ›Kranken‹ wohl als Quelle seiner Identität an, wie negativ sie auch sein mag. Aber die meisten Menschen lieben es nicht, die Person zu sein, von dem die anderen behaupten: »Wenn du nicht wärest, könnte unser Familienleben die reine Seligkeit sein.« Deshalb versucht der Sündenbock gewöhnlich, die Schuld an der Unzufriedenheit der Familie von sich zu weisen und ein anderes Mitglied zum schwarzen Schaf zu machen. Vielleicht sucht er dazu den Schutz des Therapeuten und bemüht sich, ihn für ein Defensivbündnis zu gewinnen.

An diesem Punkt tauchen gewöhnlich andere Rollen für die anderen Familienmitglieder auf: die schützende Rotkreuzschwester, der gerechte Richter, der Psychiater, der die Krankheit des Sündenbocks als Ergebnis eines Kindheitstraumas analysiert, der Sadist, der auf den Fehlern des schwarzen Schafes herumreitet, der Clown, der das ganze für albern hält, der Künstler, der sich aus allem heraushält, und der Untergrundkämpfer, der die Vorgänge durch getarnte Kniffe sabotiert.

Das Rollenrepertoire der Familie wird gewöhnlich gleich während der ersten neunzig Minuten vor dem Therapeuten zur Schau gestellt, und häufig wird das Drama von dem Sündenbockthema beherrscht. Einem Mitglied die Sündenbockrolle zuzuweisen ist die beliebteste Methode der Rollenzuteilung durch Gruppendruck. Auf diese Weise reagiert die Gruppe ihre Emotionen ab. Die Aufgabe des Therapeuten bei der Familiengruppe ist es, Familiendramen zu enthüllen, ihre Sinnlosigkeit freizulegen und den Siegern zu zeigen, wie ihre Rollen die Lösung von Familienproblemen verhindern, statt sie zu erleichtern.

Eine Atmosphäre der ›Analyse‹ (Fehlersuche) ist zu vermeiden. Der Therapeut funktioniert vielmehr als Mikro-Anthropologe. Er hilft allen in der Gruppe, die Mikrokultur zu verstehen, die von ihren emotionalen Befriedigungen und Frustrierungen geschaffen wird. Wenn die Mitglieder wenigstens zum Teil verstehen, welche gefühlsmäßigen Gewinne und Verluste sie bei Familiendramen haben, können sie anfangen, konstruktivere Beiträge zur Konfliktlösung zu leisten. An diesem Punkt besteht die Möglichkeit, daß sich neue Mittel ergeben, mit versteckten Familienproblemen fertig zu werden.

Ein brauchbares Mittel gegen das Sündenbockdrama besteht darin, daß die Gruppe den Spieler der ›kranken‹ Rolle daran hindert, seine Rolle zu übertreiben und damit die anderen zu ermüden. Die Familiengruppe kann jedoch auch ein Verhalten regeln, das den Spieler härteren und autoritären Maßnahmen aussetzt, um sein abweichendes Verhalten zu korrigieren. Dieses Drama ist für alle Beteiligten psychisch produktiv. Eine verwirrte Seele zu korrigieren und zu leiten wird von den anderen als Beherrschung ähnlicher Probleme im eigenen Innern erlebt. Konflikt, Frustration und Aggression ergeben sich nur, wenn ein oder mehrere Familienmitglieder dieses Typs von Familiendrama, den wir *Reform* nennen, überdrüssig werden. Doch ohne Mitwirkung aller Schauspieler können Familiendramen überhaupt nicht aufgeführt werden.

Allerdings kann das Drama *Reform* auch unrealistisch gespielt werden, beispielsweise wenn die Familie den Fall nicht vor eine der korrigierenden Kräfte außerhalb der Familie bringt, etwa vor einen berufsmäßigen Psychotherapeuten, obwohl der Spieler der ›kranken‹ Rolle deutlich solcher äußeren Hilfe bedarf. Eine psychologisch unrealistische Darstellung kann eine tatsächliche ›Krankheit‹ des Falles verschärfen, statt sie zu bessern. Deshalb sollte man dieses Drama keinesfalls leichtnehmen.

Ein anderes Familiendrama nennen wir *Das Gute und Böse in Wort und Tat*. Es beschäftigt sich mit dem, was recht, falsch und fair, nett und ungezogen, anständig und unanständig, gemein und gut ist. Die Familie dient als Reinigungs- und Prüfstand für die dargestellen Werte, indem sie Billigung und Mißbilligung äußert.

In einem weiteren Drama, *Besitz und Trennung*, versuchen die Familienmitglieder Informationen darüber zu erlangen, wer wen besitzt und wer gern von wem besessen sein möchte. Die aktive Form des Dramas beschäftigt sich mit Bemühungen eines Mitglieds der Familie, ein anderes zu besitzen. Die passive Form ist die Bemühung eines Mitglieds, von einem anderen besessen zu werden. Historisch lassen sich die Wurzeln dieses Dramentyps vielleicht auf die Ödipus-Situation zurückführen, aber wir beschränken uns nicht auf solche hypothetischen und fernliegenden Ursachen. Wahrscheinlich ist, daß in diesem Drama Aggression von einem Familienmitglied benutzt wird, um die Grenzen seiner eigenen Annehmbarkeit bei den anderen festzustellen; und eine solche Bemühung wird von starker Trennungsangst begleitet.

Typischerweise äußert die Person, die ihre Attraktivität testen will, Drohungen wie: »Ich werde dich verlassen!«, oder sie sagt: »Weshalb verläßt du mich nicht?« oder: »Bitte, verlaß mich nicht!« Der Lohn liegt in der Befreiung von der Trennungsangst, wenn die Person feststellt, daß sie ohne Rücksicht auf ihr Verhalten akzeptiert wird.

Eine unserer Familienkonsultationen kreiste um das Thema der Sommerferien: Wer sollte mit wem fahren, wer sollte zurückbleiben? Als die Mutter ganz ernsthaft sagte: »Ihr könnt doch alle fahren, und ich bleibe da!«, war der Teufel los. Der Therapeut verzichtete darauf, die Ursprünge dieses Dramas zu analysieren. Er erleichterte statt dessen die Kommunikation, bis jedes Familienmitglied ganz deutlich gemacht hatte, weshalb für ihn der Urlaub verdorben wäre, wenn die Mutter nicht ebenfalls mitkommen konnte.

Lebhafte Auseinandersetzungen gibt es auch bei den Versuchen, zu klären, welches Verhalten für jedes einzelne Familienmitglied angemessen ist. Vom Standpunkt der gesunden Persönlichkeitsentwicklung aus betrachtet, ist das Auskämpfen dieses Dramas *Wer bist du?* bedeutsam, weil das Ergebnis tief das Bild beeinflußt, das die einzelnen Mitglieder von sich selber haben. Wir ermuntern jeden, seine Erwartungen deutlich auszusprechen und zu versuchen, das Einverständnis der anderen zu erringen. Aber auch das fordert wiederum sorgsame, mitfühlende Aufsicht. So mancher psychisch Kranke und Neurotiker ist das Opfer idealistischer Rollenzuweisung; er vermochte die Rolle des »Großen Weißen Vaters« oder des »Professors Einstein« oder was sonst unrealistischerweise von ihm erwartet worden war, nicht auszufüllen. Wenn solche Charakterschauspieler die ihnen zugewiesene Rolle nicht beherrschen, sehen sie sich plötzlich brutal von dem zurückgewiesen, der sie für diese Rolle vorgesehen hatte.

Dagegen anzukämpfen, daß man in eine Rolle gepreßt werden soll, die dem sich entwickelnden Wesen fremd ist, bildet, wie wir bereits in der Erörterung der Konflikte zwischen Eltern und Kind erläuterten, einen entscheidenden Aspekt einer gesunden Persönlichkeitsentwicklung. Eine interessante Seite dieses Dramas *Wer bist du?* ist der Druck von Kindern auf die Eltern, sich zugunsten des psychischen Wohlbehagens der Kinder in einer gewissen Weise zu verhalten oder ein bestimmtes Bild zu bieten. Das zeigt sich besonders während der Pubertät, wo die soziale Empfindlichkeit am stärksten ist.

Die Autoritätsstruktur in einer Familie kann ebenfalls eine Quelle ständiger Konflikte und Aggressionen sein. Dieses Machtdrama könnte man *Wer ist Chef?* nennen. Das Motiv dabei ist, entweder Führung zu finden (seinen Abhängigkeitsbedürfnissen nachzugeben) oder die Führung auszuüben (seine Überlegenheitsgefühle betätigen zu können). Die Schwierigkeiten beginnen, wenn die Autorität geteilt wird, so daß sie weder die Abhängigkeitsbedürfnisse noch die Überlegenheitsgefühle befriedigt. Ein ausgezeichnetes Beispiel ist der Wettbewerb um die Autorität als Zuchtmeister der Familie. Da sich die

Sitten ändern, ist die Tradition kein zuverlässiger Wegweiser mehr, und die sich daraus ergebende Unbeständigkeit führt zu Führungskämpfen.

Indem der Therapeut den Mißbrauch des Bedürfnisses, abhängig zu sein, und des Bedürfnisses, zu führen oder zu herrschen, aufdeckt – und indem er verdeutlicht, wie verbreitet dieses Drama ist –, kann er einer Familie helfen, diese entscheidende Inszenierung neu zu fassen, damit sie erfüllender für alle Mitglieder wird. Das Entscheidende dabei ist, daß jeder den Unterschied zwischen einem – sagen wir – Hitler und einem konstruktiven Führer oder zwischen einem loyalen Anhänger und einem jämmerlichen Sklaven begreift.

In der Familie Parsons war die Zucht allein Aufgabe des Vaters Eugene. Nur er hatte die Macht zu strafen. Seine Frau Martha teilte den Kindern immer die guten Dinge zu. So hatte in den Augen der Kinder die Mutter die Autorität zu lieben, der Vater nur die zu hassen. Jedesmal, wenn die Großeltern der Kinder diese Regelung miterlebten, spendeten sie Beifall. Das ergab eine ziemlich gute Erziehung in den ersten Jahren, als die Kinder noch zu jung waren, um zu begreifen, daß Eugene sie tatsächlich überaus ungern strafte und es nur tat, weil Martha ihm immer wieder von Ungezogenheiten berichtete und ihn zum Strafen der Kinder ausdrücklich aufforderte.

Zunächst brachte das Eugene den Ruf eines harten, ja grausamen Vaters ein. Später bildete sich in den drei Kindern der Parsons der Eindruck, daß sie eine schwache Mutter und einen gefügigen Vater hätten. Martha wurde von den Kindern als eine feige, klatschsüchtige Person angesehen, der es doch irgendwie gelang, Eugene zu allem zu bringen, was sie wünschte. Solche Erfahrungen mit Führerschaftsrollen formen die Einstellung der Jugend gegenüber Führer oder Anhänger, Ehemann oder Ehefrau.

Wir spielten auf dieses Drama schon früher an, als wir über die lohnende Rolle des heutigen Vaters auf der häuslichen Bühne sprachen. Im obigen Fall verletzte die Mutter das Prinzip, sich Auge in Auge mit ihren Kindern auseinanderzusetzen. Sie wies dem Vater die Rolle des Staatsanwalts zu. Sie machte sich nicht nur bei den Kindern unbeliebt, weil sie Klatsch verbreitete, sondern auch bei ihrem Mann, weil sie nicht fähig war, die unangenehmen Dinge im Haus zu erledigen. Doch das Unglücklichste daran war, daß sie ihr eigenes Ansehen dadurch untergrub, daß sie sich die Rolle eines Kindes zuteilte, das eines Schiedsrichters bedurfte.

Andere Fassungen des Machtkampfdramas können der einfache Wettbewerb um die Führung in der Familie sein, d. h. ein Kampf um die Rangordnung; oder es kann eine Inszenierung von *Folgt dem Führer* oder *Die Caine war ihr Schicksal* sein. In diesen Dramen fügen sich die anderen Mitglieder der Familie den Launen eines Despoten. Den Einfällen eines die Familie beherrschenden Charakterschauspielers nachzugeben ist tatsächlich eine verbreitete Art, ihn in seiner Krankheit zu bestärken und so die anderen Mitglieder von allen Schuldgefühlen zu befreien.
Es ist nur scheinbar paradox, daß dem kranksten Mitglied einer Familie häufig die höchste Autorität zugebilligt wird, genau wie siebzig Millionen Deutsche, von denen viele intelligent und hochgebildet waren, der durchaus bekannten Exzentrik Adolf Hitlers nachgaben. In einem solchen Drama um die Autorität wird Herrschaft häufig mit Zuneigung verwechselt. Die Opfer leugnen ihr masochistisches, selbstzerstörerisches Verhalten, indem sie sich selbst und einander gegenseitig einreden, sie folgten einem, der es ›am besten weiß‹.
Wenn *Folgt dem Führer* in gestörten Familien gespielt wird, ist es alles andere als ein Kinderzimmerspiel. Es mag eine anonyme Befriedigung übertriebener Abhängigkeitsbedürfnisse oder Anreiz und Entschuldigung für sporadische Rebellionen sein. In extremen Fällen kann es so überwältigende infantile Schuldgefühle mit sich bringen, daß durchaus vernünftige Erwachsene ihre Identität und Autonomie nahezu jedem Führer, häufig genug einem unfähigen, abtreten. Das erklärt mindestens zum Teil, warum ein Führer der Familie nicht unbedingt einer der beiden Eltern sein muß. Es kann ein Kind, ein Hund, ein Verwandter, ein Außenstehender oder ein Psychopath sein.
Wenn alle Seiten einer Person im Familienleben sichtbar werden, folgen fast unausweichlich Verachtung und Aggression. In der Familie scheint, wie die Redewendung lautet, »alles das Geschäft aller« zu sein. Wenn das auch gegen das narzißtische Schaffen von Bildern verstößt, die man sich von sich selbst macht und wozu man einer gewissen Zurückgezogenheit bedarf, ist es doch ganz natürlich, daß sich jeder in der Familie dafür interessiert, was man für Kleider trägt, wie man sich frisiert, wie man redet. Und es gibt immer einen ganz erheblichen Familiendruck, der verlangt, daß man Gewohnheiten ablegen soll, die von der Altersgruppe vielleicht für schick gehalten werden (etwa Teenager-Mode), die die Familie jedoch unpassend findet.
Der Kampf um das Eigenleben tritt in vielen Formen auf. Alle sind

nützlich, weil ein starkes Eigenleben (ohne daß man das Gefühl verliert, zur Familie zu gehören) für jeden ein lohnendes Ziel ist. Eine der Familien, die an unseren Kursen teilnahmen, bestand aus vier Söhnen, einem Vater und einer vereinsamten Mutter, die nicht einmal einen Platz hatte, wo sie ungestört Toilette machen konnte, bis sie es lernte, sich offen auszusprechen und um ihre Weiblichkeit zu kämpfen. Ein Therapeut kann diese Dramen so leiten, daß sie Informationen hergeben, die die Familienmitglieder brauchen, um größere Intimität zu schaffen, ohne den Zusammenhalt der Gruppe dadurch zu gefährden.

Der Kampf um das Eigenleben nimmt während der Urlaubszeit besonders intensive Formen an, vor allem wenn die Familie gemeinsam reist und ein enges Quartier hat oder gemeinsam einen Campingplatz bezieht.

Zuerst mag es zu einem Zusammenstoß der Vorstellungen (und Persönlichkeiten) darüber kommen, wohin die Familie fahren sollte. Ist das geregelt, dann neigt man zu der Ansicht, daß der Urlaubsort praktisch nur um die Ecke liegt; nur selten denken die Familienangehörigen daran, daß das Hinkommen vielleicht gar nicht so vergnüglich ist, vor allem wenn sie alle zusammengedrängt in einem Wagen sitzen müssen. Streit um den Wagen gehört so sehr zum Standardrepertoire fast jeder Familie, daß wir ihn hier nicht zu besprechen brauchen (Fenster offen oder geschlossen? Wer darf rauchen? Wann gibt es einen Halt an einer Raststätte? Welche Radiostation soll eingeschaltet werden?). Aber die Verschärfung dieses Streits verdient einige Aufmerksamkeit. Die Temperamente kochen über beim Kampf um die Rolle des Beifahrers:

SIE: »Wir sind falsch abgebogen, du Idiot!«
ER: »Ich passe auf den Verkehr auf und auf die Polizisten. Ich denke, du verfolgst die Karte.«
SIE: »Das versuche ich ja auch.«
ER: »Nein, das tust du eben nicht! Du sitzt da und läßt dich herumfahren wie Königin Viktoria.«
SIE: »Du *weißt* doch, daß mir immer übel wird, wenn ich beim Fahren die Karte lesen muß . . .«

Wenn die Kinder auf dem Rücksitz den Schlachtlärm vom Vordersitz hören, werden sie von der Feindseligkeit angesteckt. Schließlich trifft

die Familie im Ferienparadies ein. Alle sind todmüde und fahren wie verrückt aufeinander los, und ziemlich sicher gibt es einen großen Krach über die Unterbringung, die gemeinsame Benutzung des Bades oder über den Prozeß, sich in einer fremden und möglicherweise enttäuschenden Umgebung einzurichten.
Unvertraute Dinge und Enttäuschungen werden verschärft durch die Reaktion von Familienmitgliedern, die vielleicht dennoch ihr Bestes tun, sich in ihre ungewohnte Rolle als Urlauber hineinzufinden. Es mag Laien unglaublich erscheinen, aber in unseren Untersuchungen von Tötungsdelikten unter Intimpartnern stießen wir auf den Fall, in dem ein Mann deshalb fast ums Leben kam, weil es ihm nicht gelang, den Hotelportier so überlegen zu behandeln, wie es seine Ehefrau von ihm erwartete.
Selbst in den friedlichsten Familiengruppen sind die Leute während des Urlaubs im allgemeinen größeren Belastungen ausgesetzt als zu anderen Zeiten. Einer ist der Gefangene des anderen. Im Wagen können sie nicht voneinander weg und Zuflucht in persönlicher Betätigung suchen, um in dieser Zeit ihre Gefühlsbatterien wiederaufzuladen. Am Urlaubsort gibt es vielleicht viel weniger Zurückgezogenheit, als es die Familie sonst gewöhnt ist. Eigenleben ist für jeden Menschen lebenswichtig. Gibt es das wenig oder gar nicht, können sich plötzlich unerwartete Gewohnheiten und Persönlichkeitszüge unter den sich Liebenden materialisieren; und diese Züge werden von den übrigen Mitgliedern des Klans nur selten als angenehm empfunden.
Der Begriff »Ferien« vermittelt den meisten Menschen ein Gefühl von Freiheit und Ungezwungenheit. Tatsächlich jedoch ist erhebliche Disziplin erforderlich, wenn alle Leute Zeit haben und viel ungewohntes und erzwungenes Zusammensein von ihnen verlangt wird. Jeder muß mit einem Verlust persönlicher Autonomie fertig werden und die narzißtische Allmacht aufgeben (»Ich bin der Herr meines Schicksals!«), die die meisten Menschen wenigstens hin und wieder erleben. Der philosophische Satz: »Ich kann alles tun, was mit gefällt«, gefolgt von der Annahme: »Was mir gefällt, gefällt bestimmt auch den anderen«, verstößt gegen die Realitäten des Familienlebens und führt nahezu sicher zum Konflikt.
Intimpartner, die in Urlaub fahren, sollten begreifen, daß sie sich in eine Gefahrenzone begeben, wo sie durch vieles zur Gewalttätigkeit verlockt werden, wo sie sich in erheblich geringerer als der ›optimalen Distanz‹ voneinander befinden und wo sie nur wenige Fluchtwege aus

übermäßig enger Familienbindung und -knechtschaft haben. Die Schwierigkeiten lassen sich am besten vermindern, wenn zunächst jedes Familienmitglied die Natur dieser Probleme versteht, wenn alle bereit sind, Familienstreitigkeiten beizulegen, ehe der Urlaub beginnt, und wenn sie die Feriensituationen (die Fahrt, die Mahlzeiten, die Unterkunft usw.) an Wochenenden während des Jahres vorher proben.
Streit mit Verwandten und Verschwägerten ist häufig sogar noch explosiver. Die sich einmischende Schwiegermutter ist ein vertrautes Streitobjekt. Zum Beispiel:

ER: »Du bringst zuviel Zeit bei deiner Mutter zu.«
SIE: »Na hör mal! Wer weiß, wie lange sie noch zu leben hat?«
ER: »Ich habe wirklich nichts gegen sie; aber es paßt mir nicht, daß du jedesmal zu ihr hinüberläufst, wenn wir uns nicht vertragen. Ich kann es nicht ertragen, daß du das kleine Mädchen spielst, das zur Mama nach Hause läuft.«
SIE: »Ich mache ihr nun mal gern eine Freude.«
ER: »Du redest dir nur ein, daß es dir darum geht!«
SIE: »Was soll das heißen?«
ER: »Das einzige, was du drüben bei ihr tust, ist über mich nörgeln.«
SIE: »Ich bin verdammt froh, daß es *überhaupt* noch einen Menschen gibt, der mich anhört.«
ER: »Das ist unloyal.«
SIE: »Was verlangst du also von mir?«
ER: »Daß du ihr klarmachst, daß sie aufhören muß, meine Stellung bei dir zu untergraben . . .«

Dieses Ehepaar begann gerade, die Früchte des Streittrainings zu ernten. Sie fingen an, sich offen über den wahren Zankapfel in der Beziehung zur Schwiegermutter auszusprechen. Doch die den Verwandtschaftsproblemen zugrundeliegenden Fragen werden selten erkannt, und deshalb fällt es den Eheleuten schwer, damit fertig zu werden. Hier folgt eine anschauliche Beratung mit einem Ehepaar in unseren Kursen, das Schwierigkeiten mit der Großmutter hatte:

ER: »Doktor, es macht meine Frau und mich verrückt, aber meine Mutter besteht darauf, die Kinder dauernd psychoanalytisch zu behandeln.«

DR. BACH: »Was stört Sie daran? Das ist ihre Art, sich nützlich zu machen.«
SIE: »Aber sie kennt die Kinder gar nicht gut genug und gibt ständig schrecklichen Unsinn von sich. Wir dürfen uns das nicht einfach anhören.«
DR. B.: »Aber weshalb nehmen Sie den Unsinn ernst?«
ER: »Offensichtlich war meine Mutter klug genug, mich vernünftig großzuziehen, und ich ärgere mich, wenn ich denke, daß sie vielleicht doch recht hat.«
DR. B.: »Warum hören Sie überhaupt zu?«
ER: »Man muß schließlich taktvoll sein.«
DR. B: »*Das* ist das Problem, das Sie und Ihre Frau haben. Sie möchten Ihre Mutter lieber als untüchtig behandeln statt als Menschen, der es wert ist, zu erfahren, daß Sie mit ihrer Analyse der Kinder nicht einverstanden sind.«
ER: »Wahrscheinlich haben Sie recht, aber sie sagt ständig: ›Ich habe nichts mehr, wofür ich leben kann.‹ Das ist also wahrscheinlich der Weg für sie, noch Interesse am Leben zu finden.«
DR. B.: »Sie verurteilen die alte Frau zum Allerschlimmsten, nämlich dazu, daß sie sich nicht mehr ändern kann. Aber das stimmt nicht, und Sie geben ihr nicht einmal eine Chance . . .«

Wir erklärten diesem Paar, das mindeste, was es dieser Großmutter wegen unternehmen müsse, sei, ihr offen zu sagen: »Laß uns über etwas anderes reden!« Doch das wirkliche Thema eines solchen Streites, der genaugenommen der Kampf der Schwiegermutter um Einbeziehung in die Familie ist, läßt sich nur erfassen, wenn Ehemann und Ehefrau der alten Frau Hinweise geben, wie sie sich liebenswert machen und sich in die Familie einfügen kann. Leider wissen die Eheleute fast nie, wie sie dabei helfen können. Sie möchten ›taktvoll‹ sein und erkennen gar nicht, daß sie die Schwiegermutter einer Illusion berauben, um die zu kämpfen sich kaum lohnt, wenn sie ihr das Recht nehmen, die Psychoanalytikerin ihrer Enkelkinder zu sein.
Entscheidender ist, daß der Platz der Großeltern heute tatsächlich weniger wichtig ist als früher. Da gibt es ein doppeltes Generationsproblem: Genau wie die Erfahrungen der heutigen Eltern weniger Bedeutung für die heutigen Kinder haben, so hat sich auch die Kluft zwischen Eltern und Großeltern erweitert. Trotzdem bieten die Großeltern noch Rat und Richtlinien an – dazu Strafe und Autorität –, nur

weil sie älter sind. Und wenige Leute widersprechen den Großeltern – eben weil sie alt sind. In Wirklichkeit können sie jedoch nützlich sein, wo die Eltern versagen. Großeltern sind nur dann abzulehnen, wenn sie nicht informiert, uninteressiert und rechthaberisch sind. (»Willst du damit sagen, daß du den Kindern *erlaubst,* Essen auf dem Teller zu lassen?«)

Gewöhnlich geht es darum, die alten Leute auf Distanz zu halten, ohne grausam zu sein, sie so weit heranzuziehen, daß sie nützlich für sich selbst und für die übrige Familie sind, und sie so fernzuhalten, daß es keine unnützen, unkonstruktiven Konflikte gibt. Sobald man sich diesem Problem realistisch stellt, hat jedes Familienmitglied gewöhnlich eine eigene Vorstellung davon, wie es sich lösen ließe. Dann kommt es wahrscheinlich zu einem Streit darum, wessen Ansicht übernommen werden sollte.

Bisweilen rufen wir eine Großfamilie zusammen, damit sie in einem solchen Streit vermittelt. Die bloße Anwesenheit der zwei, drei Generationen für diesen speziellen Zweck ist bereits eine Hilfe. Ist das nicht der Fall, dann legen die Mitglieder der Kleinfamilie wahrscheinlich nie alle Karten auf den Tisch. Das ist aber entscheidend, weil das wirkliche Übel nämlich meist darin besteht, daß niemand die Verantwortung übernehmen will, die Rolle der Großeltern zu definieren. Alle tun so, als ob die alten Leute stets willkommen wären und als ob ihnen Verwandtschaft und höheres Alter *automatisch* Autorität über die ganze übrige Familie verliehen.

Bei unseren Sitzungen definieren wir die reale und annehmbare Rolle der Großeltern. Die Vorstellung, daß sie sich ihren Wert in der Familie *verdienen* müssen, fordert nämlich die alten Leute dazu heraus, ihre Phantasie spielen zu lassen, wenn sie Interesse für die Familie zeigen, und macht ihnen klar, daß sie sich ein eigenes Leben schaffen müssen und nicht als Satelliten am Rand der Familie zu kreisen brauchen. Wir halten das für weit weniger grausam, als die Fiktion aufrechtzuerhalten, daß sie ständig willkommen wären – um geduldet zu werden und Rat zu erteilen, den niemand wünscht und niemand beachtet. Wir leben nicht mehr im Zeitalter der privilegierten Vorfahren.

Wenn die alten Leute erst einmal begreifen, daß es nicht realistisch ist, in jedem Fall zu erwarten, daß sie willkommen sind, entschließen sie sich eher zu eigenen Tätigkeiten und fühlen sich bald auch wohler bei ihren Altersgenossen. Sie werden dann auch kreativer in ihren Kontakten mit den jüngeren Generationen. Die Mutter eines Psychiaters, die von uns trainiert wurde, hatte vorher ihren Sohn dauernd angerufen und gesagt: »Ich bin so einsam. Was macht ihr denn alle?« Jetzt sagt sie eher: »Ich würde gern mit den Kindern in den Zirkus gehen. Kann ich mal zu euch kommen und die Sache mit den Kindern besprechen?« So werden die alten Leute zu Helfern, die in Berührung mit den jeweiligen Interessen der Familie bleiben. Alle haben dadurch mehr Vergnügen. Und wenn es die Großeltern fertigbringen, gelegentlich auch von den Leistungen der Kinder beeindruckt zu sein, dann ernten sie nicht nur gegenseitigen Stolz und gegenseitige Freude. Sie sind dann auch besser in der Lage, eine ihrer wichtigsten Funktionen auszuüben: den Kindern den Eindruck zu vermitteln, daß sie würdige Träger der Ahnenreihe in einer Zeit sind, wo ein realistischer Sinn für Kontinuität eine wertvolle und seltene Gabe ist.

XVII. Manifest für das intime Leben

Es wäre töricht, wenn nicht gar unehrlich, am Ende unseres Streifzuges über die intimen Schlachtfelder den Eindruck zu hinterlassen, daß das konstruktive Streiten ein universales Heilmittel wäre. Allzu viele Ehemänner, Ehefrauen und Liebende haben es mit dem Streittraining versucht, und es ist ihnen nicht gelungen, Erfolge damit zu erzielen.
Diejenigen unter den Kursteilnehmern, die am wenigsten Erfolg dabei haben, sind Menschen, die es einfach nicht fertigbringen, ihre Masken und ihre Hemmungen abzulegen und sich offen auszusprechen.
Hinzu kommen die Partner, die gern lernen würden, wie man richtig streitet, die aber ihre Gatten nicht überreden können, sie zu begleiten und die erforderlichen gemeinsamen Bemühungen auf sich zu nehmen.
Weiter die Menschen, die so viele Cocktails, Schlaftabletten, Tranquilizer und Weckamine einnehmen, daß sie ihren wahren Emotionen niemals eine Chance geben, sich zu entfalten.
Die emotionell »leeren« Menschen, die glauben, sie haben alles und brauchen nichts und bei denen der Lohn für Opfer und Teilen in chronischer Sanftheit, Langeweile und wirtschaftlichem »Erfolg« verlorengeht.
Die Partner, die einen Streit beginnen, dann vorübergehend erkalten, darauf das Streittraining in Resignation oder Verzweiflung abbrechen, statt die Krise als Anfang einer intensiven und informierten Bemühung zu nutzen, sich gegenseitig beim Wachstum zu helfen.
Die Partner, deren ungleiches Wachstumspotential durch realistisches Streiten an den Tag kommt und vielleicht verschlimmert wird.
Schließlich die ›Wüteriche‹, die die relative Großzügigkeit der Streitregeln als Genehmigung, grausam zu werden, mißbrauchen.
Wie alle Psychotherapeuten wissen, kann jeder Eingriff in einen natürlichen Zustand der Dinge bisweilen alles verschlimmern. Unausweichlich bringt ein Versuch, eine vorhandene Ordnung zu ändern, Risiken mit sich. Nach unseren Erfahrungen mit dem Streittraining kann das System deshalb leicht versagen, weil es oft mißverstanden wird, vor allem, da man konventionellerweise glaubt, daß sich »Inti-

mität« und »Aggression« wie »Liebe« und »Haß« gegenseitig ausschlössen.
Manche Menschen ›mißverstehen‹ ganz bewußt. Ein gutes Beispiel dafür sind diejenigen, die – wie die eben genannten ›Wüteriche‹ – einen Aspekt des Trainings aufgreifen und ihn dazu mißbrauchen, den eigenen Willen durchzusetzen. Wirkliche Mißverständnisse treten gewöhnlich auf, wenn ein Kursteilnehmer nicht erkannt hat, daß das Streittraining Teil eines vieldimensionalen *Systems* ist, das nur im Zusammenhang mit einer neuen Art des intimen Lebens lohnend sein kann. Die ›heuristischen‹ Regeln und Methoden des Systems stehen in der gleichen Wechselwirkung zueinander wie die einzelnen Teile einer Maschine.
Um das Risiko von Mißverständnissen zu verringern, wird die folgende Zusammenfassung der Dimensionen und der lohnenden Ergebnisse der Intimität als Modell für ein Streittraining angeboten, das eine fein ausbalancierte neue Lebensweise schaffen kann.
Intimität ist zuallererst eine grundsätzliche Anschauung. Sie ist die Orientierung eines Paares auf die Gegenseitigkeit und geht davon aus, daß gemeinsame Erlebnisse im allgemeinen Soloerlebnissen vorzuziehen sind. Sie gründet sich auf den *Wunsch*, ›in der Liebe‹ zu bleiben und sich einen Platz in den Gedanken des Partners zu bewahren.
Intimität läßt sich nur erreichen, wenn die Partner ausreichende *Information* erhalten. Sie läßt sich nicht ohne die Entschlossenheit erreichen, offen zu sein und die eigene Gedanken- und Gefühlswelt mit dem Partner zu teilen. Intimpartner raten nicht, wo sie miteinander stehen, sie teilen es sich mit.
Intimpartner erkennen an, daß ihre Beziehung niemals statisch ist. Der Zustand des *swing* ändert sich ständig bei einem Paar, und erfolgreiche Intimpartner hören nie auf zu lernen, wie sie ihre Liebesgefühle durch die realistische Reaktion auf das Hier und Jetzt lebendig halten können. Zorn und Aggression begleiten unweigerlich diesen anhaltenden Prozeß der Neuanpassung; das trägt dazu bei, Krisen zu lösen, weil echter Ärger die Wahrheit an den Tag bringt. Intimpartner helfen einander auch, schal gewordene Alltäglichkeiten oder überholte Einstellungen zu überwinden (etwa wenn eine Frau ihrem Mann dabei hilft, in seine Stellung als Vater hineinzuwachsen).
Intimpartner *trauen* einander. Sie fürchten nicht, daß der Partner die eigenen Schwächen ausnutzt. Sie wechseln sich im Geben und Nehmen ab, sind jedoch nicht an vertragsähnlicher Gegenseitigkeit interes-

Das Institut für Gruppen-Psychotherapie in Kalifornien/USA unterhält eine Kontaktadresse in Deutschland, durch die individuelle Abreden und Programme für Gruppentraining arrangiert werden können.
Interessierte Personen und Gruppen, die an einer direkten Fühlungnahme mit Dr. George R. Bach während eines seiner häufigen Aufenthalte in Europa interessiert sind, mögen sich unter Beifügung eines adressierten Freiumschlages wenden an

Haja und Inge Molter
Boissereéstraße 3, 5000 Köln 1,
Telefon (02 21) 21 48 50.

H. und I. Molter bieten auch Trainings nach George R. Bach an.

siert. Sie respektieren taktvoll einer des anderen ›Gürtellinie‹ und mäßigen ihre Ehrlichkeit mit unendlichem Takt, damit der Partner nicht grausam verletzt wird. Sie betätigen sich nicht in Orgien wechselseitiger Beichten (die nur den Beichtenden erleichtern und den Partner belasten). Sie erwarten, deutlich darüber informiert zu werden, wie sich der andere in jeder Situation fühlt, verspüren aber nicht die kindliche Verpflichtung, ›alles zu erzählen‹.

Intimität erfordert gleiche *Autorität.* Wie in jeder wahren Partnerschaft kann die Führung von Fall zu Fall wechseln, je nach der Kompetenz, Energie, Gesundheit oder sonstigen jeweiligen Situation eines Partners. Befehlswege sind stets umkehrbar.

Intimität setzt *Freiheit* von der Vorstellung voraus, daß der eine Partner ohne den anderen wertlos sei, wie auch Freiheit von starren Rollen. Jeder Partner besitzt auch die Freiheit, unabhängige Interessen zu verfolgen und Pausen in der intimen Beziehung zu genießen (ohne sich jedoch intimitätszerstörend zu betätigen).

Intimpartner sind der gegenseitigen Verpflichtung, »Nummer eins« im Leben des anderen zu sein, *loyal* ergeben. Sie bestehen nicht auf irrationalem, eifersüchtigem Besitzdenken, ebensowenig provozieren oder dulden sie es.

Intimpartner sind *realistisch.* Sie stehen mit den eigenen Füßen und denjenigen des Partners auf dem Boden der Tatsachen, indem sie für ständiges aufrichtiges ›Rückkoppeln‹ sorgen und erkennen, daß diese Echos positiv (und lohnend) wie auch negativ (und strafend) sein können. Sie bewahren sich auch gegenseitig vor törichten oder selbstzerstörerischen Bestrebungen.

Intimität erfordert *Humor.* Erfolgreiche Intimpartner können, ohne sich zu schämen und ohne das Gesicht zu verlieren, über sich selbst und über den anderen lachen. Sie können verspielt lachende ›Kinder‹ miteinander sein, sich über alle Vorspiegelungen lustig machen, die Fehler des anderen nachäffen und den Lohn ernten, den es mit sich bringt, wenn man sich gemeinsam freut.

Schließlich benutzen Intimpartner ebenso *Aggression* wie Zuneigung, um sich gegenseitig im Hinblick auf einen besseren *swing* zu beeinflussen. Sie streiten fair, offen, ohne Tarnung oder treulose Bündnisse, ohne Tiefschläge und ohne die Stellung des Gegners feige zu untergraben. Aus ihrem konstruktiven Streit lernen sie, wie sie miteinander stehen und was sie verbessern müssen, und sie kommen sich näher, weil sie miteinander gestritten haben.

Um diese Dimensionen der Intimität funktionsfähig zu machen, sollten sich Ehemänner, Ehefrauen und Liebende dies vor Augen halten:

1. Die Menschen sind in der heutigen Kultur so damit beschäftigt, Spiele zu spielen und Masken zu tragen, um ihr wirkliches Ich zu verbergen, daß die wahre Intimität, obwohl der menschlichen Natur angeboren, eine Fertigkeit geworden ist, die man lernen und üben muß.
2. Intime Beziehungen sind so voller Paradoxe, daß sie häufig geradezu verrückt erscheinen (etwa, wenn sich Partner gleichzeitig tief lieben und hassen). Tatsächlich ist die Intimität ein vielspuriges System, das man lernen und mit dem man leben muß.
3. Da die Intimität eine gefährdete, zarte Eigenschaft in einer Beziehung ist und da sie nur spontan erscheinen kann, läßt sie sich offensichtlich nicht starren Regeln unterwerfen. Die in diesem Buch skizzierten ›heuristischen‹ Prinzipien schaffen jedoch Bedingungen, die das Zustandekommen echter Intimität begünstigen.
4. Die Intimität durchläuft viele Phasen. Meist beginnt sie mit Anpassungen in der Werbungszeit; sie entwickelt sich in Machtkämpfen, Loyalitätsproblemen, in den Erfolgen und Fehlschlägen individueller oder gemeinsamer ›Projekte‹ und in vielen anderen Stadien. Es ist nützlich, wenn Intimpartner erkennen, daß Streitigkeiten häufig Symptome des Eintritts in eine neue Phase sind, daß ständige wahrheitsgemäße Konfrontierungen wegen der jeweiligen Gefühle ihnen bei diesen unvermeidlichen Übergängen helfen und daß die diese Übergänge begleitenden Auseinandersetzungen alles andere als Zeichen eines Auseinanderbrechens der Beziehung sind. Tatsächlich machen es Krisen gewöhnlich leichter, eine Beziehung umzugestalten, weil kluge Partner erkennen, daß außergewöhnliche Spannungen das Ende des Status quo anzeigen.

Ist die Intimität diese Schwierigkeiten wert?
Eine überwältigende Mehrheit unserer Kursteilnehmer glaubt, daß sie es ist. Es folgen nun einige Punkte, die sich ergeben haben und die anzeigen, daß es sich lohnt, für sie zu streiten.
Die Intimität ist eine unschätzbare Hilfe bei der Anerkennung des eigenen Ich. Sie befreit von übermäßiger Selbstkritik, von der »Tyrannei des Ich«. Die meisten Menschen schleppen Schuldgefühle, Scham

und Mißerfolge mit sich herum. »Einzelgänger« müssen sich wegen solcher Lasten selbst verzeihen oder bestrafen, doch Intimpartner verrichten diese befreiende Arbeit jeweils am anderen.

Intimpartner erkennen, daß niemand die Versprechungen und Träume der Werbungszeit erfüllen kann, doch sie versuchen es, so gut es geht. Dieses ›Drängen‹ in Richtung auf die Ideale aus der Werbungszeit bringt die besten Eigenschaften in jedem Partner hervor, weil der andere diese Bemühung als Beweis dafür empfindet, daß er innig geliebt wird.

Intimpartner stellen fest, daß sie die Tiefpunkte ihres Lebens besser ertragen können. Beide sind daran interessiert, Probleme zu überwinden und voranzukommen. Ein Schlag gegen die Selbstachtung (etwa der Verlust der Stellung) kann einen Alleinlebenden in völlige Verzweiflung stürzen; er läßt sich leichter überwinden, wenn man ihn mit einem Intimpartner teilt.

Intimität schafft ein Gefühl sozialer Sicherheit. Wenn zwei Menschen wahrhaft intim miteinander sind, können sie es sich leisten, in ihrer Einstellung zu Fremden selektiv zu sein. Daraus ergibt sich, daß Außenstehende Intimpartner nicht so leicht manipulieren können; Intimpartner brauchen Außenstehende nicht zu schmeicheln und sind nicht auf deren Versprechungen angewiesen.

Intimität ist ein Mittel gegen Unordnung und Chaos. Ihre Kontinuität – die reine Notwendigkeit, daß zwei Menschen ihr Leben miteinander koordinieren müssen, damit sie als Einheit funktionieren können – sichert bereits die Errichtung einer gewissen Direktion und Ordnung.

Intimität innerhalb einer Familie ist die wirksamste Weise, eine psychisch gesunde neue Generation aufzuziehen. Sie ist die beste Versicherung der Gesellschaft gegen das Heranwachsen von einer entfremdeten Generation nach der anderen.

Das allerwichtigste ist jedoch, daß die ganze Menschheit an der Intimität gewinnt. Wenn die Menschen Animositäten unter Intimpartnern und Freunden abreagieren, werden Aggressionen beseitigt, die sich sonst ein Ventil in sehr viel gefährlicheren Konflikten, in Aufständen, Attentaten, anderen kriminellen Handlungen und in Kriegen suchen würden. Es wird allerhöchste Zeit, daß in der psychischen Eiszeit, die die Menschheit zu verschlingen droht, Tauwetter einsetzt. Unmenschlichkeit, Apathie und Entfremdung sind die täglichen Schlagzeilen der Zeitungen. Realistische Intimität wird mit Sicherheit

Erleichterung bringen, wenn sich genügend aufmerksame Ehemänner, Ehefrauen, Liebende und Eltern die Mühe machen, sie zu verstehen und in die Wirklichkeit umzusetzen, um sich selbst und uns alle zu bereichern.

Wir sind überzeugt, auch wenn wir es nicht wissenschaftlich beweisen können, daß Menschen, die die schöne Kunst des fairen Wortstreits und der Konfliktlösung beherrschen, nicht dazu neigen werden, physische Gewalttaten zu begehen. Ebensowenig werden sie Führern folgen, die das Verlangen des Menschen, seine Aggressionen abzureagieren, ausbeuten. Wir glauben ferner, daß jedes Abrüstungssystem, um wirksam zu sein, auf gesundem sozio-psychologischem Denken – nicht nur auf politischen Vereinbarungen aufbauen muß. Je stärker die Werte realistischer und aggressiver Intimität eine Kultur durchdringen und je mehr Menschen sich dem konstruktiven Wortstreit verpflichten, desto leichter wird der entsetzliche Drang des Menschen nach tödlicher Gewalt zu beseitigen sein.

Methodischer Anhang

Von Dr. George R. Bach

EINFÜHRUNG

Auf diesen für wissenschaftlich interessierte Leser, besonders für meine Kollegen und Studenten der Psychiatrie, Psychologie, Soziologie und verwandter Gebiete bestimmten Seiten kann *Streittraining* (s. auch S. 171) definiert werden als eine spezifische Psychotherapie mit dem Ziel, mit ungeeigneten, alle Beteiligten schädigenden Arten der Aggression (s. auch S. 170) fertig zu werden, zu »heilen«, indem die Intimität schaffenden Formen der Aggression verstärkt und verletzende und entfremdende Feindseligkeiten verringert werden.
Zunächst trug ich meine Streittrainings-Methode zur Lösung von Konflikten zwischen Intimpartnern auf wissenschaftlichen Tagungen vor: im Jahr 1960 an der Columbia-Universität vor der Amerikanischen Gesellschaft der Eheberater; im Jahr 1961 bei der Jahresversammlung der Südkalifornischen Gesellschaft für Gruppentherapie; im Jahr 1962 bei der Jahressitzung der Westlichen Psychologischen Gesellschaft; und im Jahr 1962 auf Einladung bei der Jahreskonferenz der Orthopsychiatrischen Gesellschaft. Hier folgen einige der theoretischen, klinischen und ethischen Grundlagen des Programms, wie es in vorliegendem Buch dargestellt wird:
Meine Forschung auf dem Gebiet der menschlichen Aggression begann vor 25 Jahren mit einer experimentellen Demonstration der Modifizierbarkeit feindlicher Reaktionen von Kindern in Konfliktsituationen mit Eltern und Lehrern (vgl. Bibliographie Bach 1944). Daraus entwickelte sich eine therapeutische Methode der *Konfliktkonfrontation* durch Spieltherapie für Kinder und Gruppenpsychotherapie für Erwachsene (vgl. Bach 1954).
Die beiden Fundamente meiner Theorie stammen erstens von Freuds Erkenntnis der paradoxen und konflikterzeugenden Koexistenz von Liebe–Eros–Sexus und Aggression–Haß (vgl. Anmerkungen zu Kap. 12). Zweitens lieferte mein Lehrer Kurt Lewin eine glänzende Feldtheorie, die Konzeptionen für *soziale Aktion* bot, eine Sozialtherapie, die auf die Lösung dieser Annäherung-Ausweich-Konflikte nicht nur auf der innerpsychischen Ebene, sondern auch interpersonal und gruppendynamisch abzielte (vgl. Bibliographie unter Lewin).
Zwei frühere Hochschullehrer der Lerntheorie, Robert Sears und Kenneth Spence, weckten anhaltendes Interesse an der Anwendung von Verstärkungsprinzipien auf die Aufgabe der kognitiven Restrukturierung, die sich bei der direkten Verhaltensmodifizierung ergibt.
Eine therapeutische *Verhaltensänderung* hängt von der Erfüllung des Wunsches ab, akut empfundene Konflikte dadurch beizulegen, daß man eine *neue* Fähigkeit erwirbt, mit ihnen fertig zu werden, sobald sie *hier und jetzt* auftauchen. Historische Einblicke in die vermutlich weit zurückliegenden

Ursachen sind weniger nützlich als die Erleichterung, jetzige Probleme durch Modelle (vgl. Bibliographie unter Bandura 1962), durch heuristisches »Programmieren« und durch Gruppenstimulation und *-übung* zu lösen.
Die gewöhnlichste und akuteste Konfliktart, die die Mehrzahl der bei mir Ratsuchenden hemmt, läßt sich nicht durch traditionelle, individuell orientierte personalistische Methoden lösen; sie erfordert eine interpersonale, gruppendynamische oder »System«-Orientierung (vgl. Bibliographie unter Buckley 1967). Die Menschen möchten den Genuß enger interpersonaler Interessen (Intimität) mit dem Genuß der Freiheit und Unabhängigkeit wirksam verbinden. Sie möchten die Kuh schlachten und gleichzeitig melken. Und man kann ihnen zeigen, wie das vor sich geht: indem man sie lehrt, wie *interdependente Systeme* funktionieren und wie man erfolgreich an einem intimen System partizipiert, indem man zugänglicher, transparenter, offener und mitteilsamer, bejahender wird und sich weniger vor Konfrontationen und *fairem Streit* (s. auch S. 170) fürchtet.
Theoretisch glaube ich, daß eine Zustandsänderung, d. h. eine Veränderung auf der Ebene der Interdependenz zwischen Menschen (als Paare und in größeren Gruppen), durch zweckdienliche Aggression hervorgerufen wird: durch Kampf, um eine alte Situation aufzuheben (oder zu verteidigen), und durch Kampf um das Entstehen einer neuen Ordnung der Angelegenheiten des interdependenten Menschen. Veränderung und Aggression gehen Hand in Hand, und da die Veränderung im wesentlichen auf Wachstum und Überleben abzielt, besitzt der Mensch eine übergroße Aggressionsfähigkeit und hohe erfinderische Kreativität, diese Aggression direkt und indirekt zu betätigen. Der Mensch befindet sich in dem chronischen Zustand einer übermobilisierten Aggression. Jeder einzelne hat deshalb einen bestürzend großen Vorrat an überschüssiger Aggression bereit und muß ständig oder periodisch etwas tun, um einen Teil davon loszuwerden. Infolgedessen ist der Mensch dauernd auf der Suche nach Feinden, die als brauchbare Ziele für die Freisetzung seiner Aggression dienen können. Alle Glieder einer Kultur (nicht nur Politiker) beteiligen sich an der Suche nach Feinden oder an ihrer Erfindung; sind diese erst gefunden oder geschaffen, verfolgen die Menschen sie mit feindseligem Genuß, wie die Geschichte überreichlich demonstriert.
Jetzt hat der Mensch einen Aggressions-Betätiger erfunden, der ein selbstmörderisches Ungeheuer ist: die Kernwaffensysteme. Durch diese Erfindung sind die traditionellen Feinde im fernen Ausland überholt. Die fernen Ziele müssen durch neue ersetzt werden, die der Heimat näher liegen. Die Kernwaffensysteme haben die Aggression ins eigene Haus zurückgebracht. Wer sind die geeignetsten Feinde, die wir in der Nähe finden können? Es gibt viele Zielgruppen, die sich anbieten: Schwarze kontra Weiße; Junge kontra Alte; Männer kontra Frauen – *die* intimsten Feinde!
Taktik und Strategie der Aggression – ja sogar die Definition, die Bedeutung des Wortes – müssen sich wandeln, damit die notwendige Veränderung in der Zielsetzung stattfinden kann: von der Vernichtung zu vernünftiger Selbstbehauptung in einem Aggressionsaustausch und zu einer wechselseitigen Kooperation, aus der sich sichere, sogar kreative Möglichkeiten ergeben, die Aggression für das dauernde Wachsen und Sich-Ändern voll zu nutzen.

Diese Überlegungen ließen mich die zunehmenden Stauungen der Feindseligkeit bei meinen Patienten immer deutlicher erkennen, und deshalb wandte ich mich vor zehn Jahren der Aufgabe zu, den bei mir Ratsuchenden ein heuristisches Erziehungssystem zu bieten, das ihnen ein Werkzeug verschaffte, um mit Konflikten fertig zu werden, die der Interdependenz eigen sind, und ihnen gleichzeitig ein sicheres, faires, *reguläres* und brauchbares Aggressionsziel und die entsprechende Katharsis (s. auch S. 170) gab: das Streiten im Rahmen der Intimität.

Der wissenschaftlich gebildete Leser, dessen Studium der einschlägigen Literatur sich nicht auf die überreichen Produktionen einer traditionellen »Schule« beschränkt, wird zugeben, daß das therapeutische Potential der konstruktiven Aggression von zahlreichen zeitgenössischen Psychotherapeuten implizit oder explizit genutzt wird. Falls irgendwelche Zweifel daran bestehen sollten, daß die Aggression in menschlichen Beziehungen zum Vorteil gewendet werden kann, dann bietet das jüngste Buch des britischen Psychoanalytikers Anthony Storr, *Human Aggression,* reiche Beweise dafür, daß unser Verfahren nicht allein dasteht. Es gehört vielmehr zu den heute nachdrücklich vertretenen Forderungen nach *authentischer Kommunikation,* offener *Begegnung* und Konfrontation. Dieser Trend der Überlegungen und der klinischen Methode erscheint in den Schriften vieler heutiger Autoren (vgl. Bibliographie unter Ackerman, Berlin, Berne, Bettelheim, Bugenthal, Bühler, Corsini, Ellis, Erikson, Frank, Hodge, Moreno, Pearson, Perls, Rosen, Satir, Shapiro, Shostrom, Stoller).

Eine Durchsicht der einschlägigen Literatur zeigt auch eine zunehmende Zahl von Autoren (vgl. Bibliographie unter Ardrey, Berkowitz, Lorenz, Rapoport, Storr und Yablonsky), die theoretische, experimentelle, beschreibende oder vergleichende ätiologische Studien psychiatrischer und soziologischer Probleme vorgelegt haben, die sich aus dem Vorhandensein menschlicher Aggression ergeben. Doch über allgemeine Plädoyers für besseres Verständnis, »Kontrollen« oder »Surrogate« für die menschliche Aggression hinaus wird kein praktisches Präventiv- oder therapeutisches Programm geboten.

Das in vorliegendem Buch dargestellte Streittraining scheint die erste therapeutische Erziehungsmethode zu sein, die *spezifisch* entwickelt wurde, um den Menschen zu helfen, mit ihrer Aggression konstruktiv fertig zu werden. Ihre Anwendung im Zusammenhang intimer interpersonaler Beziehungen beweist dramatisch die Gültigkeit unserer These, die auch von Lorenz und Storr vertreten wird, daß nämlich die Aggression, wenn sie entsprechend kanalisiert und nicht verdrängt, unterdrückt, »kontrolliert« oder projiziert wird, eine positive Lebenskraft ist. Insbesondere vertreten wir die Theorie, daß aggressive Kämpfe entscheidend für Wachstum und Veränderung sind (vgl. zweite Anmerkung zu Kap. 2).

Das gegenwärtige Interesse der Öffentlichkeit an Aggression und Gewalttätigkeit hat ein für ernsthafte Forschung und klinische Arbeit auf diesem Gebiet günstiges intellektuelles Klima geschaffen. Der Zeitgeist ist möglicherweise einer der Gründe für die wachsende Anerkennung unserer therapeutischen Methode, die Aggression für den Dienst der Liebe nutzbar zu machen.

(Für den deutschen Leser sei außerdem noch auf H. Kunz, R. Mandel und A. Mitscherlich verwiesen. A. d. Ü.)

I. WESHALB INTIME PARTNER STREITEN MÜSSEN

S. 5. Der übliche Streittrainingskurs nimmt 13 Sitzungen innerhalb eines Vierteljahres in Anspruch. Zunächst besucht das Paar unser Institut für Gruppen-Psychotherapie in Beverley Hills, 450 North Bedford Drive, an einem beliebigen Dienstagabend um halb neun Uhr (Anmeldung nicht nötig). Dort kommt es in eine »Informationsgruppe«, in der Programm, Honorar und Dauer besprochen werden. Interessierte Teilnehmer werden dann auf einschlägige Literatur verwiesen und zu einem privaten Auslesetest eingeladen, wo ihre Eignung für das Streittraining von einem erfahrenen Mitglied unserer Mitarbeitergruppe von Psychiatern, Psychologen, Soziologen und Ärzten festgestellt wird. Für das Streittraining werden solche Paare aufgenommen, bei denen *beide* Partner den Eindruck hervorrufen, daß sie wirklich an der Verbesserung ihrer Beziehungen interessiert sind. Ausgeschlossen werden ernsthaft entfremdete Paare, bei denen ein oder beide Partner nicht eindeutig vom Wert ihres Zusammenseins überzeugt sind oder bei denen Partner fest überzeugt sind, daß der andere geisteskrank ist und psychiatrischer Behandlung (für seine Person, nicht für seine Ehe) bedarf. Entfremdete, Nicht-Überzeugte und auch die »psychiatrie-spielenden« Menschen können an unsern therapeutischen Einzel- oder Gruppensitzungen teilnehmen – jeder in getrennten Programmen mit gelegentlichen »Visitationen« und gemeinsamen Sitzungen. Durch eigenes Wachstum und therapeutische Entwicklung lernen sie es, aufzuhören, mit Partnern oder andern Psychiatrie zu spielen, und anzufangen, verantwortliche Entscheidungen ohne Zweideutigkeit zu treffen – etwa, bei dem Partner zu bleiben und an einer reicher werdenden Gemeinsamkeit mitzuarbeiten oder aber sich von dem Partner auf eine möglichst schmerzlose und vernünftige Art scheiden zu lassen.

Paare dagegen, die angenommen werden, beteiligen sich an vierstündigen, einmal wöchentlich stattfindenden Sitzungen unserer Streittrainings-Therapiegruppen, wo sie zusammen mit vier bis fünf andern Paaren und mit Hilfe von Tonbandgeräten in die Feinheiten der ehelichen Konfliktlösung eingeführt werden. Sie werden ermuntert, in Gegenwart der andern *(live)* miteinander zu streiten und/oder ihre Hausarbeiten mit zur Gruppe zu bringen (die eigenen Bandaufzeichnungen ihrer Auseinandersetzungen). Diese Auseinandersetzungen werden analysiert und im Hinblick auf Stil und Wirkung bewertet, und zwar von dem betreffenden Paar selbst, von dem »Streittrainer« und von der Gruppe. Verbesserungen und Rückschritte im Streitstil werden vermerkt und diskutiert. Verbesserungen werden mit Beifall aufgenommen – besonders von den anderen Paaren, die sich, obwohl sie als eine Gruppe widerstrebender Fremder begonnen haben, gefühlsmäßig zusammenschließen und tief an dem Wachstumsprozeß der anderen Ehen interessiert werden.

An einem Wochenende, entweder während oder kurz nach den vier Monate

dauernden Sitzungen, werden die Paare des Streittrainings eingeladen, an einer vierundzwanzigstündigen oder längeren »Marathon-Gruppenbegegnung« teilzunehmen, wie ich sie in Zusammenarbeit mit Dr. Fred Stoller im Jahr 1963 entwickelt habe (vgl. Bach, »The Marathon Group«).
Die Marathonsitzung gibt unsern Lehrgangsteilnehmern ein Maximum an Gelegenheit, aggressive Konfliktlösungen zu üben – nicht nur miteinander, sondern auch mit andern Mitgliedern der Gruppe. Aggressive Auseinandersetzung und Rückkoppelung als Kritik sind überaus hilfreiche Lernerfahrungen in Marathongruppen (vgl. Bach, »Marathon Group Dynamics II und III« und »Group Leader Phobias . . .«).
Kurz nach der Marathonsitzung nimmt jedes Paar an einer Nachsitzung teil und schließlich an einer privaten Konferenz, in der erörtert wird, ob das Paar an einem weiteren Trainings- oder Therapieprogramm unseres Instituts teilnehmen sollte. Die meisten Paare brauchen den Streittrainingskurs nicht zu wiederholen. Sie fürchten sich nicht mehr vor Konflikten und Aggression und können jetzt vernünftig und gefühlsmäßig in sauberem Stil streiten. Sie können aufhören, ihre Aggressionen zu analysieren, und können eine engere Intimität spüren und genießen. Einige unserer früheren Lehrgangsteilnehmer haben selbständige »Streitklubs« gebildet, um in Übung zu bleiben.
S. 7. Chronisch redundanter Beleidigungsaustausch ist ein Streitritual (s. auch S. 171), das im Fall der Unfähigkeit, Frustrationen auszukämpfen, die einzige und vielleicht notwendige Aggressionskatharsis ist, die Paaren zur Verfügung steht, die weder fair noch gemein zu streiten verstehen. Dennoch müssen sie irgendwie ihre Enttäuschung, ihren Ärger und ihre Frustration über das gemeinsame Leben äußern, dessen Gemeinsamkeit sie *nicht* zerstören wollen. So schlagen sie entweder ritualistisch nach ihren Kindern (dem Symbol ihrer unglücklichen Gemeinsamkeiten) oder nach einander. In vielen solchen Fällen ist die Teilnahme an einem Feindseligkeitsritual die einzige Erfahrung wechselseitiger Intimität, die sich das Paar leisten kann. In vielen andern Fällen ist es ein entscheidenes Vorspiel und/oder eine Fortsetzung des Genusses sexueller Intimität. Diese unvernünftigen Temperamentsausbrüche (die kein Thema haben und keine neue Information vermitteln) sind keine Auseinandersetzungen, die auf irgendwelche Veränderung oder Lösung abzielen. Es ist gerade die Unfähigkeit, das Unerträgliche anzugreifen und um eine Änderung zu kämpfen, die solche Feindseligkeitsrituale nährt. Wenn die Partner die psychische Funktion von Feindseligkeitsritualen besser verstehen, können sie sie vom eigentlichen Streit unterscheiden. Und wenn die Partner lernen, wie man fair und ohne Furcht streitet, dann verschwinden Feindseligkeitsrituale vom *Virginia-Woolf*-Typ von der ehelichen Bühne, und wahre Intimität tritt an ihre Stelle. Trotzdem genießen noch viele streittrainierte Paare das spielerische Ausfechten von Schein-Feindseligkeitsritualen – sie amüsieren sich gegenseitig hin und wieder mit einem Ausbruch im *Virginia-Woolf*-Stil.
S. 7. Einstweilen besitzen wir lediglich klinische Beweise für unsere Hypothese, daß irrationale gruppenorientierte oder gemeinschaftsgeleitete Feindseligkeit und Gewalttätigkeit bei denjenigen abnehmen, die gelernt haben, die Aggression befriedigender und unmittelbarer in direkten Beziehungen mit andern anzuwenden, die ihnen gefühlsmäßig viel bedeuten. Wenn es auch tragischer-

weise klar ist, daß der Mensch als biologische Art die verhältnismäßig leicht zu weckende, angeborene Neigung besitzt, sich in aggressiven und gewalttätigen Aktionen gegen Mitmenschen zu betätigen, so müssen die Ziele der Aggression trotzdem weder vom Instinkt bestimmt noch unbedingt Fremde, Fremdgruppen, feindliche Eindringlinge oder ähnliche sein. Dennoch ist es unglücklicherweise so, weil die gegen eine feindliche Gruppe gerichtete Feindseligkeit moralisch und rational in Bürger- und andern Kriegen und in aggressiven Wettbewerbssportarten sanktioniert wird, während man das intime interpersonale Streiten eher unterdrückt und verdrängt. Auf Gruppen gerichtete Gewalttätigkeit – wie wahnwitzig und zerstörend sie auch ist – wird allzuleicht mit patriotischen oder andern ethnisch bestimmten Idealen und Zielen (Freiheit, Gleichheit, Integration, demokratische Freiheit, Antiimperialismus, Antikommunismus, Antisemitismus usw.) untermauert. Sozialwissenschaftler sammeln immer noch Beweise für biogenetische Grundlagen der gegen Gruppen gerichteten Gewalttätigkeit, wobei die neueste der Schutz des Territoriums ist (vgl. Ardrey 1966; Lorenz).

Die politische Führung zieht ihre Erfolge traditionellerweise aus der Versorgung der Öffentlichkeit mit sittlich sanktionierten, schuldfreien Aggressionszielen, wodurch gleichzeitig Helden geschaffen werden. Wir schlagen vor, daß die Befriedigung aggressiver Triebe (wie die Befriedigung sexueller Triebe) eine *persönliche Verantwortlichkeit* wird: Sie sollte unter Freunden, *nicht* unter Feinden stattfinden. Der Erfolg unseres Programms ist der Beweis dafür, daß Menschen, vor allem kleine Kinder, lernen können, ihre Aggressionen innerhalb der Familie, der Altersgruppe und auf dem Spielplatz auszukämpfen, wenn man sie nicht dazu erzieht, sie auf »Feinde« zu projizieren, die von dem realen Milieu ihres persönlichen Lebens weit entfernt sind. Der offene, konstruktive eheliche Krieg beispielsweise kann lehren, daß Familien, die intime Animositäten mit größerer Direktheit und gefühlsmäßiger Befriedigung auskämpfen, die harmonischsten sind. Wenn Kinder in frühester Jugend lernen, ihre Aggressionen dort abzureagieren, wo es am sichersten ist (zu Haus), und dabei die Technik erwerben, mit ihren Feindseligkeiten verantwortungsbewußt fertig zu werden, sobald sie entstehen – im Milieu der geliebten Angehörigen, der intimen Freunde, der Familie und des »Stammes« (der Gruppe) –, dann werden sich solche Kinder später nicht so leicht überreden lassen, an gegen Gruppen gerichteten Gewalttätigkeiten teilzunehmen.

S. 7. Unsere feldtheoretische, Lewinsche Ausbildung trug dazu bei, daß wir die therapeutische Erziehung als kognitive Umstrukturierung erkannten: neue Vordergrund–Hintergrund-Beziehungen; neue Integrationen angeblich unversöhnlicher Gegensätze die *synergische* (s. auch S. 171) *Toleranz* sowohl in der Planung als auch in der Spontaneität schaffen. Das entspricht auch der neuen Philosophie der Naturwissenschaft (vgl. Boguslaw; Kaplan 1964).

Die einzelnen lassen sich entsprechend ihren Feindseligkeitsäußerungen einordnen, wobei »schwache Kontrolle« (starkes Ausspielen der Aggression) und »Überkontrolle« (Streitphobie) an den beiden äußersten Enden stehen. Ob Menschen dazu neigen, persönlichen Zielen Auge in Auge gegenüberzutreten, oder dazu, sich weit entfernte, fremde, unpersönliche oder abstrakt symbolische Ziele für ihre Feindseligkeit zu suchen, läßt sich auch mit psychologischen

Testinstrumenten bestimmen. Außerdem können diese Instrumente die Realitätsebene feststellen, bis zu der Partner keine persönliche Verantwortung für die Teilnahme an Gewalttätigkeiten verspüren. Solche Geräte werden in unserm Institut im Rahmen eines neuen Forschungsprojekts entwickelt, das auf die Errichtung von »Gewaltverhütungszentren« abzielt. Bisher weisen die klinischen Eindrücke darauf hin, daß die aggressions-überkontrollierte Person (die auch aggressive Auseinandersetzungen Auge in Auge mit befreundeten Personen, die ihr etwas bedeuten, verabscheut) am ehesten bereit ist, sich an einem gewalttätigen, geplanten tödlichen Angriff auf Freund oder Feind zu beteiligen, wenn die entsprechende Provokation durch das Opfer und/oder starke soziale Verführung oder sozialer Druck vorliegen. Allgemein streitscheue, ruhige und friedliche Menschen sind, wie ich es sehe, persönlich und sozial gefährlicher als die offen aggressiven. Sowohl die »Superaggressoren« wie auch die «Überstreitscheuen« sind zunächst fast immun gegen das Streittraining; doch mit Geduld und gutem Willen können auch sie lernen, anständige Streiter zu werden.

S. 7. Getarnte Feindseligkeit hat viele Masken. In ihrer offensiven Form unterminiert oder schädigt sie insgeheim das Wohlbefinden ihres Opfers (z. B. passiv-aggressive [s. auch S. 171] Eltern). In ihrer defensiven Form vereitelt sie heimlich die destruktiven Schritte des Partners gegen das Opfer. Es gibt viele Unterschiede in der Wirksamkeit der Tarnung, wobei unter allen anderen die psychologisch wichtigste die Selbsttäuschung ist (vgl. Sartre, *Das Sein und das Nichts*).

Der getarnte Aggressor leugnet seine Aggressivität auch vor sich selbst. Er redet sich ein, nicht die mindeste gemeine Anlage zu besitzen. Getarnte oder indirekte Aggression (sowohl in der offensiven als auch in der defensiven Form) zielt darauf ab, die gleichen Ergebnisse zu schaffen wie siegreiche offene Aggression – doch mit einer schlau eingebauten Versicherung gegen die Verantwortung, ganz gleich, ob es einen Sieg oder eine Niederlage gibt. In Fällen, wo getarnte Aggression ihre zerstörerischen Ziele erreicht, ohne daß der Aggressor dafür zur Rechenschaft gezogen werden kann und auch ohne daß er zum Objekt gerechter Gegenangriffe von seinem Opfer wird, kann der Aggressor tatsächlich seine Kuh schlachten und sie trotzdem weiter melken. Das ist der wahre Gewinn bei dieser Strategie. Getarnte Feindseligkeit herrscht vor allem in Kulturen wie der unsrigen vor, wo offene, interpersonale aggressive Auseinandersetzungen Auge in Auge – ganz besonders unter Liebenden – als »schlechtes Benehmen«, »ungezogen«, »gemein« usw. in Verruf gebracht werden. In Amerika und Westeuropa ist die Praxis getarnter Aggression (die Kunst, seine Freunde hereinzulegen und nicht dafür zur Rechenschaft gezogen zu werden; Strebertum usw.) ein sozialer Zeitvertreib, der wegen des hohen psychischen Gewinns angestrebt wird. Einzelheiten darüber findet man bei Eric Berne *Spiele der Erwachsenen.*

Überlegungen zum Ursprung der getarnten Feindseligkeit finden sich reichlich in der psychoanalytischen Literatur unter »passive Aggression« (vgl. Shapiro).

Die Manipulierung und Ausbeutung anderer durch Schwindel aus äußeren Motiven (ein hochgeschätzter Feindseligkeitssport) wird jetzt deutlich erkannt

und in der heutigen Literatur beschrieben (vgl. Biderman und Zimmer; Shostrom; Goffman 1952 und 1959; Berne).
S. 14. Forschungsergebnisse über die therapeutische Funktion der aggressiven Begegnung sind sowohl für Familiengruppen als auch für reguläre und Marathongruppen vorgelegt worden (vgl. Bach 1962, 1967), ebenso für die individuelle Psychotherapie (vgl. Whitaker). Alle Forscher kommen zu dem Ergebnis, daß spannungs- und streitfreie Beziehungen weder dauerhaft noch gefühlsmäßig tief sind. Nach Autonomie strebende, die Intimität fürchtende Einzelgänger können im Leben tatsächlich ohne persönlichen Streit auskommen, wenn sie Methoden erlernen, ein Höchstmaß an Genuß aus minimalen (häufig ritualisierten) flüchtigen Kontakten zu ziehen (vgl. Schutz).
S. 16. Vgl. Harlow 1958; Konrad Lorenz a. a. O. S. 315 f.; Erikson 1950 und 1959.
S. 20. Dr. Albert Ellis, Gründer und Leiter des Instituts für vernünftiges Leben, lud mich im Jahr 1968 zu einem wissenschaftlichen Vortrag über Nutzen und Mißbrauch der therapeutischen Aggression ein. Der Begriff des vernünftig motivierten Ärgers und der »rationalen Aggression« (ein zeitgenössischer Ausdruck für den gerechten Zorn im Kampf gegen Ungerechtigkeit, Vorurteile und die Unvernunft selbst) ergab sich bei diesem Vortrag (vgl. Bach, »Therapeutic Uses and Abuses . . .«). Dr. Ellis besteht mit Recht darauf, den Menschen dabei zu helfen, daß sie klar zwischen selbstschädigender, unvernünftiger Feindseligkeit und konstruktiver Aggression (s. auch S. 171), die sich auf ein positives Interesse richtet, unterscheiden.
S. 22. Vgl. Yablonsky 1968.
S. 23. Vgl. Eric Berne a. a. O. S. 117, 138.

II. STREITEN FÜR (UND GEGEN) DIE INTIMITÄT

S. 26. Quelle für die Scheidungs- und Wiederverheiratungsangaben: Statistische Zusammenfassung des Handelsministeriums, Washington 1967.
S. 27. Theoretisch beschäftigen wir uns hier mit Sozialphänomenologie, wie sie zuerst in K. Lewins Feldtheorie entwickelt wurde (vgl. von Lewin die in der Bibliographie angegebenen Werke, von denen die beiden letzten auch deutsch vorliegen).
Heute werden diese Begriffe von R. D. Laing (vgl. diesen) weiterentwickelt. Optimale Distanz läßt sich begrifflich darstellen als Gleichgewichtszustand zwischen Autonomie und Verstrickung (Identitätsverschmelzung), die jenes Maß an Bewegungsfreiheit gestattet, das wiederum die Neufestlegung individueller Identitätsgrenzen erlaubt, die zweitweilig aufgehoben werden können. Wir meinen, daß eine der natürlichen konstruktiven Funktionen der Aggression und des Streitens zwischen Mitgliedern eines intimen Systems die ist, jenen »Gleichgewichtszustand« der Synergie herauszufinden: Autonomie *und* Verstrickung. Allgemeiner betrachten wir die Funktion der intimen Aggression (im Zusammenhang der Systemtheorie und der Feldtheorie) als zweckdienliches

Regulativ für »Zustandsveränderungen« innerhalb eines interpersonalen Systems, etwa von der Autonomie zur Interdependenz (oder von der Ich-Identifizierung zur Verschmelzung) und wieder zurück; von verbalen zu nichtverbalen Kommunikationen (z. B. vom Schimpfen zum Schlagen); vom Zweierkontakt zu vielfachen Kontakten (und wieder zurück zum Paar; z. B. Dreiecksverhältnisse, vielfache Liebesbeziehungen, mehr Kinder, Tod von Freunden, heranwachsende Familienmitglieder, Erweiterung und Verkleinerung von Freundschaftskreisen und andere psychoökologische Veränderungen). Wir stellen Theorien auf, daß Streiten unter und zwischen Mitgliedern eines interdependenten Systems nicht nur Hitze erzeugen, sondern auch neues Licht, in dem Informationen verdeutlicht werden, die notwendig für die neu entstehenden Zustände sind. Die Kursteilnehmer müssen einander wissen lassen, wie jeder sich selbst und den andern während dieses neuen Systemzustands erlebt; wie beide die neue Situation definieren und wie sich ihre jeweiligen Rollen dabei verändern (vgl. Kurt Lewin, *Resolving Social Conflicts,* bes. das Kapitel über die Ehe; R. D. Laing; Fritz Heider).

S. 27. (Vgl. Festinger und Kelley; Goldstein, Heller und Sechrest; Jennings; Pepitone und Reichling; Tagiuri und Petrullo.)

S. 31. Isolierung und Unfähigkeit, konstruktiv mit interpersonalen Konflikten fertig zu werden, sind bekannte Selbstmordgründe. Die Verhinderung des Selbstmords hängt von der Aufrechterhaltung des intimen Kontakts während psychischer Krisen ab. Bibliographie über wissenschaftliche Bücher und Aufsätze über Selbstmord stellt das Suicide Prevention Center, 2521 West Pico Boulevard, Los Angeles, Calif. 90006, zur Verfügung.

S. 31. Zur Marathonforschung vgl. die unter Bach genannten Aufsätze.

S. 32. Das traditionelle Verfahren, jeden Partner einer gestörten Ehe zu einem andern Psychoanalytiker oder -therapeuten zu schicken, wird jetzt immer häufiger durch die neue und wirksamere Methode der gemeinsamen Ehe- und Familientherapie ersetzt, wo alle an einem Konflikt Beteiligten gemeinsam beraten werden, oft in Gesellschaft einer Gruppe anderer Paare und Familien. Die schöpferische Pionierarbeit von Virginia Satir veranschaulicht diese neue, theoretisch begründetere und klinisch wirksamere Einstellung (vgl. Satir: Boszormenyi-Nagy und Framo).

S. 33. Außer von der Lewinschen Feldtheorie ist unsere Orientierung von der System- und Kommunikationstheorie und -forschung beeinflußt. Besonders einflußreich sind dabei die Erkenntnisse meines Freundes Robert Boguslaw, Professor für Soziologie an der Washington-Universität, St. Louis, gewesen (vgl. Boguslaw, auch Buckley).

III. DER BEGINN EINES GUTEN STREITES

S. 35. Ritualisierter Rundlaufstreit hat (wie ritualisierter Sex) neben der Funktion, Spannung zu lösen, den Zweck der »Vertrautheitsbestätigung«. Er zeigt, daß der eine Partner den andern kennt, »seine Nummer« hat und daß man

»seinen Text beherrscht«. Streit- und Sexrituale demonstrieren das Vorhandensein einer Ebene der Vertrautheit und Intimität, die die Partner als einzelne mit keinem andern gemeinsam haben. Streit- und Sexrituale sind das Vorrecht der »Wir-Gruppe« vertrauter Intimpartner. Die Verwirrung, die sich ergibt, wenn Fremde in solche Rituale hineingezogen werden, wurde von Edward Albee in *Virginia Woolf* dramatisiert. Der Psychotherapeut und Eheberater kann durch unser Streittraining Paaren helfen, sich dieser hochgradig paarspezifischen Streitrituale voll bewußt zu werden, ihnen gegenüber toleranter zu sein, ja sich von ihnen belustigen zu lassen. Das Ziel des Streittrainings ist es nicht unbedingt, die Rituale zu beseitigen, die Intimpartner unter sich entwickelt haben, sondern sie von wirklichen Kämpfen um neue, augenblicklich bedeutungsvolle Fragen und Positionen zu unterscheiden. Das Streittraining befreit Konflikte von den redundanten Materialien, aus denen die Rituale bestehen. Wenn die Kursteilnehmer erst einmal gelernt haben, wie sie ihre Streitigkeiten in »Vesuv«-Ausbrüchen (s. auch S. 271), *Virginia Woolf*-Szenen und anderen Aggressionsritualen – etwa »Psychoanalysen« (Beispiel: »Deine Kindheit war stärker traumenschaffend als meine, du armes Ding!«) – freihalten können, dann können sie sie gelegentlich mit Absicht genießen, etwa wie bewußt gewählte Aggressionsspiele wie Rugby oder Bridge. Die entscheidende Bedeutung von Streitritualen in der gesunden Handhabung der Aggression, wie sie vor einiger Zeit für Tiere erkannt wurde (vgl. K. Lorenz und K. Harlow), ist kürzlich weiter geklärt worden von Anthony Storr in *Human Aggression* (vgl. Bibliographie).

S. 36 Dr. Leonard Berkowitz ist mit dem Begriff der Karharsis nicht einverstanden. Seine theoretische Einstellung erkennt die Stichhaltigkeit kathartischer Aggression nicht an. Er ist Anhänger der orthodoxen Theorie, daß die Aggression stets ein frustriertes Ziel haben müsse. Diese Einstellung erscheint uns als unhaltbar in Anbetracht unserer Forschungen und klinischen Erfahrungen mit kathartischen Ritualen (vgl. Berkowitz). Daß Aggression und Gewalttätigkeit Anpassungsverhalten ohne jede Beziehung zu Frustration sein kann, ist überzeugend demonstriert worden (vgl. Wolfgang und Ferracuti; auch Yablonsky 1963).

S. 38. Der Ausdruck *»leveling«* (s. auch S. 270) für solche offenen Aussprachen wurde zuerst von meinem Freund und Kollegen Dr. Fred Stoller benutzt, um jenen offenen, riskanten, durchsichtigen (und bisweilen aggressiven) Prozeß zu bezeichnen, in dem man andern zu wissen gibt, was man von ihnen denkt und woran sie mit einem selbst sind. Wir fördern *»leveling«* in regelmäßigen Sitzungen und noch stärker in Marathon-Gruppen-Sitzungen (vgl. Stoller 1967 und 1968).

S. 41. Die Art des »inneren Dialogs« gibt ausgezeichnete selbstdiagnostische Informationen und dokumentiert die Nützlichkeit des äußeren (interpersonalen) Dialogs.

Je weniger wirksam der äußere Dialog als Instrument für den Prozeß, die Darstellung und die offen ausgetauschte Information über die Art und Weise geworden ist, in der sich die Partner gegenseitig »erleben«, desto irrationaler und verschlossener werden die inneren Dialoge, wie es Hamlets klassische Monologe veranschaulichen. Die drastischsten Beispiele sind offen nicht streitbare Personen, deren innerer Dialog bis zu einem Grade bösartig wird, daß er sorgfältig Wege ersinnt, den Partner loszuwerden – Mord eingeschlossen (vgl. Bach »Thinging ...«).

S. 44. Eine treffende Erklärung der Realität und geistige Gesundheit sichernden Funktionen vernünftiger innerer Dialoge findet sich in den Schriften von Albert Ellis (vgl. Bibliographie).

S. 47. Deuterostreit – Streit um das Streiten (wie, wann und ob überhaupt) – ist in unserm Institut der erste Schritt beim Streittraining. In diesem Stadium hilft der Trainer-Therapeut den Kursteilnehmern dabei, ihren Widerstand gegen aggressive Aussprache *(leveling)*, ihre irrationalen Befürchtungen, zu verletzen und verletzt zu werden, ihre Schuldgefühle oder antiromantischen Groll gegen geliebte Menschen zu erkennen sowie ihre falschen Annahmen, daß aus jeder Art des Streitens weitere (oder gar endgültige) Entfremdung folge. Das ist auch die passende Gelegenheit für den Trainer-Therapeuten, sich über seine eigene Aggressionideologie klarzuwerden. Wenn er nicht lernt, den eigenen traditionsbedingten Widerstand gegen die therapeutische Anwendung von Aggression zu überwinden, wird er die Streitscheu seiner Kursteilnehmer direkt oder mittelbar verstärken (vgl. Bach 1962).

S. 47. Dr. A. W. Pearson, Ärztlicher Direktor des Alkoholiker-Rehabilitierungsprogramms in der Gesundheitsabteilung des Kreises Los Angeles, nüchtert Ehepaare, die Alkoholschwierigkeiten haben, mit Hilfe unserer Marathontechnik aus. Dr. Pearson demonstriert diesen Paaren und ihren beteiligten sowie den besorgten Freunden den Unterschied zwischen den unsinnigen, alkoholischen Feindseligkeitsritualen im Stil *Virginia Woolf* und den innerlich beteiligten, realistischen Auseinandersetzungen, zu denen die gleichen Paare in der Lage sind, wenn die Alkoholwirkung nachläßt (und kein neuer Alkohol zugeführt wird). Die Vorführung von Fernsehaufnahmen macht den Teilnehmern die dramatische Verbesserung in ihren Konfliktbegegnungen noch deutlicher bewußt, sobald sie nicht unter Alkoholeinwirkung stehen. In unserm Institut benutzen wir – ebenfalls in der Wochenend-Marathon-Gruppentherapie – diese Methode mit gleich guten Ergebnissen bei Paaren, die ihre Konflikte mit Alkohol komplizieren. Streitscheue Paare neigen besonders stark dazu, Alkohol zu genießen.

S. 50. Unsere Forschungen über die therapeutische Hilfsbereitschaft haben gezeigt, daß unter den Mitgliedern von Marathongruppen eine Reziprozität im Stil von: »Ich helfe dir, wenn du mir hilfst«, »Eine Hand wäscht die andere« oder: »Auge um Auge« auf ganz ähnliche Weise fehlt (vgl. Bach 1967). Eine der Quellen von Enttäuschungen in Ehe und Liebe läßt sich beseitigen, wenn man die Menschen lehren kann, *keine* sofortige Reziprozität zu erwarten. Wesentlich für ein intimes System der Gegenseitigkeit sind nichtreziproke Äußerungen wie die folgenden: »Erlaube mir, dir zu geben, und nimm du bitte von mir!« Oder: »Ich freue mich, wenn ich dir etwas geben kann.« Jeder Versuch, grob und unverzüglich zurückzuzahlen oder das Schenken zu erwidern (besonders wenn man dann auch noch versucht, den gleichen Wert zurückzugeben), vermindert die Intimität der Gegenseitigkeit und macht sie Verträgen ähnlich, die Transaktionen wie Prostitution oder sogar Psychoanalyse beherrschen (vgl. Schofield).

In der wahren Intimität herrscht Freude am Schenken, besonders wenn Geben und Nehmen gewürdigt werden. Das Schenken unter Intimpartnern ist keine Manipulierung für eine schließliche Entlohnung wie beim Spielespielen (vgl. Berne a. a. O. und Shostrom a. a. O.).
S. 51. Wir raten den Kursteilnehmern jedoch, eine klärende Begegnung niemals dann zu versuchen, wenn die Situation »überlastet«, der Partner von eiligen Aufgaben in Anspruch genommen und keinen zusätzlichen Anforderungen mehr gewachsen ist.

IV. WIE MAN EINEN FAIREN STREIT AUSFICHT

S. 53. Unsere Trainer-Therapeuten lassen sich von einer Theorie der »Vertrauensbildung durch Aggression« leiten, die in der Akzentuierung von konventionellen Vertrauensbildungstheorien abweicht, wie sie Jack Gibb eingehend erforscht hat (vgl. Gibb; Gibb und Benne).
Konventionellerweise glaubt man, das Vertrauen wachse mit wiederholten Demonstrationen der Liebe, mit positiver Achtung, mit Verständnis, dies alles in einem Klima verhältnismäßig spannungsfreier Anerkennung. Wir glauben dagegen, daß eine praktischere, zuverlässigere Qualität des Vertrauens zu erreichen ist, indem man das Schlimmste erkennt, was ein Partner in Augenblicken des Konflikts und der Spannung tun könnte oder würde. Wenn die Behandlung allzu feindselig-destruktiv ist, kann der »gemeine« Partner überredet werden, die Gürtellinie zu erkennen und zu respektieren – die Linie, unterhalb derer jeder Schlag bedingungslos unerträglich ist. Zur freudigen Überraschung vieler furchtsamer, mißtrauischer Seelen lernen Partner gern, die Gürtellinie zu respektieren – aber sie müssen sie kennen und sie als real akzeptieren. Die Menschen sind sehr viel eher fähig, gelegentliche Reizungen ihrer Achillesferse hinzunehmen, als sie sich unvernünftigerweise selbst eingeredet haben. Bisweilen lohnt es sich sogar, einen Tiefschlag zu bekommen, um wertvolle Informationen darüber zu erlangen, wie gemein oder furchtsam oder hilflos oder deprimiert oder verängstigt sich ein Partner fühlt, wenn er vorübergehend die Gürtellinie außer acht läßt.

V. MÄNNLICHER UND WEIBLICHER STREITSTIL

S. 62. Spekulationen über angeblich tiefe dynamische Unterschiede zwischen der weiblichen und männlichen Psyche sind ein beliebter intellektueller Zeitvertreib einer erstaunlichen Anzahl von sonst durchaus wissenschaftlich eingestellten Psychotherapeuten und Eheberatern. Am schlimmsten sind die Psychoanalytiker, die trotz der offensichtlichen Unterschiede in den sexual-sozialen Realitäten zwischen den Vereinigten Staaten von 1969 und dem Wien von 1899 immer noch glauben (und die auf ihre Sexrolle neugierigen Patienten glauben machen), die klassische psychoanalytische Stellung der Frauen (und Männer), wie sie Freud beschrieben hat, treffe noch zu (vgl. Freud, *Die Psychologie der Frauen*, Ges. Werke, Band 15). Laut Freud sind Frauen, da sie keinen Penis

besitzen, der Anlage nach frustrierte Krüppel, gewöhnt an Masochismus und passiv (einschließlich frigider) Empfänglichkeit gegenüber dem sexuell aggressiven, eindringenden Mann – den die Frauen um seinen Penis und seine Überlegenheit grollend beneiden. Infolge dieses femininen »Kastrationskomplexes« leiden Frauen angeblich an einer fehlerhaften Entwicklung des Über-Ichs; das wird so interpretiert, als ob sie einen weniger entwickelten Sinn für Fairneß und Gerechtigkeit hätten und deshalb weniger Gewissensbisse verspürten, wenn sie »weibliche Launen« (gemeine Tricks, um ihren Willen durchzusetzen) benutzen. Jeder kompetente und zeitgenössische Sozialwissenschaftler erkennt, daß diese Spekulationen Freuds über die Weiblichkeit seine persönlichen und kulturell zeitgebundenen Vorurteile widerspiegeln. Zum Unglück für die Klärung der Realitäten der Geschlechterrollen sind Freuds Stereotypen in Hunderten von »gelehrten« Aufsätzen und Büchern von den keineswegs schöpferischen Anhängern Freuds und Jungs auf eine groteske Weise ausgearbeitet worden. Zum Glück für die Menschheit und vor allem für ihren weiblichen Teil widersprechen die sorgfältigen soziologischen und physiologischen Studien, wie sie etwa Masters und Johnson (vgl. Masters und Johnson) durchgeführt haben, den meisten dieser Freudschen Sexrollen-Mythen. Das *Journal of Sex Research*, die Publikation der Gesellschaft für das wissenschaftliche Studium des Sex, New York, ist eins der besten Mittel gegen die stereotype Unterbringung von Mann und Frau in zwei verschiedenen Fächern. Mag die Etikette das Kämpfen auch als ein für die Weiblichkeit unpassendes Verhalten betrachten, so ist der Geist von jungen Mädchen doch fast ebenso von Feindseligkeit erfüllt wie der von Jungen (vgl. Bach 1945; Bandura). Diese Werke zeigen, daß kleine Mädchen mit viel Vergnügen das aggressive Verhalten (Schlagen) einer erwachsenen Frau imitieren, das sie im Film gesehen haben. Es ist deshalb keine Überraschung, daß unter den starken Reizbedingungen der vom Kampf der Geschlechter erzeugten Hitze das Stereotyp von der nichtaggressiven Frau dahinschmilzt. Psychoanalytisch orientierte Psychotherapeuten und Eheberater sollten sich deshalb mit dem Kapitel »Sich wandelnde Modelle der Weiblichkeit: psychoanalytische Folgerungen« beschäftigen, in dem Dr. Judd Marmor Freud berichtigt (vgl. »Changing Patterns of Feminity: Psychoanalytic Implications« von Marmor). Trotz solcher Bemühungen wie der von Dr. Marmor hält die Freudsche verächtliche Behandlung der Frauen an. Das jüngste Beispiel Freudscher Geschlechterstereotypisierung findet sich in Anthony Storrs Kapitel »Aggression im Verhältnis zwischen den Geschlechtern«. Das ist ein theoretischer Dinosaurier in Storrs sonst modernem und aufgeklärtem Buch *Human Aggression*. Storrs Vorstellungen von nichtaggressiver Weiblichkeit postulieren ein der Tradition angepaßtes falsches Ideal, das Patienten für die Couch des Psychoanalytikers unter Frauen schafft, die naiverweise glauben, daß man Identität erzielt, wenn man sich konform zur Sex-Typisierung verhält. Tatsächlich ist eine solche Konformität jedoch ein »Verrücktmacher«.
S. 67. In einem kontrollierten aggressionserzeugenden Experiment stellte Bach fest, daß junge Mädchen unter Bedingungen (Phantasieunterstützung), die die übliche negative Verstärkung der Aggressionsäußerung bei Mädchen überwinden, äußerst bösartige Aggressionen äußern können und es auch tun (vgl. Bach 1945).

VI. SCHLECHTE STREITER – UND WIE MAN SIE BESSERT

S. 69. Erwachsene mit unvollständiger Identitätsbildung beobachten einen vermutlich stärker identitätsgereiften Partner, um bei ihm Reaktionen zu finden, durch die sie das eigene Identitätsvakuum ausfüllen könnten. Sie hungern danach, daß ihnen gewisse Züge und Wünsche zugeschrieben werden, was tragischerweise jedoch gerade die Entwicklung der Ich-Identität verhindert und schizophrene Züge schafft oder verstärkt (vgl. Erikson; Bateson u. a.; Cooley; Haley; Kaplan 1967; Laing; Sarbin). Die Partnerbeobachtung führt nicht nur zur Anhäufung negativen Beweismaterials, sondern auch zum Sammeln positiver Bildverstärkungen, gewöhnlich romantischer Natur. Liebende scheinen es zu genießen, sich gegenseitig zu beobachten – besonders in romantischer Stimmung. Die wirkliche Schwierigkeit bei der Partnerbeobachtung ist, daß sie passiv parasitisch, also eine Art »Nassauern« ist, soweit es um die gegenseitige Kommunikation geht. Spanner haben keine Kommunikation mit ihren Objekten.

S. 70. Am schädlichsten für die Intimität sind analytische Etiketts wie: »Du behandelst mich wie ein Vater (oder: eine Mutter)«, oder: »Natürlich, nachdem du mitangesehen hast, wie dein Vater deine Mutter mißbrauchte, woraufhin sie euch alle verlassen hat, fürchtest du jedesmal, wenn ich ärgerlich über dich bin, daß ich dich ebenfalls verlasse.« Wenn Partner allein oder zu getrennten Therapeuten gehen, neigen sie dazu, den anderen Partner zu Hause oder die Beziehung zu »analysieren« – als ob nicht sie verantwortlich dafür wären, diese Beziehung zu schaffen. Unsere Kursteilnehmer werden darauf hingewiesen, daß man den Partner wählt, den man verdient, und daß man sich nicht gegenseitig richtend pseudo-analysieren darf, weil diese Pseudo-Analyse ein defensiver Ersatz für die gemeinsame Teilnahme an der Lösung vorhandener Probleme und Konflikte ist.

VII. DIE SPRACHE DER LIEBE: DER KOMMUNIKATIONSSTREIT

S. 81. In der Psychotherapie werden Schweigen und selektives Nichtantworten häufig bewußt von dem klinisch erfahrenen Psychotherapeuten verwendet. Seine Zurückhaltung bedeutet dann: »Ich werde deinen ›Inszenierungen‹ nicht nachgeben, mit denen du mich dahinbringen willst, daß ich auf eine Art und Weise reagiere, durch die *deine* Definitionen unserer Beziehung bestätigt würden.« Schweigen und Loslösung (ohne den Kontakt zu unterbrechen) kann sehr wirksam sein, um psychiatrischen Patienten ihre häufig unbewußten Manipulationsabsichten bewußt zu machen, die sie im Hinblick auf den Therapeuten und/oder eine Therapiegruppe haben. Im Rahmen dieses Buches muß jedoch darauf hingewiesen werden, daß Intimpartner keine Patienten und Ehegatten keine Psychotherapeuten sind; sie sollten untereinander keine klinischen Techniken des wechselseitigen Aufeinandereinwirkens anwenden (vgl. Bach 1954). Die klinische Anwendung von Schweigen und Loslösung ist eingehend von Dr. Ernst G. Beier untersucht worden (vgl. Bibliographie).

VIII. GEMEINE UND KRANKHAFTE STREITER, UND WIE MAN SIE BESSERT

S. 101. (Vgl. Goodrich und Boomer.)

S. 104. Die eingehendste und konsequenteste Darstellung der verrücktmachenden Taktiken (etwa Heuchelei [Kollusion], Zuschreibung und Mystifizierung) findet sich in dem höchst originellen Werk von R. D. Laing (vgl. Bibliographie). Laings Arbeiten haben dazu beigetragen, daß wir die Modelle der pathogenen Aggression in den Beziehungen des Ich zu signifikanten andern klarer erkannten.

S. 106. Bei Eric Berne (1961) findet sich eine therapeutische Methode, die eigens darauf abzielt, Transaktionen zu entwirren, die infolge von unvereinbaren oder anachronistischen Ego-Zuständen verwirrend sind.

S. 108. Wirksame, faire Fertigkeiten im Kampf um die eigene Identität sind die beste Versicherung gegen identitätsbeeinträchtigende Einflüsse. So ist bis zu einem gewissen Grad das Streittraining zu einem Teil aller unserer Psychotherapieprogramme geworden; es ist überaus nützlich für den Reifungsprozeß des Ich.

S. 116. Sich gegen krankhafte, gemeine Streiter zu wehren oder zu schützen ist natürlich nicht das gleiche, wie sie zu heilen. Wir behaupten nicht, daß das Streittraining allein eine ausreichende Therapie für die geistig und emotionell ernsthaft Gestörten bildet, deren Krankheit häufig in der Fehllenkung ihrer aggressiven Impulse verwurzelt ist.

IX. STREIT UM TRIVIALITÄTEN

S. 120. Die folgende Konversionshypothese erklärt wohl die ungewöhnliche Menge an Energie, die von Intimpartnern bei trivialen Zänkereien verbraucht wird. Die Hypothese bot sich selbst an bei vergleichenden Beobachtungen von aggressiven Balgereien, Streitereien und Neckereien zwischen etwa gleichaltrigen Geschwistern, Freunden und Kameraden während Kindheit und Pubertät.

Wir vermuten, daß triviales Gezänk zwischen erwachsenen Intimpartnern das verbale Äquivalent für aggressive physische (aber intime) Kontaktspiele von Kindern ist. Aggressive Kontaktspiele zwischen Kindern sind emotionell erregend, eine gute Körperübung, manchmal erotisch stimulierend – und stets ein Zeichen intimer interpersonaler Beteiligung. Kinder spielen nicht so aggressiv mit Fremden, wie sie sich mit einem Geschwister oder einem Kameraden balgen. Ebenso zanken und streiten Erwachsene nicht mit Fremden – nur mit dem Intimpartner. Meine Frau Peggy bemerkt: »Während der Pubertät kann man sehen, wie sich das Stoßen, Schieben und Balgen der Kindheit zu verbaler Aggression, feindseligem Humor, zu Necken und Lächerlichmachen wandelt.« Beim aggressiven Kontaktspiel in der Kindheit geht es häufig nicht um strittige Fragen. Selten gibt es überhaupt etwas Signifikantes, worum man streitet. Die Balgerei hat ihren eigenen entscheidenden Wert. Um diese Hypothese zu prüfen, führen wir Experimente mit Hanna Thost durch, in denen wir erwachsene Paare zu physisch ungefährlichen kontaktaggressiven, nichtverbalen Kampfspielübungen veranlassen. Wir nennen das »Kontaktintensivierung«. Wir können damit experimentell geschwisterähnliche kindliche Balgerei in die Freizeitbeschäftigung der Erwachsenen wiedereinführen und haben damit eine Methode, den Raum für intimen Kontakt zu erweitern. Dieses Experiment soll uns erlauben, die Konversionshypothese zu testen, die eine Umerziehung im verbalen trivialen Gezänk nach dessen Rückverwandlung in physische Balgerei zu verheißen scheint. Die Anfangserfolge mit der ersten Gruppe von Kursteilnehmern bestätigten diese Erwartung. Eine Abwandlung dieser Methode ist es, wenn wir Paare ermuntern, zu tanzen, wenn sie sich nach der Trennung am Arbeitstag wiedertreffen, und vorher nicht mehr als »Hallo« zueinander zu sagen. Wir haben festgestellt, daß dieser Kontakt oft die dummen, redundanten, trivialen Gesprächsrituale verhindert, die Paare häufig dazu benutzen, die gegenseitigen Bedürfnisse nach der Trennung des Tages zu erfühlen.

Die Bedeutung nichtverbaler Kommunikation wird in zunehmendem Maß gewürdigt. Der Anthropologe Gregory Bateson ist der Haupterneuerer des starken Stromes von wissenschaftlichem Interesse an allen Formen nichtverbaler Kommunikation und nichtverbaler Fingerzeige, Signale und Gefühlsausdrücke. Die methodische Literatur auf diesem Gebiet ist umfangreich und nimmt ständig zu (vgl. Bateson und Ruesch; Ruesch und Kees; Beier).

Der Raum des vorliegenden Buches beschränkt die Behandlung intimer Animositäten vor allem auf die verbale Ebene, wenn sich die Kapitel über Sex und physische Gewalt auch kurz mit den zahlreichen, allzu häufig ignorierten nichtverbalen Aspekten der intimen Aggression beschäftigen.

S. 129. Die klinische Entdeckung einer engen Beziehung zwischen irrationalem trivialem Gezänk und sexuellem Genuß unterstützt ebenfalls die oben erörterte »Konversionstheorie« der Trivialitäten. Wird das triviale Gezänk (wegen seiner Irrationalität, seiner Albernheit oder Unerheblichkeit) ohne Rückkehr zu physischen Kontaktspielen unterdrückt, dann wird die Funktion des »Ich muß dich erfühlen oder ertasten«, die ein wichtiges Erfordernis für befriedigenden sexuellen und leidenschaftlichen Genuß zu sein scheint, übergangen. Ohne das »Aufwärmen« durch Kontakt gibt es keinen Sex. In seinen erogenen Experimenten mit Affen fand Professor Harry Harlow von der Universität Wisconsin, daß Tiere, die der Kontaktwärme und anderer körperlicher mütterlicher Fürsorge in ihrer frühen Jugend beraubt wurden, später keinerlei Interesse an Sex zeigten. Offenbar wirkt kein »animalischer Instinkt« (Sex) ohne die Vorbereitung durch vorsexuelle Kontaktwärme (vgl. Harlow a. a. O.).

X. DER STREIT UM REALISTISCHE ROMANTIK

S. 130. Das Bilderschaffen wird erleichtert, wenn man einen Partner für Projektionen auf eine Art verfügbar hält, als ob er eine Karte für den Rorschach-Kleckstest wäre. Menschen, die sich verlieben, verlieren tatsächlich ihre Identität – wenn nicht sogar zeitweilig den Verstand. Dieser Zustand ist von

einer emotionellen Intensität, die mit einer Feuerprobe vergleichbar ist, und manche möchten diese »romantische Seligkeit« so lange wie möglich verlängern. Ein sicheres Mittel, eine solche romantische Romanze zu beenden, ist es, den Romanzenpartner zu heiraten – der sich fast über Nacht in etwas völlig anderes verwandelt. Nachdem die Phase der »Verhexung und Verwirrung« abgeklungen ist und der wirkliche Partner sich zeigt, wird der Gegensatz zwischen Traum und Wirklichkeit von vielen Menschen als traumatischer Schock erlebt. Der Schock kann verringert oder gar völlig vermieden werden, wenn Mystifikation und »Bilderschaffen« von Anfang an auf das unbedingte Minimum beschränkt werden, das notwendig ist, um die Angst vor einer realistischen Verstrickung zu überwinden. Es ist eine psychologische Realität (deutlich von R. D. Laing a. a. O. demonstriert), daß die verlängerten Mystifikationen, Projektionen und die Zuschreibung ichfremder Züge krankheitserregend und damit tödlich für eine gesunde Beziehung sind. Ebenso steht es mit der Tendenz, den liebenden Partner durch »Inszenierungen« (vgl. Bach 1954) zu manipulieren, die darauf abzielen, die Liebesbeziehung in Übereinstimmung mit den romantischen Vorstellungen zu erleben. Tatsächlich jedoch verstärken solche »Inszenierungen« die falschen Erwartungen, die sich Liebende in der romantischen Zeit machen – und daraus entsteht die Belastung, die die Glaubwürdigkeitskluft zwischen diesen ermutigten Erwartungen und den schließlich eintretenden Realitäten hervorruft. Wenn früher oder später der Bombenhagel der realistischen Erfahrungen das Haus der Vorstellungen einstürzen läßt, können die Qualen der Dissonanzen klinisch bedenkliche Depressionszustände – einschließlich Selbstmord und Tötung (Leidenschaftsverbrechen) – verursachen. Dr. Leon Festinger, ein Schüler Kurt Lewins, richtet seine sorgfältige Forschung auf die Bedingungen für das Entstehen von Mißverhältnissen zwischen kognitiven Strukturen – etwa zwischen Erwartungsserien und erfahrenen Wirklichkeiten –, womit er Kurt Lewins Interessen an der Diskrepanz zwischen den Ebenen des Strebens und den Ebenen der Leistung erweitert (vgl. Lewin A Dynamic Theory of Personality, S. 250–254; Festinger 1957). Unser Streittraining für Jungverheiratete stimmt der Theorie nach mit Lewins Kapitel über *Erziehung zur Realität* (vgl. Lewin a. a. O., S. 171–179) überein. Das Streittraining befähigt Partner, die in die *Dissonanzkrise* (die den Flitterwochen sehr häufig auf dem Fuß folgt) geraten sind, sich den Rückweg von dem Zustand des »Verliebtseins« zu Selbstdefinition und Identität ohne ernste Nach-Hochzeits-Depressionen zu erkämpfen.
S. 137. Obwohl Bernard Shaw die romantische Täuschungen klar durchschaute, betrachtete er sie doch gleichzeitig voller Ehrfurcht und hielt sie für unüberwindlich – was sein eigenes Liebesleben tragisch komplizierte (vgl. Shaw, *Pygmalion; Mensch und Übermensch; Heiraten*).

XI. SEX ALS STREITPAROLE

S. 143. Das beste Mittel gegen verwirrende Sexmythen ist es, sich über die objektive Sexualforschung auf dem laufenden zu halten und das *Journal of Sex Research* zu lesen.

XII. STREITEN VOR, WÄHREND UND NACH DEM SEX

S. 156. Das synergistische Zusammentreffen von *Sex und Aggression* wurde zuerst von Sigmund Freud erkannt, der die engen Beziehungen zwischen Liebe, Eros, Sex auf der einen Seite und Feindseligkeit, Aggression auf der anderen in die Welt der Wissenschaft einführte: »Nach unserer Hypothese sind die menschlichen Triebe nur von zweierlei Art – diejenigen, deren Ziel es ist, Einzelheiten herzustellen und zu erhalten, nennen wir Eros, und diejenigen, deren Ziel es ist, zu zerstören und zu töten, fassen wir zusammen als den aggressiven *oder* Destruktionstrieb. *In den biologischen Funktionen* wirken *die beiden Grundtriebe* gegeneinander oder *verbinden sich miteinander.* Ein Trieb der einen Art *funktioniert nahezu nie für sich allein* – er ist stets von einem Element der anderen Seite begleitet, das seine Wirkung mäßigt. So ist beispielsweise der Selbsterhaltungstrieb von erotischer Art; aber er muß *Aggressivität* zur Verfügung haben, um seinen Zweck zu erfüllen ... Sehr selten ist eine bestimmte Handlung das Ergebnis eines *einzelnen* Triebes, der selbst wiederum aus Eros und Destruktionstrieb zusammengesetzt sein muß.« (Hervorhebungen von mir; vgl. Freud, Band 17.) Es soll nicht von Freuds wissenschaftlichem Mut zu seiner Zeit und im bürgerlichen Wien ablenken, wie er sich in Freuds Bereitschaft zeigt, die medizinische Bruderschaft mit der Bedeutung des synergetischen Zusammentreffens von Eros und Aggression zu beeindrucken, wenn hier auf das historische Faktum hingewiesen wird, daß bildende Künstler bereits seit Jahrhunderten geehrt und gewürdigt wurden, weil sie ihre Interpretationen aggressiver Sexualität in Skulpturen und Bildern wiedergaben, in denen die drastischsten Beispiele von Feindseligkeit, mit Sex verschmolzen, dargestellt sind, angefangen mit Kunstwerken über vorchristliche Themen, wie etwa dem Raub der Deianira (Pollaiuolo); Raub der Helena (Gozzoli); Raub der Europa (Tizian); die frühe griechische Mythologie und das Alte Testament liefern weiteres Material.

S. 162. Bernard Oliver standen die vollständigen Produkte eines westlichen Staates (der USA) über Männer zur Verfügung, die bis zum 1. Februar 1963 wegen Vergewaltigung verurteilt worden waren. Er studierte 92 davon eingehend und stellte fest, daß die meisten dieser Delinquenten anscheinend einen zu *geringen,* keineswegs einen zu starken Sexualtrieb hatten (vgl. Bibliographie). Das stimmt mit unsern eigenen Beobachtungen überein, daß Menschen, die offensichtlich überaggressiv im Sexuellen sind (Vergewaltigung, fast Vergewaltigung oder einer Vergewaltigung ähnlich), eher aggressiv als sexy sind. Sie finden im Sex ein annehmbares Ventil für sonst verbotene aggressive Äußerungen, die in nichtsexuellen Situationen schwer bestraft würden. Aggressiver Sex (mit Zustimmung und Genuß des mitwirkenden »Opfers«) ist also vielleicht ein notwendiges Ventil, um nichtsexuelle, sozial destruktive Aggression zu verhüten. Das stimmt mit dem zuverlässigen Forschungsergebnis von Edwin Megargee überein, der berichtet, daß junge Mörder und Totschläger überwiegend exzessiv überkontrollierte Nichtstreiter sind (vgl. Bibliographie). Vielleicht sind sie übersexualisiert.

S. 162. Anthony Storr (vgl. Bibliographie) trägt einleuchtend vor, daß die

Pervertierung gesunder Aggression zu sadistischer Grausamkeit ihre Psychogenese in der frühen Unterdrückung und Verdrängung natürlicher kindlicher Feindseligkeit habe, die in der hilflosen Abhängigkeit des Kleinkindes von der elterlichen Fürsorge begründet ist. Der sadistische Erwachsene sucht verspätete *Rache*. Sein altes Haßreservoir treibt ihn weit über realistische, gesunde Aggression hinaus. Er verhält sich seinem Sexpartner gegenüber sadistisch, dessen Intimität die ungelösten Gefühle über den frühen, engen, überwältigenden und aggressionsbeschränkenden Kontakt mit der Mutter vielleicht reaktiviert.

XIII. EHELICHER STREIT UM AUSSEREHELICHEN SEX

S. 177. (Vgl. Kinsey 1948 und 1953.)
S. 182. Nicht unter die »täuschenden« Kategorien einzuordnen sind Partner, die Informationen über ihre Untreue ihren Partnern selbst dann vorenthalten, wenn beide durch die Marathonregeln zu völliger Durchsichtigkeit verpflichtet sind. Diese sonst offenen und ehrlichen Leute brechen für einen bestimmten Zweck die Regel, alle Fragen ehrlich zu beantworten. Ihre »Notlügen« spiegeln Respekt vor der unerträglichen Qual wider, die völlige Ehrlichkeit (ohne unendlichen Takt) bei dem »betrogenen« Ehepartner hervorrufen könnte. Erzwungene Ehrlichkeit spiegelt hier Sichgehenlassen oder regressive Konformität mit einer Verpflichtung im Stil von: »Du mußte alles sagen«, wider, mit der Erwachsene allzuhäufig kleine Kinder belasten. Ehrlichkeit wird übrigens häufig nicht aus gesunden Intimitätsgrundsätzen gefordert, sondern weil sie ein Werkzeug bietet, die Kontrolle über das Verhalten des Partners zu gewinnen und dieses Verhalten zu manipulieren (vgl. auch nächste Anmerkung).
S. 182. In jeder Streittrainingsgruppe von fünf Paaren oder zehn Partnern berichten bezeichnenderweise in privaten Gesprächen sieben von den Partnern (70%; gewöhnlich vier Männer und drei Frauen), daß sie außerehelichen Geschlechtsverkehr gehabt haben. Von den sieben Untreuen haben üblicherweise zwei ihrem Partner freiwillig gebeichtet; ein anderer ist »erwischt« worden, während vier diskret geblieben sind. Die Verschwiegenen werden in dieser taktvollen Einstellung erheblich durch das bestärkt, was der Mehrzahl der demaskierten Untreuen in ihrer Gegenwart geschieht. Die demaskierten Partner haben nur eine Chance von eins zu zehn, wirkliche Verzeihung zu erhalten – und das nur nach angemessener Züchtigung und auf Rehabilitation abzielender Buße. In der heutigen Gesellschaft ist zu beobachten, daß neun von zehn »betrogenen« Partnern weder vergessen noch vergeben, und das gilt sogar für solche Heuchler, die zwar betrogen wurden, aber selber auch nicht treu waren.
Da sich das vorliegende Buch in erster Linie mit der Psychologie der Intimität in Primärbeziehungen (gewöhnlich in ehelichen, vorehelichen oder ganzen Familien) beschäftigt, haben wir keine Einzelheiten der interessanten Probleme erörtert, die für die aggressive Intimität in Sekundärbeziehungen, weniger zentralen Verhältnissen oder »Liebesaffären« gelten. Das Waffensystem sozial unkonventioneller Liebespaare wird durch den Untergrundcharakter der »ille-

gitimen Liebe« erheblich modifiziert. Die Geheimhaltung, gewöhnlich durch die Schicklichkeit erzwungen, verbietet emotionell und geistig erhebende, freudespendende Liebeserfahrungen mit einem andern Menschen als dem offiziellen Ehepartner. Das zwingt Liebende zur Geheimhaltung; und viele mögen zu der Ansicht gelangen, daß die Unannehmlichkeiten und vielleicht Nöte der Heimlichkeit das Spiel nicht lohnen. Anderseits prahlen sie möglicherweise mit einer Affäre, um gegen die Geheimhaltungsregel zu protestieren. Gewöhnlich steht für einen der Partner mehr auf dem Spiel, wenn die Geheimhaltung gebrochen wird. Das macht ihn verwundbarer und zwingt ihn, dem Partner mehr Vertrauen entgegenzubringen, als für eine Ehe notwendig ist! Eine empfehlenswerte Lektüre ist der Artikel eines hochgeachteten Psychiaters, der nach dreißigjähriger Beratertätigkeit von Paaren mit außerehelichen Affären erklärt:

»Es ist wohlbekannt, daß eins der großen Bollwerke gegen das Unglück ... die *Erinnerung* ist, an Liebeserfahrungen, sexueller oder nichtsexueller Art, teilgehabt zu haben. Wenn Menschen Erfahrungen glücklichen Inhalts machen können, *einschließlich einer Affäre,* wenn sie für sie notwendig ist, und wenn sie sie zu einem liebevollen Erlebnis machen und sie so gestalten können, daß diejenigen, die von dem Wissen verletzt werden könnten, *nicht* verletzt werden, sollte die Gesellschaft solche Erfahrungen als positiven Beitrag zum Leben, nicht als negativen betrachten ... Damit eine Affäre offener praktiziert werden könnte, müßte ihr Ruf gehoben werden, ehe sie jemals konventionell als soziales Verhalten anerkannt werden könnte« (vgl. English).

S. 183. Unsere klinischen Beobachtungen dieser sado-masochistischen Feindseligkeitsrituale (die in neun von zehn Fällen entdeckte wie sogar unentdeckte Treulosigkeiten begleiten) deuten darauf hin, daß der sexuelle Genuß mit einem außenstehenden Partner nur eins von mehreren emotionalen Entgelten ist. Tatsächlich liefern die Nebenerscheinungen und Nachwirkungen vielleicht sogar intensivere emotionelle Erlebnisse als die Begegnung selbst.

XIV. STREITEN MIT (UND UM) KINDER

S. 187. Da das Hauptthema des vorliegenden Buches die Intimität zwischen Mann und Frau und die Partnerschaft zwischen Erwachsenen ist, untersucht dieses Kapitel über Familienkonflikte nur einige wenige Grundpunkte. Unser Institut führt ein aktives Programm für Familiengruppentherapie durch, und diese überaus verheißungsvolle Methode verdiente ein eigenes Buch. Unser demnächst erscheinender Band für Fachleute, *Therapeutic Aggression,* wird ausführlich auf unsere Methoden des Trainings von Familien darauf, wie sie richtig und genußreich streiten müssen, eingehen. Die Leser werden die ungeheure Vielschichtigkeit des Themas abschätzen können. Man braucht nur an die Sammlung zu erinnern, die Bell und Vogel aus den Schriften von etwa fünfzig Fachleuten über die *Familie* veranstalteten (vgl. Bell und Vogel). Um unsere thematische Beschränkung in vorliegendem Buch zu beachten, verweisen wir Leser, die sich mit Familiengruppentherapie beschäftigen, abermals auf Boszormeny-Nagy und Framo a. a. O. (Weitere: Jackson; Ackerman.)

XV. WENN SICH KINDER WEHREN

S. 210. Aus der Bestürzung über die aggressiven Unruhen der Hochschuljugend und über die gandhihafte »Ohne-mich«-Haltung der Hippie-Jugend geht deutlich hervor, daß die Erwachsenen allgemein angenommen haben, junge Menschen hätten nicht das moralische Recht, »sich zu wehren«. Psychotherapeuten und Familiengruppen-Therapeuten versuchen die Kluft zwischen den Generationen zu überbrücken und haben tatsächlich in gruppentherapeutischen Verfahren einen Weg gefunden, die gegenseitigen Aggressionen von Erwachsenen und Jugendlichen zu produktiven Konfrontationen zu benutzen.

Das Jugendprogramm in unserm Institut ist darauf angelegt, Heranwachsenden dabei zu helfen, daß sie konstruktiv um ihre Unabhängigkeit und Identitätsbildung kämpfen können. Die Koordinierung haben unsere »Therapeuten für Juniorgruppen«, Marshall Shumsky und Roger Bach, übernommen.

Unsere Forschung auf dem Gebiet der Therapie für Gruppen und Marathongruppen von Heranwachsenden hat gezeigt, daß Teenager Verbündete brauchen, die ihnen helfen, negative Emotionen andern Teenagern und Eltern gegenüber auszudrücken. In diesem Zusammenhang haben wir für Eltern »Visitationsrechte« geschaffen, damit sie an unsern Jugendgruppen teilnehmen können. Ein eingehender Bericht über unsere Jugendprogramme und -forschungen findet sich bei Shumsky (vgl. Bibliographie).

Die Hippie-Bewegung hat Lewis Yablonsky *(Hippie Trip)* beschrieben. Die Rolle der Kämpfe schwarzer und weißer Jugendlicher gegen das »Establishment« wurde von Eldridge Cleaver (vgl. Bibliographie) dargestellt.

Wie entscheidend wichtig es ist, Kinder zu ermuntern, daß sie sich gegen Eltern und Lehrer wehren und sich aggressiv gegen sie durchsetzen, weil ohne das Identitätsbildung kaum möglich ist, erklärt Anthony Storr (vgl. Bibliographie) von einem neo-psychoanalytischen Standpunkt aus. Besonders wird der Leser auf Kapitel 5 »Aggression in der Kindheitsentwicklung« verwiesen. Der Aufsatz »Aggression im Verhältnis zur emotionalen Entwicklung« des britischen Kinderpsychologen Dr. D. W. Winnicott (vgl. Bibliographie) enthält (S. 204) folgenden, mehrmals von Dr. Storr zitierten Satz: »Wenn die Gesellschaft in Gefahr ist, dann nicht wegen der Aggression des Menschen, sondern wegen der Verdrängung der persönlichen Aggressivität in den einzelnen.« Das stimmt mit unserm Vorschlag überein, die tödliche, anonyme Gruppenfeindseligkeit durch persönliche Kontaktaggression zu ersetzen.

XVI. DER FAMILIENSTREIT

S. 226. Angemessen geführte Familienkonfrontationen haben stärkere emotionale Wirkung als die meisten Einzelgespräche, genau wie der Druck der Gruppentherapie dauerhafter wirksam ist als individuelle Konsultationen zwischen Arzt und Patient (vgl. Bach 1954). Mehrere Faktoren der Gruppendynamik tragen dazu bei: die Anwesenheit eines Publikums, das nicht nur jede

Bewegung beobachtet, sondern auch urteilt und wiederum Gruppen-Rückkoppelung erhält. Ferner stellen die Menschen die Vielfalt ihrer Begabungen nicht so freigebig in Zweiergruppen zur Schau wie (nach entsprechendem »Warmmachen«) in der Gruppe mit ihrem länger anhaltenden Kontakt, wo Stimulierung und Anstachelung zur Reaktion stärker ist (da sie von mehreren Menschen, nicht nur von einem, kommt) und gleichzeitig heterogener, wodurch ein größerer Bereich von Reaktionen angeregt wird. Mit der bemerkenswerten Ausnahme von Ackerman (vgl. Bibliographie) betrachteten die Psychiater früher die Fmiliengruppentherapie als reine Häresie. Einer der aktiven Neuerer auf diesem Gebiet war der Psychologe Dr. J. E. Bell (vgl. Bibliographie).
Im Gefolge Bells begann die Literatur über Familiengruppentherapie zu blühen, bis annähernd 200 Autoren von Büchern und Aufsätzen über dieses Thema jetzt den beruflich interessierten Lesern zur Verfügung stehen. Die beste Bibliographie findet sich bei Boszormenyi-Nagy a. a. O. Pioniere auf dem Gebiet der therapeutischen Benutzung der Aggression bei der Kinder- und Familientherapie sind Bruno Bettelheim und Nathan W. Ackerman (vgl. Bibliographie).
Historisch gesehen, leitete J. L. Moreno die Ehe- und Familienkonfrontation durch seine Gruppentherapie mit Hilfe des Psychodramas ein. Die früheste therapeutische eheliche Streitszene, über die zu diesem Zweck berichtet wurde, leitete Dr. Moreno im Jahr 1923 in Wien; eine spätere Darstellung findet sich in *Psychodrama,* Band 1, 1040.

XVII. MANIFEST FÜR DAS INTIME LEBEN

S. 239. Anthony Storr (vgl. Bibliographie) trägt vor, daß *Distanz* vom Feind und seine *Abstraktion* die Konversion gesunder Aggression in tödliche Feindseligkeit begünstigen, während »es schwieriger ist, Bilder böswilliger Aggressoren auf seinen nächsten Nachbarn zu projizieren«. Anatol Rapoport (vgl. Bibliographie) ist der Ansicht, daß die Tödlichkeit von Feindseligkeiten zwischen Streitenden vermindert würde, wenn es möglich wäre, ihr Kämpfen zu einem Kontext von ritualisierten Spielen zu gestalten, die von den Gegnern fordern, daß sie »die Gleichheit im andern voraussetzen«. Dann würden irrationale Projektionen fremdartiger und gefährlicher Feindseligkeit überwiegend verschwinden. Unabhängig von Storr und Rapoport verwirklichten wir diese Theorien in der Praxis.

Die Impakt-Theorie der Aggression

Eine begriffliche und semantische Klärung

von Dr. Georg J. Bach

Meine frühen Forschungen über menschliche Aggression (vgl. Bach 1945) beschäftigten sich mehr mit interpersonaler Frustration als mit Beeinflussung. Für das spezielle Studium der Frustrationsauswirkungen schien mir die klassische Frustrations-Aggressions-Hypothese (F-A-Hypothese) von L. Berkowitz (vgl. Bibliographie) ein angemessenes und handliches begriffliches Instrument zu sein. Als sich meine Forschungsinteressen jedoch erweiterten und sowohl Frustration als auch Beeinflussung (»Impakt«) umfaßten, konnte die alte F-A-Theorie die in unserer klinischen Praxis beobachteten Hauptfakten nicht mehr erhellen, geschweige denn erklären, daß nämlich aneinander interessierte Menschen nicht nur miteinander streiten, um sich »fertigzumachen«, wie es die F-A-Theorie sieht, sondern auch, um sich gegenseitig zum Bessern zu verändern. Gewiß, sie mögen streiten, um Frustrationen zu beseitigen, aber nicht unbedingt, um den Partner, der als Frustrierender betrachtet wird, zu strafen oder zu verletzen. Was an Verletzung, angedrohter Verletzung oder Strafe dabei zum Zuge kommt, soll dazu dienen, den Partner so zu beeinflussen, daß er sich ändert.

Die Äußerung von Ärger und Aggression dient dem Zweck, Spannungen zu verringern oder eine Katharsis hervorzurufen, etwa wenn wir einen beleidigenden Fluch ausstoßen, weil wir barfuß in eine Nadel getreten sind, die dem Partner aus dem Nähkorb gefallen ist. Doch die klassische F-A-Theorie, die leider immer noch den größten Teil der psychologischen Forschung auf dem Gebiet der menschlichen Aggression beherrscht, schließt ausdrücklich sowohl Beeinflussung als auch Katharsis aus. Diese Beschränkung macht die F-A-Theorie nutzlos für die wissenschaftliche Untersuchung der menschlichen Aggression im lebenswirklichen Zusammenhang realer Kampfsituationen, wo Beeinflussung, Katharsis und rituelle Faktoren die Intensität und Form der Aggression bestimmen. Kliniker können Menschen so trainieren, daß sie eine sehr hohe Toleranz für Frustrationen erwerben. Doch aggressives Verhalten tritt häufig auf ohne jede Blockierung des zielgerichteten Verhaltens, d. h. ohne Frustration, sondern oft aus reinem Vergnügen. Menschen streiten, um sich gegenseitig mit Interessen, Unterhaltung und Reizen zu versorgen und um das riesige Aggressionsreservoir zu leeren, das sich füllt, wenn man der Auseinandersetzung oder der Erfüllung instinktiver Neigungen ausweicht.

Als Vertreter der angewandten Sozialwissenschaften bin ich überzeugt, daß die uralte Kontroverse, ob die menschliche Aggression angeboren oder anerzogen ist (kürzlich durch die Schriften von Ardrey, Lorenz, Montague und Storr wiederbelebt), theoretisch interessant, aber nutzlos für die Beantwortung der drängenden Frage ist, wie man die Aggression kontrolliert. Tatsächlich scheint es sozial unverantwortlich, den Menschen zu erzählen, sie seien instinktiv aggressiv oder sie seien gelehrt worden, gemein zu sein, entweder weil sie schlecht angelegt oder durch vom Menschen (gewöhnlich von der Mutter) geschaffene Milieufrustrationen dazu erzogen worden seien. Die Triebtheorien liefern eine Ausrede für das allgemeine nihilistische Sich-Abfinden mit Krieg und Gewalttätigkeit, so als ob diese uns vom Schicksal unausweichlich als Büßerhemd verordnet worden wären, während die Vertreter der Milieu-F-A-Theorie die irrationale und deshalb gefährliche Erwartung propagieren, daß Frustrationen wirksam beseitigt und Aggressionslosigkeit erreicht werden könne.

Ein gutes und praktisches Ergebnis der psychologischen Forschung, geleitet entweder von der Freudschen Instinkt- oder von der Milieu-F-A-Theorie, ist, daß die menschliche Aggression modifizierbar ist, entweder durch Regulierung ihres Antriebs oder durch Kanalisierung ihrer Äußerung. Unser Streittraining macht sich beide Methoden zunutze: Der Antrieb zum Streit geschieht durch wechselseitige Zustimmung, nicht nur durch Frustration; die Äußerung wird durch wechselseitig annehmbare Regeln für fairen Streit gelenkt; und das Ziel des Streites ist Veränderung und Katharsis, aber nicht Verletzung. Natürlich gehören verletzende Worte und Taten zu jeder Auseinandersetzung, sonst hätten wir es nicht mit Aggression, sondern mit Selbstbehauptung zu tun und spielten hier nur mit Worten.

Unsere Impakt-Theorie der Aggression betrachtet die Aggression als ein Instrument, um Veränderungen im Intimsystem zuwege zu bringen. Verbale wie auch nichtverbale Aggression ist in erster Linie informative Kommunikation über Bedingungen, die entweder die schädigenden Möglichkeiten der Aggression, d. h. Feindseligkeit, weiter provozieren oder maximalisieren oder aber sie herabsetzen würden. Aggressionsaustausch produziert nützliche Informationen über wünschenswerte (erträgliche) und unerträgliche (entfremdende) Positionen entlang den Dimensionen der Intimität – etwa optimale Distanz (Raum), Autorität (Machthierarchie) und Loyalität (Territorium). In der traditionellen F-A-Theorie »ist Verletzung zuzufügen die Zielreaktion, die die aggressive Sequenz beendet« (Berkowitz 1962, S. 199), während in unserer Impakt-Theorie die Vollendung des Beeinflussungsprozesses – oder der Impakt – der Endpunkt des Streites und die Belohnung oder »Verstärkung« dafür ist.

Semantisch gehört das Wort Aggression unglücklicherweise zu den vielen Sammelbegriffen in der englischen Sprache, die viele Bedeutungen haben, von denen sich einige nahezu widersprechen. Wörterbücher definieren Aggression als »gewaltsame Verletzung der Rechte anderer«, »jeder offensive Akt oder Übergriff«, »das Begehen des ersten Akts einer Feindseligkeit oder eines Angriffs«, »Beginnen eines Streits« usw. Doch aggressiv bedeutet auch »kräftig und energisch, voller Unternehmungsgeist und Initiative, kühn und aktiv«*.

* In den verschiedenen Bänden des deutschen *Duden* ist die Definition von Aggression und aggressiv nicht so vielschichtig, dafür aber zu eng. Dagegen gibt W. Hehlmann, *Wörterbuch der Psychologie*, Stuttgart [3]1965, eine recht vollständige Definition, nach verschiedenen psychologischen Schulen unterschieden; sie endet: »Bei Tieren ist (nach Lorenz) die ›innerartliche Aggression‹ Teil des Selbstbehauptungs- und Durchsetzungsprozesses. Auch beim Menschen ist die Aggression genetisch verankert und eine Bedingung für Ehrgeiz, Rangstreben, ja Freundschaft und Liebe. Erzieherische Einflüsse können nur zur Umorientierung der Aggression beitragen.« (Anm. d. Ü.)

Diese Definitionen enthalten verwirrenderweise sowohl Selbstbehauptungs- als auch feindselig-verletzende Aspekte. In der methodischeren Definition der Aggression, die English und English, *Dictionary of Psychological Terms*, gibt, findet sich der Versuch, die verschiedenen Komponenten der Aggression zu differenzieren, doch das Ergebnis ist eher verwirrend als erhellend. Im Hinblick auf diese semantische Konfusion waren wir gezwungen, für unsere Arbeit alle Begriffe klar zu definieren, die mit »Aggression« in Verbindung stehen. Hier einige unserer Hauptdefinitionen:

AGGRESSION: Ein breiter Sammel- oder »Dispositions«-Begriff, der sich auf verschiedene Gefühle, Gedanken, Aktionen und Interaktionen bezieht, die natürlicherweise auftreten, wenn sich Partner gegenseitig frustrieren oder miteinander streiten – etwa wenn sie Veränderungen fordern oder ablehnen. Sowohl der Antrieb als auch die Äußerung der Aggression sind äußerst vielfältig und reichen von einfacher harmloser Selbstbehauptung (fest, aber unschädlich) bis zu verletzender Feindseligkeit. Sich behaupten, eine Forderung stellen oder Einfluß ausüben (Impakt), um etwas zu berichtigen, steht auf der unschädlichen Seite der Aggressionsdimension. Auf der schädlichen Seite der Aggression stehen Feindseligkeit und Gewalttätigkeit; der Gedanke daran oder die Betätigung bringt Verletzungen, Unrecht, Strafschäden oder Ignoriern mit sich. (Im Streittraining lernen die Partner zwischen Selbstbehauptung und Feindseligkeit zu unterscheiden.)

ÄRGER: Häufig eine emotionale Reaktion, aber nicht notwendig irrational; geweckt von dem Gefühl, ungerecht behandelt, gestört, zurückgewiesen, erniedrigt, gedemütigt, unfair kritisiert, unter der Gürtellinie getroffen, ausgenutzt, manipuliert oder ausgebeutet worden zu sein. Ärger hat eine große Reichweite verbaler und nichtverbaler Ausdrucksmöglichkeiten (erhobene Stimme, Grimassen, Gestikulation usw.). Seine Intensität wechselt von sanftem Unwillen bis zu kontrollierbarer Wut.

DEUTEROSTREIT: Streiten um das Streiten. Im Streittraining lernen die Partner auszuhandeln, wo, wann, wie und worum sie streiten wollen.

FAIR: Saubere, verantwortungsbewußte, klare Informationen ergebende Streittaktik (oder Stil). Wird auf der Kurve des Streitstils oberhalb der o-Linie bewertet.

FOUL: Benutzung einer gemeinen oder entfremdenden Streittaktik (oder Stil). Wird auf der Kurve des Streitstils unter der o-Linie bewertet.

GÜRTELLINIE: Die Grenze der Schmerztoleranz, unter der Partner Schläge oder Verletzungen ohne ernsthafte Schädigung der Beziehung nicht mehr hinnehmen können. Im Streittraining lernen die Intimpartner, ihre Achillesferse oder Gürtellinie klar zu definieren und zu exponieren (nicht etwa, sie zu verstecken) und sie anzupassen, falls sie zu hoch oder zu tief liegen. Unter die bekannte Gürtellinie zu schlagen ist beispielhaft für gemeines Streiten.

KATHARSIS: Ein normales, gesundes, nicht zweckgebundenes (gewöhnlich ritualisiertes) Abreagieren aggressiv-feindseliger Gefühle gegen entfernte Ziele (Personen, Dinge, Ideen). »Dampfablassen«, ohne damit zu versuchen, gleichzeitig etwas zu verändern oder zu verbessern. Außerdem kann die Katharsis die Intimität erhöhen, indem sie Unterhaltung verschafft oder als Erinnerung daran dient, wo die Toleranzgrenzen liegen.

KONSTRUKTIVE AGGRESSION: Faires Streiten zwischen Intimpartnern, das neue authentische Information liefert. Nützlich auf dreierlei Weise: 1. um dem Partner wahrheitsgemäß mitzuteilen, wo er steht; 2. um den jeweiligen Konflikt zu erkennen und zu lernen, ihn zu lösen; 3. um sich gegenseitig an vorhandene Toleranzgrenzen in allen Dimensionen des Intimsystems zu erinnern. Aggressive Begegnungen werden auch in dem Maß als konstruktiv betrachtet, als sie einem oder beiden Partnern eine Katharsis ohne Verletzung sowie zusätzliche Vorteile wie Unterhaltung (U) und Kontaktfortdauer (KF) vermitteln. Klinisch ist die Konstruktivität der Aggression auf einer Kurve abzulesen, die zeigt, ob der »faire« oder »foule« Streitstil vorherrscht und ob bei den Streitauswirkungen »Plus« oder »Minus« überwiegen. Konstruktive Aggression (KA) wird durch folgende heuristische Formel ausgedrückt:

$$KA = \frac{(\text{Inform}) + (\text{Kath}) + (U) + (KF)}{\text{Verletzungen}}$$

LEVELING: Durchsichtige, authentische und bestimmte Äußerungen darüber, wie man sich in einer Intimbeziehung wirklich fühlt, besonders im Hinblick auf die konfliktschaffenden und Verletzungen erzeugenden Aspekte; gemeinsames Tragen der Härten; ein intimer Dialog, wesentlich für die Lokalisierung von Konfliktgebieten.

PASSIVE AGGRESSION: Indirekte, versteckte, getarnte Feindseligkeit (wissentlich oder unwissentlich), die die Intimität vermindert und die Entfremdung destruktiver erhöht als offenes gemeines Streiten. Im Streittraining bezeichnen wir als Aggression auch solche passiven, aber destruktiven Taktiken wie Streitausweichen, Hinterhalte, Partnerbeobachtung, Nichtteilen und Nichtantworten usw.

STREIT: Zweiseitige verbal-aggressive Konfrontation eines spezifischen, genau definierten »Streitpunkts« zum Zweck der Veränderung (zum Besseren hoffentlich) eines destruktiven, frustrierenden oder unerträglichen Aspekts der Intimbeziehung.

STREITRITUALE: Wechselseitig entwickelte, verstandene und tolerierte (wenn nicht gar genossene) »Karussells« von vertrauten und sich wiederholenden Äußerungen alter Beleidigungen, Beschwerden und Blitz- und Donnerschläge fehlgerichteter Aggression, die keine neue Information enthalten, keine Veränderung mit sich bringen, aber kathartische Funktionen haben.

STREITTRAINING: Die Erziehung von Intimpartner paarweise und/oder in kleinen Gruppen oder Familien dazu, daß sie sich in aggressivem Streit fair und nicht foul verhalten; dabei wird ihnen gezeigt, wie man Aggression konstruktiv nutzt, indem man Verletzungen minimalisiert und Information maximalisiert und Katharsis durch harmlose Streitrituale genießt.

SYNERGIE: Integriertes Zusammen-Vorhandensein oder Zusammenströmen von vorgeblichen Gegensätzen; eine erträgliche, pragmatische Lösung für scheinbar paradoxe Aspekte der Intimität wie etwa: Liebe/Haß; Frieden/Krieg; Führer/Anhänger; Vertrag/Spontaneität. Erfolgreiche Synergie ist das letzte Ziel des Streittrainings.

TEUFEL: Sadistische Partner, die – offen oder insgeheim, wissentlich oder unwissentlich, rational oder irrational – nicht nur das Leiden, die Qual oder das Ableben intimer anderer genießen, sondern die aktiv eine Linie feindseliger Intervention (häufig heimlich oder getarnt) verfolgen, die für intime andere verletzend oder gar tödlich ist. Das Streittraining demaskiert Teufel (die sich oft mit »Engeln« paaren und unheilige symbiotische Allianzen bilden, in denen sich der eine von der Krankhaftigkeit des andern nährt) und behandelt sie therapeutisch.

VERLETZUNGEN: Schmerzen oder Schädigungen – geistig, körperlich oder sozial (Demütigungen, Peinlichkeit, Isolierung) –, die man sich im Prozeß des intimen Streites zuzieht. Die Furcht, den Partner zu verletzen oder selbst verletzt zu werden, ist ein entscheidender Grund für Streitausweichen und Konfliktscheu mit dem unerwünschten Ergebnis passiver Aggression. Das Streittraining zeigt, daß diese Befürchtungen irrational übersteigert sind. Partner sind weniger verletzbar, als angenommen wird, und haben höhere Verletzungs-Toleranz und Verletzungs-Absorptionsvermögen, als theoretisch vorausgesetzt wird. Sie können sogar lernen, »Verletzungen« zu genießen und als lohnend zu betrachten, je nach den Informationen, die sie bei dem Prozeß des »Verletztwerdens« erhalten. Das tatsächliche Erleben von Schmerz und Qual wird zum großen Teil von irrationaler Selbstpropaganda und Selbsterniedrigung reguliert, wie es etwa das »Unrechtsammeln« ist. Das Streittraining beseitigt den auf Schmerz gerichteten Selbsthaß und Masochismus.

VESUVIUS: Eine ritualisierte, nichtschädigende Aggressionskatharsis – »Dampfablassen«; kann verbal gegen jeden und jedes (den Partner eingeschlossen) gerichtet sein; ein Solo, kein Dialog. Ein Vesuv ist kein Streit; sein Ziel ist das Abreagieren von Feindseligkeit oder Unterhaltung, nicht Veränderung. Das Streittraining zeigt, wie man der Gefahr entgeht, einen Vesuv in einen Streit zu verwandeln, und wie man ihn therapeutisch nutzt.

»VIRGINIA WOOLF«: Ein Vesuv-Duett: ein Austausch alter redundanter Beleidigungen, den beide Partner kennen und als Ritual zum Abreagieren von Feindseligkeiten akzeptieren. Das Streittraining zeigt, wie man diese Begegnungen therapeutisch nutzt, ohne sie in wirklichen Streit zu verwandeln.

Bibliographie

Ackerman, Nathan W., *Treating The Troubled Family*, New York und London 1966.

Ardrey, Robert, *The Territorial Imperative*, New York 1966.

Bach, George R. und Ronald Deutsch, *Pairing*, Düsseldorf 1975.

–, Herb Goldberg, *Keine Angst vor Aggression*, Düsseldorf 1975.

–, Yetta Bernhard, *Aggression Lab, das Trainingsmanual für faires Streiten um Veränderung*, Hamburg 1973.

–, *Intensive Group Psychotherapy*, New York 1954.

–, »The Marathon Group: Intensive Practice of Intimate Interaction« in: *Psychological Report* 1966, S. 995–1002.

–, »Marathon Group Dynamics II – Dimensions of Helpfulness« in: *Psychological Report* 1967, S. 1147–1158.

–, »Marathon Group Dynamics III – Disjunctive Contacts« in: *Psychological Report* 1967, S. 1163–1172.

–, *Therapeutic Uses and Misuses of Aggression*, Vortrag im Institute for Rational Living in New York, 1968.

–, Besprechung der »Accelerated Interaction« von Frederick Stoller in: *International Journal of Group Psychotherapy*, 1968, S. 244–249.

Bandura, Albert, *Social Learning Through Imitation*, University of Nebraska Press 1962.

Bateson, G., und J. Ruesch, *Communication: The Social Matrix of Psychiatry*, New York 1951.

Beier, Ernst G., *The Silent Language of Psychotherapy*, Chicago 1966.

Bell, John E., *Family Group Therapy*, Monographie 64 des US-Ministeriums für Gesundheit, Erziehung und Wohlfahrt, 1961.

Bell, N. W. und E. F. Vogel, *A Modern Introduction to the Family*, Glencoe, Ill., 1960.

Berkowitz, Leonard, *Aggression: A Social Psychological Analysis*, New York 1962.

Berlin, Irving N. (Hg.), *Training in Therapeutic Work with Children*, Palo Alto, Calif., 1967.

Berne, Eric, *Spiele der Erwachsenen*, Hamburg-Reinbek 1967.

–, *Spielarten und Spielregeln der Liebe*, Hamburg 1971.

Bettelheim, Bruno, *Liebe allein genügt nicht*, Stuttgart 1972.

Biderman, A. D. und H. Zimmer, *The Manipulation of Human Behavior*, New York 1961.

Boguslaw, Robert, *The New Utopians: A Study of System Design And Social Change*, Englewood Cliffs, N. J., 1965.

Boszormenyi-Nagy, I. und James L. Framo, *Intensive Family Therapy*, New York 1965.

Buckley, Walter, *Sociology and Modern System Theory*, Englewood Cliffs, N. J., 1967.
Bugenthal, James T., *The Search for Authenticity*, New York 1965.
Bühler, Charlotte, *Value Problems in Psychotherapy*, New York 1961.
Cleaver, Eldridge, *Soul On Ice*, New York 1968.
Cooley, C. H., *Human Nature and The Social Order*, New York 1902.
Corsini, Raymond J., *Methods of Group Psychotherapy*, New York 1957.
Ellis, Albert, *The Art and Science of Love*, New York 1960.
Ellis, Albert, und Roger O. Conway, *The Art of Erotic Seduction*, New York 1967.
Erikson, Erik H., *Kindheit und Gesellschaft*, Stuttgart [2]1965.
–, *Identität und Lebenszyklus*, Frankfurt 1966.
Festinger, Leon und Harold Kelley, *Changing Attitudes Through Social Contacts*, Michigan 1951.
Frank, Jerome, *Persuasion And Healing*, Baltimore 1961.
Freud, Sigmund, *Neue Folge der Vorlesungen zur Einführung in die Psychoanalyse*, Band 15 der Gesammelten Werke.
Gibb, Jack, *Climate for Trust Formation T-Group Theory and Laboratory Method*, New York 1964.
Ginott, H. G., *Eltern und Kinder* (a. d. Am.), Weinheim 1966.
Goffman, Erving, »On Colling the Mark Out« in: *Psychiatry* 15/4, 1952.
–, *The Presentation of Self in Everyday Life*, New York 1959.
Goldstein, A. P., K. Heller und L. B. Sechrest, *Psychotherapy and the Psychology of Behavior Change*, New York 1966.
Haley, Jay, »An Interactional Description of Schizophrenia« in: *Psychiatry*, 22.
Harlow, H. F., »The Nature of Love« in: *American Psychologist*, 1958.
Heider, Fritz, *The Psychology of Interpersonal Relations*, New York 1958.
Hodge, M. B., *Your Fear of Love*, New York 1967.
Jackson, Don D., *Human Communication*, Palo Alto, Cal., 1968.
Jennings, Helen H., *Leadership and Isolation*, New York [2]1950.
Kaplan, Abraham, *The Conduct of Inquiry*, San Francisco 1964.
Kinsey, Alfred, u. a., *Das sexuelle Verhalten des Mannes* (1948, a. d. Am.), Frankfurt 1955.
–, *Das sexuelle Verhalten der Frau* (1953, a. d. Am.), Frankfurt 141.–155. Tsd. 1967.
Kubie, L. S., *Practical and Theoretical Aspects of Psychoanalysis*, New York 1950.
Kunz, H., *Grundfragen der psychoanalytischen Therapie*, Göttingen 1973.
Laing, R. D., *Phänomenologie der Erfahrung*, edition suhrkamp 314.
Lewin, Kurt, *Feldtheorie in den Sozialwissenschaften*, Bern 1963 (nhg.).
–, *Die Lösung sozialer Konflikte*, Bad Nauheim 1953.
Lorenz, Konrad, *Das sogenannte Böse: Zur Naturgeschichte der Aggression*, Wien 1963.
Mandel, A. und Ch., *Einübung in Partnerschaft*, München 1972.
Masters, William, und Virgina Johanson, *Die sexuelle Reaktion* (a. d. Am.), Frankfurt 1967.

Mead, G. H., *Geist, Identität und Gesellschaft aus der Sicht des Sozialbehaviorismus*, Frankfurt 1968.
Moreno, J. L., *Gruppenpsychotherapie und Psychodrama*, Stuttgart 1972.
Pearson, A. W., und Nicholas J. Khoury, »Alcoholism: Medical Team Approach to Treatment« in: *California Medicine*, Nov. 1961.
Pepitone, A., und G. Reichling, »Group Cohesiveness and the Expression of Hostility« in: *Human Relations* 1955.
Perls, Frederick S., *Gestalt-Therapie in Aktion*, Stuttgart 1974.
Piaget, Jean, *Die Entstehung des Intellekts beim Kinde*, Stuttgart 1968.
Rapoport, Anatol, *Fight, Games, and Debates*, Ann Arbor, Michigan, 1960.
Rogers, Carl R., *Die Klient-Bezogene Gesprächstherapie*, München 1973.
Rosen, John N., *Psychotherapie der Psychosen*, Stuttgart 1964.
Ruesch, Jurgen, und Wheldon Kees, *Non-Verbal Communication*, Berkeley und Los Angeles 1956.
Sarbin, T. R., »Role Theory« in: G. Lindzey (Hg.), *Handbook of Social Psychology*, Band 1, Cambridge, Mass., 1945.
Sartre, Jean-Paul, *Das Sein und das Nichts*, Hamburg 1952.
Satir, Virginia, *Familienbehandlung*, Freiburg 1973.
Schofield, W., *Psychotherapy: The Purchase of Friendship*, Englewood Cliffs, N. J., 1964.
Schutz, W. D., *Freude*, Hamburg 1973.
Shapiro, David, *Neurotic Styles*, New York und London 1965.
Shostrom, Everett, *Man, the Manipulator*, New York und Nashville 1967.
Stoller, Frederick, »The Long Weekend« in: *Psychology Today*, 1967.
Storr, Anthony, *Human Aggression*, New York 1968.
Tagiuri, R., und L. Petrullo (Hg.), *Person Perception and Interpersonal Behavior*, Stanford 1958.
Winnicott, D. W., *Aggression in Relation to Emotional Development*, Gesammelte Aufsätze, London 1958.
Wolfgang, M. E., und F. Ferracuti, *The Subculture of Violence*, London 1967.
Yablonsky, Lewis, *The Violent Gang*, New York 1963.

Inhalt